KB053338

SHAMANIC CIVILIZATION

샤먼문명

별과 우주를 사랑한 지동설의 시대

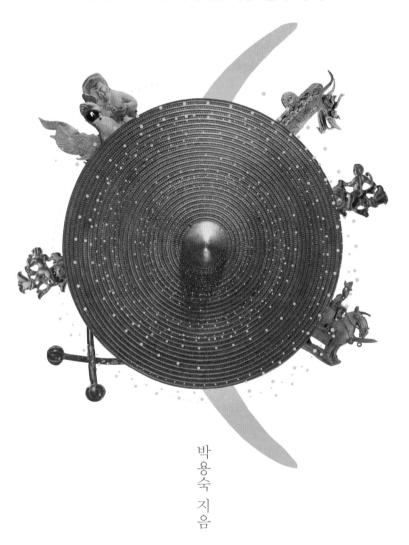

박용숙 지음

소동

샤먼문명

별과 우주를 사랑한 자동설의 시대

지은이 | 박용숙
초판 펴낸날 | 2015년 4월 24일
제4쇄 펴낸날 | 2022년 9월 30일

펴낸곳 | 소동
펴낸이 | 김남기

편집 | 김유준
표지 디자인 | 박대성
본문 디자인 | 소나무와 민들레

등록 | 2002년 1월 14일(제19-0170)
주소 | 경기도 파주시 돌곶이길 178-23
전화 | 031 955 6202, 070 7796 6202
팩스 | 031 955 6206
홈페이지 | http://www.sodongbook.com
전자우편 | sodongbook@naver.com

ISBN 978-89-94750-16-3 (93380)

최초의 문명은
이렇게 말했다

샤머니즘이란 말은 19세기 초엽에 공식화되었다. 샤머니즘이 단순한 미신이 아니라 고등 종교의 모태라는 사실은 당시 학자들 사이에서 정론이나 다름 없었다. 이를테면 러시아의 반자로프Dorzhi Banzaro는 우랄 알타이, 시베리 아 지역은 물론 만주 몽고 지역의 샤머니즘도 본질적으로 불교와 습합된 종 교라고 말했다. 심지어 샤를 스테파노프Charles A. Stepano 같은 학자는 석가 모니도 샤먼이라고 주장하기도 했다. 신라 말의 학자 최치원이 "신라 고대의 영험한 종교(신교神敎)가 동력을 잃으면서 거기에서 불교나 도교 같은 종교 가 나왔다"고 한 것 역시 같은 맥락이다. 최치원이 말한 영험한 종교란 다름 아닌 샤머니즘으로 그 말의 바닥에는 샤머니즘이 불교와 마찬가지로 고등 종교라는 사실이 깔려 있다.

20세기 샤머니즘 연구의 대가 미르체아 엘리아데Mircea Eliade는 현대 문명 의 간판스타라고 할 수 있는 기독교가 샤머니즘을 계승했다고 말한다. 그가 말한 샤머니즘은 미트라교Mithras를 뜻한다. 미트라교가 샤머니즘이었다는 사실은 이미 여러 학자들에 의해 밝혀진 바 있는데, 고대 바빌로니아 시대나 지중해 문명 시대가 바로 미트라교 시대였다. 이 시기는 수많은 과학 발명품 이 세상에서 유통되었던 문명 시대였다. 이 문명의 상층구조에는 샤먼 집단이 자리하고 있었음도 주목할 일이다. 그들은 사제이며 예언자였고 동시에 의사이자 마술사였으며 또한 점성술사들이었다. 샤먼 집단은 천문학자를 비롯한 다방면의 과학자들로 구성된 엘리트 집단이었다.

1990년대 중반으로 생각된다. 몇 명의 교수들과 함께 몽고의 울란바토르국립대학을 방문한 적이 있다. 그때 대학 측의 호의로 경비행기를 타고 내몽고의 국경지대를 돌아보게 되었다. 대학 측은 그때 우리에게 몽고 사막의 신기루를 보여주려 한 것이다.

　사막의 신기루는 가히 장관이었다. 이글거리는 뜨거운 열기 속에서 괴이한 판타지가 스크린처럼 전개되며 잠시 동안 우리의 시선을 현혹했다가 사라졌다. 신기루가 나타나자 누군가가 소리쳤다. 저, 저기 기마병들이! 시선을 집중하자, 눈앞에서 기병 수십 명이 칼을 휘두르며 우리 쪽으로 돌진해오고 있었으니! 환상치고는 참으로 놀라운 착각이었다.

　사막에서의 이 경험은 나의 역사 연구에도 중요한 소재가 되었다. 일연의《삼국유사》에는 이런 글이 실려 있다.

옛날 고구려의 성왕聖王이 국경을 시찰하다가 요동성에 이르렀을 때 오색구름이 땅을 뒤덮은 광경을 목격했다. 오색구름 속을 둘러보니 중이 지팡이를 짚고 서 있는 것이다. 그 중은 가까이 가면 사라졌고 뒤로 물러서면 다시 나타났다. 신기루가 사라진 후 그곳에는 탑 하나가 서 있었다. 솥을 엎어놓은 모양새의 3층 토탑土塔이었다. 왕이 탑 속을 뒤지니 범문(산스크리트어)으로 된 명문銘文이 지팡이와 신발과 함께 나왔다(고구려 성왕이 본 것은 사막의 신기루였다. 그 탑이 중앙아시아 사막지역에 있었고, 그곳이 고구려의 국경지대였다는 사실은 전작《샤먼제국》에서 서술한 바있다).

여기서 지팡이는 샤먼의 신성을 나타내는 물건이고 신발은 신상神像의 장식용으로 모두가 청동이나 금동 유물이다. 이와 비슷한 유물들이 다른 청동기와 함께 경주나 가야 지역은 물론 일본의 고분이나 신궁에서도 발견되고 있다. 하지만 우리 학계는 아직 이 물건들의 정체에 관해 제대로 설명하지 못하고 있다. 당연하다. 샤머니즘이 불교나 기독교 문명의 원문명原文明임을 알지 못하기 때문이다.

원문명의 증거물들은 불교 이전의 고분이나 무덤에서 발굴된다. 그 무덤들의 주인은 샤먼들이다. 그 무덤에서 출토된 샤머니즘의 유물들은 아직 제대로 해석되지 못하고 있는 것도 현실이다. 컴컴한 어둠의 세계에서 잠든

채 침묵의 언어로 남아 있는 것이다.

나는 이 책에서 그 침묵의 언어를 풀어내려 한다. 그러니까 이 책은 한 마디로 '무덤의 도상학圖像學'이라 할 만하다. 무덤 속 언어는 고분의 벽화와 매장 유물에서 찾을 수 있다. 유품에 새겨진 문양이나 도상, 부적이나 봉인에 새겨진 난해한 장식이나 도상들이 모두 그 언어에 해당한다.

한편, 샤머니즘은 일반의 예측과는 다르게 지동설을 믿었다는 사실에 주목해야 한다. 그 들은 고도로 발달된 천문학으로 별과 우주의 흐름을 관측하여 그 지식으로 씨를 심는 일(농업) 등 세상을 다스렸다. 천문학의 중심에는 금성(Venus)이 있었다. 사실 아득한 옛날부터 우리 조상은 금성을 새벽녘 하늘에 뜨는 영성靈星이라고 했으며 이 별을 관찰하면서 360여 가지 인생사를 다스린다고 했다. 하지만 아직도 우리는 조상들이 왜 그렇게 했는지 알지 못한다.

그러니까 이 책에 등장하는 이들 도상에 관한 의미를 읽어내는 작업은 사실상 우리 고대사의 주어인 금성 이데올로기의 실체를 밝히는 일이다. 잘 알려져 있듯 금성의 여신인 비너스는 풍요와 다산의 상징이며, 구리의 여신으로도 통한다. 여기에서 구리란 곧 청동기 문명을 가리키며, 이는 곧 '샤머니즘'을 금성 문명으로 바꾸어 부를 수 있음을 말해준다.

이 책은 무덤의 도상학을 통해 단군으로 상징되는 우리 고대사 속에 금성 이데올로기가 자리하고 있음을 증명하려는 시도이다.

　　이 책의 주인공은 사실상 도상인 셈이다. 그러니까 이 책에서 문장은 그림에 종속된다고 말할 수 있다. 이런 방식은 무덤의 침묵을 일깨우기 위한 하나의 전략이라고 생각된다. 이 책에 사용된 자료들은 대부분 저자가 1991년에 안식년으로 U. C. 버클리대에 머물렀던 기간에 대학 주변의 헌책방을 돌면서 수집한 것들이다. 그 자료들이 지금에 와서 이렇게 한 권의 책으로 탈바꿈한 것은 하나의 인연으로 보고 싶다. 이 인연의 고리가 부디 독자 여러분과도 이어졌으면 하는 마음 간절하다.

2015년 4월 박용숙

차례

샤머니즘은 미개종교가 아니다.
고등종교와 마찬가지로 해탈의 문제가 주제였다.
- 미르체아 엘리아데 -

여는 글

샤머니즘,
그 새 이력서

청동기 문명은 곧 금성문명이다

샤먼들은 놋쇠 무구巫具를 사용한다. 창과 삼지창三指槍과 언월도偃月刀는 샤먼이 사용하는 대표적인 놋쇠 무구이다. 제를 드리는 제상에도 놋쇠 그릇이 놓인다. 이 놋쇠는 곧 청동기이며, 청동기는 샤머니즘을 상징한다고 해도 지나치지 않다.

샤머니즘 문명은 곧 금성金星, Venus문명이기도 하다. 지중해 문명시대에 금성을 상징하는 비너스는 구리(銅)의 여신이기도 했다. 비너스 여신이 지니고 있는 의미들을 돌이켜볼 때 청동기가 금성문명과 이어지는 것은 지극히 자연스럽다.

천문학을 의미하는 영어 단어 'astronomy'의 어원은 라틴어로 별을 뜻하는 'astro'인데 그 기원이 금성이라는 사실도 놀랍다. 이 금성은 바빌로니아어로 이슈타르Ishtar, 페니키아어로는 아스타로트Ashtarot라고 발음한다. 우리가 흔히 메소포타미아 신화 속의 여신 이름으로 알고 있는 이슈타르의 원뜻이 바로 금성인 것이다. 이 여신은 기원전 3000년경 유프라테스 강가 마리Mari 산의 거대한 모래무지 신전에서 경배되었다. 이곳은 다름 아닌 금성문명의 고고학적 본거지이다. 나는 앞선 저서《샤먼제국》에서 최초의 조선의 두 번째 수도인 아사달阿斯達이 바로 그곳이라고 한 바 있다.

기원전 5세기의 그리스 철학자 아리스토파네스는 점성술과 천문학은 동의어라고 했다. 플라톤은 이 두 단어를 'astrology'라는 말로 통일시키려 했으나 뒤에 이 말은 '별의 점'이라는 의미로 굳어져 버렸다.[1] 이 책에서 제시되는 금성문명이라는 말은 사실상 플라톤 시대에 사라진 개념의 부활이라고 할 수 있다. 그 문명의 비밀은 청동기 자체에 숨어 있다.

청동기의 비밀을 풀기 위해서는 놋쇠가 가진 특별한 성분에 주목해야 한다. 고고학자들에 따르면 청동기에는 구리와 아연과 주석이 섞여 있다. 구리와 아연, 주석은 생명 친화적인 물질이다. 그 속에는 유전자의 보존을 돕는 특별한 성분이 간직돼 있다. 도교에서도 신선들은 불로장생약에 아연이나 주석을 섞었다고 한다. 최근에 분자생물학자 제러미 나비Jeremy Narby가 그의 저서《우주뱀=DNA》에서 "샤머니즘 시대에 유전자(DNA) 조작 기술이 있었다"고 선언한 것은, 놋쇠가 생명의 비밀과 관련 있다는 주장에 힘을 보탠다.

본문에서 상세하게 서술되지만 금성은 수소자리 주변의 북두칠성, 묘성昴星과 하나의 세트라고 할 수 있다. 이 별들은 인간의 영혼을 지배하는 정령의 고향이다. 위대한 인물들의 유전자들은 그곳에 살다가 신의 의지에 따라 지상으로 내려온다. 이 영혼의 메커니즘은 지구가 금성과 60도 각도로 교차하는 원리와 관련있다. 나는 이 정황을 금성이데올로기라고 말하고자 한다.

샤머니즘은 지동설을 믿었던 고등종교였다

무려 2000년 동안이나 천동설을 신봉했던 서구학자들은 샤머니즘을 애니미즘animism이라고 부르면서 미개인의 사유로 낙인찍어왔다. 일찍이, 샤머니즘 연구의 세계적 권위자로 알려진 엘리아데 는 "샤머니즘은 미개 종교가 아니라 고등 종교와 마찬가지로 해탈(타자他者)의 문제가 주제였다"고 단정하면서 종래의 오해를 불식시키려 했지만 아

•미르체아 엘리아데
1907~1986. 세계적 종교학자, 신화학자, 소설가. 루마니아 태생으로 주로 프랑스와 미국에서 활동했다. 종교는 역사 현상이 아니라 인간의 의식구조 속에 내재돼 있으며 모든 종교는 근원적으로 일치한다고 주장했다. 저서로《성과 속》《우주와 역사》《종교 형태론》《신화와 현실》등이 있다.

직도 샤머니즘을 미개한 것으로 여기는 사람들이 대다수이다.

공식 기록에 따르면 샤먼을 처음 만난 서구인은 프랑스의 신부 앙드레 테베Andre Thevet이다. 그는 이탈리아인 코페르니쿠스가 지구가 자전하며 금성과 60도 각도로 교차한다는 사실을 폭로한 지 1세기가 지난 1557년에야 브라질에서 샤먼을 만났다. 그때 그는 샤머니즘이 이미 지동설을 신봉하고 있다는 사실을 깨닫지 못했다. 러시아 학자들이 본격적으로 시베리아(퉁구스) 샤먼들과 접촉하기 시작한 것은 다시 1세기가 지난 뒤였다.[2] 그러나 그들도 샤먼의 천문학 담론을 알아보지 못했다. 그들의 눈길이 향한 것은 샤먼들의 해괴한 장식의 옷과 북, 꽹과리를 두드리며 넋을 잃고 춤을 추는 퍼포먼스에만 꽂힌 것이다. 샤먼들은 그들 앞에서 뱀을 쥐고 뛰어오르거나 회오리처럼 휘돌았다. 서구학자들에게는 영락없이 정신병자들처럼 보였을 것이다. 그들이 샤머니즘을 심층심리학이나 정신의학의 광맥으로 이해했던 것은 너무나도 당연하다고 여겨진다. 그러나 그 때문에 서구학자들은 무당들이 지닌 놋쇠 무구가 새벽에 뜨는 금성을 부르며 영혼을 구하는 의미심장한 매개체라는 사실은 알아차리지 못했다. 지구가 멈춰 있고 그 중심에 하나님의 집(바티칸 대성당)이 있다는, 지난 중세 기독교의 고정관념에서 벗어나지 못했기 때문이다.

기독교 문명사는 샤머니즘과 갈등의 역사라고 해도 과언이 아니다. 플라톤 시대 때만 해도 금성이데올로기는 이데아Idea론의 중심이었다. 하지만 그가 죽자 그의 제자인 아리스토텔레스와 프톨레마이오스는 스승을 배신하면서 천문학의 담론 속에서 금성이데올로기를 제거해나갔다. 그들은 "천체 현상(우주)과 인생사는 아무런 관련이 없다"고 선언했다. 그러면서 "지구는 단지 우주의 중심에 있는, 인간이 사는 멈춰 있는 집"이라고 단정지었다. 태양이 1년에 한 번씩 지구를 돈다는 천동설을 주창한 것이다. 이를 고스란히 물려받은 기독교는 하늘의 모든 별들이 지구를 중심으로 돈다는 《성경》 〈창세기〉의 기록을 교리로 삼는 데 주저하지 않았다.[3] 그 결과 중세의 천문도에서 지구는 대부분 바다 위에 떠 있는 거대한 다듬잇돌 모양을 하게 됐다. 그러니까 기독교초기에 험악했던 마녀재판의 역사는 인류문명에 대한 테러이즘이 아닐 수 없다.

청동거울은 비너스의 거울이다

우리 민족이 지켜온 풍속에서는 놋쇠 그릇(향로)에 향을 피우고 놋쇠 촛대에 초를 꽂아 불을 밝힌다. 칠성당에서 치성을 드릴 때에도 놋쇠 그릇에 정화수를 떠놓으며, 하늘이 점지한 아기가 태어날 때에도 산신産神할멈이 놋쇠 대야에 아기를 받아낸다. 산신의 놋쇠 대야는 생명의 물이 담기는 그릇이다. 알타이 타타르의 샤먼은 생명수의 원천이 '삼천三天'이며 이 삼천의 생명수가 인간의 선조라고 믿는다.[4] 삼천은 곧 '삼신三神'이며 이는 해와 달과 금성이 동시에 한 공간(하늘)에 나타나는 신비로운 드라마를 의미한다.

　샤먼은 거울도 놋쇠로 만들었다. 하지만 이 거울은 실제로 얼굴을 비치는 거울이 아니다. 놋쇠는 아무리 닦아도 유리처럼 선명하게 모습을 비추지 못하기 때문이다. 놋쇠 거울은 일상적인 생활도구가 아닌 것이다. 이 때문에 지중해 문명권에서는 이 거울을 특별히 '비너스의 거울'이라고 불렀다. 신화적인 의미를 부여한 것이다. 비너스는 금성이고 구리(동銅)의 여신이므로 놋쇠 거울이 여신을 상징하는 것은 자연스러운 비유이다.

　우리 무가에서 비너스는 만명신萬明神으로 불린다. 만명의 만萬은 만卍으로도 쓰며 그 뜻은 '우주의 중심축에서 회오리친다'이다. 또 명明은 '해(일日)와 달(월月)이 공간에 동시에 있다'는 뜻을 나타내는 글자이다. 여기에 금성이 합류하면 금성이데올로기 력曆의 근거가 된다. 이는 금성이 매년 춘분점과 추분점 때 지구와 교차하면서 나타나는 천문학적인 드라마이다. 이 금성을 그리스 시대에는 아프로디테Aphrodite, 이집트에서는 이시스Isis, 바빌로니아 시대*에는 이슈타르라고 불렀다. 우리의 옛 문헌《고기古記》에는 이 금성을 "새벽하늘에 뜨는 영성靈星"이라고 했다.

이집트의 놋쇠 거울에는 손잡이가 있다. 벽화에 나타나는 도상에서는 손잡이가 십자 모양이다. 이집트인들은 이를 '앙크Ankh'라고 부른다. 벽화에서는 최상급의 신들이 이 앙크를 몸에 지니고 있다. 시베리아 샤머니즘 연구의 대표적 학자인 우노 하르바Uno Harva**는 "거울은 샤먼의 제왕帝王적 풍속의 유물"이라고 했다.[5] 놋쇠거울을 의미하는 이집트의 그림문자 앙크에는 본래 시계바늘 방향으로 돌아가는 회전 방향이 표시되어 있었다. 이것이 천문도를 의미한다는 것은 중앙아시아나 동북아시아에서 발굴되는 놋쇠 거울에서 확인된다. 이들 거울에 하늘을 나는 용이나 팔괘八卦***같은 점성술 부호가 새겨져 있기 때문이다. 용龍이라는 글자가 천문력天文曆을 의미하는 역易, calendar의 옛 글자임을 상기하면 놋쇠 거울이 샤머니즘 시대의 천문력이었음을 짐작할 수 있다. 시베리아의 샤먼이 놋쇠 거울을 들여다보며 우주의 움직임과 인간의 운명을 본다고 한 것은 이를 말한다. 우리 무속에서는 이 거울을 "명두明斗""천경天鏡""신경神鏡"이라 부르며, 중국에서는 천경天鏡을 "여신의 얼굴"이라고 했다.[6] 본문에서 자세히 언급되지만 고려시대의 놋쇠 거울에는 둥근 원 안에 두 마리의 용이 서로의 꽁지를 물려는 모양새로 원을 그리며 돌아가는 형상이 새겨져 있다. 어떤 의미인지에 관해서는 아직 정견이 없다.

용은 태양을 도는 지구와 그 궤도를 상징한다

그렇다면 용이란 무엇인가. 유구한 세월 동안 샤먼은 지구가 자전하

*바빌로니아 시대
바빌로니아는 티그리스 강과 유프라테스 강 사이 메소포타미아 남동쪽의 지명. 바빌론 제1왕조의 6대왕 함무라비는 대제국을 건설한 뒤 중앙집권제를 확립하고 운하와 도로를 정비해 무역을 융성하게 했으며 법전을 반포하고 역曆을 통일했다. 아카드어를 국어로 정하고 보급하기도 했다. 기원전 1530년 무렵 히타이트의 침입으로 멸망했다.

**우노 하르바
시베리아의 알타이계(인종) 무속 연구로 정평 있는 세계적 학자.

***팔괘
중국의 전설적인 신 복희가 지었다는 점성술 부호. 건乾, 태兑, 리離, 진震, 손巽, 감坎, 간艮, 곤坤의 여덟 개여서 팔괘라고 부른다. 태극기에서 볼 수 있는 네 개의 팔괘 건곤감리는 하늘과 땅, 물과 불을 상징한다.

며 공전한다고 믿었으므로 그들이 하늘을 돌고 있는 지구가 어떻게 생겼는지에 관심을 가졌다는 것은 충분히 상상할 만하다. 용은 바로 그들이 상상해낸 태양을 돌고 있는 지구와 그 궤도의 모습이다. 무당들의 놋쇠 거울에 팔괘가 새겨져 있는 것은 팔괘가 용의 껍질(기호記號)이고 동시에 자전, 공전하는 지구의 일년력一年曆임을 말해준다. 놀라운 것은, 지구와 금성이 두 차례 교차하면서 지구상의 모든 생명체와 인간의 운명에 지대한 영향을 미친다는 사상을 샤먼들은 알고 있었다는 사실이다. 지구의 사계절은 금성과 지구의 합작품이다. 풍요와 다산은 물론이고 씨앗 뿌리는 날짜를 점지하는 원리도 금성과 지구가 만들어내는 60도 각도의 결과물이다. 신탁의 원리도 이 드라마에서 만들어진다.

기원전 2만년경의 누드 비너스가 남프랑스의 로셀Laussel 동굴에서 발견된 것은 오래전 일이다. 이 비너스의 풍만한 가슴과 불룩한 배가 풍요와 다산을 상징한다는 것은 정설이다. 그런데 이 비너스는 오른손에 커다란 수소의 뿔을 잡고 있다. 왜 수소 뿔일까? 비너스가 쥐고 있는 수소 뿔은 무엇을 의미할까?

샤먼의 놋쇠 거울 속에 소머리를 가진 용이 있다고 했다. 비너스와 놋쇠 거울의 관계를 감안하면 비너스가 잡은 수소 뿔이 곧 용의 뿔이라고 해도 비약은 아닐 것이다. 전설에 따르면 용은 모두 세 개의 뿔을 가졌는데 가운데 뿔은 아무에게나 보이지 않는다고 했다. 용에 관한 우리 전설에도 용은 뿔이 세 개이지만 가운데 뿔은 보이지 않는다고 되어 있다. 이 보이지 않는 뿔을 용의 '중뿔(중각中角)'이라고 한다. 그리스신화가 전하는 일각수一角獸도 헤라클레스가 용의 중뿔을 뽑고 비너스 여신을 지키며 천하의 영웅이 되는 이야기의 주제이다.

고대의 모든 샤머니즘에서는 용의 중뿔을 뽑는 올림피아드가 벌어진다. 그리스에서는 해마다 봄의 축제가 열리고, 이 축제에서는 처녀 여러 명이 화려한 장식의 수소를 쫓는 게임을 한다. 뿔을 쥔 영웅을 차지하려는 게임이다. 우리의 오래된 무속인 강릉 단오제에서 천하장사를 뽑는 씨름 대회가 열리는 것 또한 같은 맥락이다. 씨름 대회에서 우승한 영웅에게 황소가 주어지는 의미 역시 그리스의 수소축제와 다르지 않다. 이때 수소의 몸은 화려한 꽃 장식으로 뒤 덮힌다. 주목할 것은 소의 이마에 황금처럼 빛나는 작은 놋쇠 거울을 단다는 사실이다. 수소 머리에 놋쇠 거울을 다는 이유는 무엇일까?

수소 머리가 자전하며 공전하는 용을 의미한다. 실제로 무속 축제에서의 씨름은 두 용이 서로의 꼬리를 물고 돌아가는 천문학적인 드라마를 모방한 것이다. 지구가 그냥 땅덩어리가 아니라 용처럼 살아서 움직이는 괴이한 동물임을 추체험하는 놀이기도 하다.

엘리아데는 "샤머니즘은 무려 5~3만년의 역사를 가진다"고 말했다.[7] 하지만 그는 비너스가 천문학상으로 금성이라는 사실에 주목하지 못했다. 때문에 샤먼이 이미 5만 년 전부터 지동설을 믿었다는 사실을 주장하지 못한 것이다. 그는 그의 연구생활의 막바지에 이르러서야 샤머니즘이 고등 종교와 다르지 않다는 사실을 실토했다.

이 책은 엘리아데가 그의 연구에서 제외시킨 샤먼의 상징 코드를 다시 원상으로 회복시키려는 작은 시도라고 할 수 있다. 어떻게 천동설의 서구 문명이 인류 최상의 문명이고 지동설을 믿어왔던 샤머니즘이 미개 종교일 수 있는가. 이제 그 진실을 밝힐 때가 왔다.

제1장

샤먼의 고향,
수소자리

수소와 수소 뿔의 의미

기원전 8세기경 페니키아의 왕자 카드모스는 용의 이빨을 뽑고 22자의 알파벳을 만들어 그리스에 바쳤다. 주목할 것은 22자의 알파벳 첫 글자가 소머리를 그린 그림문자 A라는 사실이다. 22자가 한 세트인 알파벳은 이미 수메르 문명 시대에 사용되었는데 언제나 첫 글자는 소머리 A였다.[1] 이 점은 소가 고대 문명에서 중요한 주제임을 말해준다. 이 주제의 성격은 카드모스가 22자의 문자를 만들기 전에 용의 이빨을 뽑았다는 비유와 관련 있다. 우리 옛 문헌에는 용龍이라는 글자는 뒤에 역易자로 변했다고 기록되어 있다. 역易은 '변화하는 원리'를 뜻하는 글자로 해(일日)와 달(월月)을 상하로 겹쳐놓은 모양이다. 그러므로 소머리 그림문자 A가 알파벳의 첫 글자라는 사실은 카드모스가 해와 달이 변화하는 이치로 천문 이치에 통달하고 22자를 만들었음을 알 수 있는 힌트이다. 또한 22가 하늘의 기본 수(천수天數)라고 불리는 10간十干과 12궁宮(십이지十二支)을 합친 숫자임도 알 수 있다. 그렇다면 소머리의 도상圖像 의미는 무엇일까.

먼저 남프랑스 지역의 피레네 산맥으로 가보자. 그곳 라스코Lascaux 동굴(기원전 1만 5000년경)에서 소머리의 도상 의미를 파악할 실마리를 발견할 수 있다. 그 동굴 벽화에는 선사시대의 표현주의와

*수메르 문명 시대
역사상 가장 오래된 문명으로 메소포타미아 문명의 원류. 기원전 3500년경부터 바빌로니아 남부 티그리스 강과 유프라테스 강 사이에서 시작되었다. 설형문자와 세계 최초의 법전을 만들었고, 토목·건축술이 발달했다. 수많은 신화와 전설의 발원지다.

**10간
점성술에서 사용 하는 열 개의 기본 수, 이를《역경》에서는 열개의 날개(십익)라고 하며 한자로는 갑을병정무기경신임계라고 쓴다. 천간이라고도 한다.

***12궁
북극을 중심으로 하늘에 둘러친 열두 개의 별무리. 황도가 1년간 이 별들을 지난다. '황도십이궁' 참고.

1-2 미노아의 수소와 십자가 지중해 문명 시대. 그림 출처 : J. E. Cirlot, 《A Dictionary of Symbols》.

야수파 그림이라고 칭송받는 수소와 말 그림들이 있다(그림 1-1 81쪽). 동굴의 어느 지점에서 돔dome처럼 우묵한 천장을 발견하게 되는데 그곳에 세련된 수소와 말들이 그려져 있다는 점은 특히 주목할 만하다. 프랑스의 작가 조르주 바타유Georges Bataille가 이곳을 "선사시대의 시스틴 성당"이라고 부른 것은 단순한 수사학이 아니다.[2] 이 특별한 화법으로 그려진 소와 말을 학자들은 토템이라고 해석하기도 하고 천문고고학에서는 수소자리Taurus를 뜻한다고도 한다. 22자의 A가 별자리와 관련 있음을 짐작하게 하는 대목이다.

중국에는 "황제黃帝가 소를 굴복시키고 말을 탔다"는 복우승마服牛乘馬의 전설이 있다.[3] 영웅이 어떻게 탄생했는지에 관한 비유인데, 이 이야기는 다시 스페인의 투우와 연결된다. 사나운 수소를 단검으로 무찌른 뒤 말을 타고 경기장을 돌며 관중에게 손을 들어 보이는 영웅의 이미지. 스페인의 투우는 단순한 오락이 아니라 고대 미트라Mithra 신앙*에서 연유한 의식이다. 소가 천문 이치의 비유임을 감안하면 소를 굴복시켰다는 것은 천문 이치를 깨달았다는 뜻으로 받아들여야 한다. 투우나 황제의 복우승마가 카드모스의 영웅 신화와 다르지 않은 것이다.

미노아 문명 시대(지중해 시대)**때 자료에는 황소가 십자 도상(十)과 함께 그려져 있다(그림 1-2). 이 도상에 전설 속 동물인 용이 숨어 있다고 말하면 혼란스러울지도 모르겠다. 그러나 그 속에서는 분명히 용이 보인다. 그 용을 보려면 그림 대신 숫자에 주목해야 한다.

두 마리 황소 중 한쪽은 뿔이 두 개, 다른 쪽은 뿔이 한 개이다. 소

*미트라 신앙
지구가 태양을 돈다고 믿었던 지동설 시대의 종교. 기독교의 전신이다. '미트라'라는 이름이 처음 등장하는 문헌은 기원전 15세기 것으로 추정되는 《리그베다》로 '태양신'이라고 기록돼 있다.

**미노아 문명 시대
기원전 2700~기원전 1500년경 그리스 크레타 섬에서 번성했던 고대 청동기 문명. 미노스 문명 또는 크레타 문명이라고도 불린다. 독자적인 문자를 가졌다. 20세기 초 영국 고고학자 아서 에번스의 발굴로 재발견되었는데, 미노아라는 말은 에번스가 크레타 섬의 전설적 왕 이름인 미노스에서 따왔다.

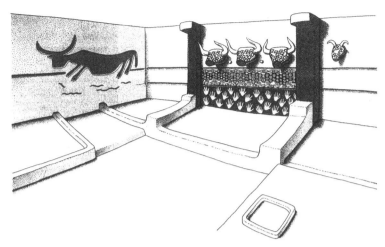

1-3 수소를 그린 벽화와 수소머리상 기원전 8만년경. 그림 출처 : Mary Settegast,《Plato Prehistorian》.

는 두 마리이지만 두 황소의 뿔은 모두 세 개이다. 전설 속에서 용은 대체로 소머리를 하고 있으며 보이는 뿔은 두 개이지만 두 뿔 사이에 영웅의 눈에만 보이는 또 하나의 뿔이 있다. 그림은 이런 정황을 강조하기 위해 수소를 두 마리 등장시켰다. 십자를 두 번 그린 것은 용의 세 번째 뿔(중각中角)을 볼 수 있는 곳이 두 번의 십十자 위치임을 나타낸다. 두 번의 십자란 천문에서 춘분점과 추분점이라고 하는 바로 그것이다.

고대 아나톨리아(오늘날 터키)를 동서로 가로지르는 산맥을 '토로스Toros, Taurus'라고 부른다. 이 명칭은 기원전 8000~기원전7700년경의 유적인 차탈휘위크와 관련 있다. 고대 신전이었던 이곳에서 수소상이 여러 개 발견되었는데, 고고학자들은 이것이 천문의 황소자리 신앙과 연관 있다고 말한다. 미트라 신화를 천문학적으로 해석하는 데이비드 울란지David Ulansey*** 교수는 "황소자리Taurus가 금성Venus과 연관된다"고 주장했다.[4] 이는 태양의 궤도인 황도십이궁黃道

***데이비드 울란지
미국 보스턴 대학 교수. 미트라교 연구가. 저서에《미트라 미스터리의 기원The Origins of the Mithraic Mysteries: Cosmology and Salvation in the Ancient World》등이 있다.

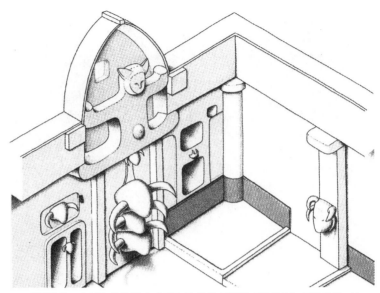

1-4 차탈휘위크의 신전 중앙 벽에 새겨진 곰 신상 기원전 8000년경. 그림 출처 : Mary Settegast,《Plato Prehistorian》.

황도십이궁
줄여서 십이궁이라고 한다.
황도란 태양이 지나는 길. 태
양은 움직이지 않지만 지구
의 공전으로 지구 관측자들
이 보는 태양의 위치가 시간
에 따라 다르기 때문에 태양
이 움직인다고 생각한 데서
유래한 개념이다. 황도십이
궁은 황도 전체를 30°씩 12등
분하여 각각에 별자리 이름
을 붙인 것. 춘분점이 위치한
물고기자리부터 양자리, 황
소자리, 쌍둥이자리, 게자리,
사자자리, 처녀자리, 천칭자
리, 전갈자리, 궁수자리, 염소
자리, 물병자리로 이어진다.

十二宮의 황소자리와 금성이 서로 만난다는 뜻이다. 십이궁이 모두 그러하듯 황소자리도 흩어져 있는 별을 임의로 연결해서 수소 형상을 암시하는 것이다. 울란지에 따르면 차탈휘위크는 "금성을 숭배한 샤먼의 유적"이다. 유적지에는 취락과 신전이 많이 남아 있고 신전 안에는 수소가 조소나 벽화 형식으로 표현되어 있다(그림 1-3). 이것들도 라스코 동굴 천장의 소들과 마찬가지로 신상이다. 황소 머리가 모두 북극성을 향해 배치되어 있다는 점에서 그곳이 북극성과 황소자리를 관찰하고 숭상하는 천문대임을 알 수 있다. 실제로 신전에서는 북극성을 상징하는 곰이 발견되기도 한다(그림 1-4). 곰이 네 다리를 활짝 펼친 모습을 찰흙으로 새겨놓은 조각상은 정확히 신전 중심부에 설치되어 있다. 이것은 기원전 8000년경 아나톨리아 지역 사람들이 샤머니즘의 주제인 북극성을 신앙했다는 증거이다.

《황금가지》라는 저서로 유명한 제임스 조지 프레이저James

1-5 수소몰이 축제 차탈휘위크. 기원전 6200~기원전 5300년. 그림 출처 : 레오나르도 아담, 《원시미술》.

George Frazer**에 따르면 "동부 시베리아의 퉁구스 샤먼은 곰을 숭배했고 매년 정월에 웅제熊祭를 지낸다."5 이 웅제는 고대 그리스에서 봄 축제 때 곰을 해체했던 의식과 유사하다. 웅제가 열리면 사람들은 곰을 해체하여 피와 내장을 축제에 참가자들에게 나눠주고 처녀들은 신성한 말뚝 앞에서 춤을 추었다. 제인 엘렌 해리슨James Ellen Harrison은 이것이 "봄의 소생을 염원하는 의식"6이라고 했는데, 그 말은 이 의식이 궁극적으로 금성 이데올로기와 이어진다는 의미이다.

네 다리를 양쪽으로 펼친 차탈휘위크 신전의 곰 조각상에는 이와 관련한 특별한 메시지가 담겨 있다. 점성술의 기본 지식인 수비학數祕學, numerology에서 네 다리의 수 4는 4원소나 4계절을 의미한다. 이는 금성이 사계절의 여신이고 다산과 풍요의 상징인 것과 관련 있다. 뒤에서 보게 되지만 사계절을 주관하는 금성의 이미지는 수메르, 바빌로니아 시대를 거치면서 더욱 선명하게 드러난다.

차탈휘위크 신전의 또 다른 벽화도 수소가 신상이었음을 말해주고 있다(그림 1-5). 이 그림에서 수소는 네 발이 묶인 듯 보이며, 동물

**제임스 조지 프레이저
1854~1941. 영국의 인류학자. 《황금가지》를 비롯한 저작들은 인류학과 인문과학 분야는 물론이고 문학에까지 영향을 미쳤다.

1-6 소머리 왕 모헨조다로, 기원전 2000년경. 그림 출처 : 조지프 캠벨,《천의 얼굴을 가진 영웅》.

1-7 소머리 왕의 인장 모헨조다로 기원전 2000년경. 그림 출처 :《世界の美術 35》, 朝日新聞社.

로 분장한 인물들이 활이나 창을 들고 그 둘레에서 부산하게 움직이고 있다. 하지만 이들은 수소를 상대로 싸운다기보다는 오히려 환영하는 것처럼 보인다. 수소의 등에 엎드린 사람도 이런 분위기를 전하고 있다.

수소의 두 뿔은 형태적으로 음과 양의 교감이라는 이원성원리二元性原理를 담고 있다.[7] 샤먼이 동굴 입구에서 해가 뜨고 지는 상황을 관찰하던 당시 상황을 상상해보자. 동굴 입구의 양쪽을 동지冬至와 하지夏至를 나타내는 기둥으로 삼으면 한쪽은 동지점(음陰)이고 다른 쪽이 하지점(양陽)이 될 것이다. 샤먼은 소머리의 두 뿔을 이 두 개의 기둥으로 보았다. 문자가 없던 시대의 일을 기록한 산스크리트 문헌이 황소를 "go"라고 적고 그 어원을 "별" "달" "태양광선"이라고 한 것은 이런 정황을 뒷받침해준다. 이 문헌에는 "지구를 통치하는 왕(목자牧者)이나 사원寺院이라는 단어가 황소의 어원에서 유래했다"고 쓰여 있다.[8] 그리스 신화에서 제우스가 수소로 비유되거나 "단군이 소를 타고 천하를 다스렸다"는 우리 옛 기록도 같은 맥락으로 이해할 수 있다.[9]

실제로 기원전 2000년경의 모헨조다로 유적에는 소머리 신상이 있다(그림 1-6). 이 소머리 신상은 가부좌 한 모습으로 고대 인도의

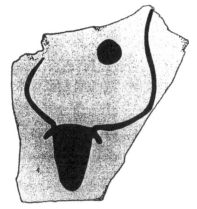

1-8 산동성 무씨사당 화상석(그림 13-29의 부분). 그림 출처 : 김재원, 《단군신화의 신연구》.

1-9 메소포타미아 문명 시대의 항아리 파편 기원전 8000년경. 그림 출처 : 조르주 나타프, 《상징·기호·표지》.

수행법인 요가를 하고 있다. 주목할 것은 거대한 물소의 뿔이다. 유적에서는 이 신이 사용했을 법한 인장도 발견되었는데 거기에도 거대한 수소가 새겨져 있다(그림 1-7). 소머리 신상의 소뿔이 좌우로 거의 원형처럼 휜 데 반해 인장에 새겨진 소뿔은 휘면서도 수직으로 뻗쳐올랐다. 이 둘은 각각 샤먼 신상과 그가 소유한 옥새로 보인다.

중국 신화에서 신농神農[**]이 소머리를 가진 황제로 등장하는 것을 비롯해 이런 우두인신牛頭人身은 이집트, 아시리아, 페르시아에 이르는 여러 곳에서 숭상되었다. 이렇듯 수소상이 많은 이야기를 품고 있는 이유는 황소자리와 금성이 만나는 것과 관계 깊다.[10] 중국 산동성의 무씨사당武氏祠堂 암각화(기원후 4세기)에는 샤먼(신선)이 소의 두 뿔을 잡고 하늘을 나는 모습이 그려져 있다. 천문을 관측하며 천하를 다스리는 제왕(사제)을 비유한 것이다(그림 1-8). 기원전 8000년경 유물로 메소포타미아[***]에서 출토된 토기 항아리의 사금파리 또한 산스크리트 문헌 이전에도 황소가 천문학의 도상이었음을 확인해준다(그림 1-9). 소머리의 두 뿔 가운데 오른쪽 뿔이 왼쪽 뿔보다 길게 솟아

[**]신농
중국 신화 속의 황제. 사마천의 《사기》 〈삼황본기三皇本紀〉에 따르면 뱀 몸에 사람 머리를 한 황제 여와女媧가 죽은 후 신농씨가 황제가 되었는데 신농씨는 머리는 소, 몸은 사람 모습이었다. 최초로 나무 호미를 만들어 사람들에게 농사를 가르쳐주고 시장을 만들어 상업이 발전하게 했다. 명의의 가르침을 받아 약초를 개발하고 《신농본초》라는 책을 저술했다고 전해진다.

[***]메소포타미아 문명
티그리스 강과 유프라테스 강 유역을 중심으로 번영한 고대 문명. 메소포타미아는 "강 사이"라는 뜻이다. 넓게는 서남아시아 전체의 고대 문명을 가리키기도 한다. 셈족에 속하는 아카드인, 아시리아인, 히타이트인 등이 중심이 됐으며 설형문자가 공통으로 사용되었다.

1-10 크노소스 신전 앞의 소뿔 그림 출처 : 에른스트 H. 곰브리치,《서양미술사》.

있으며, 양 뿔 사이에 그려진 검은 점은 오른쪽 뿔 쪽으로 다가서 있다. 여기에서 검은 점은 태양이다. 태양이 바야흐로 하지 쪽 기둥으로 기울어진 상황을 보여주고 있는 것이다.

지중해 문명 시대의 크레타 섬, 특히 크노소스 신전에서도 천문을 관측했음을 보여주는 유적이 있다. 신전 뜰에 있는 두 뿔 형상의 제단이다.《성경》은 뿔 제단이 "신적 권능의 상징이며 죄수가 그 뿔을 잡으면 법률에 구속되지 않는다"고 하여[11] 뿔이 세속의 법보다 상위에 있었음을 증언한다. 크노소스 신전의 두 뿔은 샤먼들이 해와 별들을 관찰하는 가늠자hill stone 역할을 했음직하다(그림 1-10). 크노소스는 물론 크레타 섬의 여러 신전에서 그들이 사용했던 문자가 발굴되었으나 유감스럽게도 그 의미는 아직까지 수수께끼로 남아 있다.

기원전 4000년경의 이집트 유물은 소머리상이 태양만이 아니라 하늘의 많은 별을 관측하는 역할을 했음을 보여준다(그림 1-11). 여기에서 소머리는 다소 추상적으로 표현되어 있다. 두 뿔은 타원형으로 구부러져 뻗쳐올랐고 그 끝은 사람 손 모양인데 한 손에 다섯 손가락씩 모두 열 손가락이다. 양 뿔 가운데에 육각형 별이 그려져 있고 이는 소의 양쪽 귀에도 하나씩 있다. 뒤에서 다루겠지만 육각형 별은 금성을 뜻한다. 두 뿔 사이와 양쪽 귀에 달린 육각형 별 셋을 연결하면 하나의 삼각형이 된다. 이 또한 금성의 상징이다. 따라서 이때 수소의 두 뿔도 천문 관측의 가늠자로 볼 수 있는 것이다.

1-11 **하토르**(화장판) 이집트, 기원전 9000년 전반기. 그림 출처 : 조르주 나타프, 《상징·기호·표지》.

두손의 도상은 달력이다

두 손의 열 손가락은 《역경易經》에 등장하는 "하늘을 나는 열 개의 날개(십익十翼)"와 의미가 통한다. 열 개의 날개는 열 개의 해(일日)를 말하는 것으로 중국 문헌 《산해경山海經》은 "해가 뜨는 동쪽 부상목扶桑木에서 차례로 떠오르는 열 개의 해를 활로 쏘아 떨어뜨리자 까마귀로 변했다"고 했다. 열 개는 한자로 一, 二, 三, 四, 五, 六, 七, 八, 九, 十이라고 쓰고 아라비아 숫자로는 1, 2, 3, 4, 5, 6, 7, 8, 9, 0으로 표기한다. 수는 나름대로 비밀스러운 뜻을 품는다. 단순히 순서나 양을 나타내는 수단만은 아니다. 샤먼이 손으로 수를 세는 것은 달력(역서曆書)의 수를 계산하면서 우주의 감춰진 비밀을 가늠하기 위해서이다. 일본의 신토神道 에서는 열 개의 수가 신을 부르는 주문呪文이다.[12] 흥미롭게도 기원전 6세기에 피타고라스도 숫자 10을 신성수神性數로 선언하였다. 그에 따르면 수數는 "우주에 항상 존재하는 원질原質"이며 여기에

*《산해경》
중국에서 가장 오래된 지리서. 신화가 많이 실려 있어 귀중한 자료로 꼽힌다. 저자는 알 수 없으며 진晉나라 때 곽박이 주석을 달았다.

**신토(신도)
불교 이전의 일본 토착 종교. 우리는 무교巫敎라고도 한다. 진자(신사神社)를 중심으로 운명한 조상이나 자연을 신으로 모시므로 숭배 대상이 매우 많다. 종교의 요건이랄 수 있는 교의, 종단, 포교 방법, 성전 등이 불명확해 종교인지 아닌지에 대해서는 논의가 계속되고 있다.

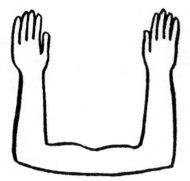

1-12 이집트 초기 상형문자 KA. 그림 출처 : 조르주 나타프,《상징·기호·표지》.

서 "만물의 질서cosmos가 창조"된다. 따라서 열 자리 수는 종교적 신앙의 대상이다.[13]

고고학자들은 피레네 산맥 북쪽 지역의 동굴 벽에서만 모두 150개의 손바닥 그림을 확인하였다. 손바닥 그림 둘레에 성좌를 뜻하는 붉은 반점이 있는 사실도 확인하여[14] 1만 5000년 전에 샤먼들이 손가락으로 천문을 계산했음을 보여준다. 이집트의 상형문자는 두 손을 그려놓고 이를 '성스러운 힘'이라는 의미로 해석한다(그림 1-12). 기원전 3000년경 메소포타미아의 원통 인장에는 손바닥 하나가 새겨져 있다. 역시 샤먼들의 신성한 역曆을 상징하는 것이다(그림 1-13). 도상에는 중심에 왼손 하나가 덩그러니 단위에 모셔져 있다. 그 옆에서는 한 인물이 손을 숭배하고 있다. 우리나라의 옛 점술사는 손바닥 하나를 그려놓고 이를 "일장경一掌經"이라고 불렀다. 손바닥에 십간십이지十干十二支의 수를 배치하고 손가락을 접었다 폈다 하며 운세를 점쳤다. 그러면서 손을 "손님"이라고 존칭으로 불렀는데 이 그림에서도 그렇게 불러야 옳을 것이다. 그림에 등장하는 인물들은 모두 분주하게 손을 놀리고 있다. 왼쪽에는 인물들이 수의 기호처럼 거꾸로 나열되어 있고 마치 말 못하는 사람처럼 손으로 신체의 여러 부위를 가리키고 있다.

레바논의 갈릴리 호수에는 바빌로니아 시대의 하조르 신전 유적이 있다. 거기에는 기원전 13세기경에 설치된 돌기둥이 있는데 그곳에도 손이 새겨져 있다(그림 1-14). 두 팔처럼 보이는 열 손가락 위에는 활 모양이 새겨져 있어 마치 두 뿔을 손으로 감싸는 듯한 모습이다. 이것이 금성의 상징이라는 것은 뒤에서 보게 된다.

이집트인은 손을 그리고 이를 기둥pillar이라고 했는데 그 뜻은 손

1-13 손, 메소포타미아의 원통인장 기원전 3000년경. 그림 출처 : 松村武雄,《古代希臘に於ける宗敎的葛藤》.

1-14 하조르 신전의 등비석 갈릴리, 기원전 2000년경 . 그림 출처 : Leonard Cottrell,《The Bull of Minos》.

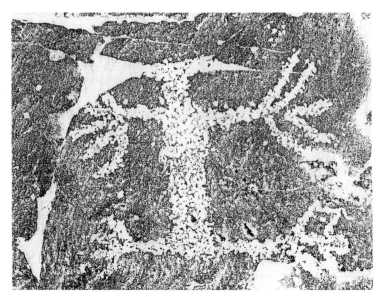

1-15 샤먼의 손 울산 대곡리 암각화 선사시대, 개인 소장. 그림 출처 : 문명대,《울주 반구대》.

바닥과 다섯 손가락을 의미한다. 두 손을 합치면 '지원하다' '강도가 높다'는 뜻이 된다.[15] 이는 하늘로 치솟은 두 팔뚝과 열 손가락이 《역경》의 십익十翼, 이른바 열 개의 날개와 같은 의미임을 말해준다. 시베리아 사모예드족이나 오스차크족은 샤먼이 죽으면 그 아들이 나무로 아버지의 손 조각을 만들게 한다. 주술력을 상징하는 손을 만듦으로써 아들이 이를 상속하게 된다고 믿는 것이다.[16] 《성경》의 〈시편〉(8:3 이하)에도 "주의 손가락으로 만드신 하늘과 주가 베푼 달과 별들을 내가 보노라"고 기록되어 있다. 이는 "창조가 모두 수數에서 시작된다"고 주장한 피타고라스의 교리(수비학)와 같은 맥락이다(뒤에서 다시 설명하겠다). 한반도의 울주 암각화에서도 두 팔과 열 손가락이 새겨져 있는 자료가 확인된다. 거대한 인물이 손가락이 열 개라는 사실을 보여주기 위해 두 손을 활짝 벌려 과장되게 새겨져 있다(그림 1-15).

"하늘에는 수(천수天數)가 먼저 있었다"고 샤먼들은 말한다. 손가락은 한 손에 다섯 개씩 모두 열 개로 십진법으로 계산하기에는 더 없이 편리한 계산기가 된다. 숫자를 뜻하는 영어 단어 digit는 라틴어 digitaus에서 비롯되었다. 이 말이 손가락을 함께 의미한다는 것은 우연이 아니다.

샤먼의 학습기구 컴퍼스와 삼각자

샤먼들은 뿔관을 쓰고 굿을 했다. 알제리 인아자와 고원의 한 벽화에는 그 증거가 있다(그림 1-16). 그림에서는 두 인물이 커다란 원탁 앞에서 무엇인가 상의하고 있다. 원탁은 소가죽으로 만들어졌는데 소머리와 꽁지가 결합되어 있다. 탁자 위에 수소 뿔이 놓여 있는 것은 이들이 천문을 관측하는 샤먼들임을 암시한다. 한쪽 인물이 뿔관을 쓰

1-16 원탁회의 알제리 인아자와 고원. 그림 출처 : 레오나르도 아담, 《원시미술》.

고 있는 모습 역시 이들이 샤먼임을 확인시켜준다. 주목할 것은 탁자의 중심에 지도가 그려져 있다는 것이다. 원형으로 둘러친 지도에는 세 개의 땅덩어리가 그려져 있으며 이는 그들이 파악한 당대의 세계임을 암시한다. 또한 지도에서 사방으로 뻗어나는 광채는 세계를 정밀하게 관찰하기 위한 각도角度로 오늘의 위도나 경도를 연상케 한다. 이처럼 샤먼이 수학과 기하학에 능통했다는 사실은 놀라운 일이 아니다. 또한 이 자료는 고대 신라에 있었다는 화백회의를 연상케 한다. 화백회의는 칠정七政이라 불린 만장일치제로 운영됐다.[17] 칠七자는 북두칠성의 기호로 신라의 화백회의가 샤먼제국의 통치 제도였음을 알게 한다.

중국 투루판에서 발굴된 〈복희여와도伏羲女媧圖〉 역시 샤먼이 각도의 전문가임을 보여준다(그림 1-17 82쪽). 두 인물은 각자 손에 컴퍼스〔규規〕와 자〔척尺〕를 들고 있다. 중국이 기록하고 있는 복희와 여와는 기원전 3000년 이전에 천문을 헤아리던 샤먼을 말한다. 복희와 여와는 상투를 틀어 올린 머리가 둘이지만 몸은 하나로서 하반신에는 뱀 두 마리가 꼬여 엉겨 있다. 인물 배경에 별이 많이 그려져 있으며 특히 상단과 하단에 각각 별을 열 개씩 거느린 태양이 있음에 주목할 만하다. 십간十干과 음양오행陰陽五行을 나타내는 것이다. 그러므로 이 그림은 목성木星을 신년의 기점으로 삼는 중국 역법을 나타내는 천문도라고 할 수 있다.

투루판 지역의 고대 고창국高昌國에서 발굴한 천문도 역시 다르지 않다(그림 1-18 83쪽). 다만 여기에서는 두 인물이 엉겨 있지 않고 몸이 나뉘어 있으며 성별도 드러나지 않는다. 두 인물은 서로 대칭을 이루며 손을 들어 북쪽의 북두칠성을 가리키고 있다. 북두칠성으로 향한 두 팔은 하나의 삼각형을 만든다. 금성 이데올로기의 표현이다. 삼각형은 수비학에서 우주 창조의 원형을 뜻한다. 우리 무가巫歌에서

•복희와 여와

복희는 중국 신화에 등장하는 남신. 상반신이 사람이며 하반신은 뱀의 모습이다. 여와는 인류를 창조한 여신. 복희와 여와가 남매였다는 설도 전해진다. 대홍수로 인류가 멸망했을 때 표주박 배를 타고 살아남은 뒤 결혼해서 인류의 선조가 되었다. 복희는 뇌신雷神의 아들로 인류에게 불씨를 주어서 고기를 구워먹을 수 있게 만들었다.

••고창국

5~7세기경 중국 신강 위구르 자치구의 투루판에서 번영한 국가. 5세기 중반 북량(오호십육국의 하나)이 망한 뒤 그 왕족인 저거무회, 저거안주 형제가 유민들을 이끌고 이 지역에 나라를 세웠다. 저거 씨가 2대만에 물러나고 498년 국 씨가 왕이 된 후 140년 남짓 나라를 이끌었지만 실질적으로는 한의 속국이었다.

는 삼대육성三臺六星이 바로 이 삼각형과 연결된다.[18]

삼대三臺는 삼각형의 세 자리를 말하는데, 금성이 북두칠성과 만나는 자리를 '태일太一', 달과 만나는 때를 '태백太白', 태양을 만나는 때를 '태을太乙'이라고 한다. 이들이 모여 하나의 삼각형을 이루는 것이다. 육성六星은 수소자리 안에 숨어 있는 묘성昴星을 달리 일컫는 말로 묘성은 28수二十八宿의 하나인 별자리이다. 금성이 춘분점에 나타날 때 금성 뒤쪽에 보인다. 시베리아 샤먼은 이 묘성이 6개의 별로 무리를 이루고 있다고 믿는다. 하지만 6이라는 숫자는 금성과 묘성이 공유하는 수라고 이해하는 것이 옳을 것이다.

세계의 북극성과 북두칠성

한국의 샤먼은 무가 〈경성 열두거리〉[***]에서 이렇게 노래했다.

> 쳐다보면 삼십삼천三十三天
> 내려다보면 이십팔수二十八宿[****]
> 동두칠성東斗七星
> 서두칠성西斗七星
> 남두칠성南斗七星
> 북두칠성北斗七星
> 중앙에는 삼대육성三臺六星

삼십삼천은 수비학으로 보면 3+3=6으로 묘성이 숨어 있는 천구의 북극[*****]을 뜻하며, 이십팔수는 동서남북으로 나누면 각각 일곱 개의 별무리로 사계절의 별들을 뜻한다. 중요한 부분은 중앙에 보인다

[***] 경성 열두거리
무가는 한국의 무당 등이 노래로 전해온 경전이라 할 수 있다. 그 중 열두거리는 큰굿에서 불리는 무가로, 〈경성(서울) 열두 거리〉와 〈오산 열두 거리〉가 있다. 〈경성 열두거리〉에는 청배請拜(신을 청하는 무가), 신탁神託(무녀를 통해 전달되는 신의 목소리), 타령(신을 즐겁게 하기 위해 부르는 노래)의 세 가지가 비교적 분명하게 나뉘어 있다.

[****] 이십팔수
황도십이궁보다 더 많은 스물여덟 개의 별자리. 세분화된 천문관측지의 내비게이션이라고 할 수 있다. 하늘의 적도를 따라 그 남북에 있는 별들을 28개 구역으로 구분하는데, 각 구역의 대표적인 별자리를 수宿라고 한다. 28수는 28개 구역의 대표 별자리인 셈이다.

[*****] 북극
북극과 다른 의미로, 우주를 하나의 돔처럼 생각했을 때 꼭지 부분에 해당되는 곳. 천구의 북극.

1-19 천제와 북두칠성 산둥성 무씨사당 화상석. 그림 출처 : Uno Harva, 《Shamanism》.

는 삼대육성이다. 이는 샤먼들의 독자적인 우주관으로, 수비학으로 보면 삼대육성은 우주의 중심축인 오방五方을 뜻한다. 오방의 중심에 북극성이 있으며 샤먼에게 북극성은 천상의 지존至尊이고 천지 만물의 창조주이다. 우리 무가에는 "자부신선紫府神仙"이나 "태을진군太乙眞君"이라는 이름으로 등장하며 "하늘의 모든 별이 이를 축으로 회전하며 생성하고 소멸한다"고 노래하고 있다.[19]

중국 산둥성의 화상석畵像石에는 국자 모양의 북두칠성에 천제天帝가 앉아 있는 모습이 그려져 있다(그림 1-19). 북두칠성과 관련해서는 여러 문화권에 걸쳐 대체로 북극에 특별한 혼이 존재한다는 이야기가 전해 내려온다. 이 화상석에는 북두칠성 주변에 금성과 묘성의 딸들을 구하기 위해 모여든 자들이 그려져 있는데, 그 딸들을 얻으면 영웅으로 거듭난다는 믿음이 담겨 있다. 그런가 하면 시베리아 샤먼 전설에서는 북두칠성이 일곱 노인으로 묘사되는데, 이들은 처녀 약탈자로 등장한다. 그것은 북두칠성 주변에 묘성이 있다는 사실, 그리고 금성이 묘성과 만나는 정황과 무관하지 않아 보인다. 어쨌든 천제는 금성이나 묘성의 딸들을 약탈하기 때문에 원성의 대상이다. 몽골인은 묘성이 본래 일곱 개였으나 그중 하나를 북두칠성 노인들에게

빼앗겨 여섯 개가 되었다고 믿는다. 이들은
북두칠성을 처녀 도둑으로 여기며 이 노인
들이 약탈을 감행할 즈음이 되면 별에 참배
했다고 한다. 알타이의 타타르인은 "이 노
인들이 훔쳐간 딸이 하나가 아니라 일곱이
나 된다"고 믿는다.[20] 북두칠성이 일곱 개
별로 이뤄져 있기 때문일 것이다. 바리공주
무가의 칠공주 중 하나가 버림받는 대목도
북두칠성과 묘성의 이야기와 다름없다. 이
런 전설들은 묘성이 하늘의 씨 주머니(항아
리)를 가지고 있다는 믿음으로부터 비롯했

1-20 샤먼의 우주관을 보여주는 도상 지중해 문명 시대. 그
림 출처 : Jaequetta Hawkes, 《Dawn of The Gods》.

다. 당시 샤먼은 "하늘의 씨가 지상으로 내
려와 여성의 자궁을 통해 영웅이나 천재로 태어난다"고 믿었다. 사마
천은 이 씨를 "천정天精"이라 일컬으며 "하늘의 순수한 기氣, 사려 깊
음, 총명함을 의미한다"고 기록했다.[21]

　　지중해의 한 유물도 금성과 그 일곱 딸의 이야기를 보여준다(그림
1-20). 도상은 일곱 처녀들이 모두 나란히 하늘의 배를 탄 모습인데,
아래쪽에 금성의 상징인 꽃이 새겨진 것에서 이 미인들이 금성의 딸
임을 확신할 수 있다. 일곱 미인은 북두칠성이고 쪽배는 달이며 유물
을 둘러싼 네모꼴은 사계절의 지구를 의미한다. 그 위 둥근 원둘레에
새겨진 30개(혹은 31개)의 새싹은 1개월이라는 달의 주기를 암시하고
있다.

　　시베리아 샤먼들은 사슴을 큰곰자리라고 부르며 부랴트Buryat 샤
먼은 이를 "일곱 개의 별" 또는 "일곱 명의 노인"이라고 부른다.[22] 우
노 하르바에 따르면 시베리아 샤먼들은 이 일곱 개의 별들을 "서로
보이지 않는 끈으로 연결된 개들"로 보았다. 또한 서로를 묶은 보이

1-22 사슴신상 알라카 휘위크 무덤, 기원전 2300~기원전 2100년, 초기 아나톨리아 청동기시대. 그림 출처 : James Mellaart, 《Earliest Civilizations of The Near East》.

지 않는 이 끈이 풀리면 개들이 모두 도망가 세계가 거대한 파국을 맞는다고 믿었다. 이 일곱 별이 하늘의 모든 별들과 연결된 세계의 기둥이고 만일 이 유대(끈)가 끊어졌을 때 세계가 파국을 맞이하리라고 본 것은, 우주가 빈틈없이 얽혀 있다고 믿었기 때문이다.[23] 실제로 북극성은 방위를 찾는 등대 구실을 하며 북극의 고도를 측정하는 기준점이 되기도 한다. 또한 그 고도는 한 지역의 밤낮 길이와 해의 출몰 시각을 계산하는 기초가 된다.[24] 중국 문헌은 북두칠성의 이 7七이라는 수가 "사계절의 시작을 의미한다"고 말한다.[25] 7이 사계절과 관련된다고 한 것은 북두칠성과 금성의 관계가 밀접함을 의미한다. 사계절을 만들어내는 별이 바로 금성이기 때문이다.

조선시대 때 공예품에 천문도를 새긴 경우는 다소 희귀하다(그림 1-21 83쪽). 이 천문도는 금동에 북극권을 새겨놓았다. 우리 전통 천문학에서는 이를 "자미원紫薇垣"이라고 부른다. 자미원에는 북극성, 작은곰자리, 큰곰자리, 오리온자리, 시리우스 성단 등이 포함되며 지구는 이들 항성을 축으로 1년 365일 동안 태양을 한 바퀴 돈다.

소아시아 아나톨리아의 유물에서는 이 자미원 속의 북두칠성이 사슴으로 나타난다(그림 1-22). 사슴의 몸에는 여러 동심원이 새겨져 있고 목 언저리에는 파도 문양이 그려져 있다. 사슴 얼굴은 은제 가면으로 덮여 이것이 신상으로 숭배됐음을 알 수 있다. 두 개짜리 동심원 가운데 큰 원은 우주의 담장(우주역宇宙域), 작은 원은 북극 영역의 담장을 의미한다. 지그재그 파도 문양은 북극을 의미한다. 북극권(자미원)에는 실제로 지그재그 파도 모양의 별자리가 있다.

1-23 사슴을 딛고 선 신 아나톨리아 보아즈쾨이(힛타이트). 그림 출처 : James Mellaart, 《Earliest Civilizations of The Near East》.

같은 지역에서 발굴된 또 다른 유물에는 고깔모자를 쓴 인물이 사슴 등에 올라서 있다(그림 1-23). 허리에 도끼를 찼고 한 손에 지팡이를 잡았으며 다른 한 손으로 매를 든 것으로 보아 심상치 않은 인물임을 알 수 있다. 고깔은 수소의 뿔이고 지팡이는 마술의 상징(십익十翼)이다. 또 도끼는 인간의 운명(팔자八字)을 결정하는 우주 시간의 상징이다. 미술사학의 거장 엘빈 파노프스키Erwin Panofsky의 용어를 빌리면 도끼는 "아버지의 시간"을 상징한다.[26] 매는 형벌의 상징으로서 이 인물이 세계를 지배하는 천제天帝임을 말해준다.

메소포타미아 신화에서는 "북극의 일곱 별이 세상의 운명을 결정하며 인간에게 금속을 이용하는 방법과 기상학, 점성술, 해와 달의 운행, 측량술, 지리학 등 온갖 지식을 가르치기 위해서 바다에서 나왔다"고 하였다.[27] 우리나라 전설에서는 "북두칠성에 신선들이 있으며 그들은 장기를 두면서 인간의 생사화복을 주관한다"고 하였다.

•엘빈 파노프스키

1892~1968. 독일 출신의 미술사학자. 독일의 유태인 공직 추방 때 미국으로 이주한 뒤 도상해석학을 제창하고 방법론을 확립했다.

1-24 청동 사슴 머리 경북 영천. 그림 출처 :《한국미술전집 : 원시미술》, 동화출판공사.

이런 시각으로 보면 왜 옛사람들이 청동으로 사슴 머리를 만들었는지 알 수 있다. 사슴 머리 상은 초기 석기시대에도 만들어졌다. 우리나라에서는 줄무늬가 여러 형태로 새겨져 있는 초기 석기시대의 사슴 머리가 출토됐다(그림 1-24). 줄무늬는 각도의 의미로 볼 수 있다. 알타이, 몽골, 예니세이의 샤먼은 오리온자리를 세 개의 사슴 머리로 보았다. 수비학으로 볼 때 숫자 3은 시원始原이고 전부라는 의미이다.

한국의 샤머니즘은 조선조시대의 민화民畵에서 살아 숨 쉰다. 소개하는 민화에는 사슴을 탄 인물이 그려져 있다(그림 1-25 84쪽). 머리가 기이하게 생긴 노인이 한 손에 복숭아(천도天桃)를 쥐고 사슴을 탔으며 그 뒤를 동자가 따르고 있다. 복숭아는 좀생이(묘성) 종자가 저장된 항아리를 의미한다. 동자가 그 복숭아에서 태어난 천동天童임을 나타내기 위해 화가는 피리 부는 소년으로 그려놓았는데, 피리는 천문과 점성의 원리를 상징한다.

좀생이 종자에 대한 이야기는 고구려 고분 벽화에서도 발견된다(그림 1-26 84쪽). 흰 옷을 입고 소뿔이 달린 인물은 천문을 관측하는 샤먼인데, 한 손에 벼이삭을 쥐고 도망가고 있다. 벼이삭을 관장하는 무당이 샤먼에게 이를 빼앗기고 망연자실한 모습이다. 벼이삭은 지중해 신화에서는 영웅들의 씨를 의미하며 또한 비밀 의례의 주제이다. 그러므로 이 그림은 고구려에서도 비밀 의례가 있었음을 보여준다고 할 수 있다. 샤먼의 어깨 위에 그려진 동그라미는 이 고분이 북극과 수직선을 이루는 우주축에 위치해 있음을 말해준다.

묘성과 좀생이

샤먼의 중요한 관심사는 금성과 묘성昴星이 나란히 새벽에 나타나는 시간이다. 중국 문헌은 묘성을 이십팔수二十八宿의 하나로 간주하며 "묘칠성昴七星"이라고도 했고 "하늘의 귀(이耳)"라고도 했다.[28] 귀라는 말은 서자庶子라는 의미로도 쓰이는데 산신할멈(신모神母)의 도움으로 좀생이 혼을 가진 아이를 낳는 일을 가리킨다.《자전字典》에서는 좀생이 혼을 "묘령昴靈"이라고 했으며, "묘성의 정精이 귀한 사람으로 태어나는 비유"라고 했다.[29] 일반적으로 중국 문헌은 묘성을 "하늘의 정〔천정天精〕"으로 풀이하며 "순수한 기氣, 사려思慮, 총명聰明을 상징한다"고 기록하고 있다.[30] 이런 자료들은 모두 묘성이 위대한 영혼의 씨앗을 저장하고 있는 항아리임을 말해준다.

1-27 고대 그리스의 등잔 그림 출처 : 조르주 나타프,《상징 · 기호 · 표지》.

　《일본서기日本書紀》에서는 금성을 "천진옹성天津甕星"이라고 한다. 천진 천구의 북극이고 옹성은 옹기 항아리의 별로 묘성이다. 이처럼 금성과 묘성은 떼려야 뗄 수 없는 관계인데, 지중해 시대의 유물인 등잔(혹은 거울)에서 우리는 금성과 묘성의 관계가 마치 마님과 시녀처럼 의인화되어 있음을 보게 된다(그림 1-27). 그림의 전면에 옷자락을 펼치며 하늘을 나는 여신이 있고 그 뒤에서 작은 여자가 여신의 옷자락을 붙잡고 있다. 앞의 여신이 금성이고 뒤의 작은 여자가 묘성이다. 이런 관계는 춘분점에서 금성이 뜰 때 묘성이 그 뒤에 따라붙는 천문현상에서 비롯됐다. 그림 왼쪽 아래의 소뿔을 가진 인물은 수소자리임을 알 수 있다. 여신, 여자와 소뿔 가진 인물을 함께 배치함으로써

*《일본서기》
일본어로는 '니혼쇼키'라고 발음한다.《고지키古史記》와 함께 가장 오래된 일본 역사서로 꼽힌다. 7세기 초 백제인 안만려安萬呂가 편찬했다.

금성, 묘성이 수소자리와 함께 있다는 것을 말해주는 것이다.

우리나라 무속에서 이런 정황을 "소의 뒷일", 즉 "우후牛後"라고 하는 것도 그 때문이다. 고대 히브리인들도 북극성과 오리온과 묘성의 별무리(성단)를 가리켜 "만물을 창조하고 변화시키시는 신"이라고 했다.[31] 북두칠성과 금성과 묘성의 별무리가 창조의 근원이라는 것이다. 《회남자淮南子》도 이 별을 "영성零星"이라고 하고 "위대한 인물을 낳는 별"이라고 했다.[32] 만물을 창조하시고 변화시키며 위대한 인물을 낳는 이 별들이야말로 금성 이데올로기의 화신이라고 해야 할 것이다.

시베리아 지역의 제 민족은 묘성이 우주의 불씨와 관련 있다고 믿는다. 알타이 샤먼들은 묘성의 본래 이름이 '메친mechin'이었다고 믿는다. 그들의 믿음에 따르면 좀생이를 일컫는 메친은 본래 지상에 살고 있었다. 아주 오랜 옛날 큰 불이 일어나 지상(지구)의 모든 것이 타버렸지만 메친만은 죽지 않고 잿더미 속에 숨어 있었다. 이를 천상의 낙타와 암소가 발견하고 함께 이 괴이한 놈을 죽이기로 작정했다. 먼저 낙타가 가냘픈 발목으로 메친을 밟았지만 메친은 꿈쩍도 하지 않았다. 그러자 암소가 말했다. "당신은 발목이 약하니 내가 밟겠소." 낙타의 발을 빼자 암소가 잿더미 속에 발을 디밀어 메친을 으스러지게 밟았다. 메친의 몸이 부서져 가루가 되었으나 이 괴물은 부서진 채 암소의 몸으로 들어가 숨어 있다가 성난 암소가 눈을 부릅뜨자 그 눈 틈으로 빠져나가 북극에 올라간 뒤 여섯 개의 별이 되었다. 이것이 묘성의 전생 이야기다. 알타이 샤먼들은 그렇게 되자 세상이 갑자기 차가워지기 시작했다고 전한다.[33]

낙타와 암소는 십이지十二支에서 쥐(자子)와 소(축丑)에 해당한다. 부랴트인의 전설에 따르면 십이지를 정할 때 샤먼들이 낙타와 쥐를 놓고 논쟁을 벌였다고 한다. 12년의 첫해를 낙타로 하느냐, 쥐로 하느나에 부족 사이에 중대한 이해관계가 달려 있었기 때문이다. 결국 결정을 보지 못하고 두 짐승 중 제일 먼저 햇빛을 보는 자를 첫자리에 놓기로 했다. 목이 긴 낙타는 습관적으로 동쪽을 향해 앉으므로 낙타를 지지하는 진영은 안심하고 있었다. 그런데 결과는 반대였다. 약삭빠른 쥐가 동 틀 때 재빨리 낙타 등에 올라가서 낙타와는 반대로 서쪽으로 향했다. 동녘이 틀 때 햇살은 동쪽보다 서쪽하늘을 먼저 물들인다는 것을 쥐는 알고 있었다. 햇살이 각도를 가진다는 정황을 쥐는 알았던 것이다. 이는 십이지가 낙타가 있었던 지역에서 낙타가 없는 시베리아 지역으로 전해진 상황을 말해준다.

키르기스 샤먼은 묘성을 커다란 녹색 곤충으로 여긴다. 원래 이 곤충은 풀숲 속에 살면서 양 같은 가축을 먹어치웠다. 수소가 죽이려 했지만 이 곤충은 가루가 된 뒤 역시 소의 부릅뜬 눈으로 빠져나와 하늘로 도망갔다. 여름하늘에 좀생이가 보이지 않으면 땅에 내려와 있다고 생각하는 것도 좀생이가 영원불멸의 혼임을 믿고 있기 때문이다. 알타이 지방에 전하는 전설에는 강력한 칸(상제上帝)인 큰곰자리가 지상의 좀생이를 그냥 둘 수 없어 이 문제를 말(마馬)과 상의했다고 한다. 말은 이렇게 말했다. "나의 이 발로 짓밟으면 그놈은 아마 콩가루가 될 것입니다." 하지만 곁에서 이 말을 엿듣는 수소가 먼저 지상으로 내려와 좀생이를 밟아 부서버렸다. 좀생이의 파편은 역시 소의 찢어진 눈으로 빠져나와 하늘로 올라갔다. 그때 칸이 좀생이의 파편 하나를 제거했는데 묘성은 이에 격분하여 그때부터 잃어버린 새끼를 찾아 끊임없이 큰곰자리를 뒤쫓는다. 이렇게 한 몸이었던 별(생물)이 가루가 되어 분화했다는 생각은 지구상 여러 민족의 전설 속에 전해지고 있다.

고구려시대 고분의 천장 받침에도 좀생이로 추정되는 그림이 있다(그림 1-28 85쪽). 고분이 북극과 수직을 이루는 지점에 축조된다는 사실을 감안하면 이 괴물이 금성을 통해서 내려오는 좀생이라고 추정할 수 있다. 괴물이 추상적으로 그려진 것 또한 그렇게 짐작할 수 있는 근거가 된다. 그림 속에서 괴물의 몸체는 머리와 꼬리가 없는 뱀처럼 생겼고 몸에서는 불꽃같은 것이 이글거리며 타오르고 있다. 몸은 양단이 대칭적으로 꼬인 모양으로 휘어져 꿈틀거린다. 중국 남제南齊의 화가인 사혁謝赫은 "그림은 우주적인 에너지(기운)를 그리는 일"이라고 했는데 이 말은 이런 추정을 뒷받침해준다. 하늘의 영혼인 원인原人의 종자(DNA)가 북극과 지구 사이를 왕래한다는 것을 화가가 알고 있었다는 증거이다.

기원전 1300년경 이집트 제19왕조 세티 1세의 무덤에는 천구의 북극을 그린 〈북천도北天圖〉가 있다. 그 천문도에 좀생이의 항아리가 그려져 있다(그림 1-29 85쪽). 이 천문도는 프톨레마이오스 왕조 이전의 천문 지식을 보여준다는 점에서 흥미롭다. 그림 중심의 건장한 수소가 이 천문도의 주제이다. 그림은 복잡한 구도로 그려져 이해하기 쉽지 않지만 찬찬히 뜯어보면 다음과 같이 풀어낼 수 있다.

그림 중심에 건장한 수소 한 마리가 보인다. 수소는 그림 전체에서 독립되어 있지 않고 그 자체가 북두칠성의 일곱 별 중 하나가 된다. 그러니까 황소가 북두칠성 국자 모양의 도입부가 되는 것이다. 황소의 엉덩이 뒤에는 한 여인이 하늘을 나는 모습처럼 엎드려 있고 그 아래 남자도 비슷한 자세를 하고 있다. 수소 바로 아래에는 작은 남자가 왼쪽 손을 번쩍 들고 있다. 이것이 북두칠성의 국자 몸체 부분이 된다. 손잡이는 그 왼쪽으로 전개된다. 한 여인이 누운 듯이 그려져 있고 그 아래로 작은 사자와 악어가 연결되며 북두칠성 그림이 마무리된다. 국자를 이루는 별 넷과 손잡이에 해당하는 별 셋이 모두 확인된 것이다. 이 〈북천도〉는 천국의 사자使者인 사자와 악어가 거대한 뿔배를 들고 좀생이 혼을 얻어 지구로 가져간다는 주제를 표현하고 있다.

그림에서 좀생이 혼이 수소의 엉덩이에 연결된 호스를 통해 뿔배로 들어가고 있는 정황을 확인할 수 있다. 좀생이가 가루가 되어 소의 몸으로 들어갔다는 사실을 떠올리면 이해하기 쉬울 것이다. 주목할 것은 황소의 뿔 위에 그려진 현조玄鳥와 태양, 그리고 이집트문자 'mes'(그림 문자)이다. 〈북천도〉의 주제는 이 문자에 숨어 있다. mes는 '탄생'을 의미한다. 이집트학자 크리스티앙 자크Christian Jacq는 이 문자가 "석 장의 가죽과 세 겹의 덮개를 밀치고 나오는 모양"이라고 주장했다. 석 장의 가죽과 세 겹의 덮개는 하늘과 중간층과 땅, 이른바 우주의 세 층을 상징하며 "셋은 모든 신이다"라는 말이 의미하듯 숫자 3은 모든 조건을 완벽하게 갖춘 완전함의 상징이다.[34] 다시 말해 현조와 해와 새장을 의미하는 mes는 황소의 몸에 좀생이 혼이 깃들어 있음을 의미한다. 현조는 오른쪽에서도 볼 수 있는데, 금성과 겹치는 좀생이(묘성昴星)의 항아리이다.

샤먼의 도끼는 해탈의 상징이다

시베리아 샤먼들은 번개의 신을 '도끼의 주主'라고 부른다. 이는 번개가 나무를 넘어뜨리면서 그 속의 악령을 쫓아버린다고 믿기 때문이다.[35] 반면 장자莊子는 도끼를 "왕궁의 대들보를 찍는 나무꾼의 일"에 비유했다. 《예기禮記》에도 "천자는 도끼를 그린 병풍을 등에 지고 일어난다"고 하여 천하를 다스리는 인재를 도끼에 비유했다. 신라의 원효대사가 천재 설총을 낳은 일 또한 "자루 없는 도끼(몰가부沒柯斧)"에 비유된다. 기원전 16세기경 지중해의 필로스Pylos 섬에서 발굴된 유물에는 소머리의 중심에 쌍날 도끼가 붙어 있다(그림 1-30). 황금 판을 얇게 두드려 만든 이 도상은 원효대사가 경전을 쓰면서 벼루를 소머

·자루 없는 도끼(몰가부)
《삼국유사》에 전하는 설화. 하루는 원효가 거리에서 큰 소리로 노래했다. "누가 자루 없는 도끼를 빌려주려나? 하늘 괼 기둥을 자를 터인데." 사람들은 그 진정한 뜻을 알지 못했지만 태종 김춘추는 "대사가 귀부인을 얻어 현명한 아들을 낳겠다는 뜻일 것"이라면서 요석궁에서 과부로 지내는 공주와 이어지게 했고 그 결과 설총이 태어나게 됐다.

1-30 쌍날도끼를 가진 소머리 기원전 16세기, 미케네 문명. 그림 출처 : Jacquetta Hawkes,《Dawn of the Gods》.

1-31 가슴 장식 모헨조다로, 기원전 2000년경. 그림 출처 :《世界の博物館 : 大英博物館》, 講談社.

리의 한가운데에 놓고 썼다는 우지양각상牛之兩角上의 고사와 일맥상통한다고 할 수 있다.

이처럼 도끼는 용의 보이지 않는 가운데 뿔, 이른바 중뿔의 이미지와 연관되어 있다. 그러므로 쌍날 도끼는 중뿔의 상징이다. 용의 중뿔은 제3의 뿔이며 이는 다시 우리 무가에서 노래하는 삼대육성三臺六星과 연결되는데, 성별로 따지면 양성兩性이다. 도끼의 날이 별개로 독립되어 있지 않고 한 몸에 양단兩端을 가진 것은 양성을 의미하는 것이다.

기원전 2000년경의 모헨조다로 유적에서 발굴한 유물에는 중뿔을 가진 소(일각수一角獸)가 있다(그림 1-31). 제3의 뿔을 가진 소는 금성을 뜻하는 커다란 반원을 배경으로 삼고 있으며 그 원 속에 단지가 새겨져 있다. 단지는 북극에 있는 좀생이 혼이 들어오는 곳으로, 우리 무속에서는 '넋시루'라고 말하고 일본 신화에서는 '옹성甕星'이라고 한다. 샤먼의 도끼는 태를 자르는 점지點指의 무구로 사제는 이 도끼를 수소의 양 뿔 사이에 놓는다. 수소의 양 뿔 사이에 좀생이 혼이 내리는 통로가 있다고 믿기 때문이다.

1900년에 아서 에번스Arthur Evans는 크레타 섬의 라비린스Labyrinth 궁전에서 황금으로 만든 양날 도끼를 발굴했다. 복잡한 문양을 새긴 도끼

●우지양각상牛之兩角上
《삼국유사》에서 "원효가 붓과 벼루를 소의 두 뿔 사이에 놓았다"고 묘사한 데에서 유래된 말. 소의 두 뿔을 하지와 동지로, 그리고 그 사이의 중간이 춘분과 추분점이 된다는 뜻으로 읽힌다.

의 중심에는 중심축을 의미하는 상징적 손잡이를 끼워놓았다. 그런 뒤 "수소의 두 뿔 사이에 놓으면 미궁迷宮이 된다"고 했다. 수소의 두 뿔 사이는 춘분점이며 이 지점에 미궁의 비밀이 있음을 말해주는 것이다. 양날 도끼가 '라비린스'로 불리게 되는 사연이다[36] (그림 1-32). 도끼가 사제가 잡는 신성한 무구라는 것은 산스크리트어가 증명해준다. 산스크리트어에서 도끼는 '파라수 parasu'로 그 뜻은 '결혼 중매인'이다.[37] 결론적으로 이 모든 자료는 소머리가 사제이고 도끼가 위대한 인물을 골라내는 샤먼 시대의 신성한 무구임을 말해준다.

엘빈 파노프스키의 용어를 빌리면 도끼는 "아버지의 시간"을 의미한다.[38] 아버지의 시간은 탄생하는 생명의 운명을 결정하는 시간이다. 샤먼은 좀생이 혼이 태어나는 그 성스러운 시간을 결정하는 영혼의 지배자인 것이다.

우리 샤머니즘에서는 가위가 도끼를 대신한다(그림 1-33 86쪽). 가위 손잡이에는 용무늬가 새겨져 있어서 가위질이 용의 비밀을 푸는 도구임을 암시하고 있다. 도끼의 도상 의미가 가장 실감나게 표현된 것은 바빌로니아의 유물이다(그림 1-34). 바람의 신으로 알려진 핫디 신상은 양쪽 손에 삼지창과 도끼를 쥐고 소를 탄 모습이다. 주목할 것은 날개를 가진 금성의 심벌이 머리 위에 새겨져 있다는 사실이다. 삼지창은 뒤에서 언급하

1-32 크레타 문명 시대의 황금 쌍날 도끼 크레타 아르카도코리 동굴, 기원전 2000년경. 그림 출처 : Jacquetta Hawkes, 《Dawn of the Gods》.

1-34 핫디의 바람의 신 바빌론 시대의 부조, 기원전 1000년경. J. C. Cooper, 《An Illustrated Encyclopaedia of Traditional Symbols》.

지만 금성의 상징 도상이고 수소는 천문의 상징이다. 이처럼 수소를 딛고 선 신을 두고 프리츠 작슬Fritz Saxl은 "천후天候를 관장하는 신"이라고 했는데[39] 정곡을 찌른 말은 아니다. 도끼의 도상 의미를 무시한 것이기 때문이다. 수소를 타고 선 신은, 금성이 나타나는 춘분점에서 좀생이 혼이 나타나는 시간에 운명을 정하는 사제라고 해야 옳을 것이다. ☙

제2장

세계를 지배한
샤먼의 천문학

유일신과 지동설

1543년 코페르니쿠스가 지구가 태양을 중심으로 돈다는 지동설을 주장한 후 거의 한 세기나 지나서 갈릴레이는 다시 같은 주장을 했다. 그 결과 대주교 앞에 무릎 꿇고 앉아 성경 위에 손을 얹고 사죄했다. 반면 신념을 포기하지 않은 조르다노 브루노˙는 로마의 캄포 디 피오리 광장에서 기어이 불타 죽었다. 이것은 서구 문명이 우리에게 보여준 최대의 희극이다.

　　최근에 수메르 문명을 천문학적으로 해석하여 큰 주목을 끈 제카리아 시친Zecharia Sitchin˙˙은 수메르 사람들이 이미 지동설을 믿었음을 증명하는 자료를 공개했다. 오랜 세월 서구인에 세뇌되어온 이들에게는 놀라운 일이었다. 그는 현재 베를린 박물관이 소장번호 'VA/243'으로 지정하고 있는 아카드왕의 원통 인장圓筒印章을 확대하여 그 속에 천문도가 새겨져 있음을 확인했다[1] (그림 2-1). 인장에는 태양을 중심으로 회전하는 지구를 비롯해 오늘날 우리가 알고 있는 행성들의 움직임이 새겨져 있다. 지금으로부터 무려 5000년 전에 인류는 이미 지구가 자전하며 태양 둘레를 돈다는 사실을 알았던 것이다.

　　이런 증거는 샤머니즘 시대의 역사서라고 할 수 있는《단기고사

˙조르다노 브루노

1548~1600. 르네상스 시대의 이탈리아 철학자, 수학자, 천문학자. 18세에 도미니코 교단에 들어가 사제가 되었으나, 가톨릭 교리에 회의를 품고 자유사상과 지동설 등을 주장하다가 1592년 베네치아에서 이단신문에 회부되어 로마에서 화형 당했다.

˙제카리아 시친

1920~2010. 유태계 미국인 고고학자. 수메르어를 읽고 이해할 수 있어 수메르 유적에서 발굴된 점토판 해석 분야의 권위자다. 태양계의 알려지지 않은 열두 번째 행성에서 지구로 문명이 이식됐다고 주장했다.《수메르 혹은 신들의 고향》을 비롯한 이른바 지구 연대기 다섯 권이 대표작.

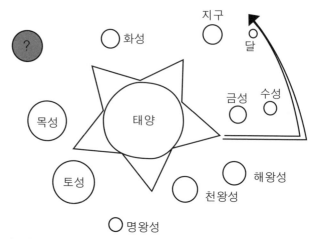

2-1 수메르인들이 그린 태양계 모습 그림 출처 : 제카리아 시친, 《수메르, 혹은 신들의 고향》.

檀奇古史》에서도 발견된다. 이 책은 7세기 동북아시아에 존재했던 발해국渤海國에서 편찬된 문헌이다. 여기에는 기원전 18세기경 아카드 왕의 인장에 나타난 우주론과 동일한 우주생성론이 기술되어 있다. 우주에 대한 정교한 지식, 이를테면 "행성인 지구는 본래 태양의 분체分體이며 항성과 혹성과 뭇별(중성衆星)과 더불어 있다"[2]는 등의 기록이 담겨 있다. 아카드왕의 인장이 전하는 우주 정보와 이 기록이 같은 것으로 미뤄볼 때 고대 바빌로니아 시대에 샤먼들이 어떤 경로를 통해 서로 천문 정보를 교환했음을 짐작할 수 있다. 또 갈대아인Chaldean의 샤먼은 지구의 원주 개념은 물론이고 달이나 혹성의 운행 주기 등을 정확히 산출했다고 전해진다.

이들 이집트와 서아시아 갈대아인들의 천문학에 지대한 영향을 받았던 플라톤도 지구의 자전축을 이야기했고 기원전 3세기에 알렉산드리아파의 아리스타르코스도 지구가 태양 주위를 회전한다는 우주관을 전개했다.[3] 하지만 플라톤의 제자인 아리스토텔레스와 천문학자 프톨레마이오스는 인간사에서 천문학을 완전히 떼어냈다. 그들

*《단기고사》
발해왕의 아우 대야발이 지었다고 알려진 고대 역사서.

은 천체와 인생사는 아무런 관련이 없으며 지구는 단지 인간이 살고 있는 집이고 그 집이 우주의 중심에 있다고 주장했다. 이제 고무된 기독교 교부敎父들은 지구는 멈춰 있으며 하늘의 모든 별이 지구를 중심으로 회전한다는 〈창세기〉의 기록을 전파하였다.[4] 그 결과 이 거짓말은 무려 2000년 동안이나 서구문명이 자랑하는 진리가 되었다.

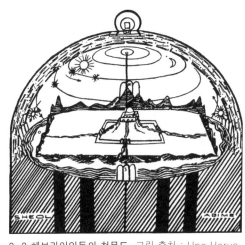

2-2 헤브라이인들의 천문도　그림 출처 : Uno Harva, 《Shamanism》.

태양이 지구를 도는 천문도는 어떤 모양일까. 히브리인들은 그 하늘을 그림 2-2 처럼 그렸다. 그림에서 지구는 검은 기둥 네 개가 떠받치고 있는 네모지고 평평한 땅 덩어리이다. 사방은 바다에 둘러싸여 있고 하늘에는 태양과 달과 뭇별들이 시계 반대 방향으로 회전하고 있다. 중심에 하느님의 성전聖殿이 우뚝 솟아 천공을 향하고 있고 그곳에 하느님의 옥좌가 놓여 있다. 성전과 옥좌가 일직선으로 연결되어 있는 것이다. 주목할 부분은 해가 오른쪽(진동眞東) 바다에서 떠올라 성전 위를 지나고 왼쪽(진서眞西) 바다로 들어가 몸을 식힌 다음 지구 아래 동굴을 거쳐 다음날 다시 진동에 나타남을 암시한다는 점이다. 엘리아데에 따르면 지구의 중심축을 뜻하는 성전을 지을 때는 천문학자가 선택한 장소에 최초의 돌을 놓는데 이 초석礎石이 '세계의 중심점'이 된다.[5] 황도黃道의 중심인 것이다. 지구가 자전과 공전을 한다고 믿었던 샤먼의 우주관과는 사뭇 다르다.

천동설을 신봉하던 시대의 유일신은 태양(천신天神)이었다. 파리 콩코드 광장에 서 있는 오벨리스크** 탑은 프랑스인들이 이집트에서 가져온 것으로 꼭대기에 이런 글이 새겨져 있다.

**오벨리스크
이집트의 피라미드 혹은 바티칸 성당 마당에 서 있던 각진 기둥. 천문관측용으로 추정된다.

2-3 태양신 수리아 그림 출처 : Harish Johari,《Numerology》.

"세상의 첫 아침에 태초의 바다 위로 솟아오른 태초의 돌을 상징한다."

이집트인들은 각뿔 모양의 꼭대기 부분을 "신들의 살"이라고 일컫던 황금으로 덮었다.[6] 황금을 씌운 오벨리스크 꼭대기에 태양빛이 비치면 이 황금 부분이 황홀한 빛을 발했고, 이집트인들은 이를 바다 위로 솟아오른 태초의 돌이라고 여겼다.

인도인들은 이러한 장관을 머리가 일곱인 말들이 끄는 마차와 그를 모는 태양신으로 묘사하였다(그림 2-3). 태양신은 찬란한 광채를 뿌리며 지상으로 떠올라 캄캄했던 세상을 환하게 비춘다. 마차 바퀴는 열두 꽃잎 모양으로서 12라는 수가 태양신의 표상임을 말해준다. 말 일곱 마리의 숫자 7은 북두칠성을 뜻하고 12(열두 꽃잎 마차 바퀴)는 황도십이궁 또는 목성 Jupiter을 뜻한다. 목성이 12년 주기로 북두칠성과 만난다는 점을 그렇게 표현하고 있는 것이다. 이처럼 그들은 목성이 보이는 바로 그 새벽에 함께 뜨는 초승달을 반기며 곧이어 신년의 태양이 떠오를 것을 기다렸다.

우주의 축을 의미하는 연꽃 대좌에 앉은 태양신은 손이 넷이다. 4는 사계절을 의미하는 숫자이다. 양손으로는 각기 보주寶珠와 쇠막대를 잡고 있다. 보주는 태양신의 정령을 담는 그릇이고 막대는 라마교에서 사제가 잡는 의례구이다. 태양신의 정령은 이글거리는 광배로 표현되는데 이는 정액의 모습, 즉 완벽한 남성성을 의미한다. 태양은 대지에 떠오르면서 강렬한 빛으로 어둠 속에 잠긴 세상을 거울처럼

환하게 밝힌다. 세상이 어둠과 밝음으로 양
분된다는 2분법의 세계관을 선명하게 드러
내고 있는 것이다.

　　태양신을 숭배하는 문명에서 태양은
이성理性을 상징한다.《리그베다Rigveda》나
《헤르메스 문서Hermetica》에는 "인간이 빛
Nus으로부터 탄생한다"고 씌어 있는데, 이
에 따르면 빛의 입자(원자原子)는 태양으로
부터 은하수를 거쳐 지구로 내려와 한 여성
의 자궁을 빌어 이성을 지닌 인간의 모습으
로 환생한다. 따라서 12년 만에 초승달(삼일
월三日月)이 나타나는 새벽에 진동에서 떠오
르는 태양은 이성적이고 합리적인 것의 신

2-4 하토르 여신　이집트. 그림 출처 : 조지프 캠벨,《천의 얼굴을 가진 영웅》.

성한 표상이다. 이때 태양을 처음 맞는 초승달의 정精과 이를 흡수한
태양의 정이 교합하여 이성적 인간의 종자가 된다. 흥미롭게도 태양
신을 숭배하는 이집트, 인도, 그리스, 중국, 마야, 잉카 문명에서 12월
24일을 성자(왕王)가 태어난 성탄일로 기념하는 까닭은 이런 믿음 때
문이다. 프레이저가《황금가지》에서 그리스도교의 대표적 겨울 축제
인 크리스마스를 "고대의 태양신 제사를 대신하는 풍속"이라고 단언
한 것도[7] 같은 맥락이다.

　　이집트 샤먼은 태양과 달의 혼을 최우선했으므로 금성이 태양이
나 달보다 하위에 있다고 여긴다. 벽화에는 하토르Hathor 여신이 태양
의 정령을 받아 왕자를 낳는 장면이 그려져 있다(그림 2-4). ㄱ자 형은
각도를 나타내는 것으로 금성의 이미지다. 태양의 기를 받은 하토르
가 위대한 인물(왕자)을 낳는다는 뜻으로[8] 이는 하토르가 태양이나 월
신보다 하위 신분임을 말해준다. 이집트인들이 하토르를 독립된 명

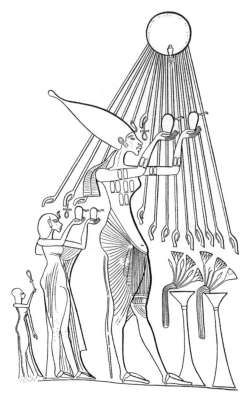

2-5 이시스 여신 이집트. 그림 출처 : 조지프 캠벨,《천의 얼굴을 가진 영웅》.

칭으로 부르지 않고 앞에다 이시스를 붙여 이시스-하토르라고 부르는 것은 그 때문일 것이다.

그림 바탕에는 별을 가리키는 이집트 문자 '大'자가 반복적으로 그려져 있다. 그 쪽이 하늘이고 그 아래 물결 문양이 그려진 쪽은 땅이라는 뜻이다. 또한 거대하게 그려진 하토르 신이 하늘과 땅의 중개자임을 짐작할 수 있다. 여신의 몸체에 그려진 두 원은 해와 달로 짐작된다. 배꼽 쪽 원에서 번갯불처럼 쏟아져 내리는 태양의 혼불은 하토르 여신의 몸을 통해 태양신의 아들로 지상에 강림한다. 제단에 보이는 잘생긴 얼굴과 그 양쪽에 이글거리는 불꽃이 이러한 범상치 않은 정황을 나타내고 있다.

또 다른 벽화에는 이시스Isis 여신이 그려져 있다(그림 2-5). 태양신의 혼불이 담긴 보병寶甁이 태양 바로 아래 놓여 있고, 벽화의 중심에 선 이시스는 태양신의 정령이 담긴 단지 두 개를 들고 있다. 배꼽의 노출은 금성의 기호라고 할 수 있다. 이렇듯 태양신의 혼불이 내려오는 아래에 이시스가 서 있는 모습은, 곧 태양신과 월신보다 금성의 지위가 낮음을 뜻한다. 아래로 늘어진 태양신의 손들은 혼불이 내렸음을 뜻한다. 특히 오른쪽 하단의 연꽃에 주목하자. 연꽃은 우주축의 상징으로서, 태양의 정령이 우주축을 통해 세상에 강림함을 암시한다. 또한 벽화에 등장하는 이집트 문자 앙크Ankh(우)도 눈여겨볼 필요가 있다. 이는 점을 치는 거울을 가리키는 것으로, 뒤에서 다시 다룰 것이다.

샤먼의 우주도

남미의 마야 잉카 문명은 금성력金星曆을 믿었다(그림 2-6). 태음, 태양력과 목성 주기를 결합하여 신년을 계산하는 일반적인 천문력과 금성력은 다르다. 금성력은 샤머니즘의 독자적인 천문력天文曆으로 천문고고학에서는 금성력이 지중해 문명 시대에 전성기를 누리다가 그리스 공화주의가 등장하면서 동쪽으로 밀려나 메디아, 페르시아 지역으로 이동했다고 주장한다.《환단고기》에는 이 역법을 "환역桓易" 혹은 "조선역朝鮮易"이라고 기록하고 있다.

2-6 드레스덴 코텍스에 수장된 금성력 그림
출처 : 古在由秀,《天文學のすすめ》.

마야 잉카인이 그린 소박한 천문도가 페루 아마존에서 발견되었다(그림 2-7). 이 천문도에는 우주의 중심이 그려져 있으며 그 위에는 북극이 자리하고 있다. 우노 하르바에 따르면 "시베리아 북방 민족의 샤먼은 북극성을 못(정釘)이라고 일컫고 천체가 모두 이 못의 주변을 돈다"고 믿었다.[9] 흥미로운 점은 그 중심에 사다리가 있고 사다리 중간쯤에 엑스X자가 그려져 있다는 사실이다. X를 위에서 내려다보면 사방으로 가지를 뻗은 십十자로 보인다. 분자생물학을 통해 샤머니즘을 연구하는 제러미 나비는 이 X 또는 十이 샤머니즘의 고유한 우주관을 나타내는 "우주축axis mundi"이라고 보고 바로 "여기에 DNA의 비밀이 숨어 있다"고 했다. 이 그림에 나타난 사다리는 DNA가 오르내리는 매개 수단이라는 것이다.[10]

우리 옛 문헌에는 "하늘의 도道는 북극에서 일어나며 이를 북수北水(인간의 씨가 북쪽에서 온다는 뜻)라고 한다. 이곳이 북극의 수정자水

*환단고기
삼국시대와 그 이전의 3000년 한국 고대사를 기록한 역사 자료.

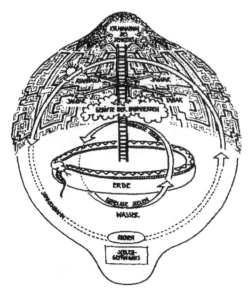

2-7 페루 아마존의 천문도 그림 출처 : 제러미 나비, 《우주뱀
=DNA》.

精子가 있는 곳이다"라고 했다. 여기에서 수정자는 다름 아닌 DNA를 뜻한다.[11] 나비에 따르면 DNA는 나선형 사다리, 계단 또는 매듭진 밧줄 등으로 표현되며 그런 표현들은 오스트레일리아, 티베트, 네팔, 이집트, 아프리카, 남북아메리카 등지에서 모두 천상과 지상 간의 소통을 의미한다.[12] 매듭진 밧줄은 새끼줄을 말하는 것으로 한국이나 일본의 신궁神宮에서도 신성한 도상으로 숭배되어왔다.

프레이저는 "사다리 이야기가 태평양 원주민부터 이집트에 이르기까지 널리 퍼져 있다"고 했다. 예컨대 적도기니의 섬 주민 일부는 태평성세에 길고 긴 사다리가 땅에서부터 하늘까지 이어진다고 믿는다. 넝쿨식물이 하늘부터 땅까지 이어져 사다리가 되고 멋진 총각이 하늘에서 흰 물소를 타고 내려오는데, 그가 신동神童이라고 믿는다. 세상에서 가장 오래된 문헌이라는 《피라미드 텍스트》*에는 "이집트 왕들이 죽어서 사다리를 타고 하늘로 올라갔다"고 기록되어 있으며, 실제로 이집트 왕의 무덤에서는 사다리가 발견되었다.[13]

페루의 천문도는 위쪽이 문양으로 채워진 반면 아래쪽은 텅 비어 있다. 태양이 배를 타고 우측에서 떠올라 좌측으로 회전하고 있으며, 사다리 아래쪽에서는 두 궤도가 서로 직각으로 교차하며 회전하고 있다. 이는 샤먼의 천문도가 4차원 우주 공간에 근거하고 있음을 완벽하게 보여준다.

더욱 놀라운 점은 거대한 뱀 한 마리가 제 꽁지를 물고 사다리가 놓인 중심축을 기준으로 돌고 있는 모습이다. 나비는 이를 "우주뱀

*《피라미드 텍스트》
이집트의 피라미드에서 발굴해냈다. 고대 이집트와 관련된 지중해, 서아시아 문명 연구에 중요한 자료가 되고 있다.

cosmic serpent"이라고 불렀다.[14] 서구 문명의 3차원적 천문 지식에 익숙해 있던 나비는 이 거대한 우주뱀이 태양을 공전하면서 자전하는 샤먼문명 시대의 지구 이미지임을 짐작하지 못했다. 우주뱀, 즉 용은 태양을 회전하는 지구의 모습을 형상화한 동물이다. 나비는 "DNA가 북극에서 사다리를 타고 우주뱀으로 내려온다"고 했는데, 이 말은 천재적인 DNA 인자가 인간 세계로 내려온다는 뜻이다.

2-8 페루 아마존 샤먼의 우주상 그림 출처 : 제러미 나비, 《우주뱀=DNA》.

페루 아마존의 또 다른 천문도에도 한가운데에 DNA 인자가 내려오는 사다리가 있으며 그 둘레에는 뱀처럼 구부러지게 그린 은하수가 그려져 있다(그림 2-8). 샤먼은 이 사다리를 '우주목 cosmic tree'이라고 한다. 그런가 하면 북극권에는 천당과 천사가 있고 그 아래로 배를 탄 태양이 지나가는 중이다. 주목할 것은 우주뱀이다. 샤먼의 경전인 《역경》에는 이렇게 적혀 있다.

날아다니는 용(비룡飛龍)이 있는 곳이 하늘(천天)이다.[15]

그런데 《고기》에는 "용이라는 말은 역易이라는 글자가 나타나기 이전에 쓰던 고어古語"라고 기록돼 있다.[16] 천문도가 천체의 변화(역易)를 기록한 그림으로서, 하늘을 날아다니는 물체가 행성이고 동시에 지구임을 암시하는 지점이다. 의문이 없는 것은 아니다. 공처럼 생긴 지구가 어떻게 몸체가 기다란 뱀처럼 생겼다고 할 수 있는가? 지구는 시속 17만 7,000킬로미터로 달린다. 그렇다면 엄청난 무게를 지닌

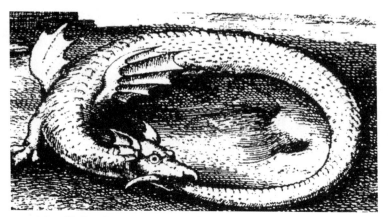

2-9 자기 꼬리를 물고 있는 용 페루, 아마존. 그림 출처 : 제러미 나비,《우주뱀=DNA》.

지구가 고속으로 달려 제자리로 돌아오는 그 타원 궤도의 흔적은 어떤 모습일까? 아무것도 없는 빈 것(허공)이라고 해야 할까?

　　노벨물리학상 수상자인 프리초프 카프라Fritjof Capra는 "동양철학이 말하는 기氣는 물리학 개념으로는 가스나 에테르 같은 것"이라고 했다.[17] 그렇다면 그 기는 지구가 달려간 뒤 어떤 모습으로 남을 것인가. 일찍이 아인슈타인은 "지구의 질량은 지구를 둘러싸고 있는 시공간을 휘게 만든다"고 했고 "주름 잡힌 그 4차원의 물질은 실제로 시공간에는 존재하지 않는 3차원적인 특수한 힘의 환각을 창조한다"고 했다. 그는 또 3차원적인 특수한 힘의 환각을 '중력'이라고 부르고 "중력은 3차원에서는 어떤 힘으로 보이지만 4차원으로 보면 단지 심하게 휘어 보이는 순수한 가속"이라고 했다.[18] 귀신같은 이야기지만 이 말은 우리가 비어 있다고 믿는 지구의 궤도에도 자기장이 존재함을 의미한다. 아마존 사람들은 이 지구의 궤도를 한 마리의 거대한 우주뱀이 자신의 꼬리를 물고 있는 모양으로 그려놓았다(그림 2-9). 이것이 먼 옛날부터 샤먼들이 믿어왔던 지동설의 우주관인 것이다.

　　물리학자 에드워드 로렌츠Edward Lorenz가 말한 "끌개 현상"도 이

*그노시스파
이집트, 지중해 문명 시대에 유행했던 신비주의 사상을 연구한 학파. 그노시스라는 말은 그리스어로 인식, 앎, 지식 또는 깨달음으로 번역할 수 있지만 그 속에는 한층 더 종교적이고 복합적인 의미가 담겨 있다. 초기 그리스도교 저술가들은 천상적 신비에 대한 인식이나 깨달음을 그노시스라 표현했다. 반면 이단학파에서는 밀교적 인식으로 이해하기도 했다.

이론의 구체성을 이야기하는 것이라고 할 수 있다. 끌개 현상은 난류亂流인 폭포의 소용돌이나 배가 지나간 후 물결에 나타나는 소용돌이와 회오리 현상을 일컫는다. 이는 시계바늘 방향이나 그 반대 방향으로 원을 그리며 움직이는 두 흐름이 서로 비틀어지면서 만들어내는 현상으로, 이를 '프랙털'이라고 한다.[19] 우리가 상상의 동물이라고 일컬어 왔던 용의 몸(지구) 역시 프랙털 운동의 구상 이미지로 볼 수 있다. 그리스 그노시스파*의 포이만드로스Poimandoles는 "태초에 빛과 어둠이 갈라지면서 어둠이 뱀과 같은 형상이 되었다"고 했다. 뱀처럼 된 어둠은 자신의 꼬리를 입에 물고 있는 거대한 용의 모습으로 우주의

2-10 벌거벗은 뱀 그리스의 부조. 베를린 국립스타틀리헤 박물관. 그림 출처 : Jane Ellen Harrison, 《Prolegomena to the Study of Greek Religion》.

둘레(외주外周)를 감았다고 했다. 이 용을 그리스어로는 '우로보로스 ouroboros, uroboros'라고 썼고, 고대 점성술이나 연금술의 문서와 도상에도 자주 나타난다.[20]

　　그리스 시대의 부조에서 프랙털 구조의 이 용을 확인할 수 있다(그림 2-10). 한 마리 뱀이 미묘하게 몸을 틀고 있는데, 뱀의 등과 배가 뒤틀려 방향이 바뀌면서 유사한 모양새가 되풀이된다. 지구(용머리)가 엄청난 속도로 달리고 난 공간도 이와 같은 모양으로 뒤틀어진다면, 지구를 감싼 기운이 뒤틀린 뱀처럼 끌개 현상을 일으키며 지구 궤도에 미묘한 카오스 공간을 만든다고 상상해볼 수 있다. 페니키아인은 이 거대한 뱀을 '몰록Moloch'이라고 부르며 신성神性으로 여기고 예배하였다.

　　바빌로니아 시대의 원통 인장에도 마르두크Marduk** 신이 거대한 용을 거느리고 있는 장면이 새겨져 있다. 용의 몸은 ㄴ자형으로 꺾였

**마르두크Marduk
고대 바빌로니아의 주신. 신들을 멸망시키려던 티아마트를 죽여 세계 질서를 잡고, 그 시체로 천지를 창조했다고 전해진다. 바빌론 왕조가 멸망한 후에도 마르두크 신에 대한 신앙은 쇠퇴하지 않고 알렉산드로스 왕 시대에까지 계속되었다.

2-11 용을 지휘하는 마르두크 바빌로니아 시대, 뉴욕 메트로폴리탄 미술관. 그림 출처 : Alexander Heidel,《The Bablonian Genesis》.

고 그 뒤쪽에도 상체를 세운 용이 뒤따르고 있다. 용을 ㄴ자형으로 꺾은 것은 각도(금성)의 메타포로 보아야 한다(그림 2-11). 1906년에 베를린에서 결성된 비교신화학연구회는 이 바빌로니아 신화가 천체 현상을 이야기하고 있으며 그 내용이 혹성이나 성신星辰의 모양, 운행과 관계된다는 사실을 파악했으면서도 용이 지구의 알레고리라는 사실을 이해하지 못해 그저 "마르두크가 용과 싸우는 장면"이라고 해석했다.[21] 하지만 이 그림은 몰록에게 제사하는 장면이다.

제인 엘렌 해리슨에 따르면 그리스의 제우스는 올림포스에서 이 용을 모시는 제사를 지냈다. 그리스 사람들은 돼지를 제물로 바치는 이 제사를 "디아시아Diasia"라고 했으며, 해가 뜨기 전인 한밤중에 진행되었고 제관이 무엇을 하는지는 아무도 알지 못했다.[22] 하지만 이 것이 몰록 신 제의와 마찬가지로 지구 운행을 관찰하는 천문학적 의식임을 추정할 수 있다.

일본 쇼코쿠지相國寺 벽화에 그려진 용은 머리에 사슴뿔이 달렸고 비늘과 날카로운 발톱을 여럿 지녔는데, 사찰 벽에 이런 용이 그려진 이유도 천문과 연관해서야 제대로 이해할 수 있다(그림 2-12 86쪽). 거대한 용이 제 꼬리를 애써 물려는 모습은 지구가 달리고 난 프랙털 궤도를 형상화한 그림인 것이다. 그러나 샤머니즘이 물러난 뒤로 사람들은 이 환상적인 용의 실체가 지구와 그 궤도를 나타낸 것이라는 사실을 점차 잊어버리게 되었다.

용은 보통 상상의 동물로 통한다. 하지만《상징어 사전A Dictionary of Symbols》은 그리스어로 용을 "우로보로스"라고 하고 "'선명하게 보다seeing' '지혜wisdom' '예언prophecy'의 뜻도 함께 가진다"고 기록하고 있다.[23] 또 불교 계통의 문헌은 "용이 큰 뱀과 같고 등에 81개의 비늘이 있으며, 네 개의 발에 발가락이 다섯 개씩 있다"고 기록하고 있다.[24] 여기서 81은 샤먼의 수비 개념으로 8+1=9이거나 9×9=81로 풀어낼 수 있으며 그 의미는 '8이 하나가 된다' 이다. 8은 팔괘八卦로 이것이 하나가 된다는 말은 봄, 여름의 4괘와 가을 겨울의 4괘가 서로 연결되어 물고 물리며 돌아간다는 뜻이다. 이것이 뫼비우스의 띠와 같다는 사실은 뒤에서 언급하기로 하자. 네 발은 사계절이고 다섯 발가락의 숫자 5는 음양이 교차하는 X축을 의미한다.

2-13 청동장식 국립중앙박물관, 고신라. 그림 출처 :《한국미술전집 : 원시미술》, 동화출판공사.

서울 국립박중앙물관에 소장된 청동제 장식물은 용의 이미지를 표현하고 있다(그림 2-13). 이 장식물들은 용이 천공을 어떻게 나는지를 암시하는 비밀 코드라고 말할 수 있다. 이 점은 청동 장식에서도 드러난다. 세 개의 장식 도상에서 1과 3은 중심에 십十자가 새겨지고 사방으로 여덟 개의 선이 뻗어나가는 모양이다. 십자는 용의 중뿔로서 지상에서 북극으로 통하는 우주목이며, 여덟 개 선은 샤먼의 지팡이 팔괘를 뜻한다.

십자는 거의 모든 문명권에서 나타난다. 십자의 중요성은 그 네 가지가 지구 동쪽에서 서쪽 끝으로 옮겨가는 태양의 궤적으로 공간을 분할하는 데 있다. 지구의 축은 직립하고 있는 인간의 몸 또는 성목聖木 모양으로 표현된다.[25] 그리스의 정십자正十字, Greek cross는 청동기 시대에 나타나며 그리스 화폐에서는 태양신 아폴로의 상징으로 나타난다. 잉카와 아즈텍 문명에서는 사계절과 네 방위를 의미하고 멕시코에서는 우주목, 생명의 나무를 상징한다.[26] 북미인디언은 이 십자를 '사방四方의 별' '사방의 바람'이라고 한다. 사방의 바람은 4계절을 말하는 것으로 이 역시 금성의 이미지를 말한다. 이렇게 되면 중심축이 긴 십자가 또 다른 의미의 상징성을 지닌다는 것을 알 수 있다.

헬라어로 십자는 '스토로스stawros'라 기록되는데, 이는 땅에 수직으로 박힌 뾰족한 말뚝을 의미한다. 고대 중국에서는 이 말뚝을 주비周髀라고 불렀다. 이 막대를 평지에 수직으로 세워놓고 정오에 생기는 그림자 길이의 길고 짧음에 따라 동지점과 하지점을 측정하였다. 주나라 때는 막대의 그림자 길이가 가장 길 때가 동지이고 새해의 시작이었다. 이 점은 하지점과 동지점이 태양의 중심에서 서로 다른 거리에 있음을 말한다. 스토로스형 십자는 지구가 하지점에 이르렀을 때 태양과 가깝고 동지점에 있을 때 가장 멀다는 것을 말해준다. 이 비례가 그리스인들이 신성비례라고 부르는 3:2 비례이다. 우리가 솟대(소도蘇塗)라고 부르는 나무기둥을 세우고 하늘에 제사를 올렸던 것도 십자 개념이며 제사의 의미, 신성비례임을 알 수 있다.

십자 형상은 중동 지방뿐 아니라 기원전 15세기에 이미 크레타 섬에서도 만들어졌다. 놀랍게도 이 십자는 대리석이었다. 십자가 동시대의 문화에서 얼마나 중요했는지를 말해준다. 십자 형상이 기독교 이전부터 존재했던 것은 극동 지방과 아메리카 대륙에서도 확인

솟대
제비나 독수리를 조각으로 만들어 붙인 긴 장대. 일종의 천문 관측 표지.

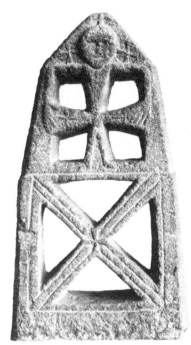 

2-14 십자와 X자가 겹쳐진 도상 독일 라인, 7세기. 그림 출처 : J. C. Cooper, 《An Illustrated Encyclopaedia of Traditional Symbols》.

2-15 사제가 든 십자가 소아시아, 기원전 7세기경. 그림 출처, J. C. Cooper, 《An Illustrated Encyclopaedia of Traditional Symbols》.

된다. 7세기 독일의 라인 지방에서 발굴된 십자 형상은 X자와 十자와 T자가 어울린 복합적인 도상으로 나타나고 있다(그림 2-14). 여기서 십자는 스토로스형 십자로 인간의 형상이다. 인간의 몸은 심장이 축이 되고 있는데 이때 심장에서 눈까지의 거리, 그리고 아래로 성기 부위까지의 거리가 3:2 비율로 아래쪽이 긴 것이다. 스토로스 십자의 본질이다. 한자에서 사람을 가리키는 글자 '人(인)'이 사실상 X 또는 十과 같은 것도 같은 맥락이다. 人은 금성 이미지이기 때문이다. 기원전 7세기경 소아시아의 리디아 사제는 양쪽 손에 정십자와 스토로스 십자를 한꺼번에 들고 있다. 이 두 개의 십자가 각기 다른 의미를 지닌다는 것을 말해준다(그림 2-15). 정십자 이미지는 금성과 지구의 교차를

2-16 돌간 중앙아시아. 그림 출처 : Uno Harva,
《Shamanism》.

의미하고 스토로스가 인체 비례와 지구의 자전
공전의 신비로운 의미를 가진다는 것을 말해주
는 것이다.

중앙아시아 샤먼들은 십자에 해당하는 말뚝
을 "돌간Dolganes"이라고 부른다(그림 2-16). 돌간
은 십자 형상의 꼭대기에 새가 앉아 있는 모양새
다. 샤먼들은 이 새를 "정령精靈"이라고 부른다.
제러미 나비의 어법을 빌자면 "신들의 천재 DNA
인자를 운반하는 매개자"인 셈이다. 주목할 것은
말뚝의 양쪽 날개이다. 샤먼은 이 날개를 "횡축橫
軸"이라고 하며 횡축은 종축과 교차하여 우주 중
심을 이룬다.《역경》에서 종축은 10수가 되어 중
심을 이루고 횡축은 5로 그 상하 양쪽에 각기 4개
의 방위를 가진다. 종과 횡의 두 축이 교차하면 그
지점에서 음양의 교차X, 五와 함께 혼돈이 일어난
다. 이것이 0(zero)의 세계이며 이 제로를 '천간
天干'이라고 한다.《역경》에서는 십익十翼을 "천지창조의 비밀"이라
고 하고 "하늘의 날개"라고 한다. 십자를 의미하는 X는 로마 숫자에
서 10이고 수메르어에서도 10의 기호이다.[27] 그러니까 十은 네 방향
이나 네 원소를 가리키기도 하며, 두 축이 만나는 교차점 X는 하늘과
땅의 교차점이자 죽음과 생명의 교차점이며 이는 샤머니즘의 주제를
상징하는 코드라고 할 수 있다. 앞에서 본 세 개의 청동 장식에는 중심
에 X자와 정십자가 새겨지거나 회오리와 배꼽 문양이 새겨져 있다. X
자는 정십자로 금성이 지구와 교차하며 4계절을 만든다는 뜻이다. 또
배꼽 문양은 중심에서 지구가 시계바늘방향으로 회전한다는 것을 암
시한다.

ㄨ는 한자의 乂(본받을 효)와 같다. 이는 五의 옛글자로서 음양이 천지간에 서로 꼬이는 모양새를 본뜬 글자이다. 5五는 둘이 합쳐지면 천지의 수 10十이 된다.[28] 이는 또한 수 10十을 반으로 꺾으면 5五가 둘이 된다는 뜻으로 《역경》에서는 음양의 괘이다. 용이 꼬리를 물고 있는 모양(육효六爻)을 '꼬인다'의 의미로 읽는다. 《설문해자說文解字》(이하 《설문》)•에는 이 "꼬임에서 신령이 나타난다"고 되어 있다. 곧 ㄨ十은 우주축이고 좀생이혼이 오르내리는 DNA 사다리이다(이하에서 표기된 ㄨ十은 모두 이를 의미한다). 《역경》에서는 이를 "오십토五十土"라고 말한다. 아시아와 유럽의 많은 민족은 하늘과 땅에 배꼽이 있다고 믿으며, 두 배꼽을 하늘이 회전하는 중심이라고 생각한다. 하지만 샤먼들은 "땅에는 하늘의 배꼽이 있고 하늘에는 땅의 배꼽이 있다"고 노래한다.[29] 인체가 천체天體의 복사판이므로 이는 인체의 배꼽이나 여성의 자궁을 지칭하는 알레고리다. 좀생이 혼이 오르내리는 DNA 사다리의 의미가 함의돼 있는 것이다. 인도유럽어에서도 모두 태생학적 용어로 우주론을 설명한다. 이를테면 "거룩한 분은 태아를 잉태하듯 세계를 창조하셨다"고 하여 마치 태아가 배꼽을 통해 자라가듯 신이 세계를 그 세계의 배꼽을 통해 창조했다는 식이다.[30] 이는 묘성의 좀생이 혼**이 여성의 태를 통해 세상에 재생함을 의미한다. 묘성을 상징하는 숫자 6은 회전을 의미하기도 하므로, 이 역시 DNA가 오르내리는 사다리를 뜻한다.

용머리는 지구를 뜻한다

우리는 지구가 공처럼 허공에 떠서 아무런 방해도 받지 않고 둥둥 떠다닌다고 생각한다. 하지만 실제 지구는 공처럼 둥글지 않아서 마치

•《설문해자》
중국 한나라 때 허신許愼이 엮은 문자 해설서. 《설문》이라고 줄여 부르기도 한다. 진秦, 한漢 이래 한자의 모양, 뜻, 소리 연구와 금문金文, 갑골문 연구에 빼놓을 수 없는 자료로 평가받는다.

**묘성의 좀생이 혼
시베리아 샤먼 등이 믿는 영웅의 혼. 무당은 이를 "내린다"고 말한다.

2-17 아폴로 우주비행사가 촬영한 지구의 모습 그림 출처 : 《성서대백과사전》.

두개골처럼 보이기도 한다(그림 2-17).《회남자》[*] 에는 "지금은 용머리를 보아도 그것이 무슨 짐승인지 모르며 그 형체를 헤아리지도 못한다"고 기록돼 있다.[31] 이는 지구라는 말이 존재하지 않던 당대에 지구를 "용머리〔용두龍頭〕"라고 불렀음을 암시하는 기록으로 볼 수 있다. 기원전 6세기 피타고라스는 지구를 "원圓"이라고 했고 플라톤은 "구체球體"라고 했는데 이들 원이나 구체 속에 모든 형상이 함유되어 있으며 이를 "신神"이라고 했다.[32] 《헤르메스 문서》는 이렇게 말한다. "둥근 구체는 인간의 머리(두부頭部)처럼 예지로 운동한다."[33] 지구가 무생물이 아니라 자율적인 신경을 가진 물체임을 암시하는 것이다.

3세기경에 쓰인 것으로 전해지는《헤르메스 문서》는 서구에서는 이단적인 문헌으로 취급되어 왔다. 포이만드로스가 이 책에서 "용이 천문학의 산물"이라고 주장한 것은《헤르메스 문서》가 이단 문헌으로 천대받은 이유 중 하나일 것이다. 그는 "세계의 원초에는 서로 대립하는 두 개의 원리인 빛과 어둠이 있으며 그 다음에 꾸불꾸불하게 뱀처럼 생긴 암흑이 있다"고 했다. 그리고 "암흑은 (우주의) 둘레를 감고 도는 이를테면 자신의 꼬리를 입에 물고 있는 거대한 용"이라고 했다.[34] 오늘날의 천문학은 지구의 축이 23도 5분 기울어져 1년 내내 목디스크 환자처럼 기울어져 태양의 주위를 돈다고 말하므로 포이만드로스의 이 이야기가 엉뚱하게 들릴 것은 너무나도 당연하다. 더욱이 지구가 멈춰 있는 네모진 땅덩어리로 생각해온 문명권에서 이에 귀를 기울인다는 것은 사실상 불가능할 것이다.

아직도 샤머니즘의 흔적이 남아 있는 우리나라(경주)에서 용머리가 발견되는 것은 당연한 일이다(그림 2-18 87쪽). 용머리는 구슬을 물

[*]《회남자》
중국 전한의 회남왕淮南王 유안劉安이 편찬한 책. 논객 수천과 함께 엮은 것으로, 원래 〈내외편〉과 〈잡록〉이 있었으나 지금은 〈내편〉 스물한 권만 전한다. 형이상학, 자연과학, 정치학, 군사학, 처세술 등이 망라돼 있다.

고 있으며 전체적으로 마스크처럼 보인다. 구슬에는 좀생이의 혼이 숨어 있는데 이를 '용의 구슬(용주龍珠)'이라고 한다. 주목할 것은 용머리 가운데 커다란 뿔이 돋아나 있다는 점이다. 뿔의 끝부분에는 세 개의 잎사귀가 있다. 삼수三數를 말하고 있는 것이다. 또 다른 용머리(강원도)는 길쭉한 모양으로 용두가 기본적으로 소머리임을 보여준다(그림 2-19 87쪽). 이 용머리에도 양쪽의 뿔 사이에 중뿔이 있다.

11세기에 불교의 당간지주幢竿支柱**를 미니어처로 만든 청동 솟대에도 용머리가 새겨졌다(그림 2-20 88쪽). 이 솟대의 의미는 길게 늘어뜨린 용머리에 담겨 있다. 용의 목에는 모두 일곱 마디의 매듭이 있다. 제러미 나비에 따르면 매듭은 DNA 사다리에 해당된다. 또 용머리를 받치는 기둥에는 양쪽에 두 개의 지지대가 달려 있다. 세 개의 뿔 중 중뿔(중각中角)이 으뜸이라는 사실을 강조하고 있는 것이다. "솟대를 장승이라고 하고 이를 삼三"[35]이라고 말하는 것도 같은 맥락이며 중국 문헌에서 "용머리의 가운데 뿔에 뱀이 서로 얽혀 있다."[36]고 한 것도 같은 의미이다. 나비가 보여준 DNA 사다리와 우주뱀을 말하는 것이다.

중뿔은 중심이고 양쪽 두 뿔은 음(그림 자)과 양(빛)의 한계점을 가리키는 기둥이다. 중뿔은 그 양쪽으로 왔다 갔다 한다. 23도 5분 기울어진 지축이 목 디스크 환자처럼 삐딱하게 움직이는 것이 아니라 미묘한 몸짓을 하며 양쪽 사이를 오간다는 뜻이다. 발해 시대의 《단기고사》에는 용의 이 중뿔을 "정축正軸"이라고 기록하고 나머지 양쪽 두 뿔을 "횡축"이라고 썼다.[37] 이는 현대 천문학 문헌에서는 존재하지 않는 개념이다. 《역경》에서도 "용의 덕德이 정중正中"이라고 했는데[38] 이는 샤먼의 독자적인 우주론을 뒷받침하는 말이다.

정축 개념은 《관자管子》***에서도 찾아볼 수 있다. 《관자》는 "용머리는 좌우로 한 번씩 기울어지며 움직이는데 정중앙에 왔을 때가 바

당간지주
사찰에 만들어 세운 솟대. 꼭지에 제비 대신 용의 머리를 새겼다.

***《관자》**
제나라 때 정치가 관중의 저서로 전해지지만 관중을 기리기 위해 후대 사람들이 책을 엮은 책으로 보인다. 법가, 도가적 색채가 두루 아우러져 있다.

로 자신"이라고 했다.[39] 지구가 목 디스크 환자처럼 매양 23도 5분 기울어져 달리는 것이 아니라 좌우로 움직이며 공전한다는 것과 그처럼 오가는 가운데 중앙에 왔을 때가 바로 자신의 본 모습이고 이것이 곧 하늘이 곧바로 선 모습으로 중심축(중추中樞)이라고 한 것이다.[40] 정축이 오른쪽 왼쪽을 오가는 까닭은 뒤에서 보게 되지만 자의自意가 아니라 금성과의 교차 때문이다. 햄릿의 맷돌처럼 오른쪽 왼쪽으로 기울어지는 이런 움직임 때문에 동지와 하지에서 낮과 밤의 길이가 3:2의 비례가 되며 춘분 추분점에서는 1:1로 음양이 양분된다. 지구를 중심에 놓고 황도를 통해 밤과 낮을 계산하면 이런 정황은 연출되지 않는다. 일본의 천문학자 기무라 히사시木村榮는 이를 "지구의 회전타원체의 회전축과 자전축이 조금씩 벌어지는 현상"이라고 하고 실제로 "위도가 바뀌는 현상"이라고 주장한다.[41] 지구는 목 디스크 환자가 아닌 것이다.

　이를 이해하면 노자老子 사상의 주제인 도의 개념이 용이라는 사실도 알게 된다. 도道라는 한자는 용머리를 뜻하는 머리 수首에 '쉬엄쉬엄 간다'는 의미의 착辵,辶자를 결합시킨 글자이다. 다만 여기에서 '辶'은 '쉬엄쉬엄 간다'는 의미가 아니라 지구가 달리면서 만들어내는 자기장의 휘어진 기류를 말한다. 노자의 도가 우주 본체를 말한다는 것은 이렇게 해석해야 공감을 얻게 된다.[42] 노자가 "X十이 도의 본체"라고 한 것 역시 이를 뒷받침한다.

샤먼의 신은 삼신이다

엘리아데에 따르면 삼수三數는 샤먼에게 성수聖數이다. 우리 무속에서는 삼신三神이며 이 삼신이 만명신卍明神이다. 만卍은 회오리(회回)이

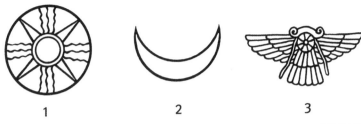

2-21 수메르 시대의 삼신 개념 1. 마르두크 신의 상징, 태양. 2. 달의 여신 신Sin 3. 금성의 상징, 수메르 시대. 그림 출처 : 조르주 나타프, 《상징·기호·표지》.

고 명明은 해와 달을 합친 글자로 금성이 중성이거나 양성임을 말해 준다. 삼신 개념이 4차원의 우주관을 상징하고 있는 것이다.

우리가 알고 있는 금성은 해와 달에 이어 세 번째로 밝은 별이며 지구의 안쪽으로 도는 내행성內行星이다. 중요한 점은 금성이 춘추분점에 지구와 교차한다는 사실이다. 샤먼은 이 교차를 삼신이라고 말하고 해와 달과 금성의 관계가 특별하다는 것을 알았다. 일본 신화에는 이 삼신이 해(일독존日讀尊)와 달(월독존月讀尊)과 금성(천진옹성天津甕星)이다.

이 삼신 개념이 수메르에서 기원되었다는 것은 놀라운 일이 아니다(그림 2-21). 다만 수메르에서 삼신은 태양, 금성, 달의 순서로 나타난다. 이는 삼신이 하나의 삼각형을 만들 때 태양과 달이 양쪽 변에 놓이고 금성이 그 중심에 놓인다는 것을 암시한다. 태양은 커다란 원형이다. 두 개의 크고 작은 원을 중심으로 네 개의 뿔과 네 개의 광채가 보인다. 광채는 사방으로 뻗는 모양새이지만 뿔은 그와 반대로 에너지가 중심으로 흡수되는 모양새다. 태양 에너지가 팽창과 흡수를 동시에 진행한다는 것을 보여주는 것이다. 태양 에너지의 영원성을 암시한다고도 말할 수 있다. 지구가 멈춰 있다고 믿는 문명권에서는 일출 전에 초승달이 뜨는 시점이 중요하다. 이 경우 태양의 밝은 빛에 초승달이 묻히면서 태양 에너지가 초승달의 에너지를 삼키는 모양새가

2-22 헤르마프로디테의 상 그림 출처 : Carl Gustav Jung,
《Psychologie und Alchemie》.

2-23 청동기 검파 머리장식 경주. 그림 출처 :《한국미술전
집 : 청동기》, 동화출판공사.

된다. 하지만 샤먼의 우주론에서는 태양이 달과 금성을 모두 삼키는 모양새다. 진동에서 태양이 떠오르면 달은 물론 금성까지 보이지 않기 때문이다. 샤먼들이 이를 셋을 합쳐 삼신이라고 불렀던 이유이다.

카를 융Carl Gustav Jung은 삼신을 태양과 달을 양쪽 손에 잡고 있는 신상으로 보고 이를 "헤르마프로디토스Hermaphroditos 상"이라고 불렀다[43](그림 2-22). 그가 제시한 도판에는 태양과 달을 쥐고 있는 인물이 절반은 남성이고 절반은 여성인 양성의 모습이다. 이는 비너스가 양성으로 여겨졌다는 증거이다. 도상의 역사로 보면 태양 역시 처음부터 완벽하게 남성적 이미지였던 것은 아니다. 히브리어에서 태양을 가리키는 사마시semes는 남성과 여성을 동시에 지칭하며 이는 히타이트에서도 마찬가지다.[44]

수메르의 삼신에서 흥미로운 것은 금성이 날개를 달고 있다는 사실이다. 이는 금성이 해와 달 양쪽을 왕래한다는 것을 상징한다. 또 이 새의 머리는 안으로 꼬인 뿔을 두 개 달고 있고 겨드랑이 양쪽으로 긴 띠를 내리고 있다. 겨드랑이 달린 두 개의 긴 띠가 각도를 의미한다는 것은 앞장에서 보았다. 또 이 새의 얼굴은 여덟 개의 각으로 채워진 원이 대신하고 있다. 8은 샤먼의 마술을 의미하는 팔괘의 상징이다. 구부러진 머리의 두 뿔은 금성의 별칭인 오리 머리이다. 시베리아 퉁구스 샤먼의 의상에서 발견되는 장식도 보통 오리나 사슴 모양이다. 오

2-24 **아슈르바니팔 왕** 기원전 2350년경, 이라크 모슬 박물관. 그림 출처 : Alexander Heidel, 《The Babylonian Genesis》.

리 모양 장식은 샤먼의 의례기인 청동기에서도 볼 수 있다(그림 2-23). 동검파의 머리 장식은 오리 두 마리가 서로 머리를 맞댄 모습을 하고 있다. 이 청동기가 금성의 다산과 풍요의 기능과 관련 있음을 말해주는 것이다.

수메르의 아슈르바니팔 신을 새긴 부조에는 왼쪽 상단에 달이 새겨지고 오른쪽에 태양이 있으며 왕의 머리 앞쪽에 새의 날개를 가진 금성이 있다(그림 2-24). 이 금성에는 여덟개의 광채 문양이 새겨져 있는데 그중 네 개는 뿔배 모양이다. 아슈르바니팔은 한손에 검을 잡았고 다른 손에《역경》의 십익十翼을 의미하는 지팡이를 잡고 있으며 등 뒤에는 삼지창이 있다. 검, 지팡이, 삼지창의 의미는 다시 언급할 것이다. 또 다른 부조에서도 금성은 날개 가진 여신의 모습으로 나타난다(그림 2-25). 왼쪽에 十을 뜻하는 우주목이 서 있고 그 옆으로 날개 가진 금성 이슈타르가 양쪽 어깨에 모두 여섯 개의 화살을 지고 한손으

2-25 태양신 사마시와 붕괴의 여신 이슈타르 기원전 2350~기원전 2200년경의 아카드 시대 인장, 런던 대영박물관. 그림 출처 : Alexander Heidel,《The Babylonian Genesis》.

로 커다란 열매를 들고 있다. 이는 바야흐로 태양의 계곡으로 떠오르는 태양신 사마시의 이야기와 관련된다. 그림 가운데 아래에 있는 사마시의 한쪽 어깨에서 세 줄기의 광채가 발산되고 있다. 이슈타르가 태양의 기를 담으려는 것이다. 오른쪽에는 풍신인 엔키가 거대한 독수리를 들어 사마시를 공격하고 있다. 그림에서 사마시는 톱을 쥐고 이에 대항하고 있다.

그러나 이 그림에서 정작 중요한 부분은 따로 있다. 풍신의 어깨 위로 강물이 두 줄기로 교차하고 있으며 그 강물을 따라 움직이는 물고기의 흐름도 서로 교차하는 있다는 점이다. 이 정황에는 중요한 메시지가 담겨 있다. 물고기가 서로 반대방향으로 가는 것은 풍신을 통해 혼합이 이루어진다는 뜻이다. 풍신 엔키가 잡고 있는 독수리는 좀생이 혼을 챙기는 묘성의 심벌로 볼 수 있다. 풍신의 발아래 있는 수소한 마리가 이를 뒷받침한다. 물론 수소는 별자리 수소자리이다. 그러므로 이 모든 것은 춘분점에서 수소자리와 연관되는 금성, 묘성에 대한 설명이며 최후의 사건인 신년의 태양이 뜬다는 것을 보여주는 것이다. 태양신 사마시가 잡은 줄톱의 의미도 특별하다. 사제의 도끼와 마찬가지로 자신의 DNA(정령) 인자가 무작위가 아니라 하늘이 정한 시간표에 따라 뿌려진다는 것을 의미하기 때문이다.

박트리아의 하이눔 유적에서 발굴된 자료에는 이런 샤먼의 천문 이념이 선명하게 나타나 있다(그림 2-26 89쪽). 남자와 여자가 거대한 사자를 타고 어딘가에서 내려오는 모습이다. 사자는 이미 제1장에서 영웅의 도상임을 보았다. 이 그림에서 주목할 것은 젊은 남자가 신부로 보이는 여자를 껴안고 있으며 손을 뻗어 그녀의 유방을 잡고

2-27 바빌로니아 신화에 등장하는 괴물 기원전 2800년경 (수메르 초기), 시리아 다마스쿠스 박물관. 그림 출처 : 앤드류 콜린스,《금지된 신의 문명》.

있다는 점이다. 이 동작은 왼쪽 사자의 발치 아래에서 괴수의 얼굴을 가진 인물이 컵을 내미는 정황과 관련된다. 유방을 잡고 있는 것은 그에게 젖을 주기 위해서이다. 여인의 젖이 좀생이 혼을 말한다는 것은 사자 궁둥이 쪽에 날개 달린 천사가 있다는 사실이 말해주고 있다. 천사들은 링과 언월도를 들고 있는데 이는 금성과 묘성의 도상 의미이다. 사자 위의 남자는 태양이고 여성은 달이며 그 뒤를 따르는 천사는 금성(묘성)이다. 그림은 해와 달과 금성이 하나의 세트(삼신三神)임을 사자를 통해 적절하게 드러내고 있다.

금성이 사자로 나타나는 경우는 바빌로니아 시대의 유물에서 볼 수 있다. 머리는 사자이고 몸은 물고기에 날개를 가졌다(그림 2-27).

2-28 바람의 새 라가시의 부조, 기원전 3000년경, 루브르 박물관. 그림 출처 :
S, N. Kramer, 《The Sumerians Their History, Culture, and Character》.

이는 하늘과 땅과 물을 상징하는 도상으로 삼재三才 사상의 표현이다.
기원전 3000년경에 라가시에서 발굴된 부조에는 날개를 달고 사자
얼굴을 한 금성이 사자 두 마리의 허리에 두 다리를 걸치고 있다(그림
2-28). 옆쪽에는 바람의 신 엔키가 항아리를 안고 있다.

　　이런 유물들은 샤머니즘이 유일신이 아니라 삼신三神 또는 중성
신中性神을 숭상하는 종교임을 말해준다. 이것이 진정한 의미의 삼위
일체三位一體의 기원이며 플라톤이 말하는 이데아Idea이다.

1-1 천정에 그려진 수소 그림 도르도뉴 라스코 동굴, 기원전 1만 5000년경. 그림 출처 : Georges Bataille,《La Peinture Prehistorique-Lascaux ou la Naissance de Lart》.

1-17 규를 들고 있는 〈복희여와도〉 투루판. 그림 출처 : 《敦煌の美術》, 太陽社.

1-18 북두칠성을 가리키는 신들 고창국. 그림 출처 :《敦煌の美術》, 太陽社.

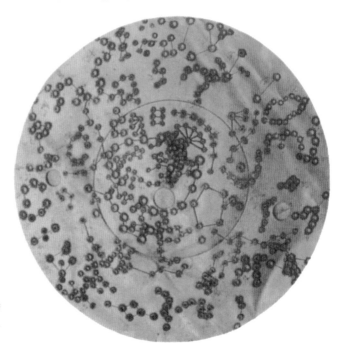

1-21 금동 천문도 조선시대, 경남 양
산 통도사 박물관. 그림 출처 : 박창범,
《하늘에 새긴 우리 역사》.

1-25 북두선인 에밀레 박물관. 그림 출처 :《한국의 미 : 민화》, 계간미술.

1-26 천구에 사는 샤먼 고구려 고분 5호분 4호묘 널방 천장고임 벽화. 그림 출처 :《한국미술전집 : 벽화》, 동화출판공사.

1-28 고구려 고분에 그려진 좀생이 혼 우현리 중묘 현실 천정 받침. 그림 출처 :《한국미술전집 : 벽화》, 동화출판공사.

1-29 〈북천도〉이집트 세티 1세 왕묘. 그림 출처 :《世界の博物館 : 大英博物館》, 講談社.

1-33 금동 가위 경주 안압지, 8~9
세기, 길이 25.5cm. 그림 출처 :《한
국의 미 : 청동기》, 계간미술. (왼쪽)

2-12 지구 궤도를 상징하는 용 교토
쇼코쿠지, 16세기. 그림 출처 :《世界
の美術 : 日本》, 朝日新聞社. (아래)

2-18 금동 용머리 경주 안압지, 9세기, 국립경주박물관. 그림 출처 : 《한국의 미 : 청동기》, 계간미술.

2-19 청동 용머리 강원도 진전사지. 그림 출처 : 《한국의 미 : 청동기》, 계간미술.

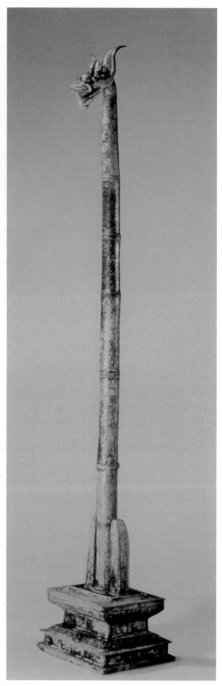

2-20 청동 당간지주(솟대) 경주. 그림 출처 :《한
국미술전집 : 청동기》, 동화출판공사

2-26 태양과 달과 금성이 표현된 황금 장식 틸리아 테페 고분, 박트리아 하이눔. 그림 출처 :
National Geographic,《Afghanistan》.

3-4 **칠성명두** 조선시대, 지름 12.2cm, 윤수진 소장, 그림 출처 : 《한국의 미 : 금속공예》, 계간미술.

3-9 **왕비의 장식** 원형 무덤에서 발굴, 미케네, 기원전 16세기. 그림 출처 : Jacquetta Hawkes, 《Dawn of the Gods》.

3-11 **청동 율척** 3~5세기. 그림 출처 : 《한국의 미 : 청동기》, 계간미술.

3-15 **지중해 문명 시대의 청동 거울** 기원전 6세기.
그림 출처 : Paul Cartledge, 《The Spartans》.

3-17 놋쇠거울(명두) 조선시대. 그림 출처 : 《한국의 미 : 금
속공예》, 계간미술.

3-18 볼록형 청동거울(바깥) 국립중앙박물관. 그림 출처 : 《한
국미술전집 : 청동기》, 동화출판공사.

3-19 볼록형 청동 거울(안) 국립중앙박물관. 그림 출처 : 《한
국미술전집 : 청동기》, 동화출판공사.

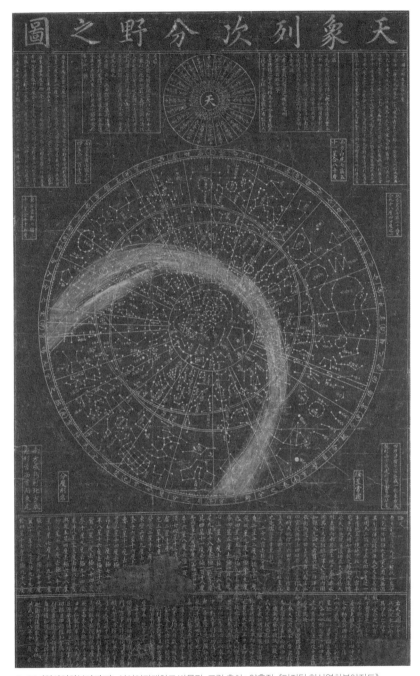

3-20 〈천상열차분야지도〉 성신여자대학교 박물관. 그림 출처 : 양홍진, 《디지털 천상열차분야지도》.

3-22 창동 창머리 김동현 소장. 그림 출처 :《한국미술전집 : 청동기》, 동화출판공사.

3-23 뿔 문양 청동 거울 김동현 소장. 그림 출처 :《한국미술전집 : 청동기》, 동화출판공사.

3-30 아프로디테 틸리아 테페, 박트리아, 1세기경. 그림 출처 : Jacquetta Hawkes,
《Dawn of the Gods》.

3-31 **인간의 머리를 장식한 반달장식** 기원전 145년경, 청동, 아프가
니스탄 국립박물관 . 그림 출처 :《世界の美術 87》, 朝日出版社.

3-35 **팔을 꺾은 비너스** 아프가니스탄 국립박물관, 1세
기경. 그림 출처 : National Geographic,《Afghanistan》.

제3장

청동 거울은
하늘을 말한다

거울, 천문을 꿰뚫어보다

시베리아 샤먼은 날개를 의미하는 검은 망토를 걸친다. 이를 '카프탄Kaftan'이라고 한다. 카프탄의 등에는 철로 만든 원반을 다는데, 태양의 구멍이라는 의미를 담고 있다. 샤먼은 그 구멍을 통해 지하 세계로 들어간다고 생각한다.[1] 뒤에서 보게 되지만 지하는 용의 몸통 속을 의미한다. 우랄알타이 샤먼들도 복식에 거울을 상징하는 놋쇠 무구를 많이 단다(그림 3-1). 우노 하르바는 이들 거울을 "샤먼의 제왕적 풍속의 유물"로 보았다(이는 샤먼이 제왕적 위치에 있었음을 암시하는 표현이기도 하다. 이에 관해서는《샤먼제국》을 참고).[2] 우리 무속에서는 청동 거울을 "천경天鏡" "성경星鏡" 또는 "신경神鏡"이라고 한다. 천경이나 성경은 모두 하늘의 별자리와 관련 있으며 신경은 방울을 매달아 소리를 내는 명금鳴金과 신당神堂에 모시는 거울로 구분된다. 시베리아 야쿠트 샤먼이 의상에 달고 있는 악기는 둥근 철판으로 만들어졌다. 거기에는 수많은 별자리가 낙서처럼 새겨져 있다. 샤먼의 거울이 본질적으로 천문 이데올로기와 관련 있음을 말하는 것이다. 또한 철판의 중심에는 구멍이 뚫려 있는데 샤먼은 그 구멍을 "대지의 배꼽"이라고 부른다(그림 3-2).[3]

점성술은 샤먼의 중요한 기능 중 하나이므로 청동 거울이 천문

3-1 알타이 야쿠트 샤먼이 입는 의상의 뒷면
놋쇠 종과 둥근 거울이 많이 달려 있다. 그림
출처 : Uno Harva, 《Shamanism》.

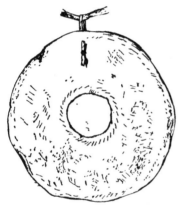

3-2 알타이 야쿠트 샤먼의 복장에 걸린 철판
무구 그림 출처 : Uno Harva, 《Shamanism》.

3-3 신들의 놋쇠 거울 그림 출처 : 赤松智
城·秋葉隆, 《朝鮮巫俗の硏究》.

학과 관련 있는 것은 당연하다. 기원전 5세기에 아리스토파네스는 "점성술과 천문학이 동의어"라고 했고 "플라톤은 두 가지를 'astrology'라는 한 단어로 통일하려 했으나 이미 별점(성점星占)이라는 의미로 굳어버린 후였다"는 기록이 있다.[4]

샤먼의 거울이 구리 혹은 청동으로 만들어진 까닭은 정확히 알려져 있지 않으나, 기능과 관련 있다는 것은 분명하다. 일반적으로 샤먼은 구리가 빛(좀생이 혼)을 잡아두는 성분이 있다고 믿었으므로 제구祭具를 구리로 만든 것은 우연이 아니다. 우리 무속에는 모양새가 냄비뚜껑처럼 볼록하게 생긴 놋쇠 거울이 있는데, 이는 거울이 천문학의 도구임을 확신하게 해준다(그림 3-3). 특히 이 놋쇠 거울의 이면에는 "일월칠성日月七星" 또는 "일월대명두日月大明斗"라고 새겨져 있어 이 거울이 특정한 별을 찬송한다는 사실을 말해준다. 일월은 해와 달이고 칠성은 북두칠성이다. 대명두大明斗는 삼각형(삼대三臺)의 이념을 상징하는 금성을 가리킨다. 대大를 '하늘의 별'로 읽고 명明을 해와 달을 합친 글자로 읽을 수 있기 때문이다. 옛 문헌에는 금성을 "계명성啓明星"이라고 쓰기도 하여 '명明' 자가 금성임을 뒷받침해준다. 또 중국 문헌에는 명두明斗를 "명도明圖"라고도 쓰고 이를 다시 "천도天道"라고 기록하고 있다.[5] 천도는 천문학을 일컫는 말이다.

우리 기록에는 "무당이 명두(거울)로 만명신萬明神을 받든다"고 했다.[6] 만명의 '만萬'은 산스크리트어의 'man'이며 '만卍'으로도 쓴다. 따라서 성황당에 걸린 둥그런 청동 거울은 만卍이고 거울의 주인은 만명萬明이 되는 것이다.[7] 일본의 무속 연구가 아키바 다카시秋葉隆도 거울(천경天鏡)을 "여신의 얼굴"이라고 했다.[8] 우리 무속에서는 무당이 새벽하늘을 보고 북 대신 칠성명두七星明斗를 두드리며 금성을 맞이하는데, 이런 의식은 시베리아 여러 민족의 샤먼 풍속에서도 다르지 않다. 주목할 것은 악기에 마법의 잎사귀가 여덟 개인 꽃이 새겨져 있다는 사실이다(그림 3-4 90쪽). 8이라는 숫자의 의미에 대해서는 뒤에 다시 살피기로 하자. 퉁구스 샤먼은 거울을 일컬어 "세계를 보는 도구"라거나 "정신을 집중하는 도구" 또는 "정령을 모시는 도구"라고 부른다.[9] 이는 물론 중앙아시아에서 발트해 연안에 이르기까지 모든 지역 샤먼들에게도 공통되는 사항으로, 이들은 청동으로 된 거울 대신 돋보기처럼 만든 나무 테를 달고 있는 것이 특징이다.

거울은 상대성원리를 깨닫는 교훈으로 전해지기도 한다. 샤먼들이 거울의 구멍으로 어딘가를 내다보며 점을 쳤던 것은 점의 세계가 4차원의 세계임을 말해준다.[10] 배꼽이나 구멍은 모두 우주축이다. 이집트 문명의 유적들을 살펴보면 샤먼의 거울이 하늘의 별을 관찰하는 신성한 도구였다는 사실을 더 확실히 알 수 있다.

이집트의 앙크

거울을 이집트의 신성문자에서는 "앙크Ankh"라고 한다. 앙크는 이집트의 신들이 몸에 지니는 것으로 그들은 그 거울 속에 시계바늘처럼 좌우 양쪽으로 무엇인가 돌아간다고 믿고 있었다. 거울을 회전 방향의 표현이라고 믿은 것이다. 그것이 천문학과 관련 있다는 사실은 세월이 흐르면서 잊혔다고 해야 옳을 것이다.[11] 앙크는 전체적으로 약

3-5 이집트문자 십(十)자(Ankh) 그림 출처 : 조 르주 나타프, 《상징 · 기호 · 표지》.

3-6 이집트 벽화 속에 나타나는 거울 이미지 그림 출처 : R. T. Rundle Clark, 《Myth and Symbol》.

간 길쭉하며 십자 모양의 손잡이가 달려 있어 손잡이 위에 커다란 꽃봉오리 모양의 거울이 달린 모습이다(그림 3-5). 이 때문에 앙크는 여성의 화장 도구로 오해되어 왔다. 하지만 거울은 자신의 얼굴이 상대적이라는 사실을 깨닫게 해주는 교훈적인 도구이기도 하다. 거울에 비친 얼굴은 정확히 자신과 반대가 되어 있다. 오른쪽과 왼쪽이 뒤바뀐 또 다른 위치의 자신을 동시적으로 확인시켜주는 물건이다. 거울이 상대성원리를 깨닫게 만드는 도구라고 하는 것은 이런 이유이다.

십자형 손잡이가 DNA 사다리를 의미하는 十자 또는 X자라는 사실에도 주목할 필요가 있다. 앙크는 이집트어로 '생명의 열쇠' 또는 '신의 눈'이란 뜻이다.[12] 그 의미는 물론이거니와 거울이 청동기로 만들어진 것 또한 이 앙크가 그 시절에 무구로 사용됐음을 말해준다.[13] 이집트 벽화에서는 거울이 '세계의 질서'를 의미한다(그림 3-6). 그림에서는 이마에 뱀의 장식을 단 여신이 파라오 신에게 정중하게 술잔을 바치고 있다. 주목할 점은 술잔 안에 거울을 들고 있는 어린 여자가 있다는 것이다. 런들 클러크R. T. Rundle Clark는 《피라미드 텍스트

•미케네 문명
아테네, 필로스, 테베 지역의 고대 그리스 문명. 발칸 반도 북쪽의 이주민인 아카이아인이 이 지역을 장악하면서 기원전 1600년경부터 발전하기 시작해 400년간 지속되었다. 미케네는 이들의 세력이 가장 융성했던 곳으로 독자적 문자를 갖는 등 발전된 문화 양식을 보였다.

Pyramid Text》를 인용해서, 이 여신을 가리켜 파라오의 치세를 위해 낳은 "세계 질서의 상징"이라고 했다.[14]

거울이 세계 질서가 되는 것은 천문학(역서易書)이 지배의 원리이기 때문이다. 고대 그리스 남동부의 페라티Perati 무덤에서는 기원전 13세기 이집트 왕의 물건이 발굴되었는데, 이물건의 (그림 3-7) 아래쪽에는 왕의 이름이 새겨져 있고 그 위쪽에는 왕에게 거울을 바치는 장면이 그려져 있다.

이집트의 앙크는 크레타 문자를 거쳐 한반도 (울주 천전리)에서도 발견된다(그림 3-8). 암각으로 새겨진 울주의 앙크는 기원전 5만~ 기원전 4만 년에 새겨진 것으로 추정된다. 극동과 지중해로 샤머니즘의 길이 연결돼 있었음을 말해주는 자료이다. 이 거울에도 십자가 손잡이가 있고 그 위에 둥그런 원형 거울 부분이 그려져 있다. 거울 안에는 두 개의 눈이 그려져 있으며 두 눈은 하나로 연결되어 있다. 이는 둥근 원으로 나타나는 하늘을 십자 지점(X+)에서 관찰한다는 뜻으로 이해할 수 있다. 1861년 조선 후기의 천문학자 남병길은 자신이 편찬한《성경星鏡》에서 "하늘의 별자리는 눈에 보이는 대로 그리지 않고 뒤집어 그린다"고 하고 이는 "별자리가 거울에서처럼 뒤집혀 보이는 까닭"이라고 했다.[15] 거울의 의미가 상대성원리이며 천문 이치가 4차원의 세계임을 암시하는 것이다.

미케네 문명 시대의 유물에는 황소 뿔에 거울을 단 장식이 있다

3-7 이집트 문자. 거울을 든 인물 그림 출처 : R. T. Rundle Clark,《Myth and Symbol in Ancient Egypt》.

3-8 선사시대 암각화 울산 천전리. 그림 출처 : 임세권,《한국의 암각화》.

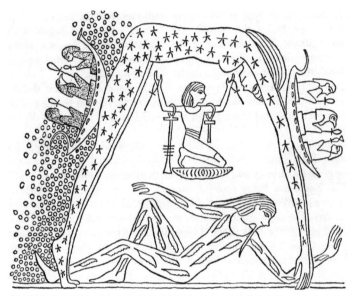

3-10 이집트의 천지신 누와 누트와 게브 그림 출처 : 조지프 캠벨,《천의 얼굴을 가진 영웅》.

(그림 3-9 90쪽). 황금으로 만든 이 장식은 왕비의 것으로 알려져 있지만 지중해 문명 시대에 왕비는 사실상 샤먼이었다. 황소의 메타포가 천문 관측대임을 감안하면 뿔에 거울이 달려 있는 것은 샤먼의 거울이 천문을 관측하는 신전에 있었음을 말해준다.

앙크가 점성술의 도구임은 이집트 벽화에서 확인된다(그림 3-10). 그림에서 여신 누트Nut가 팔과 다리를 펴고 엎드려 있다. 여신의 몸에는 별을 의미하는 그림문자(大)가 많이 그려져 있다. 길게 뻗은 여신의 하체 쪽은 어둡고 상체 쪽은 밝은데 어두운 쪽이 겨울이고 밝은 쪽은 여름을 나타낸다. 인체는 천문학을 이야기하는 방편이다. 이 그림은 동지와 하지의 양쪽 세계로 샤먼들이 배를 타고 여행하는 모습이다. 그들은 하늘의 별들을 관찰하기 위해 앙크를 쳐들고 있다.

이 그림은 태초에 누Nu이라고 부른 물속에서 여신 누트와 남신 게브Geb가 엉켜 있었다는 신화를 옮겨놓은 것이다. 목양좌牧羊座의

3-12 거울을 쥔 여신 이집트 벽화. 그림 출처 : 조지 하트, 《이집트 신화》.

힘 때문에 남신과 여신이 떨어질 수밖에 없게 되자 여신 누트가 이를 거부하려고 버티는 모습이다. 이때 누트가 벌거벗은 모습이 되었는데 하늘의 별(大)들이 그녀의 몸을 가려주기 위해 내려와 앉았다고 한다. 주목할 것은 누트 여신의 아래쪽에 누워 있는 남신 게브의 모습이다. 게브의 몸에는 바람의 신을 뜻하는 갈대가 그려져 있다. 남신이 상체를 오른쪽으로 틀고 왼팔을 여신에게 내맡기는 자세를 취한 것은 팔에 특별한 메시지가 있음을 강조하기 위함이다. 엘빈 파노프스키에 따르면 사람의 팔은 팔꿈치에서 손끝까지, 그리고 팔꿈치에서 어깨까지 길이의 비가 3:2이다. 파노프스키는 이 미묘한 비례를 "황금비례"라고 했다.[16]

결론적으로 그림은 밤과 낮의 길이 즉 하지점과 동지점이 3:2가 되는 상황을 암시하고 있다. 이 황금비율이 중요하다는 것은 3:2의 비율로 만들어진 청동 자에서도 확인된다(그림 3-11 91쪽). 율척律尺으로 추정되는 이 청동기는 모두 세 개의 매듭으로 되어 있고 매듭 두 개의 길이는 3:2 비율로 나뉘어 있다. 누트신이 왜 게브 신의 팔을 가리키고 있는지 알 수 있는 것이다. 그림 중심에 두 손에 거울을 쥔 여신이 팔을 번쩍 치켜들어 누트 여신의 가슴과 배꼽 부위를 가리키는 것 역시 비례를 재는 동작이다. 인체 비례가 천체운행 법칙과 유관하다는 사실을 시위하고 있는 것이다.

거울이 단순히 일상용 화장 도구가 아니라는 사실은 또 다른 이집트의 벽화에서도 암시된다(그림 3-12). 벽화의 중심에 귀부인이 왼손에 청동 거울을 쥐고 의자에 앉아 있다. 귀부인 앞뒤에는 시녀들이 서 있다. 앞에서는 음료를 서비스하고 뒤에서는 머리를 손질하고 있다. 이 그림의 정황을 실감나게 이해하려면 거울을 일상용구가 아니라 신분을 나타내는 도구라고 간주해야 한다. 이는 이집트 18왕조 때 제작된 청동 거울과 비교해보면 한층 더 잘 이해할 수 있다(그림 3-13). 거울 손잡이에는 알몸의 여신이 두 팔을 치켜 올리면서 거대한 거울 판을 떠받들고 있다. 거울 판이 별들이 떠 있는 하늘임을 강조하는 모양새이다. 이집트 문자 앙크가 생명을 의미하는 거울 모양인 것은 인간 운명의 뿌리가 별자리라고 생각했던 이 시대의 인생관을 그대로 반영되었음을 알게 해준다.

이집트 테베 가르나크의 대신전 벽화에서는 태양신 아몬이 양손으로 거울을 하나씩 쥐고 앉아 있다(그림 3-14). 그 앞에 무릎을 꿇고 앉은 여인은 아몬에게 생명수가 담긴 종지를 바치고 있다. 아몬은 이에 답하려 거울 하나를 그녀에게 건넨다. 태양신이 무녀巫女에게 서품敍品으로 거울을 내리는 상황이다. 중국 문헌에는 분명히 거울은 "하늘의 별을 살피는 그릇(천경天鏡)"이라고 했고 이 "거울을 잡는 사람은 동시에 〈하도河圖〉와 구슬(옥형玉衡)을 받으며 이로써 운세를 본다"고 했다.[17] 이는 청동 거울에 〈하도〉와 팔괘의 비의가 숨어 있음을 말하

<하도>
지구가 자전, 공전하는 이치를 흐르는 강물에 비유하여 숫자와 부호 등으로 그려놓은 그림. 복희씨 때 황하에서 용마가 등에 지고 나왔다고 전한다(제7장 참고).

3-13 청동 거울 이집트, 18왕조. 그림 출처 : 조지 하트, 《이집트 신화》.

3-14 아몬 신으로부터 거울을 받는 여신 비너스 탄생을 의미한다. 이집트 테베의 카르나크 신전. 그림 출처 : 조지 하트, 《이집트 신화》.

3-16 스파르타 문명 시대의 청동거울 기원전 6세기. 그림 출처 : Paul Cartledge, 《The Spartans》.

고 있다.

지중해 시대의 청동기 거울에서도 그 정황을 다시 살필 수 있다 (그림 3-15 91쪽). 거울 손잡이로 나타나는 여신은 한 발을 앞으로 내딛고 있는데, 이는 고대 올림피아드의 영웅이나 미인 대회에서 우승자가 제단에 오를 때 취하는 콘트라포스토contrapposto 자세이다. 사자는 금성을 지키는 군신軍神이고 영웅의 상징이다(제1장 그림 1-29 참고). 그런가 하면 스파르타의 청동 거울에서는 여신이 두 손으로 자신의 젖가슴을 가리고 있다(그림 3-16). 젖가슴은 다산과 풍요의 상징으로 이 역시 금성 이데올로기의 도상으로 통용된다. 일본 신화의 첫 페이지를 장식하는 아마테라스天照 여신•의 신체神体도 거울이며 이 거울은 지금도 이세신궁伊勢神宮••에 신주로 모셔져 있다. 우리나라에서는 경북 영일에 신라 선덕여왕 때 창건한 보경사寶鏡寺 창건 내력에서 거울을 신성시한 흔적을 찾을 수 있다. 이 절을 지을 때 신기神器인 팔면거울(팔면경八面鏡)을 묻었다고 했기 때문이다. 불교에서도 거울을 통하여 법신法身의 현신顯身을 자각한다고 믿는다. 거울 속에 금성의 이치가 있다는 사실을 불교 어법으로 표현하고 있는 것이다.

손잡이 없는 거울

•아마테라스 여신
태양신으로 일본 신토의 최고 신이자 일본 천황의 조상신으로 일본 신화에 등장.

••이세신궁
일본 미에 현 이세에 있는 신궁. 도쿄의 메이지신궁, 오이타의 우사신궁과 함께 일본의 3대 신궁으로 꼽힌다. 일본 각지에 걸쳐 있는 씨족신을 대표하는 총본산이다.

중앙아시아와 동아시아 지역에서 발견되는 청동 거울은 손잡이 없이 벽에 걸거나 샤먼의 옷에 끈으로 매달 수 있게 되어 있다. 기원전 2세기 때 로마의 문인이자 학자인 바로Varro Marcus Terentius는 이런 거울이 "페르시아 시대의 마기 승려들이 고안하여 마술에 사용했다"고 주장한 바 있다.[18] 마술은 팔괘의 원리가 그 핵심이다. 그러므로 샤먼의 거울은 지구가 용처럼 자신의 꼬리를 물고 돌아가는 4차원의 상황을 파악하는 도구라고 할 수 있다. 우리의 놋쇠 거울은 앞에서도 언급했지만 그릇처럼 움푹 들어간 모양으로 중심에 손잡이가 있다(그림 3-17 92쪽). 그림의 거울 안에는 오른쪽에 별 세 개, 가운데에 반달, 왼쪽에 북두칠성이 새겨져 있다. 세 개의 별은 금성(삼성參星)이다. 샤먼은 이 놋쇠 거울을 두드리며 점을 친다.

　거울이 점성술과 관련 있다는 사실은 우리의 청동기 시대 거울에서도 확인된다(그림 3-18, 3-19 92쪽). 이 청동 거울의 뒷면에는 원으로 된 문양이 있는데, 산스크리트어에서는 원을 '만다라mandala'라고 한다. 모든 신이 거처하는 곳이라는 뜻으로 앞에서 언급한 X十축을 말하는 것이다. 우리 옛 문헌에는 "하나의 별이 움직이는 원운동은 삼신三神의 도道"라고 했다.[19] 여기에서 하나의 별은 금성을 의미한다. 다시 말해 삼신의 도는 금성이 지구와 교차하는 원운동을 뜻한다.《사기史記》에서는 이를 "천지인天地人"이라고 했다. 결국 청동 거울에 보이는 하나의 원은 삼신의 도이다. 이 원은 X十의 우주축을 감고 도는 용의 머리를 가리키며 지구의 회전궤도를 나타낸다. 이런 정황은 솥뚜껑의 안쪽에 그려진 기하학적인 도상에서 확인된다. 도상의 주제는 중심에 그려진 십자十字 문양이다. 유물의 앞뒤에 그려진 도상을 종합하면 제러미 나비가 DNA 사다리라고 한 우주축에서 세 개의 행성이 원을 긋는다(삼신의 도)는 뜻으로 이해할 수 있다. 원을 긋는 세 개의 행성은 곧 해와 달과 금성이다. 따라서 세 개의 행성이 원을 긋는다는 것은 먼저 지구가 태양을 돌고 달이 지구를 돌며 다시 금성이 태양을 돌며 지구와 교차한다는 뜻이다. 우리는 이것이 666의 암호라는 것을 뒤에서 보게 된다(제7장 참고).

　오늘의 천문학은 태양이 중심에 있고 그 둘레로 수성, 금성, 지구가 시계 반대 방향으로 나란히 돌면서 세 개의 굴렁쇠(뒤에서 자세히 설명한다)를 만든다. 금성은 지구의 안쪽으로 도는 내행성이고 지구보다는 조금 작지만 체적이나 비중에서는 지구와 쌍둥이처럼 거의 대등하다. 회전궤도는 원에 가깝고 속도는 지구보다 매초 35킬로미터 이상 빨라 지구보다 141일가량 운행시간이 짧다. 이 점은 금성이 춘추분점에서 두 번 지구와 만난다는 사실을 선뜻 수긍하기 어렵게 만든다. 금성의 표면은 지구보다 150배나 많은 탄산가스를 뒤집어쓰고 있다. 구름층도 지구보다 네 배나 단단하며 표면은 희고 빛난다. 자전 없이 늘 같은 얼굴로 태양을 돌므로 지구와 가깝게 접근할 때 태양광선의 59퍼센트를 지구에 반사할 수 있는 조건이 된다.[20] 이는 지구가 춘분점에서 금성에 의해 특별히 태양열을 지원받거나 혹은 추분점에서는 달의 찬바람을 받는다는 의미로, 금성이 춘분점과 추분점에 두 번이나 지구와 가깝게 나타나는 현상을 의미한다. 이렇게 이야기하려면 금성이 지구와 같은 방향으로 나란히 가거나 반대 방향으로 돈다고 주장해서는 안 된다. 샤먼이 그렇게 믿어왔듯이 금성은 지구와 60도 각도로 교차한다.

유럽 문명은 코페르니쿠스의 《천체의 회전에 관하여De Revolutionibus Orbium Coelestium》이 공개되면서 이를 알게 된다. 코페르니쿠스는 "수성과 금성이 지구와 60도 각도로 교차하면서 달의 빛을 몰고 온다"고 했다.[21] 이 말은 지구와 금성이 1년에 두 차례 교차하는 관계에 있다는 뜻으로 해석할 수 있다. 점성술이 각도를 인간과 세계의 운명을 헤아리는 척도로 삼았던 것도 금성과 지구가 나란히 가는 존재가 아니라 두 번이나 교차하는 관계임을 간파했기 때문이다. 점성술이 60각sextile과 120각trine은 길한 것으로, 90각square과 180각opposition은 흉한 것으로 판단하는 것도 그 때문이다.[22]

금성과 지구의 60각 교차로 인해 지구에 생명이 존재할 기반이 조성된다고 본다면, 우리는 이 대목에서 "3(삼三. 參)이 음양을 모두 품는다"는 《역경》의 문장을 이해할 수 있게 된다.[23] 시베리아 여러 민족의 샤먼들이 "금성(묘성)이 출현할 때마다 춥거나 더워진다"고 한 것은 이런 정황을 반영한 것으로 이해된다. 금성이 지구와 1년에 두 번 교차하면서 일어나는 기후의 변화를 말하는 것이다.

1930년대 한반도의 샤머니즘을 조사했던 일본인 학자 아키바 다카시秋葉隆는 당시 경성제대(현 서울대학교) 유물보관소에 있었던 솥뚜껑 모양의 청동 거울을 "무경巫鏡"이라고 했다. 더불어 "거울의 볼록면 뒷면에는 원과 활 모양이 한쪽에 새겨져 있고 반대쪽에는 작은 원 일곱 개가 배치돼 있다"고 증언했다. 그는 이 거울의 그림이 "해와 달과 칠성별"이라고 언급했다.[24] 여기에서 주목할 것은 원과 활 모양의 문양이다. 원과 활 모양의 그림은 고구려의 〈천상열차분야지도天象列次分野之圖〉•의 문양과 같은 맥락으로 읽을 수 있기 때문이다.

샤먼의 굴렁쇠, 금성과 지구의 교차

〈천상열차분야지도〉는 세계에서 가장 오래된 천문도이다[25](그림 3-20 93쪽). 이 책에서는 이 천문도를 '하늘의 굴렁쇠'라고 부를 것이다. 먼저 천문도 중심부의 작은 원은 '자미원紫薇垣'이다. 두 개로 겹쳐 있는 원은 '태미원太微垣'이라고 부른다. 원垣은 담장이라는 뜻으로 자미원은 장미꽃 굴렁쇠가 되고 북극권(천극권天極圈)을 가리킨다. 북극권도 장미가 피어날 때처럼 회전한다는 것을 의미하고 있다. 샤먼제국에 대한 자료에는 "세 개의 원이 하나가 되는 영부靈符"라는 언급[26]이 나오는데, 이는 〈천상열차분야지도〉의 세 굴렁쇠를 암시하고 있는 것이다. 지구의 자전축인 북극은 2만 5,800년을 주기로 별들 사이로 옮겨 다니며 하늘에 원을 그린다. 천문학이 말하는 시리우스 사이클로, 자미원이 북극의 대명사가 되는 이유이다. 태미원의 태太는 글자

• 〈천상열차분야지도〉
하늘의 모습(천상)을 차次와 분야分野에 따라 벌려놓은 그림. 차는 목성의 운행을 기준으로 설정한 적도대의 열두 구역이며, 분야는 하늘의 별자리 구역을 열둘로 나눠 지상의 해당 지역과 대응시킨 것이다. 고구려시대 때 지구가 태양을 돌며 금성이 1년에 두 번 지구와 60도 각도로 교차한다는 사상을 추상적으로 그려 놓은 천문도로 보인다.

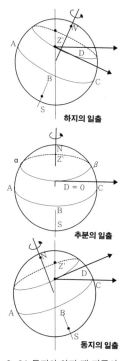

하지의 일출

추분의 일출

동지의 일출

3-21 동지와 하지 때 지구의 모양 그림 출처 : 古在由秀, 《天文學のすすめ》.

의 어원에서 금성을 의미하며 이때 미微는 '미묘하다'는 뜻으로 금성이 지구와 60도 각도로 교차함을 암시한다. 실제로 두 개의 굴렁쇠는 아무렇게나 겹쳐 있지 않다. 두 개의 원이 정확히 1/2이 되는 지점에서 교차하고 있다. 이는 태양을 돌고 있는 지구의 타원 궤도와 지구와 두 번씩이나 교차하는 금성의 궤도를 북극을 향하는 방향에서 추상적으로 설정한 것으로 추정된다. 주목할 것은 굴렁쇠 하나는 자미원과 동심원을 이루지만 또 다른 굴렁쇠는 그 중심에서 벗어나 독자적인 자리를 차지하고 있다. 이는 용머리(지구)가 오른쪽으로 기울었다 왼쪽으로 기울었다 하면서 태양을 돌다가 하지점과 동지점에서 황금률에 따라 태양과의 거리를 기묘하게 조율한다는 의미이다. 현대의 천문학자들은 지구의 축이 23.5도 기울어져 공전하고 있다고한다. 하지만 이는 진실이 아니다. 지구는 밤과 낮의 차가 3:2가 되는 비례를 깨지 않기 위해 우왕좌왕하는 모습으로 움직인다(그림 3-21). 도판에서 보듯 하지에는 지구가 축을 의미하는 Z에서 오른쪽으로 기운다. 때문에 북극은 봄부터 가을에 이르는 대부분의 시간이 해가 없는 밤의 세계로 바뀌는 것을 보여준다. 반대로 동지에는 지구의 축이 왼쪽으로 기울어서 하지와는 반대로 북극의 상당 부분이 밤이 없는 낮의 세계로 바뀌는 것을 가리킨다. 이 상황이 지구가 금성과 두 차례 교차하면서 생기는 현상이라는 것은 뒤에서 다시 보게 된다. 이렇게 보면 교차하고 있는 두 개의 굴렁쇠는 금성과 지구가 60도 각으로 교차하는 순간을 표시한 도상이라고 할 수 있다. 《자전》은 이렇게 말한다.

"금성(명성明星)을 의미하는 두 활이 등질 때 휘어진다."[27]

16세기 조선조 후기에 관상대觀象臺 천문학 교수였던 남사고南師古는 그의 《예언서》에서 이 굴렁쇠(궁弓)를 "하늘에 드리운 계시(궁부

弓符)"라고 하고 "세상 사람들이 이 쌍궁雙弓의 이치를 알지 못한다"고 탄식했다.[28]

금성과 지구가 60도 각으로 교차하는 것을 "두 개의 궁이 등진 다"고 한 이것이 바로 동이東夷의 개념이다. 동東은 나무에 태양을 결합한 문자(木+日)로 북극을 조준하여 세운 솟대(오벨리스크)에 태양이 걸리는 모습을 형상화하고 있다. 또 이夷는 별과 활을 결합한 글자(大+弓)로 하늘에 떠 있는 굴렁쇠를 말한다. 따라서 동이는 '솟대에서 금성을 관측하는 사람들', 즉 샤먼을 가리키는 말인 것이다.

한반도에서 발견된 청동 간두竿頭•는 창의 머리이다. 여기에 서로 등진 두 개의 활 문양이 새겨져 있다(그림 3-22 94쪽). 이 도상 역시 금성과 지구와의 교차를 암시하는 것으로 금성이 '각도의 신'임을 말하는 자료이다. 더불어 청동 창을 잡은 무리들이 금성 이데올로기를 신봉했다는 증거이기도 하다. 이는 샤먼의 청동 거울에서도 확인된다(그림 3-23 94쪽). 거울에는 둥근 원 속에 뿔 모양의 세모꼴 도상들이 배열되어 있다. 서 있는 세모꼴은 X자를 반복 교차시켜 면을 채우고 뿔배처럼 거꾸로 선 세모꼴은 횡선을 반복시켜 채웠다. 뿔배와 삼각三角의 의미를 강조하고 있는 것이다. 이처럼 거울 속에 삼각을 새긴 것을 단순히 우연한 장식이라고 해야 할까. 그렇지 않다. 점 셋을 나란히 찍어 만든 원은 지구의 기氣를 뜻한다고 할 수 있으며 기울어진 선은 금성의 기라고 추정할 수 있다. 거울의 바깥쪽을 둘러친 무수한 뿔은 빛이다.

《서경書經》에는 "순舜임금 때 천자天子가 십이장복十二章服을 입었다"고 언급하고 있다. 이름에서 알 수 있듯 이 예복에는 모두 12가지의 도상이 새겨져 있다. 상의上衣에 여섯 개, 하의下衣에 다시 여섯 개이다. 이 중 편의상 상의에 새겨진 도상 중 먼저 나오는 셋을 보자(그림 3-24). 처음에는 해를 까마귀로 그렸다. 두 번째는 달을 토끼로

3-24 순임금 시대 예복의 문양(전체 그림은 그림 7-2를 참고) 그림 출처 : 諸橋轍次, 《大漢和辭典》.

•간두
지팡이, 장대, 창 등의 머릿부분으로 주로 청동으로 장식을 했으며 샤먼들이 제사나 점술에서 하늘의 뜻을 전하는 역할을 하였다.

3-25 동물 문양 청동 어깨장식 고쿠라 컬렉션. 그림 출처 :《한국미술전집 : 원시미술》, 동화출판공사.

그렸다. 세 번째는 동쪽의 별(진성辰星)이라고 쓰고 삼각자를 그렸다. 여기에서 보는 진성은 금성이다.[29] 세 개의 문양이 천지인天地人, 삼신三神을 의미한다는 것을 알아차릴 수 있는 것이다. 중요한 것은 세 번째 도상이 세 개의 점을 연결시켜 만든 각角이라는 점으로, 이는 또한 금성의 상징이 각도라는 점을 강조하는 것이다. 실제로 일본 신화에서는 금성을 "천진옹성天津甕星"이라고 부르고 "전문篆文으로 구부러진 팔로 나타낸다"고 기록하고 있다.[30]

경주 지역에서 발굴된 유물에 샤먼문명 시대의 청동 기마상騎馬像이 있다. 그 유물에는 두 개의 다리처럼 보이는 '人(인)'자 문양이 새겨져 있다(그림 3-25). 사슴과 표범이 양쪽으로 나뉘어 새겨지고 아래쪽 양쪽 끝에 人자 문양이 새겨졌다. 여기에서 사슴은 북두칠성의 도상이다. 표범은 사자와 교환 가능한 도상으로 금성을 호위하는 장군의 심벌이다. 人자 문양이 각도의 의미라는 것은 뒤에서 보게 되지만 여기서 문양의 양쪽 끝이 회오리 모양으로 휘어져 있는 것은 人의 의미가 매우 중요함을 의미한다. 이는 곧 금성과 지구가 두 번이나 교차하며 회오리를 일으킨다는 뜻이다.

중국의 《진서晉書》*에는 "천궁天弓"이라는 단어를 언급하고 있다. 《자전》은 이 천궁이 "무지개이며 제왕의 활(제궁帝弓)로도 쓴다"고 했다.[31] "제왕의 활은 기상氣象을 점치는 일이며 그것은 매우 어려운 일"이라고 덧붙이기도 했다.[32] 인도의 《우파니샤드》** 경전에서는 활을 "경전經典"에 비유하면서 "활쏘기의 의례는 진리의 표적인 브라흐만***을 적중시키는 은유"라고 했다. 이 때문에 "활은 옴OM(진리)이고 화살은 개인의 의미"라고 했다.[33]

별의 각도를 재는 일은 우리 무가나 일본 신화에서도 중요하게 다뤄진다. 우리 굿에서는 큰 활을 들고 허공에 시위를 당기는 굿을 "천궁례天弓禮"라고 하고 일본 신화에서도 아마테라스가 똑같은 예를

*《진서》
643년 당나라 태종의 지시로 방현령房玄齡 등이 집필한 진晉 나라의 역사책, 130권.

**《우파니샤드》
고대 인도의 철학 경전. 산스크리트어로 "(사제가) 가까이 앉는다"라는 뜻. 대부분 스승과 제자가 나눈 철학 토론으로 구성돼 있다.

***브라흐만
비슈누, 시바와 함께 힌두교가 섬기는 세 주신의 하나. 우주를 창조했다고 전한다. 동시에 우주의 근본 원리 또는 《우파니샤드》의 중심 사상을 뜻하기도 한다.

보여준다. 시위를 당기는 동작이 60도 각으로 금성이 지구와 만난다는 뜻임은 물론이다. 시베리아 야쿠트 샤먼도 의식에서 자신의 복장에 달고 있는 활로 하늘을 향해 시위를 당기는 제스처를 한다.[34] 바빌로니아에서도 활은 금성 이슈타르의 점성술 도구로서, 혹성이 나타나고 사라지는 일이나 해가 지면서 나타나는 항성의 전조前兆를 점치는 상징 도구이다.[35] 이 시대의 역사를 기록한《단기고사》에는 이 정황을 "3과 4가 서로 환을 이룬다(삼사성환三四成環)"고 하여 금성과 지구의 교차를 말하고 있다.[36] 1, 2, 3이 해, 달, 금성이고 4는 4계절이 있는 지구를 가리키는 수이다. 이 책의〈자료〉편에는 이 대목을 "세 개의 별이 세 개의 원을 만드는 일"이라고 하고 "그 셋이 하나가 되면 좀생이 혼이 온 지상에 내린다"고 기록돼 있다.[37]

각도의 여신상, 비너스

두 개의 뿔을 각도를 의미하는 기역자로 볼 수 있다. 기역(ㄱ)자는 그리스문자에서 감마(Γ)로 나타나는데 단지 기역자와 방향이 반대이다. 한국에 전하는 샤먼 경전인《삼일신고三一神誥》•에는 "태백산太白山 암벽에 신선이 전한 기역자가 새겨져 있었다"고 하고 이는 "신이 인간을 교육하고 이화理化하기 위한 것"이라고 했다.[38] 태백산의 '태백'은 금성이며 여기서 기역자는 각도를 말하는 것이 분명하다. 이 각도는 금성을 상징하는 비너스 상의 포즈는 물론 실제로 비너스가 활과 화살을 지참하고 있다는 사실과 무관하지 않다.

현대의 고성능 망원경으로 잡은 금성의 모습이 반달이 아니고 활모양을 하고 있는 것은 주목할 만하다(그림 3-26). 고성능 망원경이 없던 시대에 어떻게 금성을 활에 비유할 수가 있었을까는 의문이지만,

•《삼일신고》
한국의 전통 종교인 대종교의 경전. 삼위일체 사상이 기본이다.

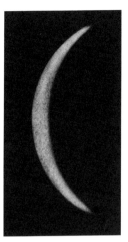

3-26 팔로마 산 천문대에서 촬영한 금성 500mm 망원경으로 촬영. 그림 출처 : 古在由秀,《天文學のすすめ》.

3-27 선사시대 비너스 이탈리아 사비냐노, 22cm. 그림 출처 : Siegfried Giedion,《The Eternal Present : The Beginnings of Art》.

3-28 미의 여신에서 전쟁의 여신으로 변한 인안나 그림 출처 : Zecharia Sitchin,《The 12th Planet》.

3-29 만명 1930년대. 그림 출처 : 赤松智城·秋葉隆,《朝鮮巫俗の研究》.

어쨌든 선사시대의 동굴에서 발견된 비너스상은 활 모양으로 나타나고 있다(그림 3-27). 수메르의 인안나Inanna 여신상은 직접 활을 들고 있는 모습이며 얼핏 보면 남성인 장군처럼 보인다. 금성이 양성임을 알 수 있게 하는 도상이다(그림 3-28). 인안나는 영웅의 표상인 사자 등에 올라서서 자신이 영웅을 데리고 전투에 임하는 것처럼 위풍당당하다. 여신의 머리에는 팔괘를 의미하는 팔각 별이 배치되어 있는데 모두 다섯 개나 된다. 뒤에는 지혜의 나무가 서 있다. 여신은 왼손으로 활과 화살을 잡고 오른팔은 꺾어서 각도를 나타내는 포즈를 취하고 있다. 이는 인안나가 샤먼이 "삼계三界"라고 일컫는 천국, 지계, 지하세계를 여행하기 위해 사자를 거느린다는 의미로 읽을 수 있다.

한국의 샤먼이 산바라기 굿'에서 부채를 드는 것 역시 각도의 의미를 드러내려는 것이다. 샤먼의 천계 여행(점占)은 모두 각도의 개념이기 때문이다. 부채가 각도의 기호라는 것은 금성을 일컫는 만명신의 복식에서도 알 수 있다(그림 3-29). 만명은 오른손에 부채, 왼쪽 손에 방울을 쥐고 있으며 긴 수건을 양쪽 손으로 길게 잡고 있다. 부채에는 삼신三神이 그려져서 금성이 각도의 신임을 말해주고 있다. 무당이 굿하면서 부채를 접었다 폈다 하는 것은 부채의 살이 각도임을 말하는 것이다. 긴 수건이 뱀이다. 이 뱀이 〈하도〉와 '팔괘八卦'를 말한다는 것은 뒤에서 보게 된다.

박트리아의 고대 유물에는 금성을 의미하는 황금 비너스 상이 있다(그림 3-30 95쪽). 양쪽 어깨의 날개가 천상계에서 지구로 날아왔음을 말해준다. 이마에 인도 풍의 곤지가 찍혀 있어서 쿠샨왕조** 시대의 작품임이 드러난다는 점이 흥미롭다. 주목할 것은 비너스의 동작이다. 비너스는 자신의 신분을 드러내기 위해 가슴과 배꼽을 드러냈다. 옷자락이 흘러내려서 벗겨질까 염려하는 자세이다. 또한 조각은 두 개의 유방과 배꼽의 위상이 삼각형임을 강조하고 있다. 선사시대의

•산바라기 굿
산山을 신선의 집이라고 해석하면 이 굿은 불가식으로 말하면 출가를 염원하는 의식이라고 할 수 있다.

••쿠샨왕조
기원전 20년경부터 226년까지 인도 북서부에서 중앙아시아를 지배한 왕조. 동서 문화가 융합된 독특한 문화를 형성했다. 대승불교와 힌두교도 이때 성립, 발전하였다. 226년 사산 왕조에게 멸망당한 뒤 인도는 수많은 소국들로 나뉘게 됐다.

다른 조각에서는 아예 삼각의 개념을 뿔배로 나타내기도 한다. 뿔은 삼각이고 삼각의 숫자 3은 금성의 상징이기 때문이다.

박트리아에서 발굴된 청동 조각에는 커다란 반달의 중심에 여신의 얼굴이 새겨져 있다(그림 3-31 96쪽). 여기서 반달 장식은 달이 아니라 활처럼 휘어진 금성의 이미지이다. 금성이 활에 비유된다는 것을 이 유물이 말해주고 있는 것이다. 바탕의 회오리 문양 역시 이를 뒷받침해준다. 중국의 동이에 관한 기록에도 활을 "호弧"라고 썼고 이를 "반원半圓 또는 현弦"이라고 했다. 또 반원의 지름을 "살(시矢)"이라고 하여 활과 화살이 기하학(점占)의 비유임을 말해주고 있다.[39] 이런 이유로《설문》은 활(궁弓)을 가리켜 "가까운 것을 궁구하여 먼 곳의 형상을 헤아리는 것"[40]이라고 했다.

3-32 세 마리 새를 얹은 관을 쓴 여신 크노소스 인근, 기원전 13세기. 그림 출처 : Jacquetta Hawkes,《Dawn of the Gods》.

미케네 문명 시대의 여신상에서도 이런 점이 부각되어 있다(그림 3-32). 각도의 개념을 무시하면 참으로 기이한 자세이다. 여신은 머리에 세 마리의 현조玄鳥를 얹었고 양쪽 팔을 위로 꺾어 올렸다. 세 마리의 비둘기는 금성 이데올로기이며 두 팔을 꺾은 것은 금성과 지구가 60도 각도로 교차한다는 암시로 읽을 수 있다. 모헨조다로에서 출토된 기원전 2000년경의 여신상은 이런 은유를 직접적으로 드러내는 조각이다(그림 3-33). 여신은 가슴에 세 개의 메달이 달린 장식을 달았으며 왼쪽 팔은 꺾어서 엉덩이에 붙였다. 각도를 의미한다는 것을 놓치면 건방지고 버릇없다는 비난을 받기에 손색없을 자세이다.

여신의 다리가 유난히 긴 것은 실제 신체의 특징이라기보다는 각

3-33 청동 비너스 모헨조다로, 기원전 2000년경,
뉴델리 국립박물관. 그림 출처 : Glyn Daniel,《The
First Civilizations》.

3-34 은으로 만든 여신상 앙카라,
기원전 2000년경. 그림 출처 :《世
界の博物館 12:ベルリン世界民族博
物館》,講談社.

도의 이미지를 강조하기 위한 방법이라고 말해도 되지 않을까 싶다.
방울 모양의 메달 세 개는 삼각의 의미이며 외람되게 팔을 꺾어놓은
것은 금성 이데올로기를 시위하는 제스처인 것이다. 여신의 음부에
삼각형이 만들어진 것이나 손에 든 그릇에서 삼각을 강조하고 있는
것도 같은 의도라고 할 수 있다. 음부를 가리는 부분을 삼각형으로 만
든 예는 터키의 앙카라 유물에서도 볼 수 있다(그림 3-34). 여신은 가
슴과 배꼽을 의도적으로 강조하였고 두 팔을 꺾어서 사각형을 만들

었다. 조각에서 머리를 원으로 치면 가슴은 사각형이고 음부 가리개는 삼각이 되어 금성 이데올로기가 기하학 언어로 설명된다는 것을 말하고 있다. 가슴의 X자 도상은 여신이 우주축인 DNA 사다리에 나타난다는 것을 암시하고 있다.

아프가니스탄의 베그람에서 출토된 비너스는 풍요와 다산의 이념을 나타내는 팽팽한 가슴을 부각시키고 오른쪽 팔을 꺾어서 손바닥을 펴 보이고 있다(그림 3-35 96쪽). 이 역시 각도에 금성의 의미를 부여하고 있는 것이다. 1세기에서 2세기 사이의 유물로 이라크(니네베)에서 출토된 이슈타르 여신상은 아예 머리에 뿔을 달고 있다(그림 3-36). 뿔은 둘이 아니라 통째 하나의 활 모양으로 만들어졌다. 뿔이 아니라 '하늘의 활(천궁天弓)'을 말하는 것이기 때문이다. 게다가 여신은 한쪽 손만 들었는데 이는 손가락의 개수를 묻는 것이 아니라 꺾인 팔의 의미를 묻는 것이다. 금성의 60도 각도에서 만들어지는 황금비가 바로 자신의 꺾은 팔에 있음을 암시한다. 뒤에서 보지만 하지와 동지의 밤낮 길이가 황금비이다.

루브르 박물관에 있는 그리스 시대의 에로스Eros상은 날개 가진 천사의 모습이지만 에로스라는 명칭에 걸맞지 않게 중성이다(그림 3-37). 가슴은 여성이지만 아래로 남성 심벌을 갖고 있으며 게다가 오른쪽 손을 들어 금성의 상징인 각을 만들어 보이고 있다. 이런 포즈가 결코 우연히 취해진 것이 아님은 그리스 시대의 날아가는 승리의 여신이 말해준다. 천사는 두 날개를 양쪽 어깨 위로 치켜들고 두 다리를 꼬고 앉아 있는데 이 자세가 각도의 표시이다. 천사는 다시 한쪽 팔꿈치를 무릎에 대고 손을 치켜들었으며 다른 손은 반대편 발뒤꿈치를 잡는 자세를 취하고 있다.

이것이 메타포라는 것은 기원전 1만 5000년경 로세르의 비너스가 말해준다(그림 3-38). 이 비너스는 금성 이데올로기를 말하는 풍요

3-36 이슈타르 여신 이라크 니네베, 런던 대영박물관, 1~2세기. 그림 출처 : 앤드류 콜린스,《금지된 신의 문명》.

3-37 에로스상 그리스 시대. 루브르 박물관.

3-38 로세르의 비너스 로세르(도르도뉴) 동굴, 기원전 1만 5000년경. 그림 출처 : Siegfried Giedion, 《The Eternal Present : The Beginnings of Art》.

와 다산의 심벌로 가슴과 배꼽이 과장되게 묘사되었으며 오른쪽 손에는 뿔배를 들고 있다. 한자에서는 뿔을 '角'이라고 쓴다. 그러나 이 글자는 실생활에서는 각도라는 의미로 더 자주 사용된다. 이미 기원전 1만 5000년경에 중부 유럽의 원주민들이 금성을 숭상했음을 말해주는 것이다.

제4장

용은 스스로 돌며
태양을 돈다

두 마리의 용은 여름띠와 겨울띠이다

태양을 중심으로 회전하는 행성은 많다. 지구도 그중 하나이지만 어쩐 일인지 지구에만 인간을 비롯해서 많은 생명체가 살고 있다. 그 까닭은 무엇일까. 오늘날의 과학은 이 물음에 대답하지 않지만 샤먼의 위대한 철학은 이 물음에 해답을 준다.

지구가 태양과 일정한 거리를 두고 타원형을 지으며 회전한다면 어떻게 봄여름가을겨울이 생기는 것일까. 덥고 추운 기온 차이는 물론이고 밤낮의 길이까지 등분等分되는 춘추분점春秋分點은 어떻게 존재하는가. 이것은 인류가 짊어지고 있는 최대의 수수께끼이다. 샤먼 문명이 뱀과 용을 도상 언어로 전면에 내세우는 것은 이 문제에 해답을 주기 위해서이다.

기원전 3000년대 메소포타미아 문명 유물에는 한 남자가 두 마리의 뱀을 양손에 쥐고 두 마리의 사자 위에 발을 딛고 서 있다. 많은 학자들에게 당혹감을 안겨준 이 도상은 아직도 그 의미가 수수께끼로 남아 있다(그림 4-1). 세계적인 신화학자 프리츠 작슬Fritz Saxl은 두 마리의 뱀을 '신神'이라고 규정했다. 그는 도상 해설 없이 이를 "신적 존재의 최대 힘을 상징하는 이미지"라고 하고, "인류의 가장 유해한 적으로서의 뱀을 양손으로 지배하는 힘을 자랑한다"고 했다.[1] 그런데 뱀이 왜 신적 존재인 동시에 유해한 적이 되는지 풀이하지 못하므로 그의 이 설명은 서구 인문학의 한계를 보여주는 증거라고 말해도 무방할 것이다. 뱀은 신화에 자주 등장한다. 그리스 신화의 펜테우스*Pentheus도 양손에 두 마리의 뱀을 잡았으며, 그리스 도자기 그림에는 마이나스**Maenads 여신이 뱀을 잡고 있는 장면이 그려져 있다(그림 4-2). 그렇다면 왜 뱀을 양손으로 잡는가. 이 해답은 물론 샤머니즘의 몫이다. 샤먼이 굿을 할 때 뱀을 잡는 것에서 해답의 힌트를 얻을 수 있기 때문이다.

4-1 두 마리 뱀을 쥔 수메르의 금성신으로 추정 초기 왕조 시대, 런던 대영박물관. 그림 출처 : Friz Saxl,《Lectures》.

4-2 두 마리 뱀을 잡고 있는 여신 마이나스 도자기 그림, 그리스, 기원전 6~기원전 7세기. 그림 출처 : Jane Ellen Harrison,《Prolegomena》.

크레타 문명*** 시대의 크노소스 신전에서 발굴된 유물에서 여신은 두 마리의 뱀을 양손에 나누어 쥐고 있다. 여신의 머리 위에는 이리가 앉아 있다(그림 4-3). 용(뱀)이 지구와 그 궤도를 은유하는 것이라면 뱀이 두 마리가 된 것은 1년 12개월 회전하는 뱀을 두 마리로 양분했다는 말이다. 이리는 여우와 마찬가지로 새벽녘에 활동하는 동물로 이 역시 금성의 상징이다. 금성이 '호성狐星'이라고도 불리는 것은 그 때문이다. 4세기경의 중국 문헌인《산해경》에는 "무녀가 두 마리의 뱀을 쥐었다"는 기록이 있는데, 전설적인 여신인 "서왕모西王母가 무녀들을 거느리고 약초를 캔다"고 하고 이때 "무녀는 양손에 뱀을 잡는다"고 했다. 또한 "한쪽 뱀은 파란색이며 다른 쪽은 붉은색"이라고 기록돼 있다.[2] 청색과 적색이 음양의 상징이라는 사실은 짐작하기 어렵지 않다. 그러므로 청색 뱀은 가을에서 겨울에

*펜테우스
그리스 신화에서 테베의 왕으로 등장한다. 디오니소스 신에 대한 숭배를 금지시켰다가 그를 괴수로 오인한 어머니 아가베와 누이들에게 찢겨죽는다.

**마이나스
그리스 신화에서 디오니소스를 숭배하는 광란의 여사제들.

이르는 6개월의 띠를 상징한다. 이를 겨울띠라고 이름 붙여도 좋을 것이다. 반대로 적색 뱀은 봄에서 여름에 이르는 6개월의 여름 띠라고 할 수 있다. 후안 에드아르두 실로트J. E. Cirlot가 펴낸《상징어 사전》에는 두 마리의 뱀을 적색과 백색으로 기록했다. 그는 "붉은색 뱀은 고급 과학의 수호자이고 흰 뱀은 음력陰曆의 상징"이라고 풀이했다. 그런 다음 "용(뱀)의 색채 개념은 황도십이궁의 기호와 행성으로부터 온 것"이라고 풀이했다.[3] 약간의 차이가 있으나 뱀이 천문과 연금술의 부호로 사용되었다는 것을 확인할 수 있다.

　복희伏犧는 중국 문헌이 전하는 전설적인 인물이다. 팔괘八卦라는 독특한 기호를 만들어 용의 원리를 해석했다는 사실은 복희가 샤먼문명 시대에 살았음을 말해준다. 그가 만든 괘는 한 마리의 뱀이나 용의 신체를 가리킨다고 해도 틀리지 않는다(그림 4-4). 실제로 팔괘는 빛과 그림자를 음양으로 간주하고 이에 응하여 용의 신비한 구조를 설명한 것이다. 이를테면 용을 두 마리로 나누어 이를 기호로 배열했다. 샤먼문명 시대의 문헌인《신시본기神市本記》에는 지구(용)의 궤적을 "하늘의 강〔천하天河〕"이라고 말하고 "그 흐름의 추이에 따라 삼절三絶 ☷, 삼연三緣 ☰ 의 획을 그어 하늘의 강이 묘하게 흘러가는 모양을 추리한다"고 썼다.[4] 지구 궤도를 절반으로 나누어 춘분점에서 하지점에 닿는 띠를 건乾,

4-3 양손에 뱀을 쥐고 있는 비너스 크레타 섬, 크노소스 신전, 미케네 시대. 그림 출처 : Reynold Higgins,《Minoan and Mycenaean Art》.

4-4 복희가 상상한 팔괘

***크레타 문명
지중해의 크레타 섬은 땅이 크고 평야가 넓어 살기 편한 곳. 기원전 2000년경 크노소스가 독립 세력들을 통합해 중앙집권을 이루고 이후 미노스 왕이 섬 전체를 지배하면서부터 정치, 군사, 예술 등이 급속도로 발전하였다. 미노스 왕의 이름을 따 미노스 문명, 미노아 문명이라고도 부른다.

태兌, 이離, 진震 ☱☲☳ 으로 표기하고 반대로 추분에서 동지점에 이르는 겨울띠를 손巽, 감坎, 간艮, 곤坤 ☴☵☶☷ 으로 나눈다는 것이다. 이들 기호들을 오행五行으로 이해해야 한다. 오행은 빛과 그림자가 만들어내는 비례의 드라마이다. 12세기에 중국의 주자朱子•는 이 미묘한 오행 현상을 문자로는 설명하지 못한다는 사실을 이해하고 이렇게 수수께끼를 만들었다.

다섯 개의 구슬을 두 무리로 나누되 나머지가 없는 것은 어떤 상태인가?[5]

정답을 풀어내기는 쉽지 않지만 결국 이것은 3:2 황금비례를 뜻한다. 여름띠의 하지점에는 낮이 3이고 밤이 2가 되며 반대로 겨울띠에서는 낮이 2이고 밤이 3이 된다는 것을 말한다. 복희는 이 수수께끼를 여덟 개 기호(팔괘)로 나타내려 한 것이다. 하지만 그도 글자나 기호만으로 간단히 설명되지 않는 부분 때문에 천수天數 10에서 두 개의 수를 제외하고 여덟 개의 수만을 기호로 만들었다. 그러므로 팔괘에는 두 개의 수가 제외되어 있다는 것을 간과해서는 안 된다.

고려시대의 청동 거울에는 두 마리의 용이 서로의 꽁지를 물려고 입을 벌리며 달려가는 모습이 새겨져 있다(그림 4-5). 주제로 볼 때 이 두 마리의 용이 크레타 여신이 잡은 두 마리 뱀과 서로 맥락을 같이 한다는 것을 알 수 있다. 그렇다면 왜 용들은 서로의 꽁지를 물려고 할까. 만일 한 마리의 뱀이 자신의 꼬리를 물고 최후까지 간다면 어떻게 될까. 그 최후를 0(제로)라고 해도 될까. 그렇다면 두 마리의 뱀이 서로의 꽁지를 극한까지 물고 들어간다면 또 어떻게 될까. 거기에서도 제로가 나타날까. 제로는 모든 수가 나타나는 곳이기도 하고 수가 숨어버리는 곳이기도 하다. 이를 우리는 4차원의 세계라고 한다. 이것이

•주자
중국 남송 시대의 유학자로 주자학파의 시조. 원래 주돈이周敦頤가 저술한 《태극도설》은 우주의 생성, 인류의 근원을 논한 249자의 짧은 글이지만, 주자가 이를 해석하며 자신의 철학을 서술해 주자학의 성전으로 여겨진다.

→ 161쪽으로 이어집니다

4-5 용과 구름무늬 청동거울 고려시대, 지름 24cm, 국립중앙박물관. 그림 출처 :《한국미술전집 : 청동기》, 동화 출판공사.

4-6 사람 머리를 한 두 마리 용 제주박물관. 그림 출처 : 윤열수,《민화이야기》.

4-8〈주작도〉우현리 대묘, 5세기경. 그림 출처 : 《한국미술전집 : 벽화》,
동화출판공사.

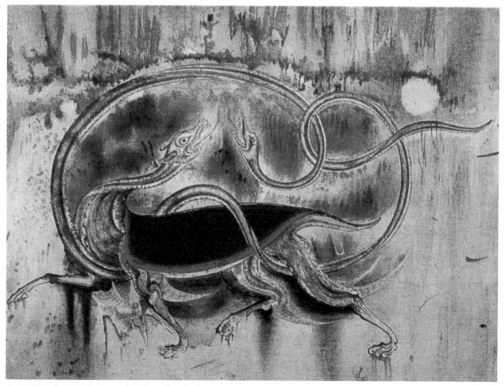

4-9〈현무도〉우현리 대묘, 5세기경. 그림 출처 : 《한국미술전집 : 벽화》, 동화출판공사.

4-10 〈**청룡도**〉 우현리 대묘, 5세기경. 그림 출처 :《한국미술전집 : 벽화》, 동화출판공사.

4-11 〈**백호도**〉 우현리 대묘, 5세기경. 그림 출처 :《한국미술전집 : 벽화》, 동화출판공사.

4-18 〈천마도〉(백마) 경주 천마총, 고신라. 그림 출처 : 《한국미술전집 : 벽화》, 동화출판공사.

4-20 동으로 만든 팔두령구 국립중앙박물관. 그림 출처 :《한국
미술전집 : 청동기》, 동화출판공사.

4-21 7-23 청동으로 만든 쌍방울 서울 김동현 소장. 그림 출
처 :《한국미술전집 : 청동기》, 동화출판공사.

5-6 **넋시루** 신라시대, 국립경주박물관. 그림 출처
:《한국미술전집 : 토기》, 동화출판공사.

5-7 **토기 접시** 신라 중기, 국립경주박물관. 그림 출처
:《한국의 미 : 토기》, 계간미술.

5-8 **밭갈이를 하는 신** 청동기, 신라 중기. 그림 출처 :《한국미술전집 : 청동기》, 동화출판공사.

5-15 도금한 나무 접시 기원전 300년경. 아프가니스탄 국립박물관. 그림 출처 : National Geographic,《Afghanistan》.

5-17 비너스상 미노아 문명 시대. 그림 출처 : Jacquetta Hawkes, 《Dawn of the Gods》.

5-18 물잔을 잡은 이스타르테 여신 기원전 3000년경, 알레포 박물관. 그림 출처 : James B. pritchard, 《The Ancient Near East》.

5-30 독수리 알타이산맥, 파지리크 무덤, 기원전 5세기, 상트페테르부르크 예르미타시 미술관.
그림 출처:《世界の美術 : 中央アジア》, 朝日新聞社.

5-31 황금 날개장식 경주 천마총, 5~6세기. 그림 출처:《한국의 미 : 금속공예》, 계간미술.

5-32 금동 봉황 경주 안압지, 8~9세기. 그림 출처 :《한국의 미 :
청동기》, 계간미술.

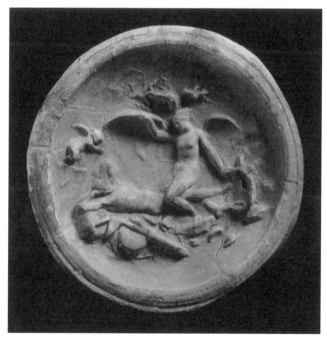

5-40 소년(대지)과 사랑을 나누는 여신 셀레네 1세기, 아프가니스탄 국립박물관.
그림 출처 : National Geographic,《Afganistan》.

5-41 이스타르테 여신상 그림 출처 : 안나 반 잔,《페르시아 : 고대문명의 역사와 보물》.

5-43 자애로운 호랑이 민화, 조선조 말기. 그림 출처 : 윤영수,《민화 이 야기》.

6-6 놋쇠 악기 프랑스 동북 지역 전사의 무덤에서 출토. 그림 출처 : Jacquetta Hawkes, 《Dawn of the Gods》. (오른쪽)

6-16 방울(칠금령) 조선시대, 길이 26.5cm, 서울대학교 박물관. 그림 출처 :《한국의 굿》, 열화당. (아래 왼쪽)

6-17 삼색천이 달려 있는 꽹과리 그림 출처 :《한국의 굿》, 열화당. (아래 오른쪽)

6-18 안악 3호분 묘주부인상. 그림 출처 :《한국미술전집 : 벽화》, 동화출판공사.

6-21 여덟 마리의 백마 천마총, 국립경주박물
관. 그림 출처 :《한국의 미 : 공예》, 계간미술.

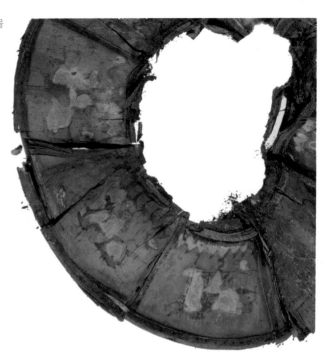

6-23 신윤복,〈쌍검대무〉18세기,
28.2×35.2cm. 그림 출처 : 김원룡,
《한국미술사》.

6-25 신상장식에 쓰인 관모 지중해 시대. 그림 출처 : Jacquetta Hawkes, 《Dawn of the Gods》.

6-26 갓을 쓴 여인 지중해 시대, 기원전 250년, 그림 출처 : Jacquetta Hawkes, 《Dawn of the Gods》.

7-6 고분에 그려진 자미원과 북두칠성 쌍영총 전실 천정받침(위)과 주실 북쪽 천정받침 측면(아래) 장식그림, 고구려, 5세기경.
그림 출처 : 《한국미술전집 : 벽화》, 동화출판공사.

7-13 보상화문寶相華文 9세기, 고창국. 그림 출처 :《世界の美術 : 中央アジア》, 朝日新聞社. (위)

7-8 사제의 지팡이 아프가니스탄 틸리아 테페, 1세기. 그림 출처 : National Geographic,《Afghanistan》. (왼쪽)

7-14 **페르시아제국 시대의 사제** 그림 출처 : 안나 반잔, 《페르시아 : 고대문명의 역사와 보물》. (오른쪽)

7-16 **거북 모양 토기** 경주 미추왕릉, 신라, 6세기. 그림 출처 : 《한국미술전집 : 청동기》, 동화출판공사. (아래)

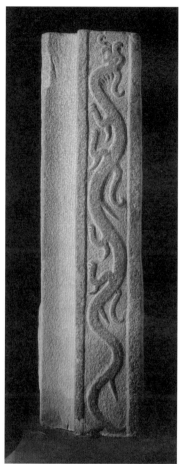

7-18 문설주의 보조장식 경주 충효동, 7~8
세기. 그림 출처 :《한국미술전집 : 고분》, 동
화출판공사.

7-19 금동검 손잡이 경주. 그림 출처 :《한국의
미 : 금속공예》, 계간미술.

7-31 켈트족의 재물의 신 케르눈노스 그림
출처 : Juliete Wood,《The Celts》. (왼쪽)

7-32 황금 표범 장식 켈레르메스 고분,
기원전 6세기. 그림 출처 : Juliete Wood,
《The Celts》. (아래)

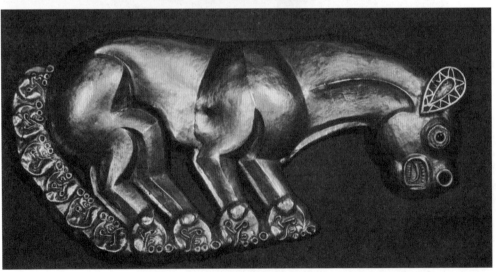

7-33 은제 사발에 장식한 부
조 덴마크. 1세기경. 그림 출처 :
Juliette Wood, 《The Celts》.

7-34 웅크린 자세의 표범 그
림 출처 : Juliete Wood, 《The
Celts》.

8-14 고구려시대〈수렵도〉 무용총 벽화. 그림 출처 :《한국미술전집 : 회화》, 동화출판공사.

8-15 미트라의〈수렵도〉두라유로포스Dura-Europos 벽화. 그림 출처 : M. J. Vermaseren,《Mithras, the Secret God》,

8-16 둔황 석굴의 〈수렵도〉 둔황 249굴 천정. 그림 출처 :《世界の美術 : 中央アジア》, 朝日新聞社.

8-17 사산 왕조 시대의 〈수렵도〉 그림 출처 : 안나 반잔,《페르시아 : 고대문명의 역사와 보물》.

8-23 수렵총 현실 동벽(모사도) 고구려 . 그림 출처 :《한국미술전집 : 벽화》, 동화출판공사.

8-25 용을 정복한 영웅 아프가니스탄 틸리아 테페, 1세기, 아프가니스탄 국립박물관. 그림 출처 : National
Geographic, 《Afghanistan》.

8-28 〈극락환생도〉(힌두) 19세기. 그림 출처 : Francis Huxley, 《The Dragon》.

8-37 춤추는 여신 미케네 문명 시대, 기원전 1500년경. 그림 출처 : Jacquetta Hawkes, 《Dawn of the Gods》.

8-41 **황금 거울** 남러시아 켈레르메스 분묘, 기원전 6세기. 그림 출처 : Jacquetta Hawkes, 《Dawn of the Gods》.

8-42 샤먼 축제 장천리 제1고분, 고구려시대. 그림 출처 :《한국미술전집 : 벽화》, 동화출판공사.

8-43 마장창기전 삼실총 제1실 북벽, 고구려시대. 그림 출처 :《한국미술전집 : 고분》, 동화출판공사.

8-44 샤먼 축제, 〈씨름도〉 각저총, 5세기경. 그림 출처 :《한국미술전집 : 벽화》, 동화출판공사.

8-47 문답 경기 각저총 주실 북벽화, 고구려, 5세기경. 그림 출처 :《한국미술전집 : 벽화》, 동화출판공사.

8-54 황금 사과나무와 보물을 훔치는 사람들 그리스 암포라 도자기 그림, 기원전 4세기경. 그
림 출처 : Sofia Souli,《Greek Mythology》.

8-57 스파르타 영웅 지중해 테살리아, 기원전 6세기 초.
그림 출처 : Paul Cartledge, 《The Spartans》.

8-58 영웅상 아크로폴리스, 그리스 시대, 아테네 국립고고
학박물관. 그림 출처 : Sofia Souli, 《Greek Mythology》.

8-64 **영웅의 비밀 의례** 라스코 동굴벽화, 프랑스 남부지방, 기원전 1만 5000년경. 그림 출처 : Siegfried Giedion,《The Eternal Present; The Beginnings of Art》.

지구의 궤도에 대한 비의를 말한다는 것은 이 청동 거울에서 볼 수 있다. 청동 거울에는 중심에 태양의 상징인 꽃이 새겨져 있고 그 둘레에 두 마리의 용이 날고 있다. 3세기 문헌인《헤르메스 문서》는 이렇게 적었다.

세계의 시원始原에 서로 대립하는 두 원리, 즉 빛과 어둠이 있으며 이 둘이 휘어서 하나의 뱀Ouroboros이 되었다. 빛과 어둠은 다시 네 개로 발전하여 불, 공기, 흙, 물의 4원소가 되었고 네 개의 원소는 다시 봄여름가을겨울로 나타난다.

이 기록에 따르면 두 마리의 용이 서로의 꽁지를 물고 있는 것은 밤과 낮의 두 축이 대립하면서 사계절이 만들어진다는 사실을 암시한다. 용들은 자신의 입 앞에 있는 여의주를 탐내고 있다. 여의주에는 태극 문양이 새겨져 있고 샤먼들이 신단수神檀樹[**]라고 부르는 나무가 달려 있다. 이는 두 용이 서로의 꼬리를 무는 그 지점이 매우 중요함을 암시한다. 우리는 앞에서 용의 몸이 전부 아홉수로 표기된다고 했다. 머리가 1이면 꽁지는 9가 되는 것이다. 그러나 용이 입으로 꼬리를 문다면 그것은 샤먼의 수 개념으로 9+1= 0이 된다. 이 수의 은유를 풀이하면 9와 1은 용의 몸으로 볼 때 정반대 위치에 있는 수가 된다. 1은 태어나는 수(생수生數)이고 9는 완료되는 수(성수成數)이므로 이를 용에 적용하면 입과 꽁지가 된다. 정반대의 에너지 축이 합치면(서로의 꽁지를 물면) 전기 현상에서도 X(스파크spark) 작용이 일어나는 것을 알 수 있다. 좌우 에너지(기氣)의 X작용에서 수직적인 힘이 발생할 때 이를 十이라고 하면 이 X와 十은 0(제로)의 상황을 만든다. 제로는 보통 수 개념에서는 '없음'을 나타내지만 샤먼의 수비에서는 '없으면서도 있음'이 된다. 크레타 여신이 제시하는 두 마리 뱀의 상징도 X와

[**] **신단수**
단군신화의 핵심 주제인 진리의 나무. 환웅이 하늘에서 이 나무 밑으로 내려왔다고 전해진다. 일반적으로 고대 제정일치 사회에서의 성역이라는 의미로 통용된다.

十의 문제로 풀어야 한다. 이것이 우주축이고 용의 중뿔(정축正軸)이라는 것은 2장에서 언급한 바 있다. 하지만 서구 문명이 전해주는 천문학에서는 지구가 23.5도로 축이 기울어져서 마치 목 디스크 환자처럼 매양 그 자세로만 태양 주위를 회전한다. 그렇게 되면 우주의 그 많은 행성 중에서 왜 지구에만 생명이 존재하는지를 이해할 수 없게 된다.

지구가 목 디스크 환자가 아니라는 사실을 우리 민화는 흥미로운 은유법으로 그려놓았다(그림 4-6 130쪽). 그림에는 두 마리의 용이 그려졌는데 둘 다 사람의 얼굴을 하고 있다. 하나는 황색이고 다른 하나는 청색이다. 황색을 여름띠, 청색을 겨울띠로 볼 수 있다. 두 마리의 용이 지구 궤도의 절반씩을 나타낸다면 여기서 사람 얼굴은 어떻게 보아야 할까. 용이 사람의 얼굴을 하고 있다면 이는 사마천의《사기》에 기록되는 문장인 "천지인天地人"의 인을 말한다고 할 수 있다. 여기에서 '人(인)'은 별항에서 자세하게 고증하지만 단순히 사람을 가리키는 문자가 아니라 천문학 용어이다. "음양이 교차하거나 함께 있는 핵核"이라는 뜻이다.[6] 샤먼의 X十이고 제로를 말하는 것이다. X十은 북두칠성과 일직선을 이루는 지구의 위도를 말하는 것으로 샤먼문명의 역사 유적으로 보면 주로 위도 35도에서 40도에 이르는 곳에 해당한다.

그림에서 황룡은 배에 검은색 띠를 가지고 있고 반대로 청룡은 등에 붉은색 띠를 가지고 있다는 점은 주목할 만하다. 이 두 마리의 용이 서로의 꼬리를 물게 되는 X十지점에서 색깔이 서로 뒤바뀐다. 용의 얼굴이 사람 모습인 것은 머리에서 변환變換이 일어난다는 뜻이다. 색깔이 서로 뒤바뀌자면 용이 상대의 꼬리를 물고 한 바퀴 비틀어져야 한다. 회오리 상태를 말하는 것이다.《회남자》에는 이 상태를 "빙빙익익 동동촉촉馮馮翼翼 洞洞灟灟"이라고 기록하고 "형태 없는 모양을 비유한 말"이라고 했다.[7] 빙빙익익 동동촉촉은 글자 자체보다는 글자의 소리와 네 자와 네 자가 결합한 4, 4의 숫자에 의미가 있다. "형태가 없다"는 말은 회오리가 뫼비우스 띠처럼 4차원의 꼬임이어서 상식으로는 이해되지 않는다는 뜻이다.

우리 〈무가 열두거리〉에서는 이를 "아린만명"과 "스린만명"이라고 한다. 만명은 앞장에서 금성이라고 했다.[8] '아린'은 춘분점에 나타나는 새벽하늘의 금성이고 '스린'은 추분점에 저녁하늘에 나타나는 금성을 가리킨다. 금성의 궤도가 6개월에 걸쳐 춘추분점에서 지구와 만난다는 것을 일컫는 것으로, 이 현상을 무당은 "아리아리 동동" "스리스리 동동"이라고 노래한다. '아리'는 '아린'의 변음이며 '스리'는 '스린'의 변음이다. 이 말의 뜻은 팔괘의 팔八수와 연관되어 있다. '아리아리'가 빨간색이고 '스리스리'가 청색이다. 괘의 부호로 적으면 '아리아리'는 빨간 뱀띠로 봄여름의 괘☰☷☵☶가 되고 '스리스리'는 청색 뱀띠로 가을겨울의 괘☰☷☲☳가 되어 각기 네 자리가 된다. '동동'은 '돈다' '움직이다'의 뜻이다. 불교에서는 이 네 자리 수를 "공공동동空空洞洞−kungkung, tungtung"이라고 하는데 이는 "우주의 실체자성實體自性"을 말하는 것으로 "사유하지 못하는 공空"으로 본다.[9] 샤먼의 부호로는 X十이다.

용이 '아리아리 동동' 하며 춘분점에서 금성을 만나게 되고 '스리스리 동동' 하면서 추분점의 X十축에서 다시 금성과 교차한다. 그렇게 되면 샤먼은 "아리랑 꽃노래를 불러나 보세"라고 말한다. 아리랑은 샤먼제국 시대의 영웅(원인原人)이고 꽃노래는 X十축에서 일어나는 회오리의 비의秘意를 의미한다(이 부분은 제11장에서 다시 언급하기로 한다). 이렇게 보면 '아리아리 동동'에서는 낮밤의 길이가 3:2가 되며 '스리스리 동동'에서는 반대로 낮이 2이고 밤이 3이 되는 비례가 된다. 이 비례가 황금비례이며 이 황금비례가 생기는 것은 금성과 지구가 두 번 교차하기 때문이라고 샤먼은 믿는다. '아린만명'과

'스린만명'이 지구에 바람을 몰고 오는 것도 이 교차의 드라마 때 일어나는 현상이다. 신화는 이를 "바람의 신[풍신風神]"이라고 한다. 춘분 때 태양풍을 몰고 오고 추분 때 달의 냉풍을 몰고 오는 현상이다. 《구약성서》의 〈이사야서〉를 연구한 임마누엘 벨리코프스키Immanuel Velikovsky는 "고대의 금성은 혜성이며 햇빛을 증대시켜 지구에 접근할 때 이를 뿌린다"고 하고 "혜성의 꼬리가 떨어져 나갈 때쯤에는 많은 운석을 지상에다 떨어뜨린다"고 했다. "이때 방전이 일어나며 타는 운석이 마치 소이탄처럼 지구상에 떨어져 대화재를 일으키기도 한다"고 썼다. 이 때문에 "이집트 문서에서는 금성을 회전하며 화염을 뿌리는 별이라고 기록하고 있다"고도 했다.[10] 이런 주장은 지구가 멈춰 있다고 믿었던 기독교에서는 악마의 소리나 다름없었다.

실제로 북극권과 적도의 중간지대를 뜻하는 북회귀선 인근 지역(위도 30~40도) 사람들은 이 점을 실감할 수 있다. 금성이 60도 각도로 지구와 교차하면 금성이 만든 에너지장場이 지구의 중력장과 충돌한다. 이때 발생하는 기후 변화(압력)를 시베리아 여러 민족들은 기후 이변이라고 하고 이를 풍신이라는 전설로 전한다. 365일 동안 태양 주위를 도는 거대한 타원형의 지구 궤도는 인간의 눈으로 포착하지 못하지만 샤먼에게는 그 모양이 용처럼 비틀어진 혼돈의 자국으로 간파되었던 것이다. 그리스인들은 이 4차원적인 우주뱀을 "우로보로스ouroboros"라고 했다. 결론적으로, 하늘을 나는 용은 지구의 궤도를 일컫는 것이다.

평범한 인간이, 금성과 지구가 두 차례 만나면서 뱀처럼 휘어진 중력장을 만들어낸다고 상상하기는 쉽지 않다. 하지만 위대한 샤먼들은 이를 눈으로 보았으며 이를 하늘의 구름을 뚫고 비등하는 용으로 그렸다. 수학자이자 천문학자인 네덜란드의 에셔M. C. Escher가 그린 뫼비우스 띠(그림 4-7)는 사실상 샤먼의 용을 조형화한 것으로 지

•마우리츠 코르넬리스 에셔
1898~1972. 네덜란드 출신 판화가. 기하학적 원리와 수학적 개념을 바탕으로 2차원 평면 위에 3차원 공간을 표현했다. 뫼비우스의 띠를 그림으로 나타낸 작품이 유명하다.

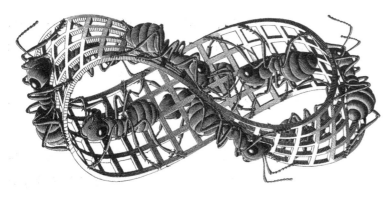

4-7 〈뫼비우스의 띠〉 M. C. 에서, 1963년, 게멘트뮤지엄.

구 궤도가 만들어낸 비가시적인 중력장을 가시화했다고 할 수 있다.

　용은 4차원의 존재이며 이곳이 다름 아닌 죽은 자의 혼백이 떠돈다는 구천九天이다. 그림의 개미들은 구천이 4차원의 원리로 되어 있음을 보여주기 위해 행진으로 구천을 돌고 있다. 개미들을 따라가면 곧 이상한 착란에 빠지게 된다. 띠의 겉에서는 개미가 기어다니고 안에서는 띠에 붙어 다닌다는 사실까지는 이해됨직하다. 그러나 띠가 휘어지는 나선에서는 개미를 놓친다. 그곳에서는 띠의 바깥쪽이 안쪽으로 들어가고 반대로 띠의 안쪽이 겉면으로 바뀌기 때문이다. 이 몫을 4차원이라고 하면 우리의 눈은 4차원에서는 전혀 능력을 발휘하지 못한다. 중요한 것은, 개미는 띠의 시작과 끝을 알지 못하며 오는 길이 가는 길이고 가는 길이 오는 길임을 당연하게 받아들이고 있다는 사실이다. 그들은 띠의 겉과 안이 동시적으로 존재한다는 사실을 알지 못한다. 두 마리의 뱀을 두고 말하면 띠의 표면이 여름띠이고 이면은 겨울띠이다. 사실상 두 마리의 뱀은 민화에서 볼 수 있듯 공시적共時的이다. 만일 띠의 표면을 생生이라고 하면 이면은 사死가 되므로 사실상 생과 사도 공시적이다. 그러니까 여름띠와 겨울띠의 대립은 서로 등을 맞대는 상태이며 그 등 맞대기는 음양의 양단兩端이 되는 곳에서 자빠지고 엎어지면서 우리의 눈을 속이며 전이轉移를 시도한다. 중국의 〈하도〉를 만다라와 비교 연구했던 카를 융이 이를 "공시태 synchronicity"라고 한 것도 같은 맥락이다.[11] 이것이 윤회輪廻의 세계이며 이 윤회의 드라마에서 X十축은 여름과 가을 또는 겨울과 봄이 서로 자리바꿈을 실현하는 교차로가 된다.

태극太極의 원리를 풀었던 퇴계退溪 이황은 이 대목을 "왕자지법 王者之法"이라고 부르고 "《역경》의 핵심"이라고 했다. 그는 팔괘를 뫼비우스 띠로 보고 띠의 밖을 도는 개미를 "비신飛神"이라고 했으며 안을 도는 개미를 "복신伏神"이라고 했다. 팔괘는 비신과 복신이 서로 자리바꿈하는 정황인 것이다. 이를 퇴계는 이렇게 말한다.

팔괘는 건乾이 물러나면 곤坤이 올라가서 건의 자리를 얻고 감坎은 내려가서 곤의 자리를 얻는다. 동東을 왼쪽, 서西를 오른쪽이라고 하면 서쪽이 위가 되어 동쪽으로 오며 서는 아래로부터 동쪽에 이른다. 남南을 위, 북北을 아래라고 하면 서에서 남으로 가는 것이 또한 올라가는 것이며 동에서 북으로 가는 것 또한 내려가는 것이 된다. 그러므로 감과 이가 두 번 변화하면 이는 올라가서 건의 위치를 얻고 감은 내려가서 곤의 위치를 얻는다.[12]

설명이 실로 복잡하지만 개미가 뫼비우스 띠를 타고 도는 정황을 떠올리면 한결 이해하기 쉬울 것이다. 지구와 금성의 60도 각도로 교차하지 않으면 이런 해괴한 드라마는 일어날 수 없다. 마이클 낙슨 Michael Ripinsky-Naxon 은 뫼비우스 띠의 원리를 "미로迷路"라고 하고 그 미로는 "초월적인 공동空洞의 터널이며 이것이 이승과 저승의 정반대의 중심"이라고 했다.[13] 그는 이 미로의 비의가 "샤먼적인 체험의 현상학적인 초월의 본질을 유도하는 길과 유사하다"고 말하여 샤머

•마이클 리핀스키 낙슨
미국 하버드 대학 교수. 샤머니즘 연구의 전문가로 저서에 《샤머니즘의 원류The Nature of shamanism》등이 있다.

니즘이 미개 사유가 아니라 초월적인 본질을 지향한다는 사실을 인정했다.[14]

사계절의 신들-네 마리의 용

한 마리의 용은 1년 12개월의 시간을 대표하므로 두 마리의 용은 1년을 절반으로 나누어 6개월의 시간을 대표하는 기상氣象이라고 할 수 있다. 그러므로 두 개의 용을 다시 네 개로 불리면 봄여름가을겨울의 4계절이 된다. 이 4계절을 복희의 괘로 표기하면 다음과 같다.

봄 ☳ 여름 ☲ 가을 ☴ 겨울 ☷

이 부호를 동물로 바꾸어 놓은 것이 〈사신도四神圖〉이다. 고구려 고분 벽화에는 이것이 청룡靑龍, 주작朱雀, 백호白虎, 현무玄武라고 부르는 환상적인 동물로 묘사되어 있다. 샤머니즘의 주제인 〈사신도〉는 우즈베키스탄과 고구려 고분, 일본의 다카마쓰 총에서 발견되어 이역시 북회귀선과 관련 있음을 알 수 있다.

사신 중에서 주작은 1년 중 낮이 가장 긴 하지의 도상 기호이다 (그림 4-8 131쪽). 일반적으로 공작孔雀이나 봉황으로 불리며, 페니키아인의 신화에서는 불새로 나타난다. 이 새가 불길이 이글거리는 태양에 가까이 접근해 있다는 사실을 전해주는 것이다. 이와 반대로 현무는 1년 중 밤이 가장 긴 동지의 도상 기호이다. 주작과는 반대로 태양에서 멀리 떨어져 있다. 두 축이 태양과 가깝고 멀어지는 거리의 비례가 미묘하게도 3:2 비례를 이룬다는 사실은 우연이 아닐 것이다. 특히 고구려시대의 〈천상열차분야지도〉에는 두 개의 굴렁쇠(태미원)가

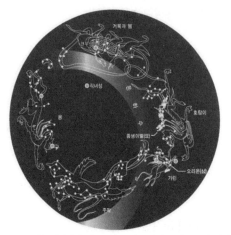

4-12 하늘의 〈사신도〉 그림 출처 : 박창범, 《하늘에 새긴 우리 역사》.

정확히 계산되어 그려져 있는데, 이는 그들이 이러한 정황을 이미 알고 있었음을 응변하는 것이다.

현무도는 거북이와 뱀이 서로 몸을 감고 있는 모습으로 두 동물은 눈을 서로 마주 쏘아 보고 있다(그림 4-9 131쪽). 현무, 즉 거북이(자라)는 바다어족의 수호신이다. 머리와 꽁지를 합하여 다리가 모두 여섯 개이며 여섯 개의 6각면六角面을 등에 지니고 있다. 이는 12지의 숫자와 일치하여 현무가 북극권 가까이 있는 묘성의 상징임을 말해준다.《상징어 사전》이 거북이를 "여성의 성기"라고 한 것도 같은 맥락이다.[15]

청룡은 머리에 두 개의 뿔을 가진 새끼 용으로, 주목되는 것은 《설문》에서 이 동물이 "춘분 때 바다에서 솟아오른다"고 한 것이다. 〈사신도〉의 동물들은 움직이지 않는 별들을 상징하므로 어떻게 그런 일이 일어나는지는 수수께끼가 아닐 수 없다(그림 4-10 132쪽). 이 물음은 백호白虎에 이어진다. 백호는 긴 꽁지를 달고 겨드랑이에 감추었던 날개를 펼치며 허공을 날아오르는 모양새다(그림 4-11 132쪽).《설문》에는 "용이 춘분에 하늘로 올라가고 추분에는 연못으로 들어간다"고 했다.[16] 하지만 이 별들은 붙박이 별들이어서 오르내린다는 말은 당치 않다. 해가 지고 뜨는 것은 지구 자신이 움직이면서 해를 발견하기도 하고 잃어버리는 현상이기 때문이다. 이는 지구가 좌우로 움직인다는 것을 말한다. 옛사람들은 "바람은 호랑이를 따른다"고 했다. 용이 더운 바람을 몰고 오고 백호가 찬바람을 몰고 오는 계절의 시그널을 암시하는 것이다.

〈사신도〉의 동물들은 하늘에서 28수二十八宿와 겹쳐져 있다. 지상에서 올려다보면 사신은 자미원(북극권)을 중심으로 사방에 배치되어 있다(그림 4-12). 북쪽에 현무, 남쪽에 주작, 오른쪽에 백호, 왼쪽에서 청룡을 볼 수 있다. 청룡이 있는 쪽에 북두칠성이 있다. 이는 지구가 태양을 한 바퀴 돌 때 지구에서 빛과 그림자의 비례가 어떻게 나타나는지를 가늠하게 만든다. 이 정황을 도면으로 보면 〈사신도〉는 하나의 맷돌처럼 보인다(그림 4-13). 그림에서 진한색 띠가 그림자이고 연한색 띠가 빛이다. 이렇게 되면 맷돌은 바깥쪽이 진한색이고 그 안쪽이 연한색이어서 음과 양이 서로 등지고 가는 형국이 된다. 여기에서 맷돌은 지구의 공전궤도

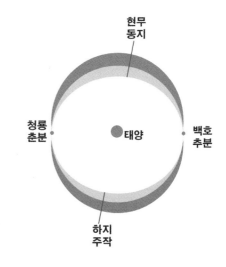

4-13 지구가 일주하는 음양도 진한색이 그림자이고 연한색이 빛이다.

를 의미하지만 태양은 정확히 맷돌의 중심에 있지 않고 연한색 판에 가까이 기울어져 있다. 이것이 주작이 태양으로 날아가도 타지 않는 불새로 그려지고 현무가 깊은 바다 속에 잠기게 되는 이유인 것이다.

이 미묘한 궤도가 지구와 금성의 합작품이라는 사실은 흥미로운 일이 아닐 수 없다. 주목할 것은 맷돌의 두 가지 색은 동서 양쪽을 가리키는 춘추분점에서 정확히 1:1의 비례가 된다는 사실이다. 이때가 용의 중뿔이 X十축을 이루며 북두칠성과 수직선을 이루는 시간이다. 이것이 지구의 정축正軸이다. 이 정축은 한 순간이지만 이 지점에서 그림자와 빛의 흐름과 그 자리가 서로 바뀐다. 그렇게 뒤바뀐 두 색은 하지점과 동지점에서 각기 3:2 비례가 되어 음양의 세력이 역전된다. "용이 춘분에 하늘로 올라가고 추분에는 연못으로 들어간다"고 한《설문》의 문장은 바로 이것을 의미한다. 별들은 그대로 있는데 지구가 움직이면서 관찰자의 시선이 별 아래로 내려간다는 뜻이다. 이는 백호의 경우도 마찬가지이다.

지축은 목 디스크 환자처럼 매순간 똑같이 기울어져 있는 것이 아니라 좌우로 움직인다. 춘분 때 청룡이 바다에서 솟아나고 추분 때 백호가 바다 속으로 내려간다고 한 것은 지구의 축이 춘추분점에서 움직인다는 말이다. 샤먼들은 하늘의 별자리를 그릴 때 눈에 보이는 대로 그리지 않고 대상을 뒤집어 그렸다. 거울에 비친 별자리는 보는 사람에게 뒤집혀 보이기 때문이다.[17] 샤머니즘에 이미 상대성원리가 있었던 것이다. 중국 고전《회남자》는 이 정황을 이렇게 전한다.

하지에 이르면 음은 양을 타게(승乘)되어 만물은 죽게 되며 동지에 이르면 양이 음을 타서 만물은 태어나게 된다. 낮은 양이고 밤은 음이다. 양기가 승하면 낮이 길고 밤은 짧으며, 음기가 승하면 낮이 짧고 밤은 길다. 음기가 극極을 이루는 동지에는 양기가 싹트며 반대로 양기가 극을 이루는 하지에는 음기가 싹튼다. 하지만 추분과 춘분에는 음양의 기가 똑같아지면서 낮과 밤이 평균을 이룬다.[18]

지구와 금성이 합작해서 만들어내는 흥미로운 우주 쇼이다. 이렇게 거창한 우주뱀(뫼비우스 띠)이 우주에서 쇼를 한다는 사실을 먼 옛날부터 샤먼이 알고 있었다니 놀라운 일이 아닐 수 없다. 제러미 나비가 "신화는 과학 이야기scientific narrative, 이른바 진실에 관한 이야기"라고 한 것은 그러므로 틀린 이야기가 아니다.[19]

뫼비우스 띠와 팔괘

•제러미 나비
스위스의 분자생물학자. 분자생물학을 토대로 샤머니즘을 해석한《우주뱀=DNA》로 큰 반향을 일으켰다.

용이 태양을 순행하며 사계절을 만드는 과정을 도상으로 나타낸 무늬를 무당들은 팔괘八卦로 읽는다(그림 4-14). 팔괘는 기본소基本素 음

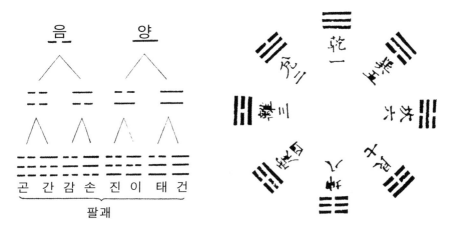

음　　　양

곤 간 감 손 진 이 태 건

팔괘

4-14 팔괘와 음양.　　　　　　　4-15 〈복희 팔괘도〉.

——과 양—을 기본으로 삼고 이를 결합시키면서 삼층의 도상을 만든다. 삼층은 삼신을 뜻한다. 이분법이 근간인 태음태양력을 숭상하는 세계에서는 존재하지 않는 부호이다. 삼층으로 된 팔괘도는 먼저 상하에 하지≡와 동지≡≡를 설정하고 좌우에 춘분≡≡과 추분≡≡을 두어 기본 틀을 십자형으로 만들고 있다. 복희가 천수天數에서 제외했던 두 개의 수는 이들 괘의 중심에 숨겨놓아 보이지 않는다. 그렇게 숨겨놓은 것이 X十이다. 괘도는 왼쪽 아래로부터 봄이 시작되어 여름이 되고 다시 오른쪽 위에서 여름을 이어 가을 겨울이 순조롭게 나타나고 있다. 하지만 이는 점을 치기 위한 지침으로 적색 뱀과 청색 뱀이 X十에서 서로의 꼬리를 물고 뒤틀어지는 4차원의 정황을 무시하고 있다. 따라서 복희의 팔괘는 오른쪽 축인 가을≡≡ ≡≡과 겨울≡≡ ≡≡이 뒤집혀서 실은 위의 오른쪽 지점에서 동지 괘≡≡가 하지 괘≡에 접속되어 나란히 배열되어야 옳다. 그렇게 되어야 동지 괘≡≡가 대칭을 이루는 봄괘의 꼬리에 해당하는 진震괘≡≡와 만나게 되고 하지 괘≡가 가을의 끝부분에 해당하는 손巽괘≡≡를 붙잡을 수 있게 된다. 꼬리를 문다는

것은 빛과 그림자의 비례가 역전되는 상황이며 이것이 〈복희 팔괘도〉의 진수인 것이다. 이는 복희 팔괘의 방위도方位圖에서 그 진상이 드러난다(그림 4-15).

방위도는 괘에 순서를 표시했는데 여름 띠를 1(건乾), 2(태兌), 3(리離), 4(진震)라고 적고 겨울띠는 5(손巽), 6(감坎), 7(간艮), 8(곤坤)의 순서여서 괘의 질서가 방위에서 다르게 움직인다는 것을 말하고 있다. 1, 2, 3, 4를 따라가면 5, 6, 7, 8은 그 반대쪽에서 발견된다. 이는 두 개의 띠가 갈라져서 뫼비우스 띠처럼 서로 등지면서 회오리친다는 것을 암시하는 것이다. 이것은 다시 《설문》이 "팔八은 서로 나뉘어 등진다"고 한 의미이다. 유럽인으로 처음 《역경》을 접했던 리하르트 빌헬름 Richard Wilhelm 은 팔괘를 이렇게 말했다.

여덟 개의 단괘單卦는 변화하는 전변轉變의 상태를 나타내는 심벌이다. 그것들은 끊임없이 변화를 겪는 이미지이다. 관심을 존재 상태의 사물에 두는 것이 아니고 변화 속 움직임에 집중시킨다. 그러므로 여덟 개의 단괘는 그러한 사물들의 표상表象이 아니고 움직임 속의 경향성傾向性에 관한 표상이다.[20]

그러나 그는 이 뫼비우스 띠의 정황이 용의 중뿔이 움직이면서 생기는 지구의 궤도를 말한다는 사실에는 이해가 미치지 못했다.

여덟 마리의 개와 천마

리하르트 빌헬름
《역경》을 유럽에 최초로 번역 소개한 독일학자. 카를 융의 동료. 서양 심리학을 바탕으로 동양 철학을 분석한 《황금꽃의 비밀》을 카를 융과 함께 저술했다.

아프리카에도 거울을 의미하는 놋쇠 원반 유물이 있다(그림 4-16). 원반에는 자신의 꽁지를 물고 있는 우주뱀이 새겨져 있다. 이 원반의 그림을 이해하려면 먼저 원반을 두른 여덟 마리의 개와 뿔관을 쓴 여섯 천사의 얼굴에 주목해야 한다. 여섯 천사는 우리 무가巫歌에 나타나는 삼대육성三臺六星으로 금성과 묘성을 가리킨다. 거울이 금성 이데올로기를 나타내고 있는 것이다.

4-16 놋쇠 원반(방패) 아프리카. 그림 출처 : 조르주 나타프, 《상징·기호·표지》.

또한 원반에는 세 개의 원이 그려져 있다. "연금술은 원, 즉 회전의 방향에 심오한 뜻이 숨어 있다"고 한 말을 참고하면 이 원이 행성의 회전 각도를 암시한다고 볼 수 있다.[21] 세 개의 원이 세 번의 회전을 의미하고, 이것은 곧 지구가 태양을 돌고 달이 지구를 돌며 금성이 지구와 교차하는 세 번의 회전이다. 불교에서도 비슷한 예를 찾을 수 있다. 불교는 세 개의 원을 "불타의 신통륜神通輪"이라고 하고 사람이 태어난 생년월일의 간지干支와 그 간지가 만나는 일을 세 개의 원(삼륜三輪)에 비유한다.[22] 놋쇠 원반에서 주목할 것은 중심에 있는 네모꼴과 여덟 개의 사다리꼴이다. 네모꼴은 금성의 사계절을 뜻하며, 여덟 개의 사다리꼴은 연꽃으로 이 또한 금성의 심벌이다.

여덟 마리의 개 또한 시선을 끈다. 개는 샤먼이 지하세계를 순례할 때 앞세우는 수호천사이다. 샤먼의 지하 순례는 팔괘의 암호를 푸는 행로라고 할 수 있다. 개미가 팔괘의 부호(괘)로 비유된 것처럼 여덟 마리의 개들도 팔괘의 부호가 된다. 개들은 좌우로 네 마리씩 갈리어 우주뱀을 감싸고 지하세계로 달리는 모습이다. 거울의 꼭지 부분에서 이들은 두 무리로 갈리어 서로 반대방향으로 달린다. 하지만 곧 선두는 우주뱀의 입 쪽에 이르러 서로 마주하게 된다. 주목할 것은 그

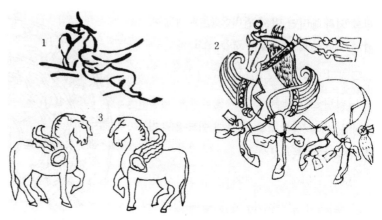

4-17 〈천마도〉 1. 둔황 2. 사마르칸트 3. 이스타나 석굴 그림 출처 : 김원룡, 《한국미술사》.

곳에 그들이 반기는 젓가락과 숟가락이 있다는 사실이다. 여덟 마리 개들이 신화에 등장하는 개밥바라기임을 말해주는 도상이다. 두 갈래의 개들이 향하는 방향은 샤먼의 자료에는[23] 팔신八神이라고 하고 각기 천주天主, 지주地主, 병주兵主, 양주陽主, 음주陰主, 월주月主, 일주日主, 사시주四時主라는 이름을 부여했다. 개로 표현된 이들 두 갈래의 방향은 복희 팔괘의 방위도와 일치한다. 하단에서 양쪽 개들은 충돌하는 상황이 아니라 서로 반기면서 함께 중심(X+)으로 들어가 서로 등을 지며 다시 갈라진다. 그런 다음 종내에는 상대방의 꼬리를 물게 된다. 복희 팔괘의 원리 그대로이다.

개밥바라기가 지하세계를 순례하는 수호천사라면 천마天馬는 샤먼이 천상계를 여행할 때 타고 가는 수호천사이다. 샤먼이 말을 천마라고 부르는 이유이다. 천마라고 부르는 날개 달린 말은 둔황敦煌과 사마르칸트의 아프라시아브˙˙벽화, 아스타나 유적에서 발견된다(그림 4-17). 엘리아데에 따르면 시베리아 부랴트인은 나무로 만든 말을 영매로 삼고 이를 신전에 두었다가 제사 때 밖으로 운반하여 엑스타시나 점을 치는 매체로 사용한다.[24] 우리 굿에서는 말머리를 새긴 막

˙**둔황**
중국 간쑤성 유역의 사막지대로, 둔황석굴이 있는 곳이다. 석굴은 4세기 중국 전진 시대부터 약 1,000년 동안에 만들어져 1,000개에 이르는 석굴들에는 다양한 시대의 문화가 반영돼 있다.

˙˙**아프라시아브**
우즈베키스탄 사마르칸트 북부에 있는 도성 터. 아프라시아브는 이란 신화에 나오는 유목민 왕의 이름이다. 알렉산드로스 왕의 침입 후 그리스 문화의 영향을 받은 유물이 많이 발굴됐다.

대기를 가랑이에 끼고 달리는 시늉을 한다.
경주 천마총에서는 이 천마가 흰 백마로 하
늘을 나는 모습이다(그림 4-18 133쪽). 주목
할 점은 천마의 다리가 모두 여덟 개나 된
다는 사실이다. 팔괘의 의미와 같다. 다리
는 네 개씩 앞뒤로 배치되었고 말의 앞뒤에
다시 이상한 괴물이 하나씩 두 마리가 그려
져 있다. 이것이 팔괘에 숨겨진 X十이다.

4-19 게르만족의 주신 오딘 여덟 개의 다리를 가진 말을 타
고 있다. 그림 출처 :《世界の博物館 大英博物館》, 講談社.

　　천마는 켈트 문화권***에서도 발견된다.
게르만인의 주신인 오딘Odin은 유명한 니
벨룽겐 전설에 나오는 점성술의 신으로 다
리가 여덟 개인 말(팔각마八脚馬)을 타고 하
늘을 날아다닌다. 하늘을 날아다닌다는 것
은 팔괘의 세계로 들어간다는 뜻이다. 그림은 오딘이 뿔잔을 든 채 팔
족마를 타고 천계를 나는 모습이다(그림 4-19). 말의 다리는 앞뒤로 네
개씩 갈려 있고 양분된 다리는 다시 두 개씩 서로 묘하게 엇갈려 있다.
주목할 곳은 말의 배 아래쪽과 앞다리의 아래쪽에 이상한 괴물이 몸
을 꼬고 있다는 사실이다. 천마총의 백마도 다르지 않다. 여덟 개의 다
리가 팔괘이고 두 개의 괴물은 X十인 것이다. 여덟 개의 다리가 팔괘
의 괘이고 이 괘가 뫼비우스 띠를 오가는 개미에 해당된다. 오딘은 룬
Run문자로 마술을 한다고 전해진다. 룬문자는 아직 미지의 과제로 남
아 있지만 '룬run'이라는 말의 뜻은 '비밀' '비책'이다. 핀란드어의
Runo에서 유래했다고 한다. 핀란드어 Runo의 뜻은 '주문呪文'이다.[25]
용의 정체가 팔괘임을 알게 하는 것이다. 오딘은 팔괘의 비의로 명부
의 세계를 투시한다. 이는 시베리아 여러 민족이나 다른 민족의 샤먼
의 엑스타시****에서도 그 예를 볼 수 있다.[26]

***켈트 문화
기독교 문화가 시작되기 이
전에 켈트족이 이룩한 고대
문화. 켈트족은 고대 유럽에
서 활동한 인도유럽어족의
일파로 중앙아시아, 지중해
에서도 활동했다.

****샤먼의 엑스타시
무당이 춤을 추며 황홀경에
빠지는 것.

여덟 개의 방울과 두 개의 방울

점성술의 원리인 팔괘는 여덟 수는 노출시키고 두 수는 숨겼다. 드러난 수와 숨겨진 수를 모두 합해야 비로소 천수天數인 십十, 열 개의 날개(십익十翼)가 된다. 이 하늘의 숫자는 다시 금성을 의미한다. 그 점은 금성의 상징에서 뚜렷이 알 수 있다. 금성이 나래를 펴면 양쪽에 각기 네 개의 깃털을 가진 날개가 있고 중심에 우주축을 의미하는 몸통 X 十이 있다. 도합 10이 되는 것이다. 무구巫具 중에 여덟 개의 방울과 두 개의 방울을 가진 청동 악기는 이런 정황을 잘 보여주는 도구이다(그림 4-20 134쪽). 악기는 중심에 방사상 문양을 새겼고 모두 여덟 개의 방울을 달고 있다. 팔괘를 의미하는 것이다. 샤먼이 굿을 할 때 이 방울 악기를 흔드는 것은, 샤먼이 팔족마와 여덟 마리의 개밥바라기를 앞세우고 삼천三天을 여행한다(점占)는 것을 의미한다. 이 때문에 다시 두 방울의 악기가 있게 된다고 할 수 있다(그림 4-21 134쪽). 팔괘가 실제의 굿에서 현실화되자면 당연히 숨겨진 두 개의 수가 사용되어야 하기 때문이다. 2가 8을 도와야 팔괘의 말은 실제로 달릴 수 있다.

　　샤먼문명 시대의 일을 기록한 박제상朴堤上의《부도지符都誌》는 이들 "팔려지음八呂之音" 혹은 "팔음이문八音二文"이라고 기록했다.[27] 8과 2가 특별하다는 것을 말해주고 있다. 팔려지음과 이문二文은 천수 10을 말하는 것으로 1~4, 6~9까지는 실수實數이고 5와 10은 수의 기능이 아니라 변환장치로서 4차원으로 가는 마법의 기호이다. 기록은 이것이 "천문 지리의 원리"라고 했다.[28] 용이 자기의 꼬리를 물고 돌아가는 상황을 여덟 개의 음(율려律呂)으로 나타내고 나머지 X와 十을 "문文"이라고 한 것이다.《설문》에는 이 文을 "서로 꼬여 있는 문양이거나 꽃"이라고 하고는 이것이 "오경육적五經六籍"이라고 했다.[29]《회남자》는 "文은 그림〔상象〕"이라고 하여[30] 이것이 X와 十을 말한다

•부도지
신라 눌지왕 때 재상 박제상이 지은《징심록》의 한 부분.《단기고사》《환단고기》 등과 더불어 고대사 연구에서 중요한 자료로 평가된다.

는 것을 확인해준다. 영자사전은 X를 '교환 exchange'이라고 풀이하고 있으며 이는 고대 문명 시대의 유물이나 유적에서 발견되는 만국 공통의 기호이다.

4-22 날개를 단 여신과 사자(레아 또는 아르테미스) 그림 출처 : Jane Ellen Harrison, 《Prolegomena to the Study of Greek Religion》.

금성이 만卍자와 관련된다는 것은 그리스 도자기 그림에 나타난다(그림 4-22). 그림에는 날개를 단 금성 비너스가 개밥바라기(천구天狗)를 거느린 모습이다. 여신이 밥(제사)을 재촉하는 개밥바라기의 귀를 틀어쥐고 있는 것처럼 보이기도 한다. 주목되는 것은 卍자 문양이다. 卍자가 불교 이전에 이미 지중해 문명 시대에 존재했음을 말해주기 때문이다. 卍자는 회오리의 뜻으로 금성과 지구가 교차하는 춘추분점에 용의 중뿔이 방향을 틀면서 발생하는 운기運氣의 모습이라고 할 수 있다. 그림에는 별이 세개 있고 둥근 알이 네 개 있으며 여신이 십자 귀고리를 걸치고 있다. 숫자 3은 완전함의 수이고 수 4는 사계절이며 여신이 걸친 십자 귀고리는 X十이다.

《중용中庸》은 "천하의 길은 오五를 통한다"고 하고 "오행五行은 원래 천지간天地間에서 음양교호陰陽交互하는 모습을 딴 글자"라고 했다.[31] X와 十이 용의 중뿔이고 지구의 축에 해당한다는 뜻이다. 이것이 노자가 말하는 도道의 "현玄"이다. 노자는 《도덕경》에서 "현玄은 사람의 지혜로서는 헤아릴 수 없는 불가사의로 유미幽微의 세계를 가리킨다"고 했다.[32] 글자를 풀이하면 玄은 솟대(亠)와 두 개의 X자가 겹쳐진 모양으로 두 마리의 뱀이 서로 꼬여 있는 모습이다. 제러미 나

4-23 바다풀을 그린 거울 기원전 1세기, 런던 대영 박물관. 그림 출처 :《世界の博物館 : 大英博物館》, 講談社.

비가 "샤먼이 '꼬인 언어twisted language'를 사용한다"고 한 것과 같은 말이다.[33] 이것이 정체불명의 도상인 卍자와 관련 있음은 물론이다.《상징어 사전》에는 卍자를 "우로보로스gnostic ouroboros" 라고 썼다.[34]

卍은 하나의 중심에서 네 개의 열쇠가 나오는 형태로 4계절의 상징이지만 불가에서는 이를 연기緣起의 표시로 삼는다. 샤먼을 가리키는 巫(무)자가 갑골문자에서 卍으로 나타나는 것도 이상한 일이 아니다. 巫자에는 두 개의 인人자가 있다. 卍자와 마찬가지로 두 개의 축이 뒤엉키는 '회오리의 터널cave, womb'로, 대지모의 자궁(동굴)을 의미하며 동시에 나선형의 무한한 우주의 리듬을 상징한다.[35]

영국의 한 철광 채취장에서 발굴한 기원전 1세기 전반 때 켈트의 청동 거울은 X十의 비의를 켈트 특유의 문양으로 새겼다(그림 4-23). 청동제의 가느다란 쇠줄로 손잡이와 틀을 만든 거울에는 바다풀의 일종인 마름(조藻)을 새겼다. 마름은 흙에 뿌리박지만 줄기는 물에 들어간다. 몸체가 물속으로 빠지지 않기 위해 많은 공기주머니(알)를 가지고 있다. 식물과 어족의 양성인 것이다. 중국 문헌이 마름을 "문文" 이라고 한 것은 이를 말한다. 앞에서 언급했듯 文은 '모호함' '아름다운 문장'의 의미이다.[36] 다시 文은 五이다. X부호로 용의 중뿔이고 지구의 정축이며 절대정지의 상태이다. 카를 융은 이를 "헤르마프로디테"라고 하고 "공시성"이라고 했다. 마름이 식물과 물고기의 양쪽을 동시에 지니고 있기 때문이다.

•갑골문자
중국 상나라 때 문자. 거북이 등[갑甲]이나 소의 어깻죽지 뼈[골骨] 등에 새겨져 있다. 주로 점치는 데 쓰인 것으로 보이는데, 신에게 질문하면서 인두로 지졌을 때 갑골의 갈라진 금으로 하늘의 응답을 해석하는 것이다. 문자의 수는 대략 4000자, 그중 절반 정도가 해독돼 있다.

신출귀몰하는 용의 재주

일본 신화에서 최초의 여신 아마테라스는 청동 거울을 지니고 있으며 그 거울은 여신의 신체로 신궁에 보존되고 있다. 일본의 쇼소인正倉院**에 소장되어 있는 쌍용문경雙龍紋鏡도 아마테라스 여신의 신체로 전해지고 있다(그림 4-24). 거울의 중심부에 태양을 상징하는 비단벌레(옥충玉蟲)가 새겨져 있고 그 둘레에 여덟 개의 꽃잎사귀와 팔괘가 둘러쳐져 있다.[37] 거울 위아래에 삼산三山과 삼수三樹가 새겨졌는데 이를 X十의 변형 기호로 볼 수 있다. 주목을 끄는 것은 거울 중심에 보이는 두 마리의 용이다. 하나는 여름띠이고 다른 하나는 겨울띠이다. 하지만 두 마리의 용은 무슨 이유인지 죽은 듯이 서로의 목을 걸고 늘어져 있다. 서로 대립하는 정황도 아니고 경쟁하는 것도 아니다. 음양이 음양으로 각기 독립되기를 포기하고 있다. 음양의 어느 쪽으로도 기울어지지 않고 한 순간의 정지를 통해 용의 중뿔이 지구의 정축正軸임을 암시하고 있다. 용의 머리가 양쪽으로 기우뚱거리며 음양의 시소게임을 멈춘 상태이다. 그리스인은 이를 "카오스chaos"라고 한다.

카오스는 그리스어로 '하품'을 뜻한다. 들이쉬고 내쉬는 호흡의 질서가 갑자기 멈추는 상태이다. 바빌로니아의 창조 신화에서는 여신 티아마트Tiamat가 혼돈이다. 티아마트는 위대한 지혜를 의미하는데 그 자체로 용으로 나타난다. 〈창세기〉에서 혼돈을 티아마트와 같은 어근인 "Tehom"이라고 한 것도 같은 맥락이다.[38] 이 혼란의 상태를 숫자로 나타낸 것을 〈낙서洛書〉***라고 한다. 이 〈낙서〉를 괘로 나타내면 문왕팔괘文王八卦가 된다. 이 거울은 문왕팔괘의 의미를 새겨놓았다. 거울 둘레에 새겨진 괘의 배열이 문왕팔괘인 것이다(그림 4-25). 문왕팔괘는 복희의 팔괘와 반대로 봄여름가을겨울의 질서를 완벽하게 무너뜨린 그림이다. 이 때문에 문왕팔괘에서는 음양의 기본소가

**쇼소인
일본 나라현 도다이사에 있는 일본 왕실의 유물 창고.

***낙서
중국 하夏나라 우왕禹王이 홍수를 다스렸을 때 낙수洛水에서 나온 거북이의 등에 쓰여 있었다는 글.《서경》의〈홍범구주洪範九疇〉는 이를 바탕으로 만든 것이라고 전해지며 팔괘 또한 이것에서 비롯됐다.〈하도〉와 함께 점성술의 텍스트로 꼽는다.

4-24 쌍룡산악문경 31.7cm, 쇼소인 소장. 그림 출처 : 松重楊江,《日本神話と古代史の眞實》.

완벽하게 해체되어 있다. 음양의 원소는 있지만 그것들이 이을 인연의 고리는 완전히 차단되어 있다. 이것이 카오스이고 절대 부동본不動本이다. 기원전 2025년에 라가시의 구데아왕은 비문에 지구의 부동본 상태를 그림으로 새겼다(그림 4-26). 그림 가운데에서 두 마리의 용이 꽈배기 모양을 하고 있고 양쪽에 날개를 가진 괴물들이 장검으로 용을 꼼짝하지 못하게 짓누르는 정황이다. 신화학자 발터 부르케르트Walter Burkert는 이 정황을 "두 마리의 용이 교미하는 모습으로 그 의미는 '헤르메스의 지팡이**'와 같다"고 했다.[39] 교미 상태는 카오스 상태이고 절대정지의 메시지이다. 그림에서 오른쪽 괴물은 오른발을

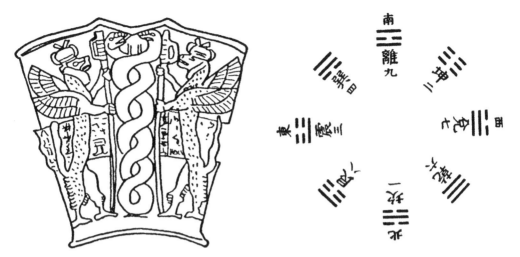

4-26 라가시의 구데아 왕 접시 그림, 기원전 2025년. 조지프
캠벨,《천의 얼굴을 가진 영웅》

4-25 문왕팔괘도.

내밀고 왼쪽 괴물은 왼발을 내밀고 있다. 오른발을 내민 쪽이 청룡이
고 왼발을 내민 것이 백호이다. 〈사신도〉는 샤먼의 경전이라고 할 수
있다. 🐾

제5장

4계절의 지배자, 금성

옹기와 시루떡

일본 신화에서는 금성을 "천진옹성天津甕星"이라고 하고 "삼신三神의 하나"라고 기록했다. 천진은 북극을 가리키며 옹성의 '옹'은 옹기甕器의 '옹甕'을 말한다. 이 옹기는 오랜 세월 동안 고고학자들이 줄기차게 발굴해왔다. 이 토기가 심상치 않은 이유는 청동기와 함께 출토되기 때문이다. 바빌로니아 문명 시대의 유물인 옹기 역시 심상치 않다 (그림 5-1). 이 옹기 항아리에는 금성인 인안나가 날개를 단 모습으로 그려져 있다. 모자에 팔괘를 의미하는 여덟 잎사귀의 꽃이 새겨지고 가슴이 탐스럽게 드러나 꼼짝없이 그녀가 다산과 풍요의 여신임을 드러낸다. 게다가 항아리에는 굵은 띠가 그려져 마치 인안나가 항아리를 등에 지고 날아온 것처럼 느끼게 만든다. 도대체 인안나는 무엇 때문에 옹기 항아리를 지고 날아 왔으며 그 속에는 또 무엇이 들어 있을까. 이 해답을 판도라에서 구해도 될까. 판도라 상자에는 올림포스 신들의 선물이 들어 있다. 상자 안에는 작은 항아리들이 들어 있었고 그 항아리들에는 씨앗들이 들어 있었다. 그 씨앗은 무엇을 의미할까.

우리는 제1장에서 묘성의 좀생이 혼이 들어 있는 토기가 북극에 있음을 확인했다(85쪽 그림1-29 참고). 판도라의 상자에도 신들의 정령이 들어 있었다고 이해된다. 한국의 샤먼은 성황당에 볍씨나 장醬이

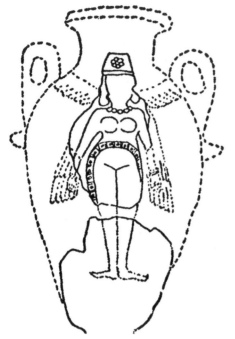

5-1 날개의 여신 인안나, 바빌로니아 그림 출처 : Jane Ellen Harrison,《Prolegomena to the Study of Greek Religion》.

들어 있는 옹기를 신주로 모신다. 이를 민간 신앙에서는 "장옹대醬甕臺"라고 하고 굿을 할 때에는 이 장옹대에 정화수를 떠놓고 칠성님께 빈다. 만주의 샤먼 신가(무가巫歌)에는 "상천의 신이 거처하는 곳으로 들어갈 때마다 메주를 대가로 지불한다"고 되어 있다. 메주가 단순한 식료품이 아니라 특별히 종교적인 의미를 지니는 것이다. 옹기에 볍씨가 들어 있는 것도 종교적 상징성을 지닌다. 볍씨를 벗긴 쌀은 동남아시아에서 "부살"이라고 하고 옛사람들이 이를 "보살菩薩"이라고 적은 것은 우연이 아니다.[1] 우리 풍속에서 볍씨 든 주머니를 천장에 매달아 놓고 이를 신주神主로 삼는 것도 볍씨에 특별한 의미가 깃들어 있기 때문이다. 이 점은 일본 신토의 신단神壇에서도 볼 수 있다 (그림 5-2). 신단은 벽감 형식이며 앞에 옹기 두 개가 놓여 있다. 양쪽에는 신단수가 서 있고 가구架構 상단에는 '시메나와(주연승注連繩)'를 장식했다. 일종의 금줄인 시메나와는 꽈배기 모양으로 용을 의미하고 그 틈에 끼워놓은 것은 DNA 사다리이다. 한국의 성황당을 미니어처로 만든 것으로 볼 수 있다.

토기가 금성 이데올로기의 산물이라는 것은 지중해나 북유럽에서 발굴된 유물을 통해서도 알 수 있다. 트로이에서 발굴된 토기는 사람 형상을 하고 있다. 몸통 전체에 눈, 코, 젖가슴과 배꼽을 새겨놓았다. 배꼽은 가운데 십자를 긋고 네 개의 점을 찍어서 사계절의 의미를 강조하고 있다. 여신의 유방 대신 입을 강조했고 배꼽에 회오리를 의

5-2 일본 신토의 신단 그림 출처 : Sokyo Ono, 《Shinto》.

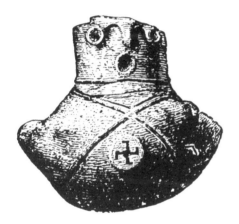

5-3 배꼽 만권자 항아리, 트로이 5세기. 그림 출처 : David Ulansey, 《The Origins of the Mithraic Mysteries》. (위)

5-4 비너스로 추정되는 토기인물상 독일 북부지역, 기원전 9세기~기원전 7세기. 그림 출처 : David Ulansey, 《The Origins of the Mithraic Mysteries》. (오른쪽)

5-5 신단 앞에 차린 넋시루 그림 출처 : 赤松智城·秋葉隆,《朝鮮巫俗の研究》.

미하는 만卍자를 새긴 항아리도 있다(그림 5-3). 가슴의 커다란 X자는 항아리가 금성 이데올로기를 상징함을 분명하게 한다.

　토기가 심상치 않는 그릇이라는 것은 옹기라는 글자에서도 확인할 수 있다. 옹甕자의 주어는 '옹雍'이다. 이 글자는 솟대를 뜻하는 두 亠자 아래에 참새를 뜻하는 글자를 결합시켜 '현조玄鳥'의 뜻으로 사용한다. 와瓦는 토기이다. 甕(옹)자는 정확히 옹기를 등에 진 금성의 이미지이다. 북부 독일 프루시Prussi 지역에서 발굴된 기원전 8세기경의 토기 항아리는 옹기로 만들어진 여신이 시루를 안고 있는 상이다(그림 5-4). 여신은 목이 길고 배가 불룩한데, 두 팔로 시루를 가슴에 안고 있다. 옹기가 장을 발효시키는 그릇이라면 시루는 떡을 찌는 그릇이다. 발효나 찌는 것은 중성中性의 의미이다. 음식에서 중성이라 함은 불과 물의 직접적인 접촉을 피하는 방법이다. 한국의 샤먼이 옹기를 "넋시루"라고 하는 것은 이 때문이다. 넋시루는 성황당의 신단에 모신다. 신주를 뜻하는 꽃과 함께 떡을 담은 시루를 진열하는데 이것이 넋시루(신첩神疊)이다(그림 5-5). 넋이란 영혼을 의미한다. 경주에서 출토된 신라시대의 시루에는 꼭지에 회오리 장식이 달려 있고 몸통에는 금성을 상징하는 배꼽 문양(동심원同心圓)이 무수히 새겨져 있다(그림 5-6 135쪽). 배꼽은 X十의 의미로 중심과 양성兩性을 의미한다. 시루에 찌는 행위 그 자체가 제의적 의미가 되는 것이다.

프랑스의 구조주의자 레비 스트로스Levi Strauss•는 브라질 원주민 연구에서 이 법칙을 "요리의 삼각형三角形"이라고 했다. 그는 "날것은 자연이고 불로 태운 것은 문화이며 반숙半熟은 중간형"이라고 했다. 이 구조를 삼각형이라고 한 것이다.[2] 하지만 금성 이데올로기를 알지 못해 "태양을 문화라고 하고 달을 원시, 금성을 중간형"이라고 했다. 그의 이론에는 옹기(시루)가 제시되지 않는다.

굿판의 제상에 모시는 시루떡은 토기로 만든 접시에 정중히 놓인다. 신라시대의 것으로 경주 지역에서 발굴된 접시가 바로 넋시루이다(그림 5-7 135쪽). 접시 바닥에 X자 문양이 새겨져 있다. 샤먼은 굿판이 끝나면 굿에 초대된 귀한 손님과 이 떡을 나누어 먹는다. 떡이 종교적인 의미를 갖는 것이다. 실제로 떡이라는 말은 한자 '덕德'으로 이어졌다. 중국 문헌은 이 '덕'을 가리켜 "해탈(신명神明)한 자", 금성(명明)을 의미하는 "어於(X十에서 신을 통한 자)" 또는 "해와 달 사이에 있는 정精"이라고 했다.[3] 해와 달 사이에 있는 정은 금성이다. 제사에서 시루떡을 먹는 것은 금성의 정을 먹는다는 뜻으로 이를 '음복飮福'이라고 한다. 이는 예수가 최후의 만찬에서 포도주와 빵으로 자신의 신체를 기념하라고 한 것과 의미가 다르지 않다. 엘리아데는 부랴트 샤먼들의 굿에서 같은 것을 이야기한다.

그들은 유목민이어서 굿에서 떡 대신 양고기를 찐다. 고기가 쪄지면 샤먼은 고기 한 점을 먼저 활활 타오르는 불 속에 던지면서 춤을

•레비 스트로스
1908~2009. 문화인류학자. 벨기에에서 태어나 프랑스에서 자랐다. 구조주의 연구의 효시가 된 업적은 철학이나 예술 등에도 영향을 미치고 있다. 저서에 《슬픈 열대》《구조인류학》 등이 있다.

춘다. 그런 다음 찐 고기를 초대된 귀한 손님들과 나누어 먹는다. 이것이 요리의 삼각형이다.[4]

사람농사

한국의 샤먼은 춘절春節에 풍년 굿을 할 때 깃발에 "농자천하지본農者天下之本"이라고 쓴 기치를 세운다. 흔히 "농사꾼이 천하의 으뜸"이라고 해석하지만 이 문장은 메타포로 '사람농사'의 뜻으로 읽어야 옳다. 사람농사라는 말은 석가도 사용했던 말이다. 그는 어느 날 농촌으로 탁발을 나갔다. 한 농부가 그를 보고 "나는 이렇게 열심히 농사를 지어먹고 사는데 당신은 놀면서 동냥이나 하느냐"고 타박했다. 이때 석가가 대답했다. "나는 사람농사를 짓고 있는 것입니다."

《장자》에 농사를 뜻하는 '농農' 자를 "돌집 농사"라고 말한 것도 같은 맥락이다.[5] 돌집 농사란 우수한 DNA 종자(정령)를 심는다는 뜻이다. 이는 샤먼제국 시대의 유물인 청동기에서 확인된다(그림 5-8 135쪽). 기와집 한 채를 연상케 하는 틀 가운데에 솟대가 솟아 있다. 오른쪽에는 성기를 노출시킨 한 인물이 밭에서 쟁기질하고 있다. 아래쪽에는 도리깨를 높이 쳐들고 타작하는 인물이 있다. 그림 왼쪽에도

5-9 **밭갈이** 그리스, 6세기 초기. 그림 출처 : J. E. Cirlot, 《A Dictionary of Symbols》.

5-10 인안나와 영웅들 바빌로니아 시대. 그림 출처 : 제카리아 시친, 《수메르, 혹은 신들의 고향》.

인물이 있다. 이 인물은 머리에 깃털을 달고 있어서 신분이 특별한 것으로 보이는데, 앞쪽으로 두 손을 내밀면서 무엇인가를 받으려 한다. 거기에는 항아리 조두籍豆가 있다. 이 항아리가 정령을 보관하는 조두임은 체크무늬 X자 장식으로 알 수 있다. 체크무늬는 점괘를 의미하는 글자 '효爻'를 의미하기 때문이다. 그리스의 옛 접시 그림에서도 같은 정황을 읽을 수 있다. 밭갈이하는 광경이지만 이상한 것은 그림 위에 하트 문양이 나열되어 있으며 쟁기질하는 인물이 성기를 노출하고 있다는 점이다(그림 5-9). 그림 왼쪽에서는 여자가 조두를 들고 어디론가 급히 달려가고 있다. 사람농사를 의미하는 은유인 것이다. "브라질 샤먼이 이미 DNA를 알았다"고 한 제러미 나비의 말은 이런 정황을 실감케 한다.[6]

금성이 지구의 사계절 농사를 관장한다는 사실은 수메르 시대의 유물에서 확인할 수 있다(그림 5-10). 유물은 금성 인안나가 사계절의 동정을 보고받는 정황을 보여주고 있다. 인안나의 양쪽에는 용을 탄 두 인물이 어딘가에서 막 도착하여 여신에게 무엇인가 보고하고 있다. 그림 위에는 달과 팔괘의 상징인 여덟 잎사귀의 꽃이 있으며 그 옆으로 북두칠성, 다시 옆으로는 천상의 정령을 운반하는 현조가 보인다. 세 여신이 모두 손에 열매를 들고 있는 것도 여신이 사람농사와 관련된다는 것을 말해준다. 두 마리의 용은 한쪽이 청룡으로 씨를 심는 일을 관장하고 다른 쪽은 백호로 가을걷이를 담당한다. 정황은 여름띠와 겨울띠가 X十에서 금성에게 업무 보고를 하거나 아니면 두 개의 띠가 교차하는 지점에서 금성으로부터 특별한 부탁을 받는 장면일 것이다. 그림 위쪽에 태양과 달이 그려져 있고 금성의 머리 위에 북두칠성이 그려져 있는 것은 이런 설명을 도와주는 정보이다. 이런 정황은 인안나에게 바친 찬가에서 드러난다.

> 모든 것을 낳는 자궁이여, 살아 있는 자들과 함께
> 성스러운 곳에 살게 하는 이여
> 태어나게 하는 어버이, 자비로 가득한 마음,
> 그 손에 모든 땅의 생명을 가지고 있는 이여
> 오오 주여! 그 마음은 넓은 바다와 먼 하늘도
> 두렵지 않게 만드네,
> 왕을 지명하고 왕의 지팡이를 내리는 그대는
> 먼 미래까지 우리의 운명을 정한다네.
> 우리 먼 미래의 운명도 정한다네.[7]

이 시에서 주님은 금성 인안나이다. 인안나가 왕을 지명하고 그에게 지팡이(십익十翼)를 내린다는 대목을 주목해보자. 왕은 영웅의 탄생이고 지팡이는 청동 검이나 창을 말하기 때문이다. 찬가는 헤르메스교도의 그림에서 실감나게 나타난다(그림 5-11). 그림에는 금성이 지구와 교차할 때 태양과 달의 에너지(기氣)를 지구로 보낸다는 메

시지가 담겨 있다. 여기서 금성은 두 다리
가 용이다. 오른쪽은 청룡이고 왼쪽은 백호
이다. 금성의 머리는 닭으로, 해 뜨는 동방
(진방震方)을 상징하는 도상이다. 용은 머리
를 치켜들고 바야흐로 금성이 지구의 춘분
점으로 달려가고 있음을 암시한다. 한 쪽
손에 든 방패는 거울의 상징이다. 다른 손
의 채찍은 하늘의 천사들인 천군天軍의 상
징으로, 우리나라 무속에서는 샤먼이 굿에
서 잡는 먼지떨이와 이어진다. 채찍이나 먼
지떨이의 수많은 털이 세상의 먼지를 떨어
낸다는 메타포인 것이다. 마차에는 금성의
성각(60도)을 의미하는 여섯 개의 잎사귀
를 가진 꽃이 새겨져 있다. 네 필의 백마는
금성이 지구에 가져가는 선물, 즉 사계절을
의미한다.

5-11 아브락사스 그노시스파의 만능의 신. 그림 출처 :
Manly P. Hall,《The Secret Teachings of All Ages》.

　　그림 상단에 태양과 달이 있다. 금성이 몰고 가는 마차는 그 중심
에서 나오는 모양새이다. 샤머니즘의 핵심 사상이 태양과 달을 밑변
으로 삼는 하나의 삼각형이라는 사실이 그려지고 있는 것이다. 헤르
메스주의자들은 네 필의 백마가 우주에 잠재한 4종의 에테르를 상징
한다고 믿었다. 그림 하단에 보이는 글자 '아브락사스ABRAXAS'는 이
집트의 그노시스파가 남긴 사인으로 뜻보다 글자 수에 의미가 있다.
글자 수는 모두 일곱 자로 북두칠성을 암시하며, 숫자 7은 '창조력'
또는 '북두칠성(혹성惑星)에 있는 천사'를 가리킨다. 또한 아브락사스
는 수소를 의미하는 '아피르'와 우주축(X十)을 뜻하는 '액시스axis'의
두 고대어를 합성한 글자로 여겨지기도 한다. 이런 정보들을 참고하

《리그베다》
고대 인도의 힌두교 경전 가
운데 하나. 신을 찬미하는 운
문 형식의 찬가 모음집이다.
인도에서 현존하는 가장 오
래된 종교 문헌.

5-12 금성 맞이 페니키아 시대의 원통 인장. 그림 출처 : E. A. Wallis Budge,《Amulets and Superstitions》.

면 이 그림에는 금성이 수소(금우궁金牛宮)가 있는 북극으로 온다는 메시지가 담겨 있다.[8]

　이미 언급한 바지만《리그베다》나《헤르메스 문서》는 "인간은 빛Nus의 입자(원자原子)로부터 태어난다. 빛의 입자는 태양으로부터 은하수를 거쳐 지구로 내려와 한 여성의 자궁을 빌어 인간의 모습으로 환생한다"고 말한다. 샤머니즘과는 달리 12년의 목성주기를 신앙했던 지역에서는 12년마다 초승달(삼일월三日月)이 나타나는 새벽에 영혼을 맞는다. 이때 진동眞東에서 태양이 떠오른다. 태양을 처음 맞는 초승달의 정精과 이를 흡수한 태양의 정이 교합되어야 이성적理性的 인간의 종자가 된다고 믿는 것이다. 우주적인 시간은 다르지만 1년에 두 번 지구와 교차하는 금성력金星曆에서는 춘분점에 하늘(북극)에서 영혼이 내려온다고 믿는다.

　기원전 5세기경 페니키아 시대의 원통 인장은 금성의 여신인 인안나의 찬가를 보여준다. 인장에는 두 사람이 거대한 독수리(금성)의 날개를 떠받들고 있는 장면이 있다(그림 5-12). 여기서 두 날개는 한쪽이 태양의 바람(훈풍薰風)을 몰아오고 다른 쪽이 달의 바람(냉기冷氣)을 몰아오는 지구 생명의 메타포로 읽을 수 있다. 이집트학자 윌리스 버지E. A. Wallis Budge는 이 거대한 날개의 독수리가 금성의 상징이라는 사실을 알지 못하여 이 도판을 그냥 "날개를 가진 원반"이라고만 해석하였다. 고대문명의 실체가 괴이하게 왜곡되고 만 것이다. 그림에서는 두 인물이 중심에 있는 독수리를 떠받들고 있다. 윌리스 버지는 이들의 신분을 '전갈'로 보았다. 천문도에서 전갈은 전갈자리의 별을 가리키지만 신화에서 전갈은 하늘의 씨(정령)를 훔치는 도둑이다. 그림에서 두 전갈이 제의(춘분점) 때 금성이 보내주는 하늘의 씨를 받는 의식을 보여준다. 독수리의 발치 아래에는 양쪽으로 열매를 달고 지그재그 모양으로 뻗는 두 줄의 선이 그려져 있다. 다시 오른쪽으로 시선을 돌리면 두 명의 제사장을 만난다. 앞쪽은 두 손을 들어 독수리의 날개를 떠받치고 뒤쪽은 뿔이 달린 동물을 안고 있다. 금성을 맞이하는 제물인 것이다. 이 장면이 금성맞이 축제라는 것은 그 두 인물 사이에 새겨진 8각의 별이 말해준다. 8각별은 팔괘로 8은 '용의 상징(용상龍象)'이기도 하다. 주목되는 것은 독수리 아래에 새겨진 지그재그의 선이다. 이 두 줄기의 선은 금성이 북극으로부터 가져온 좀생이 DNA로 이미 제2장에서 본 하늘의 사다리(X十)이다. 사다리를 타고 내려오는 정황의 묘사라고 할 수 있다. 나비가 "샤머니즘에 DNA 기술이 있다"고 한 말을 참고할 필요가 있다. DNA는 사다리 모양으로 지그재그 운동을 한다.

또 다른 봉인에는 크게 그려진 날개를 단 사제를 보는데 그를 양쪽에 서서 두 다리를 쫙 벌린 독수리를 맞이하고 있다(그림 5-13). 독수리의 머리는 사자 모양이다. 우리는 이미 제1장에서 사자가 영웅의 상징임을 보았다. 이는 독수리가 영웅의 혼을 가졌음을 의미한다. 그

5-13 금성 맞이 그림 출처 : E. A. Wallis Budge, 《Amulets and Superstitions》.

림에서 혼불은 용처럼 꿈틀거리는 호스 모양의 사다리를 타고 내려
온다. 독수리의 한쪽 발 아래에서는 전갈의 임무를 띤 한 인물이 뱀 모
양의 사다리를 향해 손을 내밀고 있다. 뱀serpent은 엘람어°에서 '이브
Eve' '생명life' '스승instructor'의 의미이며 샤머니즘에서는 좀생이의
혼(프시케Psyche)이다. 또 다른 원통에는 특이하게 보이는 사다리 모
양이 등장한다. 월리스 버지는 이를 "영혼의 나무"라고 추정했다(그
림 5-14). 나무 양쪽에서 염소와 스핑크스가 무엇인가를 기대하고 있
다. 이것이 금성이 나타나는 춘분점이라는 것은 독수리의 한쪽 날개
아래에서 초승달을 발견 할 수 있기 때문이다. 주목할 것은 초승달에
묘성이 앉아 있는 모습이다. 이는 금성이 나타날 때 토끼가 달에서 방
아를 찧는다는 전설과 무관하지 않다. 시베리아 샤먼은 묘성을 토끼
라고 하고 금성이 태양에너지를 받고 나면 묘성이 이를 달로 가져간
다고 여긴다. 달의 기(음기)를 섞어 영웅의 DNA를 만든다고 믿기 때문
이다. 그러니까 기원전 5세기경 페니키아 시대의 왕들은 이 인장으로

°엘람어
티그리스 강 동쪽, 페르시아
만 북쪽 지방에 살던 민족의
언어. 지금은 쓰이지 않지만
기원전 2500년경부터 기원
전 400년경 사이 이 언어로
쓰인 비문이 남아 있다.

5-14 금성 맞이 그림 출처 : E. A. Wallis Budge,《Amulets and Superstitions》.

자신들이 금성이 내린 왕임을 과시했음을 말한다.

　점성술과 천문학의 전문가들인 나이트C. Knight와 버틀러A. Butler 는 공저《1세대 문명Civilization One》에서 주목할 만한 주장을 폈다. 그들은 금성을 이렇게 말하고 있다.

　금성은 태양 전면을 통과한 후 그 앞쪽에 두어 시간 가량 떠 있다가 태양을 앞질러서 하늘을 가로지르는데 이때 태양광선을 반사한다. 대략 72일 후 금성은 지구에서 보았을 때 태양으로부터 가장 큰 각角의 위치에 도달하게 된다. 그런 다음 태양 뒤쪽으로 져서는 외합을 가로질러 저녁별로 지구에 다시 나타난다. 금성은 이런 과정을 반복하며 태양으로부터 점점 멀어진 후 새 주기를 시작하는 것이다.[13]

　점성술은 이런 상황을 성각星角으로 관찰하여 우주와 인생을 4차원적으로 관찰했다. 이른바 운명을 헤아린 것이다. 이들은 60도와

5-16 쌍날 도끼가 그려진 황금반지 슐레이만이 발견한 미케네 문명 시대의 무덤 유물. 그림 출처 : Jacquetta Hawkes, 《Dawn of the Gods》.

120도를 길吉한 각도라고 하고 90도square와 180도opposition는 흉한 각으로 여긴다. 금성이 60도 각도로 지구와 교차하는 것은 다른 행성에는 존재하지 않는 생명을 지구에 가져다주는 원인이다.[14] 하지만 나이트와 버틀러는 이것이 샤머니즘 시대의 금성력임을 알지 못하여 그저 "제1세대 문명"이라고 불렀다.

같은 주제는 박트리아의 기원전 300년경 유물에서도 나타난다 (그림 5-15 136쪽). 도금한 나무접시에 새긴 그림 왼쪽에 사자 두 마리가 황금마차를 끌고 가고 있다. 마차 위에는 금관을 쓴 여신 키벨레 kybele 와 승리의 여신 니케Nike가 있고 마차 뒤에는 샤먼이 일산日傘을 들고 서 있다. 키벨레는 소아시아의 풍요의 신으로 금성이다. 주목할 것은 상단에 해와 반달, 그리고 머리에 후광을 단 미트라가 있다는 사실이다. 미트라의 후광은 영웅 탄생을 의미한다. 사자 두 마리는 미트라의 무리이고 금성이 지하세계를 순례할 때 앞장서는 호위병들의 우두머리이기도 하다. 주제는 오른쪽 6층탑과 탑의 3층에 올라선 샤

•키벨레
소아시아 지역에서 숭배한
대지의 여신

먼의 동정이다. 6과 3은 모두 금성 이데올로기를 나타내는 숫자이기 때문이다. 이때 신부는 신들의 정령을 담은 작은 항아리에 손을 넣고 있다. 샤먼은 정령을 꺼내어 지상으로 내려 보낼 차비를 하고 있다. 하늘의 황금마차는 이를 지상으로 운반하기 위해 달릴 참이다.

지중해 시대(기원전 1500년)의 미케네에서도 같은 주제의 그림이 발견된다(그림 5-16). 반지로 추정되는 유물에 새겨진 그림으로, 상단에 해와 달이 새겨져 있고 아래에는 은하수가 보인다. 도상에 보이는 여신들이 은하수를 건너와 있는 금성임을 말해주고 있는 것이다. 도상의 주제는 쌍날 도끼와 오른쪽 상단에 보이는 지팡이를 잡고 있는 전갈이다. 도끼는 천문 시간을 의미하는 의례구로 제1장에서 이미 언급한 바 있다. 도끼가 그렇다면 쌍날 도끼는 금성의 상징으로 볼 수 있다. 도끼의 양날이 중성 또는 양성을 의미하기 때문이다. 전갈은 정령 중에서 특별한 DNA 씨를 골라내는 족집게의 메타포이다. 이것이 지팡이 이미지와 결합되면 우주적 시간(간지干支)을 헤아려 훌륭한 씨를 얻는다는 뜻으로 이해된다. 중앙에는 모두 네 명의 여신이 각기 손에 정령의 씨앗을 잡고 있다. 왼쪽에 선 여신은 양귀비 열매를 쥐고 있다. 여신들이 어떤 씨를 지상에 보내야 할지 의논하는 정황임을 헤아릴 수 있다.

금성이 날개를 달고 천상의 씨를 지상에 운반한다는 주제는 미노아 문명 시대의 공예품에서도 볼 수 있다(그림 5-17 137쪽). 황금으로 만든 여신상은 무겁게 느껴지는 열매 더미를 머리에 이고 있다. 양쪽으로 열매 더미가 세 개씩 나뉘어 있는 것과 여신의 머리 꼭대기에 꽃봉오리가 세 개 있는 것은 그녀가 금성임을 일깨워주고 있다. 3의 수를 암시하고 있기 때문이다.

5-19 라가시의 통치자 원형 인장, 수메르, 기원전 21세기. 그림 출처 : 井上方郎, 《シュメル·バビロン社会史》.

DNA 종자와 생명수

비너스가 쥔 뿔배에는 생명수生命水가 들어 있다고 한다. 생명수에서
물[水]이라는 말 앞에 별도로 '생명'이라는 개념이 붙은 것은 이 물
이 단순히 마시는 물이 아님을 의미한다. 이는 생명 그 자체라는 뜻으
로 생물의 정자나 난자라고 해야 한다. 시리아의 마리 유적에서 출토
된 기원전 2000년~기원전 2600년대 여신상은 물잔을 잡고 있다. 점
토판에서는 이 여신을 "샘[천泉]의 여신" 또는 "지모신地母神"이라고
했다(그림 5-18 137쪽). 물잔에는 그 샘에서 길어 올린 생명수가 들어
있을 것이다. 기원전 2000년경 수메르 구데아왕의 원통 인장에서도
생명수의 주제를 확인할 수 있다(그림 5-19). 인장에 새겨진 그림 오른
쪽에 공기의 신 엔키Enki가 두 개의 물병을 쥐고 의자에 앉아 있다. 엔
키는 남무Nammu의 아들로[15] 남무는 죽을 수밖에 없는 인간의 운명,
다시 말해 1년 사계절을 운영하는 창조의 신이다. 따라서 그 아들인

엔키는 금성을 말한다. 뒤에서 보게 되지만 금성은 때로 중성이나 남성으로 나타나기도 한다.

주목할 것은 생명수의 흐름이다. 엔키의 의자 밑에 항아리가 여러 개 있다. 그 항아리에서 생명수가 수도처럼 흘러나오는데 엔키의 등을 타고 앞으로 나와 그가 쥐고 있는 두 개의 물병으로 들어간다. 도판 중심의 양쪽 어깨에 두 마리의 용을 달고 있는 인물은 용의 중뿔(X十)을 관장하는 사제이다. 사제는 오른손으로 한 인물의 손을 잡고 있다. 그 인물이 이 인장의 소유자인 구데아왕이다. 그 뒤쪽으로 우두를 하고 있는 인물은 한 마리의 개밥바라기(천구天狗)를 거느리고 서 있다. 그가 샤먼이다. 그림의 전체 이야기는 구데아왕이 통과의례를 치르고 영웅이 되자 사제가 그를 부도浮屠로 데려가서 방생放生의 예(봉선封禪)를 치르는 것이다.

샘의 여신의 물잔에 담겨 있기도 하고, 엔키의 물병에 들어 있기도 한 이 생명수는 바로 샤먼과 영웅들의 정자이다. 여기에 관해서는

5-20 항아리 그림(암포라) 기원전 6세기 후반, 아테네. 그림 출처 : Jane Ellen Harrison, 《Prolegomena to the Study of Greek Religion》.

뒤에서 다시 다루게 된다. 이런 의식은 불교에서도 답습하여 새 왕이 탄생할 때 머리에 물방울을 떨어뜨리는 의식으로 이어졌다. 이를 관정의식灌頂儀式이라고 하는데, 이 의식에서 왕은 선택된 선녀와 동침한다.

기원전 6세기경 것으로 보이는 지중해의 도자기 그림에는 옹기가 사람농사와 관련된다는 사실이 확실하게 드러난다(그림 5-20). 물을 담는 항아리로 알려진 옹기에는 모두 다섯 개의 항아리가 그려져 있으며 항아리에는 하트 문양이 새겨져 있다. 주제는 항아리에서 위대한 영웅들이 튀어나오고 있다는 것이다. 이 인물들이 심상찮다는 것은 가운데 항아리에서 신의 탈바가지가 튀어나온다는 사실에서 알 수 있다. 양쪽에 서 있는 두 무녀가 괴수의 입에서 흘러나오는 생명수를 옹기에 담고 있는 정황에서 이 항아리가 바로 옹기이며 그 속에 좀생이 혼, 다시 말해 영웅들의 정자가 들어 있음을 짐작할 수 있다. 괴수는 그리스의 춘제春祭에 등장하는 황소이다.

DNA 종자와 벼이삭

제임스 프레이저는 벼이삭에 대한 신화를 많이 수집했다. 불행하게도 그는 실증주의학파여서 신화의 메타포를 넘지 못하고 벼이삭의 제의를 "쇠퇴한 자연에 정력을 불어넣는 모의적模擬的 생식 행위"라고만 썼다.[16] 그러나 벼이삭은 생명수의 메타포로 이해해야 옳다.

벼는 해바라기나 연꽃이 그렇듯 태양광선과 밀접한 관계를 지닌다. 우리 옛 무속은 볍씨 담은 그릇을 "삼신낭三神囊"이라고 했다. 우리나라에서는 옛날부터 집집마다 이 삼신낭을 용마루에 걸어뒀다. 조선시대 때 실학자 정약용은 그의 《풍속고風俗考》에서 이를 "삼신

•《풍속고》
조선시대 실학자 정약용이 당대의 풍속을 모아 해설한 책이다.

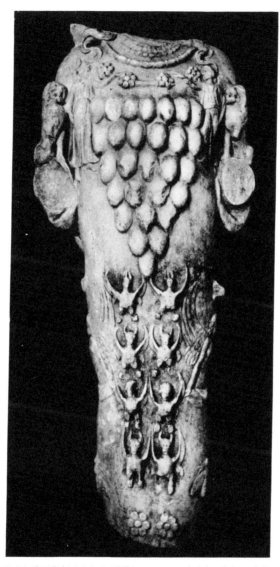

5-21 아르테미스(비너스) 에페소(소아시아), 기원전 5세기. 그림 출처 : Jane Ellen Harrison, 《Prolegomena to the Study of Greek Religion》.

5-22 소머리 그리스 메달. 그림 출처 : James Wyly,《The Phallic Quest》.

제석三神帝釋"이라고 하고 "흔히 베주머니에 쌀을 가득 넣어 이를 박달나무 못으로 벽에 걸어 모신다"고 했다. 고려시대의 기방妓房에서는 삼신낭 대신 사단지沙團池에 벼〔도稻〕와 보리〔맥麥〕를 꽂아 신으로 모셨다. 이것이 금성을 숭상하는 '부루단지夫婁團池'이다. '부루'는 '부풀다'는 뜻으로 영혼이 깨달았음을 비유적으로 일컫는 말이다. 해탈한 사람을 "부루아夫婁兒"라고 하는 것도 그 때문이다.[17] 이런 풍습에서도 볍씨가 생명수의 심벌임을 알 수 있다.

힌두교에서는 생명수를 정확하게 "신적인 영(정령精靈)"이라고 하고 그 종자를 "황금의 씨cosmic fire-egg"라고 한다. 이 씨가 "'황금 자궁golden womb'에서 자라나 아트만Atman이 된다"고 기록하고 있다.[18] 바빌로니아의 인안나, 소아시아의 엘레우시스Eleusis, 데메테르Demeter, 일본 신화의 아마테라스는 모두 벼이삭의 심벌로 나타난다. 볍씨를 한자로 '보살菩薩'로 옮겼던 것처럼 벼이삭은 생명수의 메타포이다. 볍씨는 물에서 살면서 태양빛을 먹고 자란다. 물과 불의 서로 상극이 되는 모순을 생명으로 통일한다. 금성 이데올로기가 그렇듯 이 또한 양성兩性이라고 할 수 있다. '농자천하지대본'의 기치가 진리의 농사, 이른바 하늘농사가 되는 이유이다.

소아시아의 아르테미스Artemis** 여신상에도 벼이삭이 등장한다. 여신상은 두 팔에 금성을 상징하는 하늘의 개(천구天狗)를 거느렸고 앞가슴에 수소의 고환을 주렁주렁 달고 있다(그림 5-21). 수소 고환은 좀생이 혼불을 상징한다. 하반신에 보이는 날개 단 소들이 이 상징을 뒷받침한다. 우리는 이미 제1장 그림 1-29(85쪽)에서 영웅이 수소로부

*아트만
우주와 하나가 되는 신 브라흐만 이전의 해탈한 자.

**아르테미스
그리스 신화에서 제우스의 딸로 등장하는 여신. 사냥의 여신이며 달의 여신이다. 그리스 신화에서는 원래 헬리오스가 태양을 주관하고 셀레네가 달을 주관하는 여신이었지만 기원전 500년 이후 아폴론과 아르테미스가 각기 태양과 달을 상징하는 신으로 바뀌었다.

터 생명수를 받아가는 그림을 보았다. 아르
테미스는 양손에 자신이 금성임을 말해주
는 이리를 잡고 겨드랑이에는 꽃을 쥔 두
남녀를 새겨놓았다. 꽃은 점성술(팔괘)의 상
징이다.

5-23 아가페 시랑 앵글로색슨의 고풍속. 그림 출처 : James Wyly,《The Phallic Quest》.

　　수소가 좀생이 혼불이 된다는 것은 그
리스 시대의 메달에서도 볼 수 있다(그림
5-22). 수소머리에 커다란 원상圓相이 있고
턱 아래 양쪽에는 남성 성기가 그려졌다.
로마인들이 숭상했던 프리아포스Priapus 신
상이다. 또 다른 자료에서는 프리아포스가
소머리와 커다란 유방, 그리고 수소의 음낭
을 달고 있다(그림 5-23). 이 신상은 아르테
미스 여신이 변형된 모습이다. 이 신상에
대한 민중적 지지 기반이 워낙 컸기 때문
에 기독교가 지배하게 된 후에도 민간신앙
으로 남았다. 북유럽의 유물은 그 증거물이

5-24 프리아포스 신상 로마시대. 그림 출처 : James Wyly,《The Phallic Quest》.

다. 앵글로색슨족은 교회에서 성찬식이 진
행되는 동안에도 춤을 추면서 남근 신 프리아포스를 찬양하고 섬겼
다.[19] 그림에는 사람들이 프리아포스 신상으로 몰려가 씨앗(샘물)을
얻으려는 모습이 그려져 있다(그림 5-24). 사람들은 수돗물처럼 나오
는 씨앗이 더 이상 나오지 않자 실망하며 발길을 돌리고 있다. 로마인
에게 프리아포스는 모든 귀족의 신부들이 처녀성을 바쳐도 되는 태
교의 우상으로 성 어거스틴St. Augustine도 이 관례를 인정하는 말을 남
겼다.[20]
　　소아시아의 엘레우시스나 데메테르는 벼이삭의 여신으로 널리

5-25 풍어굿 동해안.《한국의 굿》, 열화당.

알려져 있다. 헬레니즘 시대의 유물에서 여신 케레스[•]는 양손에 벼이삭과 열매를 쥐고 있다(그림 9-38 참고). 뱀 두 마리가 양쪽 팔을 휘감으며 여신에게 도전하지만 이는 메타포로 읽어야 한다. 두 마리의 뱀은 여름띠와 겨울띠로 한쪽은 춘분에 대지에 심는 씨이고 다른 쪽은 가을걷이로 추수한 씨이다. 뱀은 여신의 머리 모양에서도 나타난다. 머리 모양이 뱀처럼 꼬아서 늘어뜨린 것처럼 보이기 때문이다. 한국 무가에는 이 여신이 용궁의 "물마누라" 또는 "산신할멈"으로 등장한다. 신화의 매력은 메타포이다. 프레이저는 씨앗의 여신 데메테르를 이렇게 묘사한다.

데메테르가 앉은 날개 달린 수레는 용이 끌고 여신은 하늘에서 씨를 뿌린다.[21]

멋진 비유이다. 이 메타포는 소아시아에서 널리 유행했던 데메

케레스
세레스. 로마 신화에서 곡물과 식물의 성장을 주관하는 여신. 그리스 신화의 데메테르와 동일시된다. 태양계 소행성대의 유일한 왜행성 1세레스가 이 여신의 이름에서 따왔으며 시리얼cereal이라는 단어 또한 이 이름에서 비롯됐다.

데메테르의 비밀의례
그리스 신화에 땅의 여신이며 농경과 곡물, 수확을 주관하는 여신으로 등장한다. 데메테르라는 이름은 그리스어로 "땅의 어머니"라는 뜻. 벼 이삭으로 비밀의식을 행한다. 딸 페르세포네가 지하의 신 하데스에게 납치돼 딸을 찾아 헤매는 일화가 유명하다.

테르의 비밀의례¨에 드러난다. 프레이저에 따르면 데메테르의 비밀의례는 연극적이고 상징적이다. 의례가 시작되면 신전의 불이 꺼지고 상징적 의미의 신랑신부는 어두운 곳(고분)으로 내려간다. 시간이 지나면 사제가 신혼의 열매라는 보리이삭 하나를 치켜들고 큰 소리로 선언한다. "브리모 왕비는 신성한 브리모 왕자를 낳았도다." 이 말은 '위대한 신께서 위대한 것을 베풀었다'는 의미이다.[22] 벼이삭의 신이 그의 곡식으로 황금아이(신神)를 생산했음을 말하는 것으로 이는 곧 하늘농사를 일컫는다.

5-26 바빌로니아 금성의 여신, 이슈타르와 승리의 여신 니케, 2세기경, 시리아 두라유로포스. 그림 출처 : Franz Cumont,《The Mysteries of Mithra》.

벼이삭은 한국의 풍어굿에도 등장한다(그림 5-25). 낟알이 들어 있는 항아리가 운반되면 무당이 황금의 검으로 그 낟알들을 건져서 손님(참가자)들에게 건넨다. 낟알들을 건지는 행위는 곧 물고기를 잡는 것인데, 그것은 다시 황금 씨의 메타포이다. 천신굿(천신새신薦新賽神)에서는 잘 익은 벼이삭을 골라 제단에 올린다. 여기서 새신이라는 말은 '몸에서 튀어나온 아이(투자骰子)'라는 뜻으로, 신의 정액을 추출한다는 의미이다. 일본의 개국 시조신인 아마테라스 오미카미를 "재정齋庭의 벼이삭"이라고 표현하는 것도 같은 주제를 말한다.[23] '재정'은 비밀 정원으로 아마테라스는 그곳에서 벼이삭으로 제사를 지내는데 이를 대상제大嘗祭라고 한다. 대상제는 낟알(쌀)이 신의 침상에 봉안되는 의식으로 실제로 의식을 치르는 곳의 침구용 자리에 바구니 네 개가 안치된다. 이들 바구니에는 "쌀의 혼(도혼稻魂)"이라고 부르는 것이 들어 있다. 동남아시아에서는 계란형으로 생긴 이 바구니를 "쌀의 아이rice baby"라고 부른다.[24] 신사神事를 치르는 날에 뽑히는 신부의 베개에 감추며 이 의식에서 낳은 아이를 "쌀의 아이"라고 부르는 풍습이 동남아시아 여러 곳에서 발견된다.[25]

시리아에서 출토된 이슈타르 여신상(2세기경)에는 벼이삭과 함께 개밥바라기가 등장한다(그림 5-26). 개밥바라기를 거느린 이슈타르 여신이 한손을 펴서 무릎 위에 놓고 다른 손으로는 뱀의 상징인 머리채를 잡고 있다. 두 팔의 자세는 금성의 각도를 암시하는 것으로 보아도 무리가 없다. 여신의 어깨 쪽에는 벼이삭을 물고 있는 콘도라(현조 玄鳥)가 보이고 오른쪽에 그리스 신화에 등장하는 승리의 여신 니케가 벼이삭을 쥐고 있다. 벼이삭을 잡는 것은 천상의 위대한 좀생이 혼을 가졌다는 뜻으로 이것이 '승리'라는 말이 함의하고 있는 은유이다. 데메테르 여신의 비밀 의례에서처럼 니케도 샤먼의 통과의례를 치렀음을 말해준다.

씨의 운반자는 현조

•조로아스터교
예언자 조로아스터의 가르침을 바탕으로 만들어진 종교. 유일신 아후라 마즈다를 숭배한다. 불이 타오르는 작은 제단 앞에서 제례를 치러 불을 숭배하는 종교 즉 배화교로 불리기도 한다. 아케메네스 왕조 시대(기원전 599~기원전 330년)에 크게 세력을 일으켰으며 사산 왕조 때는 국교가 됐다. 이슬람의 출현으로 세력이 크게 약화됐지만 아직도 신앙은 남아 있다.

한반도 중부지역에 해당하는 강릉에 판도라 상자가 내려오는 우주목이 있는 것은 지리적으로 우연한 일이 아니다(그림 5-27). 사계절이 분명한 곳이기 때문이다. 솟대 위에는 두 개의 뿔처럼 보이는 받침대가 있고 그 위에 세 마리의 현조玄鳥가 앉아 있다. 세 마리의 현조는 삼신三神이고 좀생이의 혼불이다. 또 두 뿔은 금성의 60도 각을 의미하며 솟대는 우주목을 오르내리는 DNA 사다리이다. 다시 말해 좀생이 혼불이 내리는 우주의 배꼽인 것이다. 메소포타미아의 전승에서도 훌륭한 인간이 태어나는 곳은 지구의 배꼽이라고 하고 이 배꼽은 하늘과 땅이 결속되는 자리라고 믿었다. 이는 인도유럽의 우주론에서도 마찬가지이다.[26] 기원전 16세기 미케네 시대의 유물에도 비둘기 세 마리가 등장한다(그림 5-28). 이 도상에서 여신은 알몸으로 배꼽과 음부가 드러나 있으며 합장하는 자세를 취하고 있다.

여신의 양쪽 어깨와 머리 위에 비둘기가 있다. 이는 지상에 위대한 좀생이 혼이 탄생하기를 소원하는 자세라고 할 수 있을 것이다. 조로아스터 시대의 은 쟁반 그림에는 거대한 현조가 자신이 물고 온 열매를 자신이 안고 있는 벌거벗은 미녀에게 하늘농사를 위해 전달하는 광경이 표현되어 있다(그림 5-29). 나체의 여인이 비너스임은 그녀의 어깨에 지혜의 상징인 뱀이 두 마리 있다는 사실이 말해준다. 여름띠와 겨울띠의 심벌이다. 중심을 차지한 현조의 양쪽에 진리의 나무가 있고 그 나무를 둘러친 원 밖에는 신성 문양인 넝쿨이 장식되어 있다. 도상의 주제는 비너스의 다리 아래에 있는 두 인물이다. 한쪽은 활을 쏘고 있고 그 반대쪽은 도끼를 메고 있다. 활은 금성의 각도이고 점성술의 상징이며 도끼는 운명의 시간을 결정하는 상징이다.

현조로 나타나는 독수리는 일반적으로 아버지의 심벌이거나 다산을 도모하는 남성 활동의 이념으로 나타난다. 중국 문헌에는 상고시대에 춘추분을 관장하는 관리(역관)의 이름을 "현조씨玄鳥氏"라고 했는데 그 까닭은 "현조가

5-27 솟대 강원도 강릉시 강문동, 송봉화 촬영. 그림 출처 : 《한국의 굿》, 열화당.

5-28 세 마리의 비둘기와 미노아 여신 미케네 시대 기원전 16세기. 그림 출처 : Jacquetta Hawkes, 《Dawn of the Gods》.

5-29 사람농사를 비유한 접시 그림, 기원전 6~기원전 7세기. 앤드류 콜린스,《금지된 문명》.

춘분에 왔다가 추분 때가 되면 떠나가기 때문"이라고 했다.[27] 알타이 산의 파지리크 유적에서 발굴된 독수리는 남성적인 웅장한 모습을 보여준다(그림 5-30 138쪽). 양쪽으로 벌린 두 다리는 묵직하고 힘차게 보인다. 베타 전통*에서 이 독수리는 불로장생약인 소마Soma 주스를 인디라Indira로부터 운반하는 메신저이다.[28]

　현조玄鳥를 글자 그대로 읽으면 '검은 새'라는 뜻이다. 하지만 현 玄을 '검다'고 해석하면 안 된다. 현玄은 노자 사상의 중심 개념일 정 도로 단순한 글자가 아니다. 이 글자는 솟대를 의미하는 부(亠)자 아래 에 작다는 뜻의 요(幺)자를 결합한 글자이다. 앞서 다루었듯 幺자는 작

다는 뜻이 아니라 회오리 모양을 그린 글자
로 보아야 한다. 그렇게 읽으면 玄(현)은 X
十을 의미하는 글자로 해석할 수 있다. 따
라서 현조는 북극에 있는 정령을 운반하는
새의 메타포로 해석해야 한다. 현조는 제비
이며 춘분에 왔다가 추분에 가는 철새로서
이는 금성이 지구와 춘추분점 때 가까이 왔
다가 떠나는 것과 같다.

《설문》은 이를 "신조神鳥"라고 하고
"성인聖人이 출현하면 나타나는 서조瑞鳥로
동방의 군자국君子國에서 출현한다"고 썼
는데, 바로 이런 정황을 설명한 것이다.[29]

신라 금관에는 황금으로 만든 현조가
장식되어 있다(그림 5-31 138쪽). 나비처럼
보이는 현조의 몸에는 하트 문양medicago

5-33 정령의 나무 산둥성 무씨사당 화상석, 후한시대. 그림
출처 : 김재원, 《단군신화의 신연구》.

이 새겨져 있고 샤먼들의 복식에 달리는 미니어처 거울들이 장식되
어 있다. 이는 금관이 있는 곳이 성인이 태어나는 동방의 군자국임을
말해준다. 경주 안압지에서 발굴된 봉황도 현조이다. 봉황은 입에 재
갈이 물려 있는데, 그 의미가 심상치 않다. 이는 봉황의 날개에 회오리
문양이 새겨진 것과 관련 있을 것으로 추정된다(그림 5-32 139쪽).

중국 산둥성에는 무씨사당武氏祠堂으로 알려진 유적에 화상석畵
像石이 있다.[30] 이 화상석에서도 현조가 샤머니즘의 주제임을 확인하
게 된다(그림 5-33). 샤먼의 정령을 상징하는 비둘기가 우주목으로 추
정되는 나뭇가지에 앉아 있다. 비둘기는 모두 여덟이고 나무 아래에
는 다른 큰 새가 말과 대화를 나누고 있다. 큰 새, 즉 봉황까지 합치면
그림에는 현조가 모두 아홉 마리 있는 셈이다. 본디 9라는 수는 아홉

•무씨사당
중국 산둥성에서 근대에 발
견됐다. 석실 벽에 26개의 화
상석(畵像石: 석재에 그림을 선
각하거나 얕은 부조로 조각한
것)을 끼워 놓았는데 그중 두
개가 단군신화와 관련 있다
고 전해진다.

5-34 신의 가마 일본 신토. 그림 출처 : Sokyo Ono,《Shinto》.

명의 샤먼(구이九夷)을 뜻하며, 실제로 비둘기를 나타내는 한자 구鳩에
는 아홉의 의미가 들어 있다.《설문》에는 비둘기를 "시구尸鳩"라고 적
고 이를 "신령神靈"이라고 썼다. 시尸는 신주神主를 말한다. 우리 민요
(무가)에서는 이를 "얼 시구"라고 하는데 뜻이 같다. 비둘기가 현조인
것이다. 현조들이 앉아 있는 나무가 DNA 사다리라는 것은 나무줄기
가 뱀처럼 서로 꼬여 있다는 사실이 말해주고 있다. 나무 오른쪽에서
는 한 인물이 비둘기를 향해 활시위를 당기고 있다. 금성의 60도 각을
말하는 것이다. 나무에 바구니가 걸려 있고 바구니에 담긴 현조의 알
을 얻기 위해 두 인물이 나무에 다가간다. 주목할 것은 나무에 걸려 있
는 두레박이다. 두레박은 우물을 상징하는 도상이며 신화에서는 이
를 "바다의 우물(해정海井)"이라고 한다. 뒤에서 보지만 이는 천하의 좀
생이 혼불을 보관해 두는 솟대(소도蘇塗)를 말한다. 우리 무가에서는
그곳이 용궁이고 제비가 생명의 씨를 물고 날아오는 곳이다.

중국 은殷나라 시조의 탄생 설화는 "왕비(간적簡狄)가 목욕 중에

5-35 낙원 바빌로니아, 기원전 2500년경. 그림 출처 : S. H. Hooke,《Middle Eastern Mythology》.

현조가 물어온 씨를 삼키고 시조를 낳았다"고 전한다. 고구려의 탄
생 설화에서도 "유화柳花가 현조가 물어다준 이상한 기氣를 삼키고
주몽을 낳았다"고 전한다.《시경詩經》에서 이 새를 "천명현조天命玄
鳥"라고 한 것을 보면[31] 현조가 샤먼의 하늘(용궁)에서 명을 받고 X十
의 하늘사다리로 내려왔음을 알 수 있다. 실제로 일본 신토에서 축제
때 사용하는 신여神輿, planquin에도 현조가 중심 주제가 되어 있다(그림
5-34). 이 신여는 비밀 의례에 사용하는 것으로 가마 꼭대기에 인조로
만들어진 현조가 달려 있고 지붕에는 금성의 상징인 삼태극이 그려
져 있다. 또 몸체에는 도리이(조거鳥居)가 부착되어 있고 그 문으로 들
어가는 곳에는 위대한 DNA 정자를 의미하는 새끼줄이 매여 있다. 상
여의 지붕에 삼태극이 그려져 있는 것도 금성 이미지와 관련되는 부
분이다. 현조 신화가 금성 이데올로기의 메타포가 아니고서는 이해
하기 어렵다.

• 도리이(조거)
흔히 신사 입구에서 발견되
는 일본 전통식 문

　수메르 바빌로니아 시대의 유물은 진리의 나무와 신들의 정자를

5-36 컵을 든 비너스(반지) 기원전 15세기, 티린스, 지중해 문명. 그림 출처 : J. Hawkes,
《Dawn of the Gods》.

모시는 성소에서 세상이 시작되었음을 보여준다(그림 5-35). 그림 왼
쪽에 날개를 활짝 편 현조가 진리의 나무 위에 앉아 두 날개를 펼쳤다.
나무 오른쪽에는 정령을 항아리에 담고 있는 신이 보이고 그 바로 뒤
에는 우물을 들여다보는 인물이 있다. 우물은 정령을 저장하는 곳이
다. 또 인물의 꼭대기에는 별을 가리키는 인물이, 그 뒤에는 거대한 날
개를 편 현조가 신을 품에 안고 있는 것처럼 그려졌다. 시선을 아래로
옮기면 정령을 담는 그릇이 보이고 두 마리의 개가 현조를 올려다보
는 정황을 볼 수 있다. 개는 금성과 정령의 우물을 지키는 호위병이다.
　　지중해에서 발굴된 기원전 15세기 때의 거대한 금반지의 그림도
현조의 기능이 무엇인지 보여준다(그림 5-36). 의상을 걸친 괴수 네 마
리가 줄을 서서 각자 왼쪽에 앉은 여신에게 물병을 바치려고 한다. 그
림의 포인트는 여신 등 뒤에 있는 현조의 모습이다. 현조는 자신의 임
무가 곧 닥칠 것임을 알고 있다. 괴수들의 사이사이와 하늘에는 정자
를 의미하는 곡식 이삭들이 배치되어 있고 괴수들이 걸친 옷에는 신
성함을 의미하는 X자 문양이 그려져 있다.

좋은 밭

금성을 나타내는 비너스는 누드로 표현된다. 흔히 이를 사랑과 성욕의 심벌이라고 말하지만 이는 잘못된 샤머니즘의 차용이다. 지구는 금성이 지배하는 사계절의 정원이므로 비너스가 1차적으로 풍요와 다산을 의미한다는 것은 틀리지 않다. 그러나 풍요와 다산은 좋은 씨와 좋은 밭이 전제되어야 한다. 이런 주제가 무시되면 금성은 말 그대로 성욕의 심벌로 전락하고 만다.

피레네 산맥에서 발굴된 비너스는 풍만한 가슴과 탐스러운 배와 배꼽을 지녔으며 무려 기원전 1만 5000년으로 거슬러 올라가는 금성 이데올로기의 증거물이다(그림 5-37). 얼굴은 생략되고 유방에 얹은 손은 형식적으로 묘사되었다. 강조된 것은 밭을 의미하는 유방과 배 뿐이다. 신라시대의 토우에서도 같은 정황을 볼 수 있다. 토우에는 가

5-37 빌렌도르프의 비너스
남프랑스, 기원전 1만 5000
년경. 그림 출처 : Friz Saxl,
《Lectures》.(왼쪽)

5-38 산마누라 경주, 고신라.
그림 출처 : 《한국미술전집 : 원
시미술》, 동화출판공사. (오른쪽)

5-39 풍요와 다산의 심벌
동아프리카 탄자니아. 그림
출처 : 《世界の博物館 : ベ
ルリン世界民族博物館》, 講
談社.

슴은 물론 배꼽이 크게 뚫려 있다. 긴 치마는 발등을 덮는 모양이다
(그림 5-38). 동아프리카 탄자니아의 유물에서는 실제로 유방과 배
꼽만 남았을 뿐 다른 신체 부위는 깡그리 생략돼 있다(그림 5-39). 이
유물 역시 세 개의 점을 연결하면 하나의 역삼각형을 이루어 금성
이데올로기를 보여준다. 유물은 샤먼 축제에서 다산과 풍요의 여신
을 연기하는 인물이 쓰고 나타나는 축제용 마스크이다. 엘리아데가
"고대의 여러 의례에서 성행위와 농사짓는 일을 동일한 것"이라고
하고 《코란》을 인용하여 "땅에 심는 씨와 남자의 정액이 동일하다"
고 말한 점도 참고할 만하다.[32] 중앙아시아의 여신 셀레네Selene가
대지를 의미하는 남성과 교접하는 장면도 같은 맥락으로 읽을 수 있
다(그림 5-40 139쪽). 셀레네은 날개의 천사처럼 하늘에서 내려와 대
지를 뜻하는 누워 있는 남성을 타고 있다. 이 정황은 지구와 금성이
60도 각으로 교차하면서 4계절의 변화가 생긴다는 점과 사람농사
가 금성의 몫임을 보여준다.

　　기원전 2000년 이전의 유물인 테라코타의 이슈타르상은 하늘
농사의 밭이 어떤가를 실감나게 묘사했다(그림 5-41 140쪽). 금성을
의미하는 연꽃이 새겨지고 앞가슴에 드리운 장식에는 미니어처로
만든 작은 단지를 매달고 있다. 단지가 씨의 그릇임을 말하는 것이
다. 이라크의 에리두Eridu에서 발굴된 유물에는 여신의 얼굴이 새의
모습이고 어깨는 역삼각형이다(그림 5-42). 주목할 것은 양 어깨에
비너스의 조개를 박았다는 점. 비너스의 조개는 신의 아이를 낳는
샤먼들의 무구로 '자안패子安貝'라고 한다. 이 유물은 금성의 직능
이 DNA 인자를 운반하는 일임을 강조하고 있다.

5-42 수메르의 여신상 이라크 에리두 유적수 무덤, 기원전 5000~기원전 4000년경. 그림
출처 : 앤드류 콜린스, 《금지된 문명》.

우리 민화에서는 호랑이가 비너스의 몫을 떠맡는다. 십이지十二支에서 호랑이가 소 다음에 배열되기 때문이다(그림 5-43 140쪽). 그림에서 호랑이는 동물이라기보다는 인자한 여신의 모습이다. 호랑이의 배경에는 용궁을 의미하는 바다와 진리의 나무가 서 있다. 나뭇가지에서는 현조들이 호랑이를 향해 우짖고 있다. 이것이 신화적 의미를 지니는 이유는 호랑이의 무릎에 회오리 문양이 그려져 있기 때문이다. 또한 호랑이의 등과 앞에 여러 마리의 새끼호랑이가 그려진 것은 이 호랑이가 다산과 풍요의 상징임을 암시하고 있다. 전승 설화에서도 호랑이는 자식을 많이 낳으며 아무리 배가 고파도 아이는 잡아먹지 않는다고 전해진다. 🐾

세계의 시원^{始原}에 서로 대립하는 두 원리, 즉 빛과 어둠이 있으며
이 둘이 휘어서 하나의 뱀Ouroboros이 되었다.
빛과 어둠은 다시 네 개로 발전하여
불, 공기, 흙, 물의 4원소가 되었고
네 개의 원소는 다시 봄여름가을겨울로 나타난다.
《헤르메스 문서》

제6장

좀생이 혼을 부르는 샤먼의 북

북은 해탈의 도구이다

시베리아 샤먼이 북을 치는 것은 영성靈星의 혼과 접촉하기 위해서이다.[1] 이 때문에 샤먼은 북의 틀이 되는 재목을 선택할 때도 정령精靈, 다시 말해 초인간적인 것에 의존한다.[2] 퉁구스 족의 샤먼이 천막을 뒤로 하고 서서 북을 치며 새벽하늘을 바라보는 모습도 그런 정황을 참고해야 이해된다(그림 6-1). 우리 옛 문헌은 춘분을 가리키는 3월 16일에 금성을 가리키는 "삼신三神을 맞이하기 위해 영고제迎鼓祭•를 올린다"고 기록하고 있다.[3] 이는 곧 샤먼의 풍속이다. 시베리아 샤먼은 곰 가죽으로 만든 의상을 걸쳤고 이마에는 곰 가면을 썼다. 귀는 소뿔처럼 길게 뻗어 있고 머리에는 거대한 사슴뿔을 달았다. 곰과 사슴뿔은 북두칠성(큰곰자리)의 상징이고 소뿔은 수소자리Taurus이다. 귀가 크게 과장된 것은 곰의 귀가 천리 밖의 소리를 듣는다는 시베리아 여러 민족의 전설을 반영하고 있으며 더불어 샤먼이 신의 소리를 듣는다는 것을 암시하고 있다. 샤먼의 북 치기는 새해의 첫 태양을 맞이하는 제의이다. 춘분이 되면 동북쪽에 금성과 묘성이 나타나고 곧이어 정동正東 방향에서 쪽달과(삼일월三日月)과 함께 신년의 해가 장엄하게 솟아오른다. 샤먼의 북 치기는 금성과 묘성을 대신해 신년의 첫 태양을 맞이하는 제의이다. 금성과 태양의 조우를 샤먼이 북으로 환영하는

•영고제迎鼓祭
북을 치는 예배. 상고시대 부여에서 추수를 마치고 12월에 지낸 제천의식.《삼국지》〈동이전〉에 "은력殷曆 정월에 하늘에 제사하고 나라 사람들이 크게 모여서 연일 마시고 먹고 노래하고 춤춘다. 이때 형벌과 옥사를 판결하고 죄수들을 풀어준다"고 기록돼 있다.

6-1 시베리아 퉁구스 샤먼 그림 출처 : Siegfried Giedion, 《The Eternal Present : The Beginnings of Art》.

것이다.

시베리아 부랴트 샤먼들의 설화는 "춘추분점에 동북과 서쪽 하늘에 샛별(금성)이 뜬다"고 하고 금성을 가리켜 "아침이나 저녁에도 볼 수 있는 별"이라고 한다. 엘리아데는 "시베리아 여러 민족이 태고로부터 중심에 기둥을 세운 천막天幕을 하늘(신전)이라고 믿었는데 이는 바빌로니아에서도 마찬가지였다"고 했다.[5] 이들은 통풍을 위해 천막 꼭대기에 뚫어놓은 구멍으로 북극성을 보았으며 그 구멍을 천창天窓이라고 했다. 더불어 천막을 떠받치는 기둥은 북극성을 묶어두는 못〔정釘〕의 구실을 하는 셈이다.[6] 엘리아데는 "샤먼의 북(태고太鼓) 치기는 천계상승天界上昇이 목적"이라고 했다.[7] 이 천계상승을 해탈과 같은 개념으로 읽으면 북 치기는 하늘에서 일어나는 별들만의 일이 아니고 별들의 일을 모방하는 굿을 가리킨다는 것을 알 수 있다.

북소리가 해탈의 혼을 의미하는 금성의 소리라는 것은 바빌로니아 문명 시대의 서사시인《길가메시 서사시》에 등장한다. 이 시가에서, 영웅 길가메시는 인안나 신들에게 도전하지만 결국 불로초를

6-2 수메르, 바빌로니아 시대의 보석상자 그림 출처 : James B.Pritchard, 《The Ancient Near East》.

구하기 위해 신들과 화해하지 않으면 안 된다. 게다가 그는 인안나의 도움 없이는 신들(지구라트 탑)을 만날 수 없다. 이에 금성의 여신 인안나는 길가메시에게 자신의 정원수로 만든 푸쿠라는 북을 그에게 주지만 그는 이 북을 명부에 떨어뜨리고 만다.[8] 이 푸쿠는 기원전 5~기원전 3세기경의 무덤인 파지리크 분묘(중앙아시아)에서 발견되었는데 북의 모형은 아시리아 시대의 코르사바드 궁전 벽화에서 확인된다.[9] 수메르, 바빌로니아 지역이 샤머니즘의 무대였음을 말해주는 증거이다. 서사시에 나타나는 북의 의미가 해탈과 관련 있다는 것은 서사시의 첫 문장과 끝 문장에 나오는 "심연深淵을 본 자"라는 대목에서 암시된다. 심연을 보았다는 것은 곧 해탈했다는 의미로 읽을 수 있기 때문이다.

이런 정황을 실감나게 전하는 자료는 바빌로니아 시대의 보석상자이다. 이 유물에는 북(수금豎琴)을 치는 여신이 새겨져 있다(그림 6-2). 여신의 등 뒤에 커다란 꽃이 새겨져 있어서 그녀가 인안나이거나 이슈타르 여신임을 추정하게 만든다. 장미꽃은 금성의 별칭이기

6-3 북 1930년대 충청남도 공주. 그림 출처 : 赤松智城, 秋葉隆, 《朝鮮巫俗の研究》.

때문이다. 상자의 테두리에는 용을 상징하는 무늬가 새겨지고 여신 뒤로 쌍피리를 부는 악사도 보인다. 또 여신 앞에서는 축제의 행렬을 인도하는 여인이 하늘에 기도하고 있다. 이는 춘분 때 로데스 섬을 비롯한 지중해의 여러 섬에서 샤먼들이 묘성이 뜨는 시간을 기다리며 수금을 울리며 밤새 춤을 추었다는 사실이 뒷받침한다.[10] 헤르메스교도들이 "금성이 우주의 4원소를 말하는 네 마리의 백마를 타고 나타난다"고 믿는 것과 다르지 않다. 엘리아데가 "시베리아 샤먼의 북 치기 행위는 정령들을 부르는 수단"이라고 한 것[11]은 의미심장하다.

《삼국지三國志》〈동이전〉˙에는 "마한馬韓이 주신主神을 제사하는 고을(소도蘇塗)을 여러 나라에 따로 정했다"고 기록했다. "그곳에 솟대를 세우고 방울과 북을 걸어놓고 있다가 삼신굿을 할 때에는 그곳에 걸린 악기로 연주한다"고 했다. 이는 물론 부여의 무천舞天˙˙이나 예穢의 영고제迎鼓祭도 마찬가지였을 것이다. 영고제는 춘분에 해당하는 3월 16일에 열리며 이때 금성이 동북쪽 새벽하늘에 나타난다. 이 자료는 불교 이전의 고대사가 샤먼문명의 역사였음을 정확히 지적하고 있다. 마한의 말(마馬)은 군신軍神을 의미한다. 샤머니즘 도상에서는 말 대신 사자나 호랑이로 나타나기도 한다.

한국 무속에서 북(태고太鼓)은 일반적으로 경전(명경明經)을 읊거나 무가를 부를 때 치므로 "법고法鼓"라고 부른다(그림 6-3). 무가는 금성 이데올로기를 찬송하는 노래로 북과 북 치기는 그 이념을 실현하는 방편이다. 이 때문에 시베리아 샤먼은 북을 만들 때 거세한 양의 가

˙**〈삼국지〉〈동이전〉**
《삼국지》는 진晉나라 학자 진수陳壽가 중국의 위, 촉, 오 3국의 역사를 기록한 책.《삼국지연의》와 달리 정사正史로 평가된다.〈위서〉〈촉서〉〈오서〉로 구성돼 있으며 〈위서〉중의 〈동이전〉에는 부여, 고구려, 동옥저, 읍루挹婁, 예穢, 마한, 진한, 변한, 왜 등에 대해 기술돼 있어 고대사 연구의 중요한 사료가 된다.

˙˙**무천**
상고시대 때 예穢에서 해마다 음력 10월에 하늘에 제사를 낸 제천의식. 부여의 영고, 고구려의 동맹과 비슷한 성격.

죽과 나무로 만든다. 양의 거세는 중성을 의미하기 때문이다. 우리 무속에서는 북의 틀을 나무로 만들기도 하고 옹기로 만들기도 한다. 옹기는 금성 이미지이다. 북에 양가죽을 붙일 때 양쪽에 각기 암컷과 수컷의 가죽을 대는 것도 금성 이미지를 나타내는 것이다. 이는 수컷과 암컷의 두 가죽 사이에 양쪽의 기를 차단하는 나무가 있는 것으로, 북이 음양의 교감을 의도하면서 이를 제어하는 모순성의 이념이기도 하다. 북은 금성 이미지이다. 서구 인문

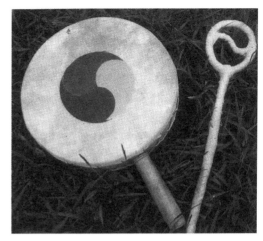

6-4 태극 도상이 있는 소고와 채

학을 4차원의 점성술과 접목시킨 카를 융의 어법으로 말하면 이는 공시성synchronism을 증명하는 소리이고 이데아의 이미지를 말한다고 할 수 있다. 공시성은 올림픽 체조종목의 싱크로나이즈에서처럼 한 동작으로 두가지의 이미지를 보여주는 신기이다. 실제로 〈무가 열두 거리〉에 등장하는 풍악 연주는 다섯 명의 악사가 한 팀이 되어 금성신을 찬양한다(여기에 대해서는 뒤의 236쪽에서 자세히 다룬다). 이 연주의 특색은 다섯 종류의 악기들이 서로 엇박자 연주로 '불협화음의 화음'을 만들면서 전체적으로 독특한 화음을 만들어낸다는 점이다. 국악은 이를 "시나위"라고 한다. 시나위가 금성 이미지인 것이 그런 의미에서이다. 금성은 공시성의 신이다.

　한국 무속에서 사용하는 북에는 소나무로 만든 것도 있다(그림 6-4). 북에는 삼태극三太極이 그려지고 북채에는 양태극兩太極이 새겨져 있어서 태극 도상이 샤머니즘과 관련 있음을 말해준다. 삼태극은 3수로 금성의 상징이고 양태극은 태음과 태양의 상징이다. 태양은 세상을 음양으로 이분화한다. 해가 솟으면 지구는 온통 빛으로 뒤덮이

6-5 삼태극 중국 전국시대의 악기. 그림 출처 : 우실하,《동양사회사상》.

지만 동시에 절반은 어둠으로 변하기 때문이다. 밝은 것을 선이라고 하고 어둠을 악이라고 한다면 태양은 이분법의 상징이 된다. 태양은 세상을 음양의 이분법으로 확실하게 나눈다. 해가 뜨면 세상은 온통 빛으로 덮이지만 반대로 그림자 또한 만들어낸다. 우리가 이성理性이라고 부르는 것이다.

우리 무속에서 이 북을 북채로 두드리는 행위는 태양으로 금성을 두드리는 것이다. 이분법과 중성이 하나의 혼합체를 이루는 것이다. 삼태극은 일본의 축제인 마쓰리(제祭)에서 두드리는 북에도 새겨져 있으며 중국 춘추전국 시대의 악기에서도 삼태극(삼파문三巴紋)이 새겨져 있다(그림 6-5). 삼태극이 샤머니즘이므로 이는 샤먼제국의 역사와 관련시켜 이해해야 한다. 방울(령鈴), 북(고鼓) 고(금琴), 피리(적笛) 등 네 가지 악기는 샤먼의 천문사상을 전하기 위한 목적으로 만들어졌다. 샤먼들의 북 장단이 세마치장단이라는 것도 금성 이데올로기의 표현임은 물론이다. 세마치장단은 두 개의 장단 사이에 소리의 경과經過를 나타내는 보조음을 설정하여 전체적으로 세 개의 자립적인 음(삼음률三音律)을 만드는 방법이다. 이른바 소리의 넋시루라고 할 수 있다. 피타고라스 어법으로 말하자면 양과 음을 양쪽 겨드랑이에 두는 독특한 삼각 화음법으로 샤먼은 이를 엇박자라고 한다. 레비 스트로스가 말한 요리의 삼각형 논리에 대입하면 엇박자는 불과 물의 만남에서 얻어지는 증기로, 이 역시 소리의 넋시루라고 할 수 있다. 이때의 리듬은 샤먼이 뛰면서 회전하는 춤동작과도 모순되지 않는 것으로 샤먼이 천계로 말을 타고 올라갈 때의 정황과 동일시된다.

• 마쓰리(제祭)
일본의 전통 축제. 공적이면서 경사스러운 종교적 의식. 지방마다 특색 있는 마쓰리가 행해진다.

또한 이 장단은 말이 달리는 리듬과 일치하는 것으로, 정착 농민들의 음악에서는 찾기 어렵다. 목축 사회를 기본으로 하는 기마민족의 리듬은 홀수 박자, 이를테면 3박자, 5박자, 7박자인 반면 농경민족의 음악은 대체로 2박자이다.[13] 샤먼의 세마치장단이 기마민족의 풍속과 관련 깊은 것은 우연이 아니다. 박자를 이해하기 위해서는 먼저 북이 왜 가죽과 나무의 결합으로 만들어지는가에 주목해야 한다.

샤먼이 경전을 읊거나 굿을 할 때 북과 함께 구리로 만든 징이 동원되는 것은 물론이다. 한국의 샤먼은 거울 모양의 꽹과리를 놋쇠로 만들었는데 이를 "명두明斗"라고 부른다(90쪽 그림 3-4 참고). 굿판에서 재비들이 이 명두를 두드리며 놋쇠 소리를 낸다. 징과 다름없다. 이 명두에는 북두칠성과 금성이 새겨져 있다. 징을 "꽹메기"라고도 부르는데 꽹메기의 '메기'가 한자로 '매귀埋鬼'라는 사실은 의미심장하다.[14] '묻혀 있는 귀신'이라는 뜻이 되기 때문이다. 말하자면 꽹메기는 귀신을 부르는 악기인 것이다. 꽹과리의 첫소리 '꽹gang'은 놋쇠의 진동 소리이므로 이는 놋쇠 악기(동고銅鼓)가 좀생이(묘성) 혼불(불꽃)과 관련 있음을 말해 준다. '묻혀 있는 귀신'은 껍질 속에 숨어 있는 귀신을 뜻하며, 이때 껍질은 남성의 고환이나 여성의 난소를 의미한다. '꽹과리'라는 이름도 같은 맥락으로 이해된다. '과리' 즉 '가리'는 '알이'의 변음으로 본말은 '알'이나 '얼'이다. 알은 형태가 구모양으로서 생명의 시원始原을 의미하는 우주의 질료이다. 북소리가 물(수水)이라면 놋쇠 소리는 불(화火)이다. 물과 불이 뒤섞이는 제의가 바로 샤먼의 북 치기인 것이다. 스키타이족의 유물에도 구리로 만든 징이 있다(그림 6-6 141쪽). 이 징은 말이나 전사의 마차에 달기도 해서 전사들의 비밀 의례에 사용했음을 알 수 있다.

샤먼은 북을 치며 노래한다. 이 노래는 〈무가 열두거리〉에 전한다. 그리스의 무가인 〈제우스 찬가〉는 여신 무사이Mousai가 주관한다. 무사이의 첫소리가 '무'라는 사실은 지중해와 한반도의 '무巫'가 다르지 않음을 말해준다. 무사이는 아폴론신과 함께 그리스 동북쪽의 북극민北極民에서 왔다. 북극민은 북두칠성과 금성을 신봉하는 사람들로 샤먼 문명을 말하는 것이다. 우리의 〈무가 열두거리〉에서는 첫 번째에 마음의 먼지(악업惡業)를 깨끗이 털어내는 '부정굿'이 등장하고 왼쪽에 제우스를 뜻하는 '제석帝釋굿'(그림에서는 처음 나오지만 실제 굿에서는 세 번째로 행해진다)이 등장한다(그림 344쪽 13-1 참고). 발터 오토Walter F. Otto는 이렇게 말한다.

그리스 신들의 이름 가운데 서구의 모든 언어에 침투한 유일한 것은 음악을 뜻하는 뮤직musik이다.

음악이나 예술을 뜻하는 이 말은 무사musa의 그리스어 파생어로 오토는 "무사가 고매한 진실을 말하는 여신"이며 "시인도 스스로 무사의 하복이나 대변인으로 여겼으며 무사의 제의에 경의를 바쳤다"고 했다.[15] 샤먼에게 북치고 노래하는 일이 천문 이데올로기를 찬송하는 일임을 말해주는 것이다.

시베리아 샤먼의 북

샤먼이 사용했던 북으로 가장 오래된 것은 1928년에 북시베리아 가라 해의 오레니 섬에서 발굴되었다. 타원형으로 된 이 두 개의 북은 안쪽에 그림이 그려져 있다. 우노 하르바는 "북의 안쪽은 샤먼이 하늘의 여러 신령을 불러 모으는 장소로 이는 천지天地를 연결하는 세계의 축도縮圖"라고 했다.[16] 이 뜻이 무엇인지는 실제로 북에 그려진 그림을

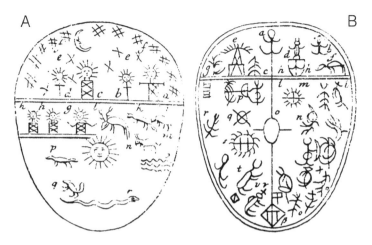

6-7 시베리아 가라 해의 섬에서 발굴된 북의 내면에 그려진 그림 그림 출처 : Siegfried Giedion,《The Eternal Present : The Beginnings of Art》.

보면 실감할 수 있다(그림 6-7).

북 A는 두 줄로 횡선을 그어 공간을 상하로 나누었다. 위에는 네 개의 태양과 반달, 그리고 우물 정井자가 그려져 있다. 샤먼의 관심이 천문도에 있음을 말해주는 것이다. 그림 아래 중심부에는 큰 태양을 있으며 그 왼쪽 위에는 다시 세 개의 태양이 있다. 이 네 개의 태양은 사계절을 상징하고 있다. 다시 오른쪽에는 북두칠성을 상징하는 사슴이 있고 아래에는 바다와 용과 뱀을 그려놓았다. 바다와 용과 뱀은 샤먼이 거처하는 용궁을 상징하며 그것은 다시 무가巫歌의 주제가 된다. 북 B의 그림에서는 중심에 십자가 그려져 있고 가운데에 원이 있다. 우주목의 상징인 X十이다. 흥미로운 것은 십자의 꼭지 부분에 사람 얼굴이 그려져 있고 오른쪽에는 소뿔을 단 사람이 있다는 사실이다. 소뿔을 가진 사람은 아래쪽에도 여러 명 있다. 그중 하나는 활을 들고 사냥하는 모습이다. 소뿔과 활은 금성이 지구와 만나는 각도를 의미하는 도상이다.

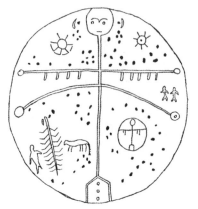 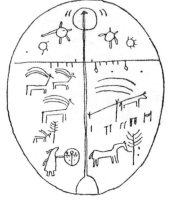

6-8 알타이 샤먼의 북 안쪽에 그려진 그림 그 림 출처 : Uno Harva, 《Shamanism》. 6-9 알타이 샤먼의 북 안쪽에 그려진 그림 그 림 출처 : Uno Harva, 《Shamanism》.

이 북을 조사한 요하네스 셰퍼J. Scheffer는 이 그림 속의 태양이 "원형圓形과 밀접한 관계"라고 진술했다.[17] 원형을 태양의 도상으로 본 것이다. 이는 샤먼의 관심이 근본적으로 태양이나 별임을 뜻한다. 알타이 샤먼의 북에서는 십자가 북의 내부 공간에서 중요한 의미를 갖는다(그림 6-8). 십자의 머리에는 사람 얼굴이 구체적으로 드러나 있고 그 양쪽에는 일월성신日月星辰을 그려 넣었다. 사람 얼굴과 반대쪽인 아래 기단에는 세 개의 점이 찍혀 있다. 이는 물론 금성 이데올로기의 상징인 3을 뜻하는 것으로, 엘리아데는 이를 "북두칠성보다 앞서는 세 개의 우주역宇宙域"이라고 했다.[18] 해와 달과 금성이 하나의 삼각형을 이루는 것을 말하는 것이다. 십자 아래의 나선형은 황도黃道를 의미한다. 그 양단에 그린 두 개의 원은 동지와 하지의 지점을 가리키는 것으로 이해할 수 있다. 십자의 횡축에 시간의 눈금을 새겨놓은 것도 천문을 관측하는 샤먼의 일을 말하는 것이다. 모든 것은 사람 얼굴 양쪽에 금성과 묘성을 그려놓았다는 사실이 말해준다. 다시 그림 아래로 시선을 옮기면 오른쪽에는 샤먼의 북이 그려져 있고, 왼쪽에는 괴이한 동물과 동물의 뼈가 사람과 함께 그려져 있다. 샤머니즘의

•공희의식
하늘에 제사할 때 사람(죄수)을 희생물로 바치는 의식. 사람 대신 동물을 희생물로 바치는 경우가 많다. 넓게는 힌두교의 화장 의식이나 머리카락 등 신체 일부를 바치는 것 또는 곡물을 바치는 역시 공희의식이라고 볼 수 있다.

통과의례와 관련되는 주제이다.

이는 다른 자료에서도 확인할 수 있다
(그림 6-9). 그림 상단에는 사람 얼굴 대신
북극성(자방子方)을 가리키는 화살이 그려
져 있고 그 양쪽에는 거북이(자라)가 그려
져 있다. 거북이는〈사신도四神圖〉의 현무玄
武를 가리키는 것으로 묘성과 관련 있다. 그
림 하단 왼쪽에는 날개를 단 천마天馬가 있
고 아래에는 소뿔을 가진 샤먼이 북을 치고
있다. 샤먼의 축제 의식이 진행되고 있음을
보여주는 것이다. 오른쪽에 희생수가 긴 장
대에 매달려 있는 광경이나 말이 나무에 매
여 있는 것은 바이칼 퉁구스 샤먼의 공희의
식供犧儀式의 정황과 비슷하다(그림 6-10).
말은 축제에서 우승한 영웅이 타는 말이라
고 할 수 있다.

북이 금성을 맞이하는 악기라는 사실
은 시베리아 미누신스크 샤먼의 북에서 확
인된다(그림 6-11). 북 뒷면에 그려진 그림
에는 말을 탄 무리가 모두 오른쪽으로 향하
고 있다. 그들이 향하는 곳에는 두 개의 별
이 그려져 있다. 행차의 선두에 선 말 탄 한
용사는 그 두 별에 활을 겨누고 있다. 활쏘
기가 금성의 60도 각도를 의미하는 은유이

6-10 부랴트 샤먼의 공희장소 그림 출처 : Uno Harva,
《Shamanism》.

6-11 시베리아 미누신스크 샤먼의 북에 그려진 그림 그림
출처 : Uno Harva,《Shamanism》.

므로 이 장면은 말을 탄 영웅이 금성을 환영하는 제스처임을 알 수 있
다. 그림 하단에는 이들 무리가 금성이 뜨는 날 벌어지는 비밀 의례에

6-12 미누신스크 샤먼의 복장　그림 출처 : Uno Harva, 《Shamanism》.

참가하고 있음을 보여준다.

　　이 모든 것은 두 개의 별, 이른바 금성과 묘성이 뜨는 새벽의 북 치기 정황을 전하고 있다. 이 그림을 두고 하르바는 "기수騎手가 금성을 잡으려 한다"고 해석하고 부랴트 샤먼의 설화를 인용하여 "영웅이 금성의 딸들을 약탈하는 이야기"라고 했다.[19] 그러나 이 그림은 샤먼 후보자나 영웅을 뽑는 통과의례(올림피아드)에서 하늘의 혼례가 벌어지는 상황을 그린 것이다. 그림 하단 오른쪽에 활을 든 경기자가 도전자들을 향하고 있는 장면이 보인다. 그의 뒤에는 개와 도전자들의 모습이 그려져 있다. 우리나라 무가에서는 이들을 "산바라기"라고 불렀다. 산은 샤먼이 있는 곳으로, 젊은이라면 누구든 한 번쯤 그 산에 도전하기를 바란다는 것이다. 금성 신화에는 이들이 개밥바라기로 나타난다. 그림에는 두꺼비와 뱀, 그리고 엉거주춤하게 앉아 있는 인물이 보인다. 그는 성기를 노출하고 있어서 이것 역시 샤먼 축제와 관련 있음을 알려주고 있다. 이 점은 후에 상세히 논하기로 한다.

　　퉁구스 샤먼은 북에 뱀이나 새 같은 동물을 장식한다. 이것이 샤머니즘의 중요한 도상임은 의심의 여지가 없다.[20] 북과 뱀과 새는 모두 샤먼의 위대한 영혼을 상징한다. 퉁구스 샤먼은 의상에 많은 밧줄을 달고 있을 뿐만 아니라 들고 있는 북의 뒷면에도 한 묶음의 밧줄이 달아놓았다. 모두 뱀의 상징이다(그림 6-12). 야쿠트 샤먼은 이 밧줄에 작은 활(궁弓)과 거울, 종鐘 또는 방울(령鈴)과 침針을 단다(100쪽 그림 3-1 참고). 엘리아데는 이들 장식을 "악령을 쫓는 일종의 소음주술騷音呪術 도구"라고 했다.[21] 그러나 진실에 더 가깝게 말하자면 악령을 쫓

•소음주술
시끄럽게 소리 내어 주술을 행하는 것.

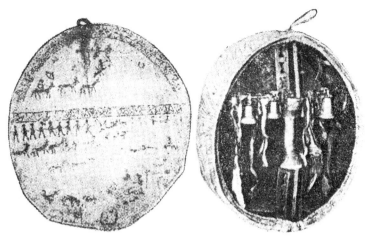

6-13 시베리아 베루치루 샤먼의 북 왼쪽이 바깥, 오른쪽이 뒷면. 그림 출처 : Uno Harva,
《Shamanism》.

는 것이 아니라 샤먼이 하늘의 정령(별)을 찬양하거나 그 혼을 부르는
수단이라고 해야 한다. 불승들이 경문을 읽으며 북을 치는 예불 행위
와 다르지 않는 것이다. 이런 정황은 시베리아의 베르치루 샤먼의 북
에 그려진 그림에서 확인할 수 있다. 북의 외면에는 천문도가 그려지
고 안쪽에는 크고 작은 놋쇠 방울과 종이 여럿 달려 있다(그림 6-13).
북을 치면 가죽 소리와 놋쇠 소리가 동시에 울리면서 금성 이데올로
기를 찬양하게 된다.

　　시베리아 아바칸 샤먼의 북에는 모두 여섯 개의 별이 하늘에 떠
있다(그림 6-14). 여섯 개의 별은 양쪽으로 세 개씩 나뉘어 있다. 오른
쪽 세 별 중 두 별에서는 대지로 뻗는 선이 그어져 있고 하나는 거꾸로
별이 위로 올라간다고 표시돼 있다. 이는 하늘의 기와 지상의 기가 서
로 교류한다는 것을 보여주는 것이다. 이 점은 왼쪽에서도 확인된다.
두 개의 별에서는 선이 아래로 뻗어 있고 나머지 별에는 미미한 점만
찍혀 있다. 금성이 나타나는 X十에서 신성한 우주 에너지가 내려오
고 다시 올라가는 상황을 말하고 있는 것이다. 북의 아래쪽 그림에는

암수 개 두 마리가 교미하는 모습이 보이고 샤먼은 북을 치며 이를 기뻐하고 있다. 천지의 정기가 교환한다는 메시지로 읽을 수 있다. 다시 아래에는 뿔이 세 개인 이상한괴물이 그려져 있는데 이것은 우리가 제1장에서 언급한 좀생이 혼불이다. 전체적으로 북의 그림이 전하려는 것이 금성 이데올로기임을 알 수 있다.

6-14 시베리아 아바칸 샤먼의 북 그림 출처 : Uno Harva, 《Shamanism》.

원형 북과 타원형 북

샤먼의 북 모양은 종류가 두 가지이다. 하나는 원형이고 다른 하나는 타원형이다. 지중해 시대의 그노시스파 사람들이 사용했던 카메오 세공품은 샤먼의 북에 동그란 것과 타원형이 있음을 말해준다(그림 6-15). 이상한 점이라면 동그란 북이 타원형 속에 그려져 있다는 점이다. 북 치는 샤먼은 근육질의 가슴에 닭 머리를 하고 있으며 하체는 용이다. 주목할 것은 머리가 막 물속에서 빠져나온 듯한 동작으로, 용이 〈사신도〉의 청룡이고 닭이 새벽시간을 알리는 상징 동물임을 알 수 있게 한다. 타원형 북 그림에서는 샤먼이 동그란 원 속에 그려져 있다. 원 안의 타원과 타원 속의 원은 양의적兩義的 의미로 금성 이데올로기를 나타내는 표현이다. 둥근 북과 타원 북은 우리 무가에서 말하는 동편제와 서편제의 의미와 연관된다. 음중양陰中陽과 양중음陽中陰을 말하는 것으로 칼 융의 아니마anima 아니무스animus 개념과 다르지 않다. 원형 북에 그려져 있는 여무의 하반신은 자맥질하는 오리 모습이다. 배경에는 별들이 그려져 있고 바닥에는 번개 창이 놓여 있다. 번개 창은 두 개의 삼지창을 결합한 것으로 이것도 금성의 6수를 말하는

카메오cameo
보석 마노瑪瑙나 접시조개의 껍데기 같은 것에 양각으로 조각한 장신구.

6-15 샤먼의 북치기 그림 지중해 문명 시대. 그림 출처 : 조르주 나타프, 《상징·기호·표지》.

것이다. 이 모든 정황은 남무가 만물이 소생하는 춘분의 시간을 가리키고 여무가 만물이 열매 맺는 추분점을 가리키고 있음을 뜻한다. 또 동그란 북은 태양을, 타원형 북은 금성을 의미한다.

가죽 소리와 놋쇠 소리

시베리아 샤먼은 몸에 악기를 많이 지니고 있어 춤추는 것 자체가 춤과 연주의 종합제의가 된다. 기능적이라고 할 수 있다. 시베리아 샤먼이 걸친 복식을 보면 이런 정황을 실감할 수 있다(100쪽 그림 3-1, 232쪽 6-12 참고). 시베리아 베르치루 샤먼은 북 안에도 크고 작은 놋쇠 방울과 종을 여러 개 달고 있어서 춤을 추며 북을 치면 가죽 소리와 놋쇠 소리가 동시에 울리게 된다(233쪽 그림 6-13 참고).

이와는 달리 한국 무속에서 각종 악기의 장식은 의상과는 독립된 체계를 지닌다. 연주를 전담하는 재비(악사)와 샤먼의 역할이 다르기 때문이다. 악사는 금성 예찬의 분위기를 띄우는 데 몰두하고 샤먼은 춤과 노래로 말(뜻)을 전한다. 무당이 잡는 도구 중에 일곱 개의 방울이 달린 칠금령七金鈴이 있는 것은 우연이 아니다[22](그림 6-16 141쪽). 일곱 개의 방울은 북두칠성의 수이며 방울을 흔드는 거은 북두칠성의 혼을 부르는 의미이다. 방울은 손잡이 끝에서 두 개의 무리로 나뉘어 있다. 한쪽이 세 개이고 다른 쪽에 네 개이다. 뒤에서 보지만 3은 금성이고 4는 지구를 가리키는 숫자로 이는 금성과 지구가 60도 각도로 교차하는 일을 함의하고 있다.

샤먼 악기의 기원에는 방울(령玲), 북(고鼓), 고(금琴), 피리(적笛)가 4계절과 4원소의 상징으로 나타난다. 4는 음과 양이며 손가락으로치면 그 중심에 5가 있어 샤먼은 이를 음양오행이라고 부른다. 한자로 화수목금토火水木金土이다. 한국의 샤먼 굿을 그림으로 옮긴 〈무가 열두거리도〉(무가십이제차도巫歌十二祭次圖)를 보면 '부정푸리 굿'에서 재비(악사)들이 금성을 뜻하는 넋시루 앞에서 연주하는 모습이 있다(344쪽 그림 13-1 1)번 참고). 여기서 악사들은 장고(태고太鼓), 바라, 징, 해금, 피리 등 모두 다섯 악기로 연주한다. 다섯 개의 악기와 네 개의 악기는 원칙적으로 '검은고(현금玄琴)' 이념에 속한다. 현금의 '현玄'은 검다는 뜻이 아니라 숫자로는 표기되지 않는 자리를 의미한다. 뒤에서 보게 되지만 이는 정축(X+)에서 발생하는 신비한 진동음의 상징으로 우주의 중심을 오르내리는 DNA 사다리가 내는 소리이다. 금성이 놋쇠(동銅)의 신인 것은 샤먼의 악기와 제기들이 모두 청동으로 만들어졌기 때문이다. 악기로서의 청동은 에밀레종처럼 묘한 진동음을 낸다. 청동기는 인간의 종자種子와 관련 있다. 청동은 80퍼센트가 구리와 주석 20퍼센트가 아연으로 만들어진다. 그중에서 아연은 인간의 정액과 관련되는 물질이다. 장미꽃이나 연꽃이 금성 이미지와 관련되는 것은 두 꽃이 아연 성분과 관련 있기 때문이다. 중국의《이아爾

雅》에서는 연뿌리의 속을 "통명通明"이라고 했다.[23] 통명은 혼불의 의미이고 금성 이미지이다. 인도나 동남아시아 지역에서는 제사 때 연뿌리나 연잎에 싼 음식을 제단에 바친다. 이것도 같은 맥락으로 금성이 왜 구리의 여신이며 장미와 연꽃으로 상징되는지를 알 수 있다.

그리스 신화에 등장하는 아네모네는 그 별명이 '바람의 꽃wind flower'이다. 바람은 죽은 아도니스**의 혼을 불러오기도 한다. 우리 민속에서 춘분 때 진달래꽃을 찹쌀가루에 버무려 기름에 지져먹는 것을 "서오栖鳥"라고 부른다. 서오는 까마귀가 숨어 있는 보금자리라는 의미로 동물의 난소나 고환의 비유로 볼 수 있다.

부정푸리 굿 그림에서 주목할 것은 넋시루 앞에 세 발의 점상占床이 놓여 있다는 사실과 그 점상 위에 "우족牛足"이라고 써놓았다는 사실이다. 점상의 다리가 세 개(삼각三脚)인 것은 금성을 상징하며 우족은 수소자리(웅우좌雄牛座)의 별칭이다. 재비들이 굿이 시작하기 전이나 끝난 뒤에 신명나게 꽹과리를 두드리는 것은 넋시루의 주인인 금성을 찬양하는 행위이다. 꽹과리를 치는 채에 삼색 천이 달려 있는 것역시 금성 이데올로기와 관련 있다(그림 6-17 141쪽). 금성이 곧 삼색의 신이기 때문이다.

샤먼의 갓은 신상이다

샤먼의 복식이나 장식이 모두 천문학적 도상 표현임을 감안하면 샤먼의 머리 모양도 같은 의미로 읽어야 할 것은 자명하다. 고구려 고분(동수묘)에 그려진 여신상의 머리는 이런 담론을 가능케 한다(그림 6-18 142쪽). 여신의 헤어스타일은 무척 독특해서 당대에서도 일상적인 모양은 아님을 알 수 있다. 마치 커다란 쟁반 위에 커다란 알을 담

*이아
한나라(기원전 206년~기원전 220년) 이전에 만들어진 중국에서 가장 오래된 문헌. 세계 최초의 백과사전으로 꼽힌다. 3권 19편으로 이뤄져 있으며 여러 경서들의 문장을 풀이하고 있다.

**아도니스
그리스 신화에 등장하는 미소년. 여신 아프로디테와 페르세포네의 사랑을 받다가 사냥 중 멧돼지에 물려 죽었다. 아도니스가 죽으면서 흘린 피에서는 아네모네가 피어났고 아프로디테의 눈물에서는 장미꽃이 피어났다고 전해진다.

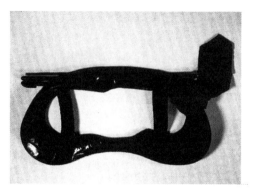
6-19 어여머리 조선조. 그림 출처 : 이방자,《조선왕조 궁중의상》.

아놓은 모양으로 한 마리의 우주뱀이 X十축을 돌고 있는 모양새이다. 상투머리는 아래를 끈으로 묶었고 두 개의 줄을 여신의 얼굴 양쪽으로 늘어뜨렸다. 이것은 춘추분점인 청룡과 백호를 상징한다. 그림 왼쪽에 향로를 들고 있는 시녀의 모습은 이런 정황을 뒷받침해준다. 시녀의 청동 향로는 점을 칠 때 향을 피우는 그릇으로 일종의 점구占具이다. 우주를 머리에 이고 있는 여신이 만명신임에 틀림없는 것이다. 조선조시대 무당이나 왕비의 머리에서도 이와 맥락이 비슷한 머리 스타일을 보게 된다(그림 6-19). "어여머리"라고 부르는 머리 모양으로, 왕비들이 이런 모양을 하지만 그 근원은 샤먼모양이라고 할 수 있다. 어여머리의 어여는 한자로 扵如라고 쓰며 또한 '활(궁弓)머리'라고도 한다. 어여머리는 활처럼 휘어 있는 모습이고 뱀이 몸을 비틀고 있는 모양이기도 하다. 샤먼문명 시대에 관해 기록한 자료《고기》에는 "어아지가扵阿之歌"라는 것이 나오는데, 이때의 어아扵阿가 어여扵如의

6-20 디오니소스축제에서 머리에 뱀을 감고 굿을 하는 여신 마이나스 그림 출처 : Franz Cumont,《The Mysteries of Mithra》.

본말임을 알 수 있다. 어아에서 扵(어)는 우주의 중심(방方)에서 회오리가 두 번 일어나는 상황을 나타낸 글자이고 阿는 '언덕'의 의미여서 이것이 용의 중뿔을 말하는 X十임을 알게 된다. 굿판에서 어아지가는 샤먼이 춤을 추거나 할 때 장구와 꽹과리를 치는 재비들이 "어여" "어라" "어하" 하면서 농弄하는 감탄사이다. 용의 세계는 말로 표현할 수

없을 만큼 기막힌 세계라는 표현이다.

　그리스 도자기(암포라) 그림에서 보듯 디오니소스 축제에서 여신 마이나스가 머리에 뱀을 휘감고 굿을 하고 있는 것도 이 머리 스타일이 의미하는 바를 잘 보여준다(그림 6-20). 뱀은 앞쪽으로 머리를 내밀고 뒤에서는 한 바퀴 꼰 모양새다. 여신은 한손에 새끼 표범의 다리를 잡고 다른 손으로는 축제용 지팡이를 잡고 있다. 표범은 아폴론의 상징이고 지팡이는 영웅에게 내리는 보기寶器이다. 마이나스의 머리는 한국 샤먼들이 굿할 때 만드는 트레머리가 무엇을 의미하는지를 말해준다. 트레머리는 우주뱀, 즉 용을 말하는 것이다.

　1973년 경주 천마총에서 말안장과 자작나무로 만든 말다래(장니障泥)를 발굴한 바 있다. 말다래에는 구름처럼 하늘을 나는 백마가 그려져 있어서 이 유물이 중앙아시아의 전설적인 천마天馬와 관련되는 물건임을 알게 된다. 다라니(장니障泥)에서 상투기둥 부분이 탈락되어 모자의 전부가 파악되지는 않지만 챙을 넓게 만들어 모두 여덟 마리의 말이 달리는 그림을 새겼다. 이는 다라니가 왕이 사냥할 때 쓰는 모자이기보다는 사냥 의례와 관련 있다고 보아야 한다. 사냥은 중국 고전에 모두 천문 학습의 비유로 나타난다. 이는 말다래의 그림이 '지구가 우주의 중심축을 돌고 있는 정황'임을 읽을 수 있게 한다(그림 6-21 143쪽).

　챙에는 백마를 타고 달리는 인물들이 배열되어 있다. 배치된 간격으로 보면 백마가 모두 여덟 마리임을 알 수 있다. 여덟이라는 수는 팔괘의 수로 오딘의 팔족마八足馬와 의미가 같다. 엘리아데에 따르면 서시베리아 샤먼들도 갓을 썼으며 "갓은 챙을 넓게 만들고 거기에 전갈과 그 밖의 수호 동물, 그리고 리본을 많이 드리운다"고 했다.[24] 우리나라 굿판에서 상모꾼들이 쓰는 초립도 같은 맥락으로 볼 수 있다. 초립을 위에서 내려다보면 두 개의 동심원을 보게 된다. 청동 거울에

•말다래
말의 양쪽에 다는 보호대.

6-22 무당의 초립 그림 출처 : 《한국문화상징사전》, 동아출판사.

서 보았던 천문도의 이미지와 다르지 않은 것이다(그림 6-22). 게다가
초립에는 리본을 의미하는 커다란 꽃이 달려 있고 그 꽃의 끈은 갓의
중심부에 고정되어 새끼줄처럼 꼬여 있다. 꽃과 새끼는 모두 X十으로
모자를 쓰면 곧 금성 이데올로기를 시위하는 의미가 된다. 상모패들
이 초립을 쓰고 머리를 돌리면서 춤을 추면 긴 갓끈은 회오리를 일으
킨다.

　　18세기 말의 혜원蕙園 신윤복이 그린 〈쌍검대무雙劍對舞〉는 무당
이 굿판에서 검무를 추는 광경을 묘사했다(그림 6-23 143쪽). 두 무당
은 서로 다른 색의 옷을 입어 음양을 나타내고 있다. 양손에 검을 쥐고
서로 대결하는 자세처럼 보이지만 실은 검술이 아니라 바라춤처럼
회오리의 미묘함(어아於阿)을 보여주는 것이다. 두 개의 칼은 바라춤
의 제금과 같은 무구에 해당하는 것으로 검에는 방울이 달려 있어 움
직일 때마다 소리가 난다. 주목할 것은 그들이 쓰고 있는 갓이다. 챙이

넓은 갓은 사실상 썼다기보다 머리에 달려 있다고 해도 지나치지 않다. 모자의 기능을 하지 않는 것에서 청동 거울과 마찬가지로 천문 이데올로기로 받아들여야 한다. '갓'이라는 말을 언어학적으로 추적하면 무속의 '굿'이라는 말과 연관된다. 갓(笠)의 본래 소리는 '갇'이고 굿은 '굳'이다. 영어에서 신神을 의미하는 god와 다르지 않다. 실제로 영어의 god은 그 어원이 밝혀지지 않고 있다. 이 말이 산스크리트어에서 수소를 의미하는 gud, gut과 유관하다고 말하는 학자도 있다. 산스크리트어에서는 황소를 go라고 발음하는데 '별' '달' '태양광선'까지 포괄적으로 지칭하며 '지구를 통치하는 왕(목자牧者)'이나 사원寺院의 의미로 발전한다.[25]

우리의 경우 굿은 신사神事를 뜻하므로 산스크리트어의 go와 관련 있음을 알 수 있다. 전립은 주로 샤먼이 '대감거리 굿'이나 잡귀를 쫓는 '별상거리 굿'을 할 때 쓴다. 이 굿은 남성 이미지로 전립에는 새의 깃털이 양쪽에 꽂히고 주립에는 두 개의 호랑이 수염을 달기도 한다(그림 6-24). 금성은 춘분 때 새벽에 범띠(인寅) 자리에 온다. 이때의 금성을 태을성太乙星이라 하고 추분 때 서역하늘에 뜨는 금성을 태백성太白星이라고 한다. 금성이 양성 이미지가 되는 것이다. 실제로 무속이라고 할 수 있는 곡도각시놀이의 '곡도'는 goto이고 '각시(각씨角氏)'는 색시라는 뜻으로 이는 신의 마누라를 가리킨다. 각시의 '각'은 각도로 금성 이미지이다. 이는 곡도각시놀이에서 '곡도'가 중성 신을 의미한다는 것을 말해준다.

독일의 슈판슈타트 유적에서 발굴된 기원전 14세기경 유물은 황금으로 만든 모자이다. 하지만 실제로 사람이 썼던 것이 아니므로 모자의 의미가 특별함을 짐작할 수 있다(그림 6-25 144쪽). 금을 얇게 두드려 펴서 만든 이 황금 모자는 청동기 도끼와 함께 발굴되었다. 샤머니즘 시대의 유물인 것이다. 청동 도끼는 금성 이데올로기의 상징이

바라춤의 제금
바라춤은 거대한 불화등을 걸고 승려등이 춤을 출때 사용하는 악기. '바라' '바랑' '제파리'라고도 한다.

6-24 사물놀이에서 쓰는 갓 그림 출처 : 《한국문화상징사
전》, 동아출판사.

기 때문이다. 주목되는 것은 모자의 챙과
상투기둥이 우리의 갓과 그 비례가 반대라
는 점이다. 또한 모자가 무수한 동심원 문
양으로 뒤덮여 있다는 점도 눈길을 모은다.
동심원은 춘추분점의 도상으로 〈낙서〉와
같은 의미라고 했다. 황금 모자가 갓으로
샤먼의 X十의 상징임을 보여주는 것이다.

기원전 250년경 헬레니즘 시대에 제작
된 테라코타 인형에서도 갓을 발견하게 된
다(그림 6-26 144쪽). 넓은 챙이 특징이고 상
투기둥인 꼭지는 가늘게 위로 솟아 있다.

그 속이 비어 있어서 머리의 가마(배꼽)와 북극과 우주의 기가 소통한
다는 것을 말해준다. 지중해에서는 물론, 유대인 랍비들까지 갓을 썼
다는 사실도 주목할 만하다. 그들은 북두칠성을 뜻하는 칠지 촛대를
모시고 하늘에 제사한다. 그곳이 우리의 칠성당에 해당되기 때문이
다. 샤먼제국이 지중해와 한반도의 양단을 포함한다는 증거이다. 🦌

제7장

손바닥과 숫자

수의 비밀

현대의 실존주의 철학자 카를 야스퍼스Karl, Jaspers는 상징이라는 말을 "암호Chiffre"로 고쳐 썼는데 그는 이 말이 "초월자의 형이상학"이라고 했다. 샤머니즘 시대의 초월자인 샤먼들도 마찬가지였다. 그들은 우주와 인체의 비밀을 말할 때 수數라는 암호를 사용하였다.《주역대전周易大全》은 이렇게 말한다.

이치理致가 있은 뒤에 이미지(상象)가 있고 이미지가 있은 뒤에 수數가 있다. 역易은 이미지를 통해 수의 뜻을 알게 되므로 이미지와 수는 한 몸이다.[1]

고고학자들은 기원전 1만 5000년대의 동굴 벽에 그려진 많은 인간의 손바닥 그림을 발견하고 경악을 금치 못했다. 도대체 무엇 때문에 사람이 살지 않는 동굴에 손을 그렸을까. 기원전 7000년경 것으로 추정되는 터키 중부지역 차탈휘위크çatal hüyük 유적은 손 그림이 수라는 사실을 말해준다(그림 7-1). 손은 천문도상을 뜻하는 수소머리와 함께 그려져 있다. 상단에 12개, 하단에 7개가 질서정연하게 나열되어 있다. 현장을 발굴한 매리 세테가스트Mary Settegast 는 도교의 자료

•매리 세테가스트
미국의 고고학자. 신석기시대의 전문가로 알려져 있다. 저서에《선사시대의 플라톤 Plato Prehistorian》《모나리자의 콧수염Mona Lisa's Moustache》《자라투스트라가 말했을 때 When Zarathustra Spoke》 등이 있다.

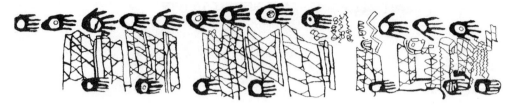

7-1 성전 벽에 그려진 손바닥 기원전 7000년경, 터키 차탈휘위크 유적. 그림 출처 : Mary Settegast, 《Plato Prehistorian》.

를 인용하여 이를 "별들과 지구의 그물"이라고 추정했다.[2] 그것이 숫자라는 사실을 간파하지 못한 것이다. 샤머니즘을 이해했더라면 결론은 완전히 달랐을 것이다.

우리 무속에서 보듯 샤먼은 손가락으로 점을 친다. 그렇게 점을 치는 손을 일장경一掌經이라고 한다. 손에는 10간과 12지수가 배당되어 있어 그 수로 60갑자甲子를 셈하며 인간의 운명을 점친다. 우리말에서, 손을 뜻하는 한자 수手의 발음과 수數의 발음이 똑같이 [su]인 것은 우연이 아니다. 샤먼의 수비개념으로 보면 벽화에서 보는 12개의 손은 12지 또는 12궁이고 7개의 손은 북두칠성이다. 중국 기록은 7이라는 수는 "북北에서 만나는 수"이고 또 "사계절의 시작"이라고 했다.[3] 그런가 하면 7수는 "결국에는 무한수인 9수로 변하는 것"이라고도 했다.[4] 7수가 북두칠성으로 사계절이 있는 지구와 보이지 않는 끈(사다리)으로 연결된다는 것을 암시하고 있다.

제3장에서도 나왔지만 중국의 《서경》에는 "순舜임금 때 천자天子가 십이장복十二章服을 입었다"고 하고 복장에 그려진 열두장의 도상을 전하고 있다(그림 7-2). 앞부분(그림에서 오른쪽)의 여섯 개가 상의에 그려진 그림이고 나머지 절반이 하의에 그려진 그림이다.[5] 결론적으로 말해 상의 그림 여섯은 봄여름의 아리아리 6개월이고 하의 그림 여섯은 가을겨울의 스리스리 6개월을 상징한다(제4장 설명 참고). 이는 요임금 시대 사람들이 이미 지동설을 믿고 있었다는 증거인 것이다.

60갑자

10간과 12지를 결합하여 만든 60개의 간지. 10간은 갑을병정무기경신임계甲乙丙丁戊己庚辛壬癸, 12지는 자축인묘진사오미신유술해子丑寅卯辰巳午未申酉戌亥. 처음에 10간의 첫째인 갑과 12지의 첫째인 자를 붙여서 갑자를 얻고, 다음에 그 둘째인 을과 축을 결합하여 을축을 얻는다. 이같은 순서로 하나씩 구해나가 60개를 얻으면 다시 갑자로 되돌아온다. 이것이 이른바 회갑 또는 환갑이다.

이 점을 증명하기 위해서는 열두컷 그림의 비밀을 풀어야 한다. 그림을 오른쪽에서부터 왼쪽으로 읽어보자.

7-2 예복에 새겨진 열두 가지 문양 순임금 1대. 그림 출처 : 諸橋轍次,《大漢和辭典》.

수 1 까마귀를 그리고 해日라고 적었다.

수 2 방아 찧는 토끼를 그리고 달月이라고 적었다.

수 3 점 세 개를 찍고 이를 'ㅅ'자로 만들어 별(진성辰星)이라고 썼다.《시경》에는 세 개의 점을 연결시킨 삼성三星을 삼參이라고 썼고[6] 〈무가 열두거리〉에서는 삼대三臺라고 했다.《일본서기》에서는 "전篆자로 구부러진 팔"이라고 했다. 이는 모두 각도를 말하는 것으로, 그리스문자의 감마Γ와 다르지 않다

수 4 나무가 있는 산을 그렸다. 4계절이 있는 지구를 가리키고 있다.

수 5 서로의 꼬리를 물고 있는 두 마리의 용이 그려졌다. 지구의 중심축을 상징하는 용의 중뿔이 있는 곳이다.

수 6 꿩을 그리고 화충華蟲이라고 썼다. 화충은 춘분에 날아왔다가 추분에 떠나는 현조玄鳥이다. 무가의 육성六星으로 묘성이다.

수 7 사람 형상이 들어 있는 컵 두 개를 그려놓고 종이宗彝라고 썼다. 종이는 종묘에 두는 조령祖靈이다. 종묘는 북두칠성 아래에 둔다.

수 8 바다풀 조藻를 그려놓았다. 이 도상은 제4장(그림 4-23)에서 자세히 언급했다. 뿌리는 땅에 박고 몸의 반쯤은 물속에, 나머지 반쯤은 또 물 위에 떠 있다. 가지에 공기주머니가 많이 달려 어류와 식물의 양면을 갖추었다.

수 9 불새처럼 보이는 불(화火)을 그렸다. 불사조不死鳥이다.

수10등근 원 속에 낱알을 그려놓고 분미粉米라고 적었다. 쌀가루는
셀 수 없이 무한하다는 뜻이다.

수11도끼를 그려놓고 보黼라 썼다. 도끼는 운명의 시간을 상징한다.

수12활 두 개를 등지게 그려놓고 불黻이라고 적었다. 두 개의 궁弓자
가 등지면서 십十자를 만든다. 십자는 영혼이 내려오고 돌아가
는 하늘의 사다리이다.

샤먼의 암호는 3에서 시작한다

10수는 중성의 수이고 거기에 두개의 수가 더해지며 생산의 수(12지)
가 되었다. 남성보다 여성이 인체 기관이 두 개(유방과 자궁) 더 있는 이
유이다. 수메르 바빌로니아 시대의 청동 부조는 숫자가 금성을 뜻하
는 수 3에서 시작한다는 것을 잘 말해준다(그림 7-3). 중심부에 괴수가
날개를 펴고 있고 그 앞쪽에 사슴 두 마리가 꼬리를 맞대고 서로 반대

7-3 이슈타르상 수메르 바빌로니아, 우바이트. 그림 출처 : 井上芳郎,《シュメル·バビロン社会史》.

쪽으로 움직이려 하고 있다. 암수 한 쌍이다. 포인
트는 날개 단 괴수가 사슴 두 마리의 꽁지를 맞잡
고 갈라지지 못하게 억제하고 있는 의지이다. 괴
수가 수 1과 수 2를 한 손에 거머쥐고 있는 것이
다. 괴수의 날개는 암수가 서로 헤어지려 해도 양
쪽으로 날아다니며 이를 통제하는 능력을 의미
한다.

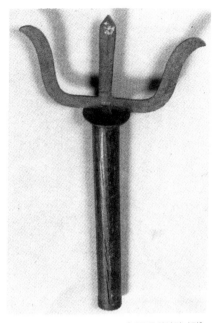

7-4 삼지창 무구. 그림 출처 : 《한국문화상징사전》,
동아출판사.

　《역경》에서도 "삼三은 하늘과 땅 양쪽을 거
느린다(천양지天兩地)"고 했다.[7] 3이 1과 2를 양쪽
겨드랑이에 끼고 있다는 뜻으로 이해된다. 이것
이 금성 이데올로기이며 〈무가 열두거리〉에 등장
하는 삼지창의 의미이다(그림 7-4). '장군 혼대거
리' '대감노리 굿' '구릉 굿' 등 〈무가 열두거리〉
의 세 장면에서 무당은 삼지창을 들고 나온다(그
림 13-1 참고). 삼지창은 본래 청동으로 만들어졌
다. 세 가닥의 뿔 가운데 두 개는 바깥쪽으로 약간 휘었고 중심부의 손
잡이는 직각수직으로 북극을 향하는 모습이다. 원효元曉의 표현을 빌
리면 "우지양각상牛之兩角上"으로, 용(소)의 세 뿔 중에 가운데 뿔이 중
뿔이라는 의미이다. 《설문》은 소를 "사리事理"라고 하고 그 "철학의
이치(문리文理)를 가히 분석할 만하다"고 했다.[8] 샤머니즘의 《삼일신
고》에는 "셋과 하나가 신의 자리(신위神位)"라고 하여[9] 삼지창이 금성
이데올로기임을 뒷받침한다.

　삼지창은 '三인 동시에 一이고 一인 동시에 三'이라는 이치를 강
조한다. 이 미묘한 논리를 중국 문헌은 대大, 태太, 인人, 태泰, 삼參 또
는 三, 이夷자로 옮겼으나 이를 해설하는 일에는 소홀하다. 글자에 금
성 이데올로기가 숨어 있는데 이를 몰랐기 때문이다. 대大, 태太, 태泰

7-5 뱀의 원형 이집트 파피루스 경전, 대영박물관. 그림 출처 : 조지 하트,《이집트 신화》.

•아니 파피루스
고대 이집트 파피루스 문서 중 하나. 고대 이집트에서 죽은 이의 부활과 영생을 기원하며 만든 주술적 장례문서, 이른바 "사자死者의 서書"이다. 작자는 알 수 없으며 아니 Ani는 왕의 서기관이었다고 전해진다. 제19왕조 초기(기원전 1300년경) 때 제작된 것으로 추정. 아름다운 삽화로 유명하다.

는 모두 '크다'는 의미로 모두 별을 뜻한다. 대大자는 5각형이고 획수는 3이다. 또한 이집트문자와 벽화에서도 별의 도상으로 나타난다. 태太자는 가랑이 아래에 좀생이 혼(丶)이 있는 글자이며 인人은 12장복에서 세 번째 등장하는 밑변 없는 삼각형이다. 태泰는 '三+人+水'로 구성된 글자이고 삼參은 세 개의 'ㅿ(사)'에다 '人+三'으로 구성된 글자이다.《설문》은 ㅿ(사)를 "제의적인 성기"라고 말하고 있다. 이夷는 '大+弓'으로 구성된 글자로, 지구를 60도 각도로 도는 하늘의 굴렁쇠를 가리킨다.

인人자가 일반적인 사람을 가리키는 말이 아니라는 사실은 이집트의《아니 파피루스Papyrus of Ani》가 보여준다(그림 7-5). 뱀이 사람처럼 두 다리로 걷는 모습이 그려져 있다. 그 걷는 모습이 마치 人자처럼 보인다. 이집트뿐 아니라 거의 모든 민족의 신화에서 뱀이 지혜의 상징으로 그려지는 것을 감안하면, 사람 인人자는 그냥 사람의 의미가 아님을 짐작할 수 있다. 사람의 의미가 특별하다는 것은 고구려 고분에서도 볼 수 있다(그림 7-6 145쪽). 천정의 받침대는 구름 문양과 함께 북두칠성이 장식으로 그려져 있다. 주목할 것은 북두칠성에 사람을 의미하는 인人자가 들어 있다는 사실이다. 구름의 모습은 마치 사람 눈처럼 보이기도 한다. 또한 별개의 장식에 사선을 지그재그로 교차시킨 문양을 그려놓았으며 그 속에 두 개의 동심원을 그려 넣었다. 중심의 원은 북극을 가리키는 자미원의 도상으로 볼 수 있다.

《한서漢書》에서 "7수가 사계절의 시작을 의미한다"고 한 것으로 볼 때[10] 人을 지구의 생명을 관장하는 북두칠성의 의미로 읽는다고 해서 이상하지는 않다.《예기》에는 "人이 천지의 덕"이라고 했고 "음양을 교류시키는 귀신"이라고 했다.[11] 8세기의 문헌인《원인론原人論》은 "人이 삼재三才 가운데 최고의 영적 존재이며 인간의 본원本源"이라고 했고[12]《정몽正蒙》에는 "人이 천天의 귀신으로 지상으로 왕래한다"고 썼다.[13] 숫자 3이 人이고 금성 이데올로기를 말한다는 것을 확인해주는 것이다.

7-7 방상씨 가면 중요민속자료 제16호. 국립중앙박물관. 그림 출처 : C. A. S. 윌리엄스,《환상적인 중국문화》.

이런 의미는 피타고라스(기원전 582~497)의 수비 개념에 적절히 표현되어 있다. 피타고라스는 3이 "처음과 중간과 마지막을 가진 가장 완벽한 수"라고 하고 이 수가 "이등변삼각형의 수"라고도 했다.[14] 이등변삼각형의 내각의 합은 180도이고 180을 셋으로 나누면 하나의 각은 60도이다. 60도가 3과 대응되는 수라고 한 것이다. 처음과 중간과 마지막의 세 자리는 1, 2, 3으로 천지인天地人이며《천부경天符經》에서는 이를 "하나가 나뉘면 셋(일석삼극一析三極)"이라고 했다.[15]《환단고기》에서 "북부여가 인人을 나라의 법(인위본방지도人爲本邦之道)으로 삼는다"고 한 것 역시 이를 말한다.[16] 필자는 전작《샤먼제국》에서 부여를 메디아, 페르시아, 파르티아, 백제로 설정했다. 천문학자 에멀린 플렁켓Emmeline M. Plunket이 "금성력을 숭배했던 나라가 메디아, 페르시아를 거쳐 중앙아시아로 옮겨왔다"고 한 것은[17] 오늘의 중국 땅도 한국 고대사의 무대였음을 말해주는 증거이다.

조선조시대 때 방상씨方相氏 가면을 쓰는 궁중놀이가 있었다(그림

《한서》
중국 후한시대의 역사가 반고가 저술한 기전체 역사서. 12제기帝紀, 8표表, 10지志, 70열전列傳 등 모두 100권.《전한서前漢書》또는《서한서西漢書》라고도 한다.《사기》와 더불어 중국 사학의 대표적인 저작이다.

원인론
당나라 고승 종밀宗密이 쓴 불교 서적. 원제는《화엄원인론》으로 유교와 도교를 불교의 입장에서 정의하여 삼교일치설을 전개하고 있다.

7-7). 이 가면에는 눈이 네 개나 있다. 수 4의 기호로 이 네 눈은 사계절을 의미한다. 봄여름가을겨울의 주기는 생명이 나고 죽는 윤회의 수레바퀴이다. 주나라 시대에는 이 가면을 쓴 인물이 관혼상제冠婚喪祭의 신도이다. 방상의 방方은 방향을 가리키는 글자가 아니라 우주축 X十을 가리키는 글자이다. 방상씨는 샤먼의 사제를 말하는 것이다.

아프가니스탄의 틸리아 테페Tillia Tepe에서 출토된 황금검파의 칼집은 양쪽으로 네 개의 날개를 달고 그 속에 알을 새겼다(그림 7-8 145쪽). 칼집의 맨 끝에 또 한 개가 새겨져서 이 검파의 알은 모두 다섯이 된다. 수 5는 자루에 새겨진 다섯 마리의 용에서도 확인된다. 이 다섯 마리 가운데 선두에 선 용은 뒤를 돌아보고 있고 나머지 네 마리는 각기 앞에 있는 용의 꼬리를 물고 있다. 다섯 마리의 용이 서로의 꼬리를 물고 비틀어지려 하는 것이다. 이런 모습은 숫자 5가 기호 X라는 것을 말해준다. X는 한자의 乂 또는 㐅와 같은 뜻으로 五오의 옛글자다. 앞에서 설명한 것처럼 이 글자는 음양이 천지간에 서로 꼬이는 모양으로 두 개가 합쳐서 천지의 수를 나타낸다.[18] 천지의 수를 그림으로 보면 괘卦 또는 효㐅로 음양이 중첩되는 매듭이라고 할 수 있다.

수 5와 연꽃

연꽃은 밤이면 물에 잠겼다가 햇살이 비치는 아침이면 물 위로 떠오른다. 연꽃이 재생의 상징이 되는 이유이며 샤머니즘에서 우주뱀 두 마리를 상징하는 이유이다. 아침에 솟아오르는 연꽃은 붉은색 뱀이고 반대로 물속으로 들어가는 연꽃은 푸른색 뱀에 해당된다. 이런 상황은 《법화경法華經》이 연꽃을 가리켜 "꽃과 열매가 동시同時"라고 한 것과도 관련된다. 시작과 결과가 동시라는 것은 언어도단이다. 연꽃

●●●● 정몽正蒙
중국 송나라 때 유학자 장재張載가 쓴 책. 사람도 물체도 본질적으로는 차별이 없으며 인간의 능력이 구별되는 것은 기氣에 청탁의 별別이 있기 때문이라고 했다. 이를 보완하는 방법으로 제시한 것은 독서와 예의범절. 정몽正蒙은 몽매한 것을 바로잡는다는 뜻이다.

●●●●● 《천부경》
우주 창조의 이치를 81자로 풀이한 경전으로, 1에서 10까지 수의 이치로 천지인 삼극의 생生, 장長, 노老, 병病, 몰歿의 무한한 반복의 경위를 설파한다.

이 만다라가 되거나 〈하도〉와 〈낙서〉가 되어 우주 X十의 세계를 상징하게 되는 것은 이런 이유이다.

7-9 비밀의 매듭 기원전 16세기, 미케네 문명 시대. 그림 출처: 《世界の博物館 : 大英博物館》, 講談社.

X十을 《역경》에서는 "오십토五十土"라고 한다. 기원전 16세기 미케네 문명 시대 때의 신성한 매듭은 오십토의 세계를 의미하는 도상이다(그림 7-9). 이 매듭은 천하에 이르는 길의 심벌로 이해된다. 매듭은 꼬여 있는 뱀과 동일하다고 여겨지며 용의 중뿔인 5수를 가리킨다. 그리스인들은 5를 "최초의 여성수와 최초의 남성수를 더해 생긴 최초의 수"라고 한다.[19] 최초의 여성 수는 2이고 남성 수는 3이다. 이는 수2와 수3이 황금비례가 된다는 것을 말한다.

이는 《역경》에서 말하는 "오행五行"의 개념으로 오행에서는 행行자에 방점을 찍어야 한다. 주자는 그의 《태극도설太極圖說》에서 오행五行을 "다섯 손가락의 수를 정확히 반으로 나누는 일"로 비유한다. 손가락 하나를 잘라내지 않는 한 다섯을 반으로 나누기는 불가능하다. 해답은 중지中指가 쉬지 않고 좌우로 오가야 한다. 이는 용이 자신의 꽁지를 물고 춤을 추면서 우주 공간을 돌아가는 미묘한 동작을 의미한다. 이를테면 지구가 하지와 동지에서 밤과 낮의 길이를 2:3 비례로 만들며 묘하게 회전하는 운행을 말하는 것이다. 그리스인은 일찍이 이렇게 찬탄했다.

오! 신성비례여, 우주의 비밀을 열어다오!

《코란》에도 "매듭을 푸는 자"라는 말이 등장한다. 노끈으로 매듭

7-10 〈미인도〉(그림 10-37의 부분) 신윤복, 18세기. 그림
출처 : 김원룡, 《한국미술사》.

을 만들어 입으로 불거나 침을 뱉는 여자들
은 그렇게 주술을 행한다.[20] 매듭은 오랜 세
월 한국의 무복巫服이나 저고리에도 있었
다. 우리는 이를 고름이라고 하지만 실제로
는 매듭이다. 조선조 때 화가 신윤복은 그
의 〈미인도〉에서 이 고름을 부각시켰다(그
림 7-10). 그림에서 트레머리를 한 미인은
저고리의 고름을 풀어헤치고 있는데 고름
에는 미인의 상징인 여의주가 달려 있다.
마치 화가가 "젊은이여, 그대가 영웅이라면
고름을 풀고 미인을 품어라"라고 말하는 것
같다. 실제로 굿거리에는 '고풀이'가 있다.
무당은 매듭을 가진 긴 띠를 양쪽 끝에 고
정하고 X의 비밀을 노래한다(그림 7-11). 시
작과 끝, 생과 죽음이 뒤엉킨 모순의 논리
에 도전하는 것이다.《중용》은 말했다. "수
5五가 천하에 이르는 길(도道)"이라고.[21] 매
듭(고름)이 곧 5五 이자 X이며 굿은 X의 비밀을 푸는 해탈의 퍼포먼
스이다. 놀이패들은 이렇게 북치며 노래한다.

　　아리아리동동, 스리스리동동-(6,6)
　　아리랑 꽃노래를 불러나보세-(3,4,5)

　　아리랑(3) 꽃노래를(4) 불러나보세(5)를 붙인다. 수 3, 수 4, 수 5
는 금성과 지구가 X十에서 교차할 때 들리는 소리이다. 아리는 겉〔외
外〕이고 스리는 안〔내內〕이다. 이는 곧 두 마리의 우주뱀을 쥔 아리랑

(영웅)이 꽃노래를 부른다는 뜻이다. 얼마나 멋진 메타포인가. 꽃은 X의 심벌이다. 연꽃과 장미는 나선형(회오리) 운동으로 피어난다. 또 연꽃은 열매와 잎사귀가 동시에 핀다. 시작과 끝이 동시이다. 이것이 매듭이고 고름이다. 샤머니즘이 연꽃을 신주神主로 삼는 데는 그만한 이유가 있다(그림 7-12). 인도인은 연꽃을 "만다라"라고 하며 그곳에 "브라만(해탈자)이 산다"고 한다.[22] 아리랑의 꽃노래를 알지 못하면 만다라는 무의미한 그림이다.

7-11 고풀이 전남 진도 씻김굿. 그림 출처 :《한국문화상징사전》, 동아출판사.

7-12 강릉단오제의 제단에 모신 신주 그림 출처 :《한국문화상징사전》, 동아출판사.

고창국高昌國에서 발견된 9세기경 유물에서도 꽃의 의미를 묻는다(그림 7-13 145쪽). 판화의 중심에 팔엽 연꽃이 있고 중심에 태극이 그려져 있다. 8이 팔괘라는 사실을 암시하기 위해 태극을 그린 것이다. 태극은 회오리이다. 또 중심의 꽃을 둘러싼 꽃은 모두 여섯 송이이며 그 꽃들은 모두 육엽이다. 6수는 묘성이며 좀생이 혼을 의미한다. 이들 꽃줄기가 미묘하게 얽히며 12개의 마디를 만들고 있는 것은 12장복(그림 7-2 참고)의 마지막에서 본 도끼와 좀생이 혼이 오르내리는 천국의 사다리이다.

이란의 기원전 5세기 때 페르세폴리스 궁전 유적에는 다리우스 왕의 좌상이 새겨져 있다(그림 7-14 146쪽). 그는 지팡이와 연꽃을 들고 있다. 연꽃은 반쯤 핀의 모습이고 양쪽에 두 개의 봉우리가 있다. 지팡이는 10수(십익十翼)이고 연꽃은 매듭 X十이다. 인도와 이집트인에게도 오십五十은 우주 에너지의 중추中樞이고 척주脊柱이다. 여기에

7-15 운명의 수레바퀴 1세기경, 지중해. 그림 출처 : Thorkild Jacobsen, 《The Treasures of Darkness : A History of Mesopotamian Religion》.

서 일어나는 회오리의 영적 에너지를 체험하기 위해 밀의密儀를 행하며 이때 그들은 연꽃을 든다. 그들은 이것을 "차크라"라고 불렀다.[23] 인도의 용수龍樹가 용궁에 들어가 배움을 얻었던 스승 사라하는 이렇게 꽃을 노래했다.

벌은 알고 있네, 저 꽃 속에
깊이 숨겨진 꿀을 알고 있네
삼사라와 니르바나는 둘이 아닌데
어리석은 자여, 이 이치를 어떻게 하면
알 수 있겠는가[24]

꽃 속의 꿀을 따라가는 벌은 회오리를 안다는 뜻이다. 지중해 지역 에레즈Erez에서 발굴된 1세기경 대리석 유물에는 6수가 운명의 수레바퀴로 등장한다(그림 7-15). 괴물 그리폰Griffon은 사자의 몸에 날개를 가졌다. 한쪽 발로 운명의 바퀴를 짚고 있는데 바퀴의 살이 수 6이다. 《역경》은 "육괘六卦가 움직이면 3극三極의 도道가 된다"고 했다.[25] 수 6은 묘성이고 동시에 금성과 한 짝이다. 영웅의 운명이 묘성과 금성에 달려 있다는 것을 말해준다. 《설문》에는 "음陰이 육六에서 변하여 X十(정正)에서 팔八을 따라 그 속으로 들어간다"고 했다.[26] 6과 8은 꿀과 벌의 비유라고 할 수 있다. 콜롬비아 인디언은 6은 고대로부터 "우주적인 창조 에너지와 풍요를 의미하는 기호"이고 "6각형의 크리스털은 종자embryo로 발전하여 자궁을 통해 아이로 태어난다"고 믿는다.[27] 6각형 크리스털이 종자로 발전한다는 말은 묘성의 좀생이 혼이 북극을 통해 지상으로 내려온다

•용수
150?~250?. 인도의 승려. 용궁에 들어가 수도한 후 혼란에 빠진 불교 이론을 중론中論으로 발전시켰다고 전한다. 대승불교의 교리를 체계화해 대승 8종의 종조로 불린다.

는 뜻이다. 이렇게 보면 〈사신도〉의 거북이도 운명과 관련 있음을 알 수 있다(그림 7-16 146쪽). 그림의 토기는 신구神龜라고 부르는 거북이가 뱀과 결합되어 있는 모습이다. 몸통에는 여섯 개의 고리가 달려 있고 머리부터 꼬리부분까지 모두 열두 개의 뿔이 나 있다. 등에는 씨를 담는 그릇이 달려 있고 앞쪽에는 술이 밖으로 나오도록 주둥이가 달려 있다. 수 12는 12지(궁宮)이고 수 6은 묘성의 상징 기호이다. 동시에 금성과 지구가 60도 각도로 교차한다는 뜻이기도 하다. 《회남자》는 이 교차를 "육합六合"이라고 했다.[28] 거북이에서 6수는 머리와 네 개의 다리와 꽁지를 합한 수이다. 거북이의 등껍질 문양에서도 같은 수가 발견되는데 거북이 껍질로 점을 치는 이유도 거북이가 운명의 수레바퀴가 되기 때문이다.

팔레스타인 사람들이 베니게이라고 부르는 여신은 오른손 손바닥을 내밀고 왼손은 엄지손가락만을 내밀고 있다(그림 7-17). 여섯 개의 수를 보여주는 자세이다. 수의 성격은 여신의 머리 장식에 나타난다. 머리는 두 개의 소뿔을 가지고 있으며 뿔 속에는 태양을 의미하는 거대한 원상이 있다. "소의 양 뿔 사이(우지양각상牛之兩角上)"라는 선어禪語의 메타포이

7-17 베니게이 여신 팔레스타인, 기원전 500년경. 그림 출처 : Thorkild Jacobsen, 《The Treasures of Darkness : A History of Mesopotamian Religion》.

며 춘추분점에 뜨는 태양을 의미하기도 한다. 이것이 삼대육성三臺六星이며 금성 이데올로기를 나타낸다는 사실은 소뿔 밑에 양쪽으로 꼬인 도상이 말해준다. 두 번의 회오리를 암시하고 있는 것이다.

수 오십

경주에서 출토된 유물에는 네 개의 발과 다섯 개의 등 날개를 가진 용이 있다(그림 7-18 147쪽). 수를 모두 합치면 아홉이지만 보이지 않는 용의 중뿔(중각中角)까지 합치면 10이다. 이는 용의 기본수 9를 말하는 것이지만 0이 숨겨져 있다는 사실을 간과할 수 없다. 우주뱀이 자신의 꼬리를 물면 1+9=10이 되며 이때 10은 기호 十으로 고대 인도인이 발견했다는 0(zero)의 개념이다. 제로는 용의 입안에 있는 구슬이다. 계절을 뜻하는 네 개의 발과 또 발마다에는 각기 다섯 개의 발가락이 있다.[29]

주목할 것은 수 10十과 5五이다. 제러미 나비에 따르면 뱀은 머리에서 꼬리로 전기가 흐르며 머리에서 허리까지 양전기가 점증하고 허리에서부터 음전기로 바뀌어 점증하다 꼬리에서 끝난다. 따라서 용의 지팡이를 절반으로 꺾으면 양전기의 수가 다섯 개가 되고 음전기 수도 다섯 개가 되어 헤르메스의 지팡이가 된다. 헤르메스 지팡이는 〈무가 열두거리〉에서는 도깨비 방망이로 나타난다. 경주 지역에서 발굴된 금동으로 만든 환도鐶刀의 손잡이에 두 마리의 용이 X자가 되어 서로 등지고 있는 것도 같은 맥락으로 이해된다(그림 7-19 147쪽). 한 마리의 뱀을 뜻하는 지팡이를 머리에서 꼬리까지 수로 옮기면 1, 2, 3, 4, 5, 6, 7, 8, 9, 0이 되며 이때 1~5 수까지는 양기(양陽)이고 6~10까지는 음기(음陰)가 된다. 양수와 음수를 상하로 대치하면 이 수들은 서로 대응하면서 연금술의 수상數象을 만들어낸다.

1, 2, 3, 4, 5(양陽)
6, 7, 8, 9, 10(음陰)

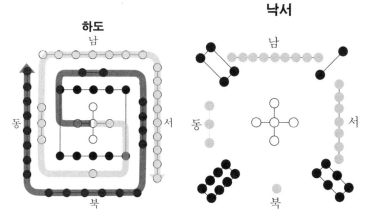

7-20 음양이 중심에서 회오리치며 퍼져나가는 7-21 음양의 동력이 발생할 수 없는 상황
모양

겹으로 배열된 숫자들을 상하로 읽으면 왼쪽에서부터 다음과 같
은 기호가 생긴다.

　1, 6은 물〔수水〕-겨울

　2, 7은 불〔화火〕-여름

　3, 8은 나무〔목木〕-봄

　4, 9는 쇠〔금金〕-가을

　5, 10은 흙〔토土〕-회오리

　용이 만드는 사계절은 봄여름가을겨울의 순서가 아니다. 상식으
로는 봄과 여름이 지나고 가을로 이어진다고 생각되지만 그렇지 않
다. 겨울에서 여름으로 건너뛰어 회오리를 통해 다시 봄으로 돌아가
는 것이다. 〈하도〉의 원리는 이를 숫자로 옮긴 팔괘의 모습이다(그림
7-20). 두 개씩 대항對項이 되어 짝을 짓는 수는 새로운 동력을 만드
는 수가 된다. 이 짝짓기를 파괴하면 허虛가 된다. 이 허가 〈낙서〉이

7-22 청룡 이미지의 만자

다. 〈하도〉가 음양의 기를 새롭게 뒤바꾸어놓는 청사진이라
면 〈낙서〉는 낡은 질서를 파괴하거나 정지시킨다(그림 7-21).
〈하도〉는 북쪽에 1:6수水, 남쪽에 2:7화火, 동쪽에 3:8목木, 서
쪽에 4:9금金을 배치하고 있다. 상하 좌우로 마주한 네 개의
무리 중심에 5:10 토土를 두면 그곳에서 음과 양이 서로 뒤바
뀐다. 그와 함께 음양의 대립이 회오리 속으로 휘말리며 새
로운 동력이 발생한다. 이것이 용의 중뿔이고 팔괘처럼 뒤틀
며 태양을 도는 용의 몸짓이다. 지구가 남기는 뫼비우스 띠의
회로이다. 무가는 이 회오리를 "동동動動"이라 하고 영웅에 도전하는
"아리랑 꽃노래(유遊)"라고 했다. 송나라의 주자는 "오五와 십十은 하
는 일이 없다"고 했다. 퇴계도 "십十은 쓰지 않는 수이며 중앙의 오십
(토)도 비워놓고 쓰지 않는다"고 했다.[30] 오십五十은 보이는 수가 아니
라 모순되는 수의 갈등을 해결하는 영묘한 기능의 수를 말한다. 무가
의 〈아리랑 꽃노래〉가 〈낙서〉와 〈하도〉의 미묘한 이치를 함의하고 있
음을 말해준다.

　　〈하도〉의 간단한 도상이 만자卍字, Swastika이다(그림 7-22). 만자를
이루는 선에는 갈고리가 왼쪽으로 꺾인 것과 오른쪽으로 꺾인 두 종
류가 있다. 오른쪽으로 도는 것이 청룡이고 왼쪽으로 도는 것이 백호
에 해당된다. 만자가 X十의 도상이라는 것은 로마의 십자가(十)나 성
안드레의 십자가(X)에서 볼 수 있다. 이는 아린만명과 스린만명이 춘
추분점에서 교차하는 일로 밀교에서는 이를 금강계만다라金剛界曼茶
羅와 태장계만다라胎藏界曼茶羅라고 하며 이 두 만다라가 결합되는 것
을 다시 양계만다라兩界曼多羅라고 한다. 뫼비우스 띠를 말하는 것이
다.《삼국유사》에는 이를 "문두루文豆婁"라고 적었다. 그러면서 "신라
의 고승인 명랑법사明朗法師가 이 문두루 비법으로 당나라의 침략군
을 바다에서 궤멸시켰다"고 했다. 뫼비우스 띠의 원리가 전략전술로

활용되었음을 말하는 것이다. 문두루의 문文자는 원뜻이 X자이며 '두루' 는 '둘러치다' 의 뜻으로 읽을 수 있다.

바람개비처럼 생긴 만卍자의 모습은 〈하도〉 팔괘가 중심축에서 회오리치며 음양의 흐름이 뒤바뀌는 모양새와 같다. 실제로 卍자를 수로 나타낸 〈하도〉에서 네 변에 금(4,9), 목(3,8), 수(1,6), 화(2,7)의 네 수를 배치하는 것도 같은 맥락이다. 그로써 팔자八字 가 되는 것이다. 청동기로 만든 무구에는 쌍방울이 있다(134쪽 그림 4-21 참고). 하나의 철봉을 휘어서 X자를 만들어 〈하도〉(팔괘)의 원리가 교차점에 있음을 말해주는 자료이다.

해탈의 문은 수 3과 수 4이다.

시베리아 샤먼들은 숫자 3, 4, 5, 7, 9를 신성시했다. 3과 4는 십이장복에서 금성과 지구의 관계를 나타냈고 5는 지축(X)을, 7은 북두칠성을 의미한다. 기원전 2000년대 바빌로니아의 원통형 인장은 신들

7-23 바빌로니아 시대의 원통인장 그림 출처 : Jane Ellen Harrison,《Prolegomena to the Study of Greek Religion》.

•팔자
점성술의 원리인 팔괘를 통속적으로 일컫는 말.

7-24 앉아 있는 남자 상나라, 안양. 그림 출처 :《中國古考學大系》, 雄山閣.

7-25 여신 라자라제스바리 그림 출처 : Douglas Reufrew Brooks,《The Secret of the Three Cities》.

이 수에 대해 논쟁하는 모습을 보여준다(그림 7-23). 그림에서 두 신이 의자에 마주 앉았고 그 사이에 나무가 있는데 뱀이 줄기를 칭칭 감고 있다. 오른쪽 신은 머리에 두 개의 뿔을 가져서 그가 샤먼임을 알게 한다. 나뭇가지는 한쪽에 네 개, 다른 쪽에는 세 개여서 3수와 4수가 대결하고 있는 양상이다. 두 개의 수가 대결을 벌이고 있는 것은 꼬여 있는 뱀이 말해주고 있다. 두 개의 수가 금성과 지구가 교차한다는 것을 암시하고 있는 것이다. 이것이《천부경》의 핵심 주제인 삼사성환의 문장임을 알 수 있다.

기원전 2000년대 유물인 상商나라 시대의 인체조각이 중국 안양安陽에서 발굴되었다(그림 7-24). 고고학자 글린 대니얼 Glyn Daniel은 이 석회암 인물상을 두고 "상商나라 시대의 인간을 알 수 있는 유일한 유물"이라고 했다. 하지만 중요한 것은 이 인물의 독특한 자세이다. 인물은 두 무릎을 세우고 앉았으며 몸의 중심을 잡기 위해 두 손을 뒤로 돌려 바닥을 짚고 있다. 결코 일상성의 자세를 남긴 것으로는 볼 수 없다. 주목할 것은 희색이 만면한 얼굴이다. 이를 해탈자의 모습이라고 하면 어떨까. 인물은 입을 굳게 다물고 있어서 마치 자신의 얼굴에서 입을 감추고자 한다는 것을 알아차릴 수 있다. 이렇게 되면 조각가는 하체에서 두 다리와 두 손을 수 4로 계산하고 상체인 얼굴에서 눈, 귀, 코의 수 3을 계산했음을 간파할 수 있다. 주제는 얼굴과 특별한 포즈에 있다. 얼굴의 3수와 네 개의 손발에 숨은 4수가 자신의 몸을 통해 서로 연결된다는 사실을 깨닫고 있는 것이다. 이는 물론 금성과 지구가 교차한다는 메타포이다. 석가가 그랬듯 그도 금성의 의미를 깨닫고 이 해탈의 포즈를 취했다고 보는 것이다. 조선시대 유학자 퇴계 이황도 이런 깨달음을 다음과 같이 읊었다.

> 청산靑山은 어찌하여 만고萬古에 푸르며
> 유수流水는 어찌하여 주야晝夜에 그치지 아니한가

가사는 4계절이 어떻게 존재하는가를 묻고 그 해답이 3, 4의 수에 있다고 고백하고 있다. 시가는 3, 4, 3, 4 절구로 윗줄에서는 청산을 내세워 금성이 오는 춘분점을 묻고 아랫줄에서는 유수를 내세워 추분점을 묻고 있다. 《고사》에서 환인은 이 해탈의 감정을 수비개념으로 이렇게 적어놓았다.

> 3, 4가 환(원圜)을 이루면 5, 7, 1이 미묘한 이치로 운행된다.

3, 4의 교차는 금성과 지구의 교차를 말하며 5, 7, 1이 미묘하게 운행된다는 말은 지구축(5)과 북극성(7)이 수직이 되면서 태양(1)과 지구(4)가 아리아리동동 스리스리동동으로 뫼비우스 띠를 만들고 더불어 거대한 하늘의 용을 만든다는 뜻이다. 힌두교의 여신 라자라제시바리Rajarajeshvara 상에서 여신은 누워 있는 남신의 배꼽 위에 한쪽 다리를 꺾은 모양으로 앉아 있다(그림 7-25). 남신은 수4이고 여신의 앉은 다리는 삼각으로 금성 3수를 말하므로 이는 금성이 지구와 각을

• 상나라
연대를 확인할 수 있는 중국에서 가장 오래된 국가. 기원전 1600년부터 기원전 1046년까지 존재했다. 은殷이라고도 불리지만 은은 상나라의 마지막 수도로, 상나라가 멸망한 뒤 주周나라에서 상나라의 주민들을 낮게 호칭하던 것에서 비롯됐다.

7-26 여신의 심벌. 켈트, 청동판, 1~2세기. 그림 출처 : Juliete Wood,《The Celts》.

이룬다는 메시지이다. 더불어 여신은 또 네 개의 팔을 가지고 있으며 그것이 4계절의 의미임을 암시하고 있다. 손에는 꽃과 물병과 뱀을 들고 있고 긴 나뭇가지를 뒤로 둘러서 광배光背를 만들고 있다. 이것이 뒷날 불상 자세에 영향을 주었음은 명확하다. 기원전 1~2세기경 것으로 보이는 켈트의 청동판에서도 샤먼들의 경문이 특별한 디자인으로 표현되고 있다(그림 7-26). 도상은 하나의 삼태극 문양triskele이 세 개의 올챙이 문양을 거느리고 있는 모양이다. 이는 결코 우연한 장식이 아니다. 올챙이 모습이 회오리를 의미하기 때문이다. 중심의 삼태극이 금성 이데올로기를 말하는 것이므로 세 개의 동그란 올챙이는 중요한 메시지를 담고 있다.《천부경》에는 이런 문장이 있다.

천이삼天二三 지이삼地二三 인이삼人二三 대삼합大三合

천이삼天二三은 봄여름 축에서 하지의 밤낮 길이가 2:3이 되고 지이삼地二三은 가을겨울 축에서 동지의 밤낮 길이가 3:2가 됨을 말한다. 인이삼人二三은 샤먼의 굴렁쇠에서 볼 수 있듯 동지점에서 지구와 태양의 거리 비례가 3이고 하지점에서는 거리의 비례가 2가 된다는 것을 말한다. 그러므로 대삼합大三合은 "이 세 개의 구조(천지인)가 합쳐져"라는 문장으로 바꿀 수 있게 된다.

다시 그림의 동판을 보자. 동판 중심에 있는 삼태극이 대삼합이고 이를 둘러친 세 개의 둥근 올챙이가 천지인이다. 천지인이 대삼합을 이루면서 지구에 4계절이 생기고 생명이 탄생했음을 이야기하는 것으로 해석할 수 있다. 이처럼 금성력金星曆은 세 번의 환還을 뜻하는 666 부호를 만든다. 지구가 자전하면서 공전하며 금성이 그 지구를 돌게 되므로 세 번의 666이 탄생하는 것이다. 양태극을 말하는 66은 태양태음력太陽太陰曆의 부호로 해와 달의 두 번의 회전을 나타낸다.

샤먼의 복합문장(복문複文)

미륵 역시 수의 언어로 복잡하게 무장하고 있다.《벽암록碧巖錄》에는 "미륵이 불타가 멸한 후 56억7000만세 뒤에 세상에 나타나 중생을 구한다"고 기록돼 있다. 그렇게 엄청난 시간이 지난 후 중생을 구하려 세상에 나온다니 황당무계하다고 해도 할 말이 없을 것이다.

이 미륵을 숭배하는 신앙은 한반도에서 여러 형태로 나타나는데, 돌하르방이나 동자석童子石도 그중 하나이다(그림 7-27). 눈이 불거지고 코가 크게 묘사된 데 비해 입은 갓난아기의 입술처럼 작게 새겨졌

•벽암록碧巖錄
중국 송나라 때 승려 원오극근(圓悟克勤: 원오는 승명이며 극근은 속명)이 중현重顯의 《송고백칙頌古百則》을 강연한 것을 제자들이 기록, 편집한 것을 나중에 《벽암록》이라는 이름으로 간행했다.

7-27 동자석 조선시대, 나락실 소장. 그림 출처 :《국립경주박물관》, 일본어판 도록.

7-28 돌미륵 조선시대, 나락실 소장. 그림 출처 :《국립경주박물관》, 일본어판 도록.

다. 코가 크게 강조되어 있는 것은 코가 수 3에 해당되기 때문이다. 돌미륵의 코를 갉아먹으면 천재 아이를 낳는다는 속설이 생긴 것은 수 3의 이미지 때문이다. 또한 동자석의 턱에 글자가 새겨져 있는 것을 볼 수 있다. 소小자처럼 보이는데 원래는 이尒자로 사람 인人 아래에 작을 소小를 결합시킨 글자이다. 뜻은 이爾로 동자석의 동자가 하늘에서 내린 아이임을 말한다. 넋시루에서 나온 아이인 것이다. 또 다른 돌미륵상은 눈을 가늘게 떴고 두 손을 무릎 위에 얌전하게 올려놓았다(그림 7-28). 주목할 것은 배꼽이 튀어나왔고 그곳에서 광채가 뿜어져 나온다는 사실이다. 광채는 가느다란 선으로 앞가슴을 덮어 광배가 앞으로 나와 있는 느낌이다. 무릎 아래에 굴이 있는 것은 돌미륵이 북극으로부터 초시간의 통로 오십五十의 사다리를 거쳐 여인의 자궁으로 들어와 태어났음을 말해준다. 미륵의 배꼽을 과장되게 표현한 것 역시 이런 정황을 말고 있다.

미륵이라는 말은 maitreya의 번역어다. 미륵의 수 56억의 50은 오십五十으로 이는 곧 X十이다. 6억의 육六은 묘성이다. 금성이 X十에서 춘분점에 있을 때 묘성이 출현한다는 뜻이다. 억億은《화엄경華嚴經》이나《지도론智度論》에서는 "십만十萬"으로 표기한다. 이는 다시 "십十으로 가득 차다"라는 뜻으로 읽을 수 있다. 중국 고대 진나라 언어〔진어晉語〕에 억億을 "백신百神"이라고 하고 그 뜻은 "화평和平"이라고 했다.[31] 여기서 백百은 "금은보석으로 장식한 머리〔수首〕"를 가리킨다. 이는 곧 백신百神이 신상神像이라는 말이다. 또 만萬은 '가득 차다'는 뜻이지만《자전》에서는 '춤추다〔무舞〕'라는 뜻으로 풀이하므로 다시 '수많은 사람이 춤춘다'는 의미로도 해석 가능하다. 또 칠천만七千萬의 7은 북두칠성이고 천千은《자전》이 "십백十百"으로 표기하여 이 말이 모두 샤먼 신전의 황금 신상〔금인金人〕을 가리킨다는 것을 알 수 있다. 이를 종합해서 뜻을 풀어보면 '오십五十축이 있는 지상에 황금 신상이 가득하게 될 때 사람들이 덩실덩실 춤춘다'가 된다. 불타가 멸한 후 미륵이 56 억7000만세 뒤에 세상에 나타나 중생을 구한다는 말은 그러므로 엄청난 수치를 말하는 것이 아니다. 불타가 멸한 후 수의 이미지로 세상에 불교가 일어나며 이때 미륵이 세상을 구한다는 뜻이다. 미륵은 미트라이고 우리 기록에는 고구려의 천사를 의미하는 모두루牟頭婁이다.

7-29 큐피드 청동, 박트리아 베그람, 1세기, 아프가니스탄 국립박물관. 그림 출처 : National Geographic,《Afghnistan》.

샤머니즘에서 수가 이미지의 언어라는 것은 중앙아시아의 베그람에서 출토된 큐피드에서도 볼 수 있다(그림 7-29). 큐피드는 곧 미륵이다. 아이는 한쪽에 커다란 활을 메고 다른 손에는 무엇인가 들고 있다.

고대 중국의 제왕이 깔고 앉았다는 방석의 문양에도 12장복의 도상이 반복되어 새겨져 있다(그림 7-30). 먼저 네모꼴인 방석 자체를 4 수로 볼 수 있다. 중심에 커다란 원은 '돈다〔회回〕'는 뜻이다. 12장복의 도상은 모두 그 원 안에 들어 있다. 맨 위에 금성의 삼三이 있고 그

7-30 천제 순임금의 방석 그림 출처 : J. C. Cooper, 《An Illustrated Encyclopaedia of Traditional Symbols》.

아래에 히브리인들이 "영원한 일자一者"라고 말하는 세 가닥의 불꽃이 그려져 있다. 프리메이슨은 이를 "정삼각형으로 신"이라고 말한다.³² 중심부에는 등을 댄 쌍둥이 활(12, 十二)이 있고 두 마리의 용(5, 五)이 그 주위를 둘러쌌다. 그 둘레에 나머지 도상이 그려졌는데 우선 위에서 양쪽으로 해(1, 一)와 달(2, 二)을 보게 되고 그 아래로 양쪽에 도끼(11, 十一)와 두 개의 컵(7, 七)이 있다. 다시 아래쪽에서 양쪽으로 조(8, 八)와 쌀가루(10, 十)를 볼 수 있다. 나머지 아래에 학(6, 六)과 원의 좌우에서 네 개의 구름 장식을 보게 된다. 이것이 4계절을 나타낸 것이라고 할 수 있다. 방석에 〈하도〉와 〈낙서〉의 수가 모두 새겨져 있다는 사실도 확인할 수 있다. 따라서 방석에 앉는 제왕은 지구가 달리는 궤도의 뫼비우스 띠이고 이것이 무한히 휘감고 도는 팔괘라는 사실을 안다는 뜻이다. 이것이 요가yoga의 자세이다. 순임금은 이를 알았고 요堯는 이 방석의 의미를 알지 못했다. 사마천의《사기》에는 "요는 9수와 5수가 어떻게 되는지 알지 못했다"고 했다. 지구의 궤도(팔패)가 무한히 구불거리며 도는 이치를 깨닫지 못했다는 뜻이다. 요임금의 무지에 견디지 모한 왕검王儉은 샤먼 집단을 이끌고 백악산白岳山으로 옮겨가 요와는 별도로 그곳에서 금성(삼신三神) 아사달Ishtar을 섬겼다.

사슴은 켈트 문화의 중요한 도상이다(그림 7-31 148쪽). 유물에는 켈트의 신 케르눈노스Cernunnos가 새겨져 있다. 재물의 신이기도 한 이 신은 머리에 두 개의 사슴뿔을 달고 있고 양 손에는 뱀과 방울을 잡았다. 또 목에 링이 달린 장식을 하고 있는데 모두 우연히 배치된 것이 아니다. 이는 신상의 왼쪽에 사슴, 오른쪽에 사자와 개가 있다는 사실에서 알 수 있다. 이 그림을 이해하기 위해서는 수비개념數秘槪念에 의존해야 한다.

두 개의 뿔은 모두 14개로 계산되고 이를 수비로 처리하면 1+4=5가 된다. 5는 연금술이나 점성술에서 X기호로 교차와 중성中性의 의미이다. 그런가하면 왼쪽 사슴은 뿔이 모두 여덟 개이다.《설문》은 이 팔八을 이렇게 해설한다. "서로 나뉘어 등지면서 오가는 모양새."[33] 이는 곧 八이 마법의 원리인 팔괘를 의미한다는 뜻이다. 팔괘는 괘를 네 개씩 나누어 두 무리(음양)로 만든 다음 서로 등지게 하고는 이를 서로 다른 길로 어긋나게 달리게 만들기 때문이다. 하지만 서로 어긋난 길은 다시 제자리로 되돌아오게 된다. 문자 그대로 마법의 고리인 것이다. 또 가지가 여덟 개인 뿔을 두 배로 늘리면 16이고 16은 1+6=7이 된다. 7은 사슴의 심벌이고 북두칠성의 수이다. 이렇게 북두칠성의 이미지가 거듭 나타나는 것은 주신 케르눈노스가 잡고 있는 뱀과 방울의 의미를 강조하기 위해서이다. 뱀은 샤먼의 지팡이로 수 10을 의미하며 두개의 방울은 해와 달 또는 동지와 하지의 개념으로 읽을 수 있다. 오른쪽의 사자와 개 또는 이리는 모두 금성과 연관되는 도상으로 이 한 장의 그림에서 우리는 샤먼의 세계관을 감상하게 된다.

　기원전 6세기 켈레르메스 분묘에서 발굴된 표범은 금으로 표범을 측면으로 묘사한 장식판이다(그림 7-32 148쪽). 이 장식은 스키타이인의 동물 양식을 보여주는 장식으로 천문수(천수天數) 사상 또한 잘 드러나 있다. 우선 네 발바닥을 사람들에게 잘 보이도록 옆으로 돌려 놓은 점이 독특하다. 그것은 발바닥 장식의 의미가 특별하다는 뜻이다. 표범 꽁지가 네 개의 다리와 연결이나 되는 것처럼 바싹 붙어 있으며 그 꽁지에 모두 여섯 개의 문양을 새긴 점도 주목할 만하다. 이들 문양은 발바닥 문양과는 반대방향으로 배열되어 네 개의 발바닥과 구별된다는 점을 확실히 하고 있다. 이 여섯 개의 문양은 금성과 묘성의 수이다. 머리에는 귀, 눈, 코, 입이 과장되게 새겨져 있다. 귀, 눈, 코는 모두 숫자 2를 상징한다. 코에는 두 개의 구멍이 있기 때문이다. 입까지 합치면 머리 안의 수는 모두 일곱으로 이는 북두칠성의 수와 일치한다. 이를 강조하기 위해서 동물의 이빨도 위아래에 일곱 개씩 보이도록 만들었다.

　덴마크의 고대 유적(란데스도르프)에서 발굴된 1세기 전후의 은제 사발 부조 장식에는 커다란 비너스의 얼굴이 새겨져 있다(그림 7-33 149쪽). 주목을 끄는 것은 머리에 여섯 가닥의 띠가 둘러쳐져 있다는 사실이다. 금성의 수 6이다. 이 부조 역시 수로 풀어야 한다는 점은 오른쪽 여신의 모습에서 확연해진다. 작게 새겨진 이 여신이 비너스의 머리띠를 잡고 숫자풀이를 하고 있기 때문이다. 비너스의 여섯 가닥 띠는 네 가닥이 되어 여신의 손으로 전해졌다가 그 손을 거치며 다시 세 가닥으로 바뀐다. 비너스의 머리띠가 6-4-3으로 전개되고 있는 것이다. 6이 4가 되는 것은 금성과 지구의 60도 각도의 교차로 4계절이 만들어짐을 암시한다. 이는 상단 양쪽에 두 마리의 현조가 있으며 현조의 다리가 외다리에 발이 셋으로 표현되어 있는 정황이 뒷

· 스키타이인
기원전 6세기부터 기원전 3
세기까지 남부 러시아의 초
원 지대에서 활약한 최초의
기마 유목 민족. 샤먼의 황금
문명을 이루었다.

270 | 샤먼문명

받침한다. 삼족오三足鳥의 변형으로, 위대한 북극권 신들의 씨(정령)가 금성이 출현하는 X와 十자축이 성립되는 시간에 우주목(천주天柱, zero zone)을 타고 내려간다는 것을 말한다. 삼족오는 그 심벌이다. 비너스가 오른쪽 손에 작은 현조를 쥐고 있는 모습은 바야흐로 금성이 지상에 정령을 내린다는 신호이다. 그 손 바깥쪽으로 그려진 사자는 삼족오가 신성한 임무를 수행하도록 보호하는 자세이다. 아래에는 네 가닥의 머리띠를 하고 있는 계절의 여신이 자신의 배를 만지고 있다. 풍요와 다산의 의미이다. 미스터리는 그림의 주제인 비너스 여신의 가슴이다. 또한 비너스가 치켜들고 있는 팔 아래에 개가 널브러져 있고 여신의 오른쪽 팔에도 젊은이가 널브러진 자세로 새겨져 있다. 정황을 보면 비너스는 널브러진 젊은이를 감싸는 것이 아니다. 실신해버린 남성을 자신의 팔로 받쳐주고 있다. 이와 함께 비너스의 젖가슴은 왜소하고 볼품없어 보인다. 이것은 현재의 상황이 궁핍함을 의미한다. 생산이 아니라 열매를 걷으러 온 가을 무렵의 비너스인 것이다. 결론적으로 이 정황은 샤머니즘의 비밀 의례를 이야기하고 있다. 개와 젊은이가 비너스에게 자신들의 에너지를 남김없이 바치고 널브러져 있고 그로써 왼쪽의 여신은 풍요로운 가슴을 가질 수 있었다.

기원전 6세기 것으로 보이는 북방 유라시아 스키타이의 황금 유물에는 표범이 사자를 대신하여 장식에 등장하고 있다. 복잡한 암호로 만든 유물이다. 사자와 범은 풍토적 조건에서 서로 교환 가능한 도상이다. 표범은 귀가 유달리 크고 눈과 콧구멍과 입이 유난히 강조되어 있다(그림 7-34 149쪽). 수비數秘의 암호를 강조하고 있는 것이다. 귀와 눈은 두개씩이고 코 역시 두 개의 구멍을 갖고 있으므로 귀와 눈, 코는 여섯 개가 된다. 여기에 입을 합치면 모두 7수가 되어 얼굴이 북두칠성의 도상임을 암시하고 있다. 또 표범은 네 개의 발과 발바닥을 고의로 비틀어서 옆으로 놓고 거기에다 작은 항아리 모양으로 장식했다. 네 개의 발에 특별한 의미가 있음을 암시한다. 네 발은 금성이 가져다준 4계절의 이념을 상징하고 있다. 표범의 꽁지에서도 모두 여섯 개의 수가 확인되어 암호는 모두 7, 4, 6의 수를 제시하고 있다. 이 황금 유물에 금성(묘성) 이데올로기가 숨어 있다는 것을 말해주는 것이다. ◡

제8장

아리랑 축제,
샤먼의 통과의례

축제 I 초인(영웅)의 탄생

샤머니즘의 핵심에 통과의례initiation라는 말이 있다. 학자에 따라 의미가 다르게 쓰이기도 하지만 진정한 의미는 샤먼들의 영웅(초인超人)을 뽑는 과거 축제라고 할 수 있다. 우리 무속은 이때 탄생하는 초인, 영웅을 "아리랑"이라고 했으므로 통과의례는 아리랑 축제라고 말할 수 있다. 샤먼은 이들 아리랑을 통해 사원국가寺院國家 형태의 제국을 통치했다. 한국의 무속은 이 과거 축제를 "신선놀이(신선유神仙遊)"라고 했으며 아리랑을 뽑는 이 시험은 제천의식 때 거국적인 행사로 벌어졌다. 영웅의 통과의례는《용왕경龍王經무경巫經》또는《명경明經》이라 부르는 천문 이론이 텍스트였는데 실제 내용은〈하도〉,〈낙서〉, 팔괘의 원리였다. 엘리아데가 이 시험을 "천계天界에의 비상飛翔"이라 말하고 이때 "하늘을 나는 일이란 지혜로운 일로 형이상학적 진리를 이해하는 일"이라고 한 것도[1] 팔괘가 천문학이라는 사실을 말하는 것이다.

기원전 2400년경 수메르 시대의 부조는 샤먼의 통과의례에서 채택된 텍스트가 뱀이었음을 알려준다(그림 8-1). 두 마리의 뱀이 서로 뒤엉켜서 하나의 방석을 만들고 있는 것은 사계절을 상징하는 것이다. 자료에서 두 마리의 뱀은 현재 교미 중이다. 교미 중이라는 상황은

8-1 꼬인 뱀 수메르 시대, 기원전 2400년. 그림 출처 : Franz Cumont, 《The Mysteries of Mithra》.

암컷도 아니고 수컷도 아닌 양성의 상태이다. 철학적 개념으로 말하면 무無인 것이다. 샤먼의 〈낙서〉가 바로 무無로서, 교미 상태가 끝나면 양성은 〈하도〉로 발전하게 된다. 지구가 일순에 정축正軸을 이루다가 북극성과 지구의 배꼽이 수직이 되는 지점에서 X十으로 발전함을 의미한다.

　　인도 전설에서 "뱀은 똬리를 틀어 세계축世界軸의 근원이 흔들리지 않도록 조인다"고 했다(그림 8-2).[2] 이런 개념은 켈트 신화[•]에 등장하는 우주뱀에서도 나타난다(그림 8-3). 우주뱀은 몸을 X자형으로 꼬아 양쪽으로 두 개의 큰 원을 만들었다. 그런 다음 머리를 위쪽에 두고 꽁지는 아래쪽에 두었다. 이것이 우연한 동작이 아니라는 것은 눈과 양쪽의 둥근 원 속에 구멍을 만들어 전체적으로 원이 세 개가 되게 했다는 사실이 말해준다. 3은 금성 이데올로기로 우주뱀은 우리에게 하나의 수수께끼를 던지고 있는 셈이다. 뱀이 바위나 나무에 똬리를 튼

•켈트 신화
켈트 민족의 신화. 켈트 민족은 시적 상상력이 뛰어났으므로 다채로운 신화를 가졌을 법하지만 명확히 밝혀진 것은 없다. 《갈리아 전기》 《마비노기온》 등의 자료로 미루어 추정할 뿐이다.

8-2 린감과 오니 인도. 그림 출처 : J. C. Cooper,《An Illustrated Encyclopaedia of Traditional Symbols》.

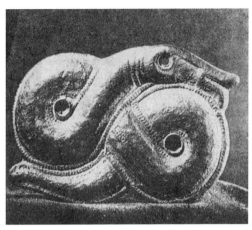

8-3 켈트 신화의 요르문간드 그림 출처 :《世界の神話傳說 總解說》, 自由國民社.

8-4 농악꾼들이 골메기(골매기)에 들러 풍년과 마을의 번영을 비는 골메기굿을 하고 있다 그림 출처 : 정병호,《농악》.

8-5 델포이 신전의 우루의 배꼽, 델포이 화폐 그림 출처 : E. A. Wallis Budge,《Amulets and Superstitions》.

8-6 용의 뿔을 뽑는 헤라클레스 그리스 도자기 그림. 그림 출처 : Jacquetta Hawkes,《Dawn of the Gods》.

8-7 디오니소스 축제에서 받는 뿔배 기원전 525~기원전 500년, 그리스 접시 그림. 그림 출처 : Jane Ellen Harrison,《Prolegomena to the Study of Greek Religion》.

8-8 미케네 시대의 보석 그림 출처 : E. A. Wallis Budge,《Amulets and Superstitions》.

것을 한국 무속은 '골메기(골매기)'라고 한다(그림 8-4). 도판에서 골메기는 돌기둥에 새끼줄을 칭칭 감은 모양이다. 골메기가 놓이는 위치가 X十이므로 이는 샤먼들의 지성소이다. 돌을 칭칭 감은 새끼줄은 뱀을 의미한다. 서아시아의 경우 골메기는 동굴 속에 있으며 그리스는 돌로 지은 델포이 신전* 속에 있다(그림 8-5). 일본 신화에서는 동굴 속에 있으며 이를 오두룡五頭龍 또는 반석盤石이라고 한다.[3] 골메기라는 말에서 '골'은 머리의 골수, 가마가 있는 곳을 가리키고 '메기'는 한자로 매귀埋鬼라고 쓴다.[4] 매기를 한자로 풀면 '묻혀 있는 귀신'이다. 하지만 이 말은 우리말의 "점수를 맥인다" "매긴다"는 뜻으로 푸는 것이 '골'의 뜻을 확실하게 돕는다. 이곳은 우주뱀이 X十을 돌고 있는 지점으로 천문학은 이를 정축이라고 한다. 굿판이 벌어지면 무당패들은 골메기를 둘러싸고 빙빙 돌면서 풍년을 기원한다. 샤먼에게 풍년의 1차적 의미는 과거시험에서 영웅이 많이 탄생하는 것을 의미한다. 중국 기록에서는 "흉노가 용성龍城이나 용정龍庭이라고 불리는 곳에서 제천의식을 행하고 그때 동맹의 예를 행한다"고 했다.[5] 용성이나 용정(용의 뜰)은 모두 영웅의 과거시험이 벌어지는 신성한 장소이다.

용의 중뿔 뽑기가 영웅의 과거시험이라는 사실은 그리스의 도자기 그림에도 나타난다(그림 8-6). 헤라클레스가 올림피아드에서 용의 중뿔을 뽑고 영웅으로 탄생한다는 내용이다. 그림에는 상체가 인간이고 몸체가 용인 괴물이 등장한다. 사람 머리에 나 있는 중뿔은 아리스토텔레스에 의해 중용의 개념으로 정의된다. 또 다른 접시 그림에는 디오니소스가 중뿔을 뽑고 영웅으로 탄생하는 장면이 있다(그림 8-7). 그는 어깨에 꽃가지를 멘 채 손에 뿔(우승컵)을 들고 당당한 모습으로 걷고 있다. 꽃가지는 과거 급제자에게 주는 어사화御史花이다. 용의 중뿔 뽑기가 팔괘의 정복을 의미한다는 것은 지중해 문명 시대

• 델포이 신전
그리스 신화 시대의 아폴론 신전. 고대 그리스 사람들은 델포이가 옴팔로스omphalos: 세상의 배꼽라고 생각해 신전에 같은 이름의 돌을 세웠다.

의 보석에 새겨진 그림에서 확인할 수 있다(그림 8-8). 영웅이 괴물을 퇴치하는 장면인데 주목할 것은 괴물의 다리가 모두 여덟 개라는 사실이다. 괴물은 사자처럼 보이지만 실은 오딘의 팔족마八足馬와 같은 존재이다.

　이란의 페르세폴리스(제3궁전)의 부조에서도 중뿔의 주제를 만나게 된다(그림 8-9). 용을 의미하는 괴물(그리핀Griffin)은 머리에 중뿔을 달았고 꽁지에는 뱀이 감겨 있다. 영웅에 도전하는 인물은 한쪽 손으로 괴물의 중뿔을 잡고 다른 손에 쥔 단검으로는 괴물의 배를 찌르고 있다. 지구가 팔괘의 모습으로 돈다는 비밀을 깨우쳤음을 시위하는 것이다. 이는 곧 중앙아시아에서도 샤머니즘이 성행했다는 증거이다. 이 주제는 원시 켈트족의 목각에서도 발견된다(그림 8-10). 목각 유물의 그림에서 뱀 한마리가 자신이 몸으로 자물쇠를 만들고 있다. 그 속에 과거장을 의미하는 대문이 있고 대문 안에 해와 달이 있다. 대문 밖에는 네 개의 십자를 가진 원이 동서남북으로 배치되었고 그 사이에는 악기를 가진 네 마리의 동물이 그려져 있다. 해(일정日精)와 달(월정月精)은 수 2이고 동서남북으로 배치된 것들은 수 4이다. 음양과 사계절을 의미하는 팔괘의 비의이다. 뱀의 자물쇠는 통과의례의 텍스트를 말하는 것이다.

8-9 그리핀의 싸움 이란, 페르세폴리스 제3궁전. 그림 출처 : 조지프 캠벨, 《천의 얼굴을 가진 영웅》.

8-10 켈트족의 성좌도 목각. 그림 출처 : 조르주 나타프, 《상징·기호·표지》.

8-11 우루의 나무 유대의 채색삽화. 그림 출처 : 조르주 나타프,《상징·기호·표지》.

8-12 용에 도전하는 영웅 용에 몸에 룬문자가 새겨져 있다, 스웨덴. 그림 출처 : 조르주 나타프,《상징·기호·표지》.

벗나무 오르기

우랄알타이 샤먼 수행자들은 과거시험(입무의례入巫儀禮)을 "벗나무 오르기"라고 한다.[6] 벗나무를 진리의 상징으로 보았기 때문이다. 진리를 나무에 비유하는 예는 유대인의 그림에서도 볼 수 있다(그림 8-11). 그림에는 가지가 일곱 개인 나무가 있다. 뿌리는 셋이며 각기 용머리를 하고 있다. 주목할 것은 여섯 개의 가지가 서로 하나의 원으로 연결되어 있다는 사실이다. 나무에 3수와 7수와 원(0, zero)이 있는 것이다. 이 수의 암호를 풀어야 나무로 올라갈 수 있다. 나무로 올라간다는 것은 하늘의 사다리로 올라간다는 뜻이며 해탈을 얻는다는 의미이기도 하다. 에덴동산의 지혜의 나무 비유가 샤머니즘에 그 뿌리를 두고 있음을 말해준다.

같은 주제는 스웨덴 지역에서도 발견된다(그림 8-12). 바위에 그려진 이 그림에서 진리의 나무가 중심에 있고 그 둘레로 두 마리의 우주뱀이 하늘을 돌고 있다. 이는 X十축을 돌고 있는 영웅이 용의 몸통 속을 여행하는 정황을 말한다. 나무에 두 마리의 현조玄鳥가 앉아서 영웅의 종자를 고대하고 있으며, 나무에 매여 있는 말은 도전자가 용의 뱃속(뫼비우스 띠)을 여행할 때 타는 천마天馬이다. 샤먼의 입무의례가 진행되고 있음을 말해주는 것이다. 그림에서 우주뱀이 몸에 룬Run문자를 새기고 있는 것은 오딘의 경우와 마찬가지로 이 동물이 용Run임을 강조하는 동

시에 팔괘를 뜻하는 '비밀의 마법' 또는 '비책'
을 의미한다.[7] 도전자는 단검으로 룬문자의 어느
부분을 자신 있게 찌른다. 사제가 요구한 시험 문
제에 답(점占)을 제시하고 있는 것이다. 용에 새겨
진 룬문자는 팔괘의 괘卦나 〈하도〉의 숫자와 다르
지 않다. 단검으로 어느 지점을 찌르는 것은 4차
원의 계산을 통해 답을 얻어 기록하는 정황이라
고 말할 수 있다. 앞에서 이미 상술한 것처럼 역易
의 옛글자가 용龍이었다는 사실을 상기하면, 용
을 찌르는 것은 곧 점괘(역易)를 마쳤다는 뜻과 동
일함을 알 수 있다.

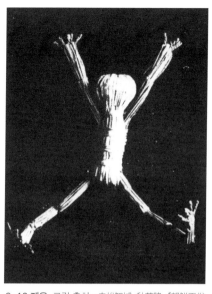

8-13 제융 그림 출처 : 赤松智城, 秋葉隆, 《朝鮮巫俗の研究》.

　　이 상황에서 에셔가 그린 뫼비우스 띠와 그
곳으로 기어 다니는 개미를 상상해볼 필요가 있
다. 팔괘의 투시도인 뫼비우스 띠는 운명의 수레
바퀴이다. 그 운명의 수레바퀴를 타고 돌아야 해탈이 가능한 것이다.
그렇게 시험이 치러지면 우리 무속에서 무당은 짚으로 만든 제융(제
융帝龍)을 성황당에 버리며 영웅이 태어나 모든 마귀(액)를 물리쳐주
기를 빈다. 제융은 사람 모양이나 말 모양이다(그림 8-13).

　　과거시험의 기본 텍스트가 천문학임은 고구려 고분 벽화에서도
확인할 수 있다. 무용총 서쪽 벽에 그려진 수렵도는 과거 도전자들이
사냥하는 모습이 그려져 있다(그림 8-14 150쪽). 그림에 보이는 사냥꾼
은 모두 세 명뿐이지만 이들의 모자와 복장은 각양각색이다. 여러 나
라, 여러 계층의 지원자들이 과거에 도전한다는 것을 말한다. 이들은
도망하는 짐승들을 향해 활시위를 당기고 있지만 실제로 살상할 의
지는 찾기 힘들다. 화살촉이 살상용이 아니라는 것도 그렇게 말할 수
있는 근거이다. 그림의 상단 중심에는 좀생이 혼불이 그려져 있다. 영

웅이 좀생이 혼불인 것이다. 고구려는 해마다 3월 3일에 낙랑 언덕에 모여 사냥을 했다. 이 기록은 고구려의 과거시험장이 낙랑이며 시험이 치러지는 때 금성이 지구와 교차함을 말해준다.[8] 조선조시대 때 이수광李睟光이 샤먼의 과거고시를 "엽제獵祭"라고 하고 "용龍이 되는 길"이라고 한 것은[9] 이를 뒷받침한다.

사냥이 과거고시를 뜻한다는 것은 동로마 시대의 벽화에 그려진 미트라의 사냥 그림에서도 확인할 수 있다(그림 8-15 150쪽). 도전자가 활시위를 당기며 짐승을 쫓지만 화살 맞은 사슴들은 아무런 일 없는 듯 계속 힘차게 달리고 있다. 그림 아래에는 커다란 뱀과 또 다른 별자리를 의미하는 동물들이 그려져 있다. 뱀은 꽤이고 1년 365일의 숫자를 의미하기도 한다. 그림 위쪽에 그려진 별들은 사냥도가 천문도임을 말해준다. 이렇게 보면 무용총의 〈수렵도〉에서 중심에 보이는 작은 산을 X十으로 읽을 수 있다.

둔황 석굴(249굴)에 그려진 수렵도는 확실하게 수렵과 천문의 관계를 확실히 해준다(그림 8-16 151쪽). 서위西魏 시대에 그린 이 천정 벽화에는 말을 탄 사냥꾼이 몸을 뒤틀며 커다란 활로 용을 쏘는 모습이 그려져 있다. 용이 실제 동물이 아니라는 점과 사냥꾼의 활에 화살이 없다는 사실은 이것이 메타포임을 짐작하게 하는 근거이다. 벽화의 남쪽 벽에 하늘의 별들을 비유한 천상도가 그려져 있는 것 역시 사냥이 곧 천문임을 말해준다.

이런 정황은 사산 왕조 시대의 은 접시에서도 볼 수 있다(그림 8-17 151쪽). 접시에는 큰 사슴을 탄 왕자(샤푸르 2세)가 한 손으로 사슴 뿔을 잡고 다른 손으로 단검을 쥐고 사슴 목을 찌르는 모습이 그려져 있다. 사슴은 곧 북두칠성이다. 그러므로 여기에서도 사냥은 곧 천문학이다. 샤푸르 2세가 천문에 달통(해탈)한 왕임을 강조하는 그림인 것이다. 단검에 찔린 사슴이 피를 흘리지 않는 것은 그림이 은 유직 표

이수광
조선 중기 때 학자. 임진왜란에서 큰 공을 세웠으며《천주실의》를 조선에 소개하기도 했다.《지봉유설》은 조선시대 문화백과사전의 효시로 일컬어진다.

서위 시대
서위는 남북조시대 때의 왕조. 535년부터 556년까지 이어졌다. 선비족 탁발부가 세운 북위가 두 개로 분리된 뒤 두 나라 모두 위魏라는 국호를 계속 사용했지만 후대 사가들이 편의상 동과 서로 구분지어 부른다.

사산 왕조 시대
2세기 초 아르다시르 1세가 일으킨 이란의 고대 왕조. 6세기 호스로우 1세 때 전성기를 맞았다가 7세기 초 아랍인들에게 멸망당했다.

현이라는 것을 잘 말해준다.

탈을 쓰는 샤먼

우리나라 무가에서는 과거고시를 "산바라기 굿"이라고 부른다
(그림 8-18). 산바라기란 '산山을 바라다' '산을 동경하다'는 뜻
으로 샤먼 지망자의 입무의례入巫儀礼를 말하는 것이다. 이 통과
의례를 감시하고 심사하기 위해 탈을 쓴 샤먼들이 등장한다. 무
가에서는 이들을 손님이라고 하고 손님을 모시는 굿을 손굿(두
신새신痘神賽神)이라고 한다. 손님의 '손'은 열 개의 손가락을 가
리키는 합장(십간十干)의 메타포이다. 합장을 펼치면 엄지손가
락은 양방향으로 떨어지게 피고 나머지 여덟 손가락은 좌우 양
방향으로 나란히 배열된다. 이는 갑골문자에 나타나는 십간에
서도 마찬가지이다. 두 엄지가 갑甲과 계癸가 되어 기호가 한쪽
이 十이고 다른 쪽이 X가 되어 있다(그림 8-19). 따라서 두 손을
합장하면 十과 X가 한자리가 되고 나머지 여덟 개의 손가락은
한 무리로 뭉친다. 우리는 이것이 샤먼의 팔족마八足馬와 같다
는 것을 보았다. 샤먼은 점을 칠 때 이 손가락(손님)을 부지런히
움직이면서 4차원의 세계를 달리는 모험을 행한다. 샤먼을 "손
님(수手)"이라고 하는 것이 이런 이유이다. 손가락은 4차원의 세

8-18 산바라기 굿(그림 13-1의
부분) 서울대학교 박물관.

甲	乙	丙	丁	戊	己	庚	辛	壬	癸
十	⟨	冂	ロ			冉		工	X

8-19 십간의 첫째가 갑골문으로 十이고 끝이 X이다 그림 출처 : 矢島文夫, 《神の沈默》.

8-20 양손에 긴 흰색 수건을 늘어뜨리고 굿을 하는 무당(대택굿) 동해안. 그림 출처 :《한국의 굿》, 열화당.

계를 달리는 말에 비유되므로 사람과 구분되어야 하는 것은 당연하다. 이들 손님들이 탈을 쓰고 나타나면 사람들은 이들을 귀신이라고 한다. 샤먼이 손[手]이지만 이들을 보통 사람과 구별하기 위해 그들에게 탈을 쓰게 하여 귀신처럼 무섭게 만든다. '사고 나다'라는 뜻의 우리말인 '탈난다'는 탈을 쓴 샤먼에서 비롯되었다고 할 수 있다. 무가에서 무당은 손굿으로 손님을 맞이하지만 그들이 결국 반기는 이는 세 분(삼두신三痘神)밖에 없다. 이런 양상은 다른 문화권의 샤머니즘에서도 비슷하게 나타난다. 스키타이 샤먼의 경우 아홉의 샤먼이 심판원인 동시에 우승자에게 서품을 내리는 주관자가 된다.[10] 그리스의 디오니소스 축제에서는 샤먼musai이 탈을 쓴다. 이는 몽고나 만주의 샤먼 축제에서도 마찬가지이다. 이들은 모두 축제가 끝나면 마스크를 성스러운 장소에 보관한다.[11] 중국 기록에는 흉노의 과거고시를 "구천무九天巫"라고 했다.[12] 동이九夷의 제사를 그렇게 표현한 것이다. 이들의 제천의식은 신명대神明臺나 감천甘泉이라는 곳에서 열리는데[13] 신명대와 감천은 모두 샤먼의 X十축을 말한다.

서울대학교 박물관에 있는 〈무가 열두거리〉
그림에는 녹색 두루마기를 입은 무당이 트레머
리를 하고 양쪽 손에 두 개의 긴 수건을 잡고 있
다(그림 8-18, 13-1 참고). 무당이 양쪽에 긴 수건을
쥐는 것은 오늘날의 굿(그림 8-20)에서도 흔히 볼
수 있다. 이때 손님(심사원)은 무대 뒤에 걸린 초
상이 대신하고 있다. 두 개의 긴 수건은 뱀을 상징
한다.

8-21 무녀상 청동, 티베트. 그림 출처 : Pupul Jayakar, 《The Earth Mother》.

이 메타포는 티베트의 청동 유물에서도 확인
할 수 있다(그림 8-21). 이 무녀상巫女像에서 무당
은 긴 고깔모자를 쓰고 양쪽 손에 직접 뱀을 잡고
있다. 뱀은 무녀의 허리와 양쪽 팔을 휘감은 모양
이다. 한국의 무당이 잡은 수건이 곧 뱀임을 알 수
있는 것이다. 가장 대표적인 무녀상은 크레타의
크노소스 여신이다. 여신이 잡은 두 마리의 뱀은
하나가 빨간 뱀이고 다른 하나는 파란 뱀이다. 따라서 무당이 쥔 두 개
의 수건은 두 마리의 용이 이른바 4계절이 어떻게 연결되어 1년이라
는 지구의 회전이 이루어지는지 묻는 것이라고 할 수 있다. 19세기 초
까지 아메리카 인디언은 실제로 입에 뱀을 물었다.[14] 그러니까 두 개
의 띠는 1차적으로 우로보로스가 되고 그 우로보로스는 뫼비우스 띠
로 변신하게 된다. 지구가 용처럼 비틀거리며 태양을 일주하고 하지
점과 동지점에서 밤낮의 비례를 3:2로 만든다는 심오한 금성의 교리
를 무당은 두 개의 수건으로 말하려고 한다.

제러미 나비에 따르면 "뱀의 신체 구조는 전기의 양단인 플러스
마이너스 축이 통하는 방식과 같다"고 한다. 또한 뱀은 "수륙 양쪽에
서 살기 때문에 뱀의 두뇌 속에는 다시 두 마리의 꼬인 뱀이 존재한

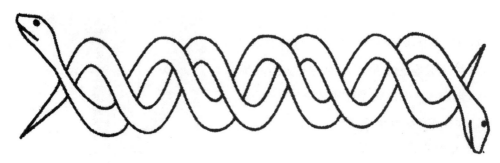

8-22 DNA 이중나선과 대응되는 한 쌍의 꼬인 뱀 우리의 새끼 꼬기와 같다. 그림 출처 : 제러미 나비,《우주뱀=DNA: 샤머니즘과 분자생물학의 만남》.

다"고도 했다(그림 8-22). 앞서 잠깐 설명한 바와 같이 수의 개념으로 보면 뱀(용)은 머리가 1이고 꽁지가 9이며 1에서 5까지가 양전기가 되고 6에서 9까지는 음전기가 된다. 그렇게 되면 1과 9가 만나는 것은 용이 자신의 꽁지를 무는 모양새이며 이때 강력한 양전기와 음전기의 스파크가 일어나면서 용의 몸체가 회오리치는 상황을 연상할 수 있다.《헤르메스 문서》에서 "세계의 시작에 서로 대립하는 두 개의 원리인 빛과 어둠이 있으며 이 두 개가 휘어서 뱀이 되었다"고 한 것은 불과 물의 두 상극요소가 상생한다는 뜻으로, 바로 이 이치를 말하는 것이다. 또《헤르메스 문서》는 "빛과 어둠은 네 개로 발전하여 불, 공기, 흙, 물의 4원소가 되며 이 4원소가 봄여름가을겨울의 4계절로 발전한다"고 썼다.[15] 오행五行 원리로 보면 봄여름가을겨울은 목화금수木火金水로 옮길 수 있다. 여기서 화火와 수水, 그리고 목木과 금金은 상극이므로 이 네 개의 원소를 오행五行이라는 하나의 염주에 꿴다는 것은 상식적으로 이해할 수 없다. 하지만 샤먼은 이 상극의 원리를 하나의 염주에 꿰는 비법을 알고 있다.

이것을 오늘의 우주물리학이 말하는 초끈superstring이론과 일맥상통한다는 사실은 흥미로운 일이다. 초끈이론은 어떤 초월적인 끈이 우주의 4대 원소를 붙잡아매고 대통일을 이룬다는 이론이다.[16] 1981년 콜로라도대학의 왈바David M. Walba 교수는 "뫼비우스 띠는 하나의 DNA로 구성된 것이 아니라 쌍둥이로 서로 분리되어 있다"고 주장했다. 그 분리된 두 개의 쌍둥이가 서로 이어지기도 한다는 것이다.[17] 이 말은 목(봄), 화(여름), 금(가을), 수(겨울)가 서로 상극이면서도 보이지 않는 초끈에 의해 하나의 염주가 된다는 말과 다르지 않다. 샤먼은 이 보이지 않는 끈이 금성과 지구의 교차에서 발생한다고 믿는 것이다.

고구려 고분(수렵총). 벽화는 산바라기 과거시험의 텍스트가 용이라는 사실을 보여준다(그림 8-23 152쪽). 벽화에는 한 마리의 거대한 용이 좌우로 가로질러 있다. 무가에 등장하는《용왕경》이다. 그림의 중심 상단에 금성의 심벌인 삼족오가 있는 것은 그림에 등장하고 있는 기마 인물이 경전에 도전한다는 것을 암시한다. 말을 탄 한 인물은 귀인 차림으로 오른쪽에 놓인 용의 머리에서 꽁지가 보이는 좌측으로 이동한 다음 그 한계에서 멈춰서 있다. 그림은 그의 시선이 가는 곳에 시험관이 있음을 암시한다. 샤먼 경전은 "용이 모두 81개의 비늘을 가졌다"고 하고 이 "81은 8+1=9"라고 했다. 문제는 9의 비밀이다. 9는 용이 한 줄로 늘어서면 꽁지가 되지만 앞에서 보았듯 용머리 1과 서로 부닥쳐 물리면서 영0(zero)가 되는 것이다. 그 0이 용의 보이지 않는 중뿔이 있는 곳(X+)이다.

아리랑(청룡)과 쓰리랑(백호)

시베리아 샤먼들은 중뿔을 뽑는 굿을 백白샤먼과 흑黑샤먼, 혹은 상上과 하下의 개념으로 나눈다. 흑샤먼은 밤의 정령과 인간을 중계하고

8-24 양성구유의 신 보석, 바빌론 왕국 후기. 그림 출처 : Carl Gustav Jung, 《Psychologie und Alchemie》.

백샤먼은 낮의 정령과 인간을 중계한다. 뫼비우스 띠를 타고 가는 개미가 표면과 이면을 동시에 기어가는 상황을 말하는 것이다. 앞장에서 언급한 이황의 논법으로 말하면 백은 비신飛神이고 혹은 복신伏神이다. 무가에서는 비신이 아린만명萬明이고 복신이 스린만명이다.

엘리아데의 보고에 따르면 샤먼은 산바라기 굿을 위해서 먼저 지성소至聖所에 천막을 치고 그 안에 말을 한 필 매어둔다. 이 말은 샤먼이 천계나 지하세계를 여행할 때 타는 천마이다. 하지만 천마는 실제 말이 아니고 이미 오딘의 전설에서 보았듯 팔괘를 의미한다. 알타이 샤먼이 북을 말이라고 부르고 부랴트 샤먼들이 굿판에서 머리에 말머리를 새긴 지팡이를 사용하는 것은 천마가 비유라는 것을 말해준다.

두 개의 수건이 두 마리의 뱀을 의미하며 이는 다시 팔괘를 뜻한다는 것은 바빌론 왕조 후기의 음각 보석에서도 나타난다(그림 8-24). 두 개의 얼굴을 가진 인물이 양쪽에서 두 마리 뱀에게 공격받고 있는 장면이다. 두 개의 얼굴은 한쪽이 여성이고 다른 쪽이 남성이다. 칼 융은 이 도상에서 두 마리의 뱀을 "태양을 나타내는 수뱀과 달을 나타내는 암뱀"이라고 하고 두 마리의 뱀을 양손에 쥐고 있는 신을 "양성구유兩性具有"라고 했다.[19] 두 개의 뱀과 양성 인물의 수수께끼는 용의 뱃속 여행이 이분법만으로는 불가능하며 삼분법(중성)이 개입돼야 비로소 가능함을 말하는 것이다. 인물이 두 마리의 용을 휘어잡는 대신 반대로 공격 받는 상황이라는 것은 이런 분위기를 암시한다. 그리고 그림 꼭대기에 그려진 세 개의 육각별은 그림의 주제가 금성 이데올로기임을 말해준다.

우리나라 굿에서도 무당은 빗자루나
먼지떨이처럼 생긴 물건을 들고 춤을 추다
가 이를 사타구니 사이에 넣고 하늘을 달리
는 시늉을 한다. 이때 북을 치며 춤을 추는
엑스터시는 하늘을 달리는 승마 행위와 동
일하다.[20] 중앙아시아의 아프라시아브 벽
화에는 날개 단 말들이 그려져 있다.

같은 주제는 아프가니스탄의 틸리아
테페•에서도 발견된다(그림 8-25 153쪽). 황
금 펜던트로 사용된 유물에는 의례를 통과

8-26 디오니소스와 아폴론 카메오, 그리스. 그림 출처 :
Erich Newmann,《The Great Mother》.

한 영웅이 양손으로 두 마리 용의 앞다리를 잡고 있는 모습이 새겨져
있다. 영웅의 머리에는 원형 장식이 달려 있고 펜던트 아래에는 많은
거울 장식이 달려 있다. 당연히 이 펜던트도 천문학의 도상이다.

그리스 샤머니즘에서 두 마리의 용은 아폴론과 디오니소스이다.
우리 무가에서 말하는 아린만명과 스린만명에 대응되며 고구려 고분
의 〈사신도〉에서는 청룡과 백호에 해당한다. 나중에 민요에서는 아리
랑과 스리랑으로 불렸다. 그리스 도자기 그림에서는 두 마리의 용이
아폴론과 디오니소스로 의인화되어 샤머니즘이 천문학의 종교임을
뒷받침하고 있다(그림 8-26). 그림에서 아폴론과 디오니소스는 X十에
서 만나고 있다. 양쪽에는 여름띠와 겨울띠를 상징하는 두 마리의 뱀
이 있고 꼭대기에는 현조가 있다. 그림 중심에는 두 계절을 관장하는
금성이 무릎을 꿇고 앉아 양쪽으로 팔을 벌리며 말의 입을 어루만지
고 있다. 바닥 양쪽에는 두 사람이 누워 있고 그림 아래에는 물그릇과
사람의 다리와 짐승이 있다. 실제로 델포이 민중은 1년의 12개월을
둘로 쪼개어 하나를 아폴론이 지배하고 다른 하나를 디오니소스가

•틸리아 테페
중앙아시아 북 아프가니스탄
에 있는 고대 박트리아 시대
의 유적지.

8-27 아폴론과 디오니소스의 만남 청동거울, 그리스. 그림
출처 : Erich Newmann, 《The Great Mother》.

지배한다고 믿는다[21](그림 8-27). 아폴론이 여름띠(아리랑)를 지배하고 디오니소스가 겨울띠(스리랑)를 지배했던 것이다. 같은 주제는 그리스의 거울에서도 나타난다. 아폴론과 디오니소스가 X十을 의미하는 델포이 신전에서 만나고 있다. 그림 양쪽에 진리를 뜻하는 포도나무가 새겨져 있고 그 위로 표범이 보인다. 아폴론이 진리의 나뭇가지를 디오니소스에게 넘기는 정황으로 이 제의에 금성이 개입된다는 것을 보여주고 있다. 물론 금성과 지구의 60도 각도차를 말하는 것이다. 그림 가운데에 여신의 머리가 새겨져 있는 것 역시 같은 의미이다. 오른쪽 나무 뒤에 물고기가 보인다. 물고기는 좀생이 혼(DNA)으로 이 그림의 주제라고 할 수 있다. 두 사람은 신전을 의미하는 석단 위에 올라서 있다. 두 마리의 뱀이 나란히 등장하는 상황과 다르지 않다.

용의 뱃속과 뫼비우스의 띠

샤먼이 비의를 전수하며 겪는 시련은 신화에서 으레 괴물과의 투쟁담으로 나타난다. 용의 뱃속으로 들어가는 여행담은 대표적인 예로 이는 뫼비우스 띠에서 보았던 개미의 이상한 행진과 다르지 않다. 용의 뱃속에서 살아남으려면 회오리 고개를 빠져나와야 한다. 이 고개가 마법의 상자인 팔패이다.

엘리아데는 샤머니즘에 뫼비우스 띠의 개념이 깃들어 있음을 알지 못해 용을 단지 "괴물"이라고 말하고 "우주적 공성空性에서 생겨나는 무의식의 힘"이라고만 정의했다. 이 때문에 "샤먼 지원자는 괴물이 일으키는 공포를 정복해야 한다"고 했다.[22] 무서운 힘이란 초월적인 힘이다. 우주물리학이 말하는 이상한 끈이다. 이 끈을 잡아야 불과 물이 맞닿는 곳에서 빠져나올 수 있다. 생사가 뒤집히는 회오리에서 빠져나올 수 있는 것이다. 샤먼은 이 회오리를 정복하기 위해서 암호와 같은 영혼의 언어를 사용하며 황홀경ecstasy에 빠지거나 트랜스trance *를 한다.

19세기에 제작된 힌두교의 종교화인 기리Giri는 산스크리트어로 '산' '목구멍' '좁은 골짜기' 등의 뜻을 지닌다. 힌두이즘은 불교와 습합된 샤머니즘이므로 힌두교의 종교화 기리는 샤먼을 이해하는 데 유용한 자료라고 할 수 있다(그림 8-28 154쪽). 그림 오른쪽으로 거대한 용이 아가리를 벌리고 있다. 반대쪽 깊은 산속에서는 요가 행자가 요가를 하고 있다. 요가 행자와 용의 벌어진 입 사이에는 붉은색 벨트가 깔려 있다. 그 길을 따라 세 사람의 귀인이 소(나귀)를 거느리고 용의 목구멍으로 들어가고 있다. 그림은 그들이 용의 뱃속을 무사히 지나서 마침내 실오라기처럼 가늘게 좁아진 꼬리를 통해 밖으로 나왔음을 보여주고 있다. 실오라기 같은 꼬리 앞쪽에는 낙원이 펼쳐지고 그곳에는 나귀 여러 마리와 함께 사람이 보인다. 사람은 신분의 상징인 옷을 벗고 알몸이 되어 있다. 주제는 요가를 통해 해탈을 도모한다는 것으로 요가의 의미가 용을 정복하는 것임을 말하고 있다. 그림의 좌측 상단에 해탈한 혼이 귀한 집에서 다시 태어나고 있을 장면을 그려놓고 있다.

우리 무가에서는 이 회오리 길을 "건곤회답乾坤廻踏"이라고 하고 이 길을 빠져나올 때 "이 죽은 놈(망자亡者)아" 하고 세 번 부른다고 했

*트랜스
샤먼들이 격렬한 춤으로 현실계를 넘는 무아지경의 체험.

8-29 영웅 제이슨의 귀환 그리스 항아리 그림. 그림 출처 : 조지프 캠벨, 《천의 얼굴을 가진 영웅》.

다.[23] 건곤회답이 뫼비우스의 띠이며 그 죽음의 여행을 마치고 세 번이나 죽었다고 외치는 상황이 샤먼의 과거시험인 것이다. 휘감아 도는 파도를 타고 윈드서핑으로 회전하는 정황과 같은 것으로 이것이 '아리랑 고개'이다. 성서에 등장하는 요나와 고래 이야기도 같은 맥락이라고 할 수 있다. 미국의 저명한 신화학자인 조지프 캠벨Joseph Campbell•은 이것이 "영웅 탄생의 열쇠"라고 전제하고, 황금 목걸이를 찾아 고래 뱃속으로 들어가는 그리스 신화의 제이슨Jason 이야기••를 예로 들었다(그림 8-29).

도판은 영웅이 된 제이슨이 지친 모습으로 고래의 입에서 나오는 장면이다. 뒤에는 영웅이 걸칠 옷이 황금 가지에 걸쳐져 있다. 앞에는 여신이 한 손에 비둘기를 쥐고 다른 손에는 영웅에게 건넬 청동 창을 들고 있다. 청동기가 어떻게 쓰였는지 말해주는 증거이다. 고래의 머리 위에 보이는 나무에 걸린 옷은 영웅이 입는 조복이고 비둘기는 영웅이 해탈하여 천국의 백성이 되었음을 의미한다. 그리스 신화의 헤라클레스도 고래 목구멍으로 들어가 뱃속을 통해 귀신을 죽인다.[24] 캠벨이 제시한 그림에서 왜 제이슨이 그렇게 녹초가 되어 고래의 입 속에서 나오는지는 중요한 관심사이다. 그것은 죽음을 각오하지 않고서는 감히 도전할 수 없는 회오리를 통과해야 하기 때문이다. 이런 정황으로 보면 기독교 이전 시대 때 북유럽 전설인 《니벨룽겐의 반지》•••도 통과의례의 모델이다. 대장장이의 아들 지그프리트는 동굴 속 용을 죽이고 그 피로 목욕한 다음 룬문자를 해독한다. 그런 뒤 용의 잘린 목과 이빨(발톱)은 물론 반지와 황금을 가지고 부르군트 왕국으

•**조지프 캠벨**
1904~1987. 미국의 세계적 신화학자. 《천의 얼굴을 가진 영웅》 《신화와 인생》 등의 저서들은 신화 연구자들의 필독서로 꼽힌다.

••**제이슨 이야기**
아버지가 빼앗긴 왕위를 되찾기 위해 아르고 호를 타고 동방의 불모지 콜키스로 가서 황금 양모피를 찾으려는 영웅 이아손의 이야기. 제이슨은 이아손Jason의 영어식 발음이다.

•••**니벨룽겐의 반지**
니벨룽그 족이 만든 마법의 황금 반지를 둘러싼 이야기. 지그프리트의 영웅담이 중심이다. 북유럽 신화의 시구르드 이야기가 원형.

로 가서 영웅이 된다. 이때 정복당한 용은
뫼비우스 띠의 비유이고 룬문자는 오딘이
점치는 괘卦로 그가 용을 정복하고 룬문자
를 이해했다는 것은 팔괘의 비밀을 풀었다
는 뜻이다.

　기원전 7세기 이전의 지중해 유물에는
팔괘의 의미가 확실하게 부각돼 있다. 크
레타 섬에서 발견된, 회오리를 모방하여 만
들어진 소라고둥triton shell이 그것이다(그
림 8-30). 자연산 소라고둥을 정교하게 재현
한 이 유물을 두고 자케타 호크스Jacquetta
Hawkes는 "여신의 혼을 불러내는 무구(악

8-30 소라 껍질(Sankha) 지중해, 하기아 트리아다. 그림 출
처 : Jacquetta Hawkes,《Dawn of the Gods》.

기樂器)"라고 했다.[25] 그리스 신화에서는 소라고둥이 이렇게 이야기된
다. 크레타 섬의 미노스왕 다이달로스가 그의 미궁전을 뜻하는 라비
린스Labyrinth에서 탈출했다. 이에 신은 그를 찾아 나섰는데 탈출자를
숨겨줄 만한 왕들에게 소라고둥을 보여주며 이를 실에다 꿸 수 있겠
는가 하고 수수께끼를 냈다. 그러자 시칠리아의 왕 코칼로스가 소라
고둥에 실을 꿰었다. 신은 즉시 그가 탈출자를 숨겨준 범인임을 알아
내게 된다.[26] 소라고둥은 왼쪽에서 오른쪽으로 움직이는 나선형이고
이는 금성이 지구와 교차하면서 생기는 춘추분점의 회오리 현상과
다르지 않다. 한국 무가인 〈심청전〉의 심청이도 회오리에서 빠져나온
뒤 용궁으로 들어가 용왕의 비가 되어 연꽃을 통해 재생한다.

　미국 뉴욕대학의 낙슨은 "소라고둥은 지모신(신모神母)의 자궁(터
널)이고 그 나선형은 무한대의 의미를 나타내는 메타포이며 따라서
탄생, 죽음, 재생의 우주적 심벌"이라고 했다.[27] 이런 천문의 이치를
인체로 옮기면 소라고둥의 회오리는 곧 자궁이다. 그곳으로 드나드

18-31 할 타르시엔 사원 지중해 몰타 섬, 기원전 4000년. Jacquetta Hawkes, 《Dawn of the Gods》

는 통로는 배꼽이며 그 배꼽은 북두칠성과 교감하는 곳이다. 한국의 다리굿은 용의 뱃속을 의미하는 소라고둥을 통과하는 과정을 보여준다. 기다란 천으로 다리를 대신하는 이 굿에서 다리는 이승과 저승처럼 단절된 절벽 사이를 잇는 형이상학적 개념이다. 무가에서는 다리를 "극락교極樂橋" "연화교蓮花橋"라고 기록하고 이 다리를 건너면 영웅이나 선녀를 다스리는 "선관仙官이 된다"고 노래한다.[28] 하지만 기다란 천 중간에는 풀지 못하는 매듭이 있다. 다리를 건너 극락으로 가기가 거의 불가능한 것이다. 그래서 계면굿(계명새啓明賽)에서는 오동나무로 만든 장구와 북을 두드리며 "돌고 돌자"고 재촉한다.[29] 계명은 금성의 이칭인 계명성啓明星을 뜻하는 말로, 글자를 풀면 '해와 달(명明)'이 한 몸이 되는 '양성兩性을 깨닫는다(계啓)'는 뜻. 이것이 무가가 구전되면서 계면界面으로 변형된 것이다. 계명啓明을 계면界面이라고 해도 금성의 뜻이 완전히 달라지는 것은 아니다. 해와 달은 서로 대립(대면對面)되는 형국이며 금성이 이를 양쪽 겨드랑이(중성)에 끼기 때문이다. 두 경계는 풀기 어려운 매듭에 비유되어 영웅이 아니고서

는 그 매듭의 다리를 건너지 못한다. 무가의 〈계명찬가〉
는 이렇게 노래한다.

> 사막砂漠 천리의 늪, 본향인 양산兩山에 오르네
> 깊은 밤 찬비가 내리고 자려고 해도 잘 수가 없고
> 혈혈단신孑孑單身으로 아흔아홉 고개를 넘으니
> 눈(설雪) 위에 흩어지는 매화 잎을 보는 것 같으이[30]

아흔아홉 고개가 곧 회오리이며 아리랑 고개다. 엘
리아데는 이 "이례unusual적이고 이상abnormal한 체험은
성스러움의 변증법으로 설명되어야 한다"고 주장한다.[31]
서양철학의 실존개명實存開明 개념＊을 염두에 두고 있는
것이다.

회오리에 대한 주제는 지중해 문명에서도 어김없이 나타난다. 지
중해 몰타Malta 섬의 타르시엔Hal Tarxien 사원에서 발견된 유물은 회
오리가 당대에 가장 중심적인 신앙의 대상이었음을 확인시켜준다
(그림 8-31). 기원전 4000년경에 조성된 이 야외 사원은 제단에 두 개
의 배꼽 문양인 회오리를 새겨 놓았다. 회오리가 숭배의 대상이었던
것이다. 회오리 하나는 왼쪽에서 오른쪽으로 돌고 다른 하나는 그 반
대로 돌고 있다. 두 개의 만卍자와 모양이 다르지 않아서 卍자의 기원
이 매우 오래되었음을 말해주기도 한다. 또한 이것은 금성과 지구가
춘추분때 교차한다는 징표임에 분명하다. 스티븐 호킹Stephen William
Hawking도 기관차들이 철로 없는 길을 위아래에서 자유롭게 달리는
뫼비우스의 띠를 말하고 있다(그림 8-32).

그의 설명을 영웅들의 모험에 대입하면 산바라기들이 그 길을 자
유롭게 통과했다는 말을 의심하게 될 것이다. 하지만 이 이야기는 영

＊실존개명 개념
유럽의 실존주의 사상. 실존
이 스스로를 개명(開明: 밝게
비춤)함으로써 참된 자기 존
재를 자각하는 것. 불교에서
말하는 해탈과 대응되는 정
신 상태.

8-33 샤먼의 장식그림 그림 출처 : Uno Harva, 《Shamanism》.

웅 신화의 가장 핵심 부분이다. 이탈리아나 시케리아 지방의 전승 자료에는 게류온Geryon의 소를 둘러싼 헤라클레스의 모험 이야기가 여러 가지 형태로 전해진다. 발터 부르케르트에 따르면 헤라클레스의 모험도 결국 우주적 차원의 지리地理를 극복하는 이야기이다. 이 말에 따르면 모험의 마지막에 등장하는 머리 세 개의 거인은 결국 샤먼이다.[32] 하데스의 동굴 이야기에서도 세 개의 머리를 가진 가면의 샤먼들이 "춤을 추는 주술사"로 등장한다. 이들의 주술은 살아서 돌아올 수 없는 그 먼 절망의 길을 극복하게 만든다.[33]

같은 상황은 시베리아 부랴트 샤먼의 목판 그림에서도 볼 수 있다(그림 8-33). 그림의 상단 양쪽에 두 개의 회오리가 그려져 있다. 왼쪽은 단순한 회오리 모양이고 오른쪽은 원을 여러 개 중첩해 그린 동심원이다. 동심원이 행성들의 움직임을 나타낸다면 회오리는 지구와 금성의 교차 상황을 보여준다. 그림에는 사람이 각기 셋, 아홉, 열, 다섯 명씩 그려져 있다. 이 수는 물론 삼신三神, 구이九夷, 10간十干, 오제五帝 등 샤머니즘 정치 시스템의 표현이다. 아래에 그려진 동물들도 세계를 지배하는 조직체의 직위를 나타내는 명칭으로 이해할 수 있다.

8-34 서로 묶여 있는 세 개의 회오리 기원전 1000년경, 아일랜드. 그림 출처 : Jacquetta Hawkes, 《Dawn of the Gods》.

기원전 1000년경의 것으로 추정되는 아일랜드의 뉴그레인즈New Grange 고분 벽에는 세 개의 회오리가 새겨져 있다(그림 8-34). 회오리는 각기 나뉘어져 있지만 선이 서로 연결되어 얽혀 있다. 얽히는 방향을 서로 다르게 만든 데는 특별한 의미가 있다. 이 회오리는 다름 아닌 미로이다. 앞에서 언급한 미노스왕의 이야기에서 보았듯 기원전 10세기 이전 크레타 섬은 샤머니즘 문화의 중심지였다. 그들은 지하에 미로를 만들어놓고 회오리, 이른바 라비린스 의식을 행했다. 이 의식은 페르시아, 이집트, 힌두, 심지어는 아메리카 인디언 지역까지 널리 퍼져 있었다. 미궁은 돌을 쌓아

8-35 상징적 미로 그림 출처 : J. C. Cooper, 《An Illustrated Encyclopaedia of Traditional Symbols》.

•미노타우로스
그리스 신화에 등장하는 괴물. 인간의 몸에 거대한 수소 머리를 지니고 있다. 크레타 섬의 왕비 파시파에와 수소 사이에서 태어난 자식으로 인간을 잡아먹었다. 미노스 왕의 배려로 미궁 안에서 아테네의 소년소녀를 먹으며 살아가다가 결국 아테네 왕자 테세우스에게 죽는다.

아주 복잡한 구조로 만들기도 했고 사원이나 성당의 어두운 지하나 산허리를 뚫어 만들기도 했다. 이 때문에 그림으로 보는 미로는 실감이 없다. 미로 자체를 그대로 그림으로 옮길 수는 없기 때문이다.

몸은 수소이고 머리는 사람인 미노타우로스는 회오리를 정복한 영웅상이다(그림 8-35). 그것은 뫼비우스 띠처럼 처음과 끝, 앞과 뒤가 끝없이 이어지며 뒤바뀌는 용의 몸을 정복하는 일이다. 용의 그리스

8-36 미로 그림 출처 : J. C. Cooper, 《An Illustrated Encyclopaedia of Traditional Symbols》.

어는 '보다' '깨우치다' '정복하다'로 모두 4차원의 세계를 꿰뚫어본다는 뜻이다. 엘리아데는 이를 "샤먼들의 엑스타시 기술"이라고 하고 "하나의 우주역宇宙域에서 다른 우주역, 이 세상에서 천상계 또는 이 세상에서 지하세계로 경과하는 기술"이라고 했다.[34] 요약해서 말하면 용의 몸, 그러니까 지구가 다니는 이상하게 꼬인 자장의 궤도를 체험한다는 뜻이다. 이런 상태를 선으로 나타내면 단순한 문양이 된다(그림 8-36).

샤머니즘을 한자로 巫(무)라고 한다. 무 巫는 두 번의 회오리(인人)를 통과하는 다리(공工)를 말한다. 《설문》은 '巫(무)'를 "사람 두 명이 공工자 안에서 마주 서 있는 모습"이라고 했다(무의 갑골문자). 더불어 공工자는 "두 마리 뱀이 서로 엉켜 있는 모습"이라고 했다. 또 금문金文은 두 개의 원이 맞붙은 8자형 도상을 보여주면서 이를 "교묘함(교巧)"이라고 했다. 반자로프는 샤먼들이 몸을 흔들며 춤추는 상태를 "카오스"라고 했다.[35] 카오스는 곧 회오리이다.

기원전 1500년경 미케네 문명 시대의 것으로 보이는 도기陶器 유물이 크레타 섬 파이스토스 인근에서 출토되었다. 유물은 네 명의 누드 여신이 서로 팔을 잡고 원무를 추는 모습을 빚어놓았다(그림 8-37 154쪽). 이는 신전 의식에서 추는 무용으로[36] 한 명은 악기 리라lyre를 타고 있으며 나머지 무녀들은 두 팔을 날개처럼 펴서 빙글빙글 돌고 있다. 춤은 미로를 의미하는 나선형 날갯짓과 꼬임twisting, 그리고 지속적인 진화와 회귀를 시도하는 리듬 운동이다. 원류는 페르시아의 '천문학적인 춤astrological dances'인 수피댄스에서 왔다고 전해진다.[37]

8-38 상모 돌리기(자반 뛰기) 그림 출처 : 정병호,《농악》.

낙슨은 "미로는 초월적인 공동空洞의 터널이며 이승과 저승의 정반대의 중심"이라고 하고[38] "미로의 비의가 샤먼적 체험의 현상학적 초월의 본질을 유도하는 방법과 다르지 않다"고 했다.[39] 주목할 것은, 네 명의 인물은 가슴은 여성이지만 아래는 남성으로 헤르마프로디테의 이미지를 보인다는 사실이다. 게다가 그들이 담긴 원통 그릇에는 물이 담겼으며 그릇 둘레에는 네 마리의 소뿔이 새겨져 있다. 원통에 담긴 물은 바다이고 소는 천문 이데올로기로 창조 신화의 심벌이다. 회오리 춤을 통해 해탈을 도모한다는 것을 말해주는 것이다.

샤먼이 많은 재비들(악대樂隊)을 거느리고 요란하게 춤판을 벌이는 것도 이런 주제와 관계 깊다. 샤먼과 함께 사물놀이를 벌이는 이들 재비들은 갓을 썼는데, 그 갓에는 길게 늘어뜨린 상모가 달려 있다. 앞장에서 보았듯 갓은 천문 이데올로기의 상징이다. 이들은 원형대圓形隊로 나선형의 춤을 춘다(그림 8-38). 춤은 몸과 머리를 끊임없이 돌리는 격렬한 동작이다. 가장 먼저 갓에 길게 매단 상모가 빙글빙글 돌며 마치 자신의 꼬리를 물고 늘어지는 용처럼 돈다. 이때 두드리는 장구

8-39 사계절이 순환하는 모습 그림 출처 : 정병호,《농악》.

8-40 인디안 제단화 그림 출처 : Barry Fell,《America B. C.》.

와 꽹매기 소리는 용이 우짖는 소리처럼 들린다. 이를 사물놀이라고 한다. 사물四物은 원래 장구, 북, 꽹과리(징), 새납을 가리키는 말이지만, 그 기원에는 봄여름가을겨울의 사계가 있다. 4계절이 끊임없이 반복되는 윤회의 드라마를 모방하는 것이다. 참가자들은 "아리아리동동" "스리스리동동" "아리랑 꽃노래를 불러나보세"를 열창하며 환희로 몰아간다. 윤회는, 허무가 아니라 생명의 찬가이고 풍요와 다산의 드라마이다. 이것이 회오리의 재현임은 장구(소고小鼓)에 삼태극과 양태극이 그려져 있다는 사실이 말해준다.

이들의 원무圓舞가 완벽하게 나선의 흐름을 연출한다는 것은 발자취에서 읽을 수 있다(그림 8-39). 세 개의 회오리가 뒤엉키는 형태를 "세방울진陣" 또는 "오방진五方陣"이라고 한다.[40] 방진이 팔괘의 마법인 미궁을 정복하려는 다리 건너기인 것은 물론이다.

이런 상황은 아메리카 인디언의 제단화에서도 나타난다(그림 8-40). 그림 중심에 제단이 놓여 있다. 그 양쪽으로 해와 달이 빛나고 있으며 하늘에는 별이 가득하다. 사람들은 제단 주위에서 손에 손을 잡고 춤(강강술래)을 추고 있다. 축제가 벌어지고 있는 것이다. 춤추는 사람들 앞쪽에는 도취 상태ecstatic로 땅바닥에 쓰러져 있는 사람들이 보이며 제단 앞에는 하늘 사다리가 세워져 있다. 사다리는 X十

의 DNA 사다리를 말한다. 이 제단화를 발견한 하버드 대학의 배리 펠 Barry Fell은 중심에 우뚝 선 제단을 "새해 첫해가 떠오르는 순간을 관찰하는 기둥column"이라고 했다. "기둥이 강렬한 빛을 받는 그 순간이 해가 아리에스Aries의 지점을 지나는 때, 즉 춘분"이라고 했다.[41] 그러나 제단 위에 선명하게 나타나는 회오리에 대해서는 단지 빛이라고만 말했다. 그것이 비너스의 배꼽이라는 사실, 그 시각에 음기와 양기가 뒤엉키며 회오리친다는 사실을 언급하지 않은 것이다. 해와 달이 동시에 그려졌다는 점에서 이 그림이 금성 이데올로기를 드러내려 한다는 것은 분명하다. 제단화는 그리스의 디오니소스 축제를 연상케 하며 엑스타시가 춘추분 때에 행해진다는 것을 암시하고 있다.

축제 II 올림피아드와 신선놀이

코카서스 산맥의 북쪽(조지아)의 마이코프 일대에는 고분이 많다. 주목되는 유물은 켈레르메스 고분에서 발굴한 황금 거울로 기원전 6세기경의 것이다(그림 8-41 155쪽). 거울은 모두 여덟 칸으로 나뉜 공간 속에 그림을 새겼다. 주목되는 것은 거울 중심에 두 개의 꽃이 절반씩 잘려서 맞대어 있다는 사실이다. 여덟 개의 칸이 여덟 잎사귀의 꽃을 의미한다면, 절반씩 잘라서 맞대어 놓은 중심부의 꽃은 2개의 수 X十을 말하는 것이 된다. 이렇게 읽으면 황금 거울은 팔괘의 원명原名인 팔음이문八音二文이 된다.

여덟 칸의 그림을 읽어내기는 다소 난해하지만 전체적인 이야기는 짚어볼 수 있다. 우선 상단 왼쪽에서 날개를 단 비너스를 확인할 수 있다. 그녀는 양손에 양처럼 보이는 두 마리의 짐승을 번쩍 쳐들고 있다. 과거고시를 뜻하는 축제가 시작됨을 암시하는 것이다. 비너스의 오른쪽에서는 사자가 야수의 목덜미를 물고 있고 그 아래에는 개가 보인다. 사자는 과거고시를 통과한 영웅이다. 그의 머리에 이집트 십자(十)가 보이는 것은 그 증거이다. 개는 사자使者의 무리로 비너스가 거느리는 개밥바라기이다. 그 다음 칸에서는 날개 단 두 괴물이 지팡이를 두고 실랑이를 벌이고 있다. 뒤에서 보지만 이 지팡이는 영웅에게 수여되는 청동 창이다. 다시 그 아래에는 건장해 보이는 말 한 마리가 나무 아래 서 있다. 이 말은 천계(팔괘) 여행을 떠날 때 신전(신단수神檀樹)에 매어두는 천마天馬이다. 다시 아래로 내려가면 젊은이 두 명이 괴물 한 마리를 붙잡고 칼로 찌르고 있다. 괴물은 머리에 뿔이 두 개 달려 있고 몸은 짐승이며 날개를 가졌다. 이 괴물은 팔괘를 상징하는 용이다.

비너스의 왼쪽에서는 사자 두 마리가 씨름하는 듯한 자세를 잡고 있다. 이것이 왕이 되는 과거임은 뒤에서 다시 보게 된다. 다음으로 가면 세 마리의 괴물을 만나게 된다. 두 마리는 위에서 서로 마주하고 있고 아래에 한 마리가 따로 떨어져 있다. 이들은 지금 무언가 열심히 논쟁을 벌이는 것처럼 보인다. 뒤에서 보게 되지만 올림피아드에 논쟁 경기가 있음을 암시한다. 괴물들이 인간 얼굴과 날개를 가진 것은 이들이 스핑크스에 도전하는 영웅의 도전자들임을 말해준다. 이어지는 칸에는 거대한 개와 어디론가 날아가는 독수리가 보이고 다시 이어지는 칸에서는 작은 강아지가 입에 새를 물고 있다. 이것이 과거고시가 끝난 뒤 벌어지는 영웅들의 성혼聖婚 의례임은 뒤에서 보게 된다. 올림피아드가 끝나면 영웅의 정자가 지상으로 내려간다는 것을 암시하고 있는 것이다.

이 그림들이 샤먼의 과거시험 풍경이라는 것은 퉁구스나 투르크의 샤먼 풍속에서도 확인된다. 경기는 천제天祭에 이어서 벌어진다. 카자흐, 키르기스 샤먼의 경우 제사에 이어 경마競馬가 벌어지며 1등으로 입상하는 지망자에게는 상품으로 말 300두나 소 300두가 수여되었다. 이때 경기장에는 머리에 화관을 쓴 소녀가 말 위에 앉아 있다. 경기에서 탄생하는 영웅과 혼인하기 위해서이다. 이런 풍습은 고대 그리스에나 코카서스 제 족에서도 마찬가지였다.[42]

고구려 고분 벽화에도 비슷한 경기 장면을 볼 수 있다(그림 8-42 156쪽). 경기장 중심에 가지가 아홉인 신단수 나무가 있고 그 앞에서 여러 가지 종류의 경기가 벌어지고 있다. 주목할 것은 나무줄기에 거대한 뱀이 휘감겨 있다는 사실이다. 경기장이 X十의 축임을 말해주는 것이다. 말을 타고 싸우는 기마창기騎馬槍技 놀이는 아마도 대회에서 가장 인기 있는 경기였을 것이다(그림 8-43 156쪽). 경기자와 말의 몸에 걸친 거창한 보호 장비는 중세유럽 기마무사의 그것과 크게 다르지 않다. 패자가 죽을 수도 있음을 암시하는 것이다. 중세유럽에서나 볼 법한 기마무사가 그 훨씬 이전인 고구려 고분에 실감나게 그려져 있다는 것은 전세계에 걸쳐 샤먼문명을 건설한 제국이 존재했다고 말하지 않고는 설명되지 않는다.

지상을 다스리는 위대한 왕을 뽑는 경기에서 씨름 경기를 빼놓을 수는 없다. 우리나라 씨름에는 회오리의 원리가 내재돼 있기 때문이다(그림 8-44 157쪽). 그림은 씨름판 광경을 역동적으로 보여준다. 오른쪽에 심판관이 있고 왼쪽에 나무가 있으며 그 사이에서 경기자들이 씨름 자세를 취하고 있다. 주목할 것은 위에 좀생이 혼불이 그려져 있다는 것이다. 이는 씨름판이 DNA 사다리가 있는 X十축에서 벌어지고 있음을 뜻한다. 이 점은 집단 씨름 놀이라고 할 수 있는 고싸움놀이에서 확연하게 드러난다. 이 놀이는 새끼로 꼬아 만든 두 마리의 거대한 용이 대결하는 것으로, 용머리가 서로 부딪친 뒤 기가 달리는 쪽으로 용머리가 기울며 회오리가 일어난다는 점을 놀이로써 보여주고 있다.

8-45 격투 역청으로 만듦, 기원전 3000년경, 수메르. 그림 출처 : Friz Saxl,《Lectures》.

같은 주제는 시리아에서 발굴된 부조에서도 발견된다(그림 8-45). 부조는 두 맞수가 레슬링하는 장면을 보여주고 있다. 한쪽은 왼손을 내밀고 다른 쪽은 오른손을 내밀고 있는데, 한쪽이 청룡의 원리이고 다른 쪽이 백호의 원리이다. 양쪽 힘이 부딪치면서 회오리가 일어나는 상황을 레슬링으로 연출하는 것이다. 부조 위쪽에 서로 엉켜 있는 두 마리의 뱀은 레슬링의 정신을 나타내고 있다. 두 마리의 뱀은 각기 자신의 꽁지를 물고 있어 독립된 것처럼 보이지만 기실 그 독립은 서로가 얽혀서 한 묶음이 되어 있는 불완전한 독립이다. 독립된 상태를 '나〔我〕'라고 한다면 이는 '나는 나이면서 내가 아니다' 또는 '나는 내가 아니면서 나이다'라는 모순논리의 표현이 된다. 씨름의 원리가 실감나게 표현된 예는 기원전 4~5세기 때 만들어진 청동 레슬링상이다(그림 8-46). 두 사람은 서로 X자형으로 손을 잡고 있다.

샤먼의 과거고시에도 논리학의 능력을 검증하는 문답問答 경기가 있었다. 샤머니즘 시대의 유습을 반영한 플라톤의《대화편(이온)》이 "신을 숭배하는 제사 때 음유시 낭송 경기를 비롯하여 정신적인 경기가 여럿 열렸다"고 기록한 것은 참고할 만하다. 이는 수메르 시대의 유물에서도 볼 수 있으며, 바빌로니아 시대의 유물인 원통인장에서도 잘 드러나고 있다(261쪽 그림 7-23 참고). 도판에는 중심에 일곱 개의 가지를 가진 나무가 있고 그 양쪽에 두 사람의 신이 의자에 앉아 논쟁을 벌이고 있다. 가운데 나무가 진리의 나무라는 것은 나무줄기에 두 마리의 뱀이 감겨 있는 데에서 잘 알 수 있다. 왼쪽에 앉은 신의 뒤에는 하늘로 치솟는 듯한 뱀의 모습이 그려져 있다. 이 그림의 주제가 용과 관련 있음을 말해준다. 가지가 일곱개인 데에서 북두칠성의 수가 드러나 있으므로 정황은 용의 중뿔을 암시하고 있다. 용은 샤면의 《용왕경》이다. 이것이 용의 중뿔 뽑기이다. 문답 경기eristice는 그리스의 올림피아드에서도 매우 중요한 종목이다. 힌두 시대의 샤면은 문답 경기에서 이렇게 물었다.[43]

8-46 청동 레슬링상 한대, 기원전 4~기원전 5세기경, 런던 대영박물관. 그림 출처 :《中國 古考學大系》, 雄山閣.

> 그대여 달은 어디로 가고 반달은 어디로 가는가?
> 그들이 합치는 해(년年)는 언제이며 또 계절은 어디로 가는가?
> 나에게 그것들의 스캄바(기둥)를 말해다오.
> (……)
> 나는 그대에게 지구의 끝에 대해서 묻노라,
> 또 지구의 배꼽은 어디이뇨?

고구려 고분(각저총)에는 그 문답 경기의 정황이 그려져 있다(그림 8-47 157쪽). 왼쪽에 앉은 인물은 검은 두루마기를 걸쳤고 오른쪽 인물은 검은 저고리를 걸치고 있다. 검은 옷을 입었다는 점에서 두 인물이 고구려의 조의선인皁衣仙人[•]임을 알 수 있다. 조의가 바로 검은 옷이라는 뜻이기 때문이다. 이들은 찻상을 사이에 두고 선문답을 벌이고 있다. 벽화 윗부분에 불꽃 문양과 금성 이데올로기를 나타내는 人(X)자가 거듭 쓰여 있으며 하단에는 역시 좀생이 혼불을 그렸다. 〈무가 열두거리〉에는 좀생이 혼이 오는 시기를 "칠성당 부모왕父母王님이 오시는 때"라고 하고 이때를 이렇게 표현하고 있다.

•조의선인
상고시대 때부터 있어 온 전사(무사)들을 고구려에서는 검은 옷을 입어 조의선인이라고 했다. 신라의 화랑에 해당한다.

떡갈나무에 떡이 열고 싸리나무에 쌀이 열고
말머리에 뿔이 나고 소머리에 갈 귀(갈기) 나고
나는 짐승이 달리고 짐승이 말을 하며
인간이 말을 못하는 시절이라[44]

가사는 해탈의 징조이고 영웅들의 모험에서 도달하
려는 4차원의 체험을 말하려 한다. 단테는 그의 《신곡》에
서 이 해탈의 경험을 이렇게 썼다.

그로부터 나는 많은 사물이 이상하게 움직이는 것
을 보았다.
나는 뒤죽박죽된 꿈속에 들어가 있었다.
(……)
태양이 푸르고 희고 별이 나타났으며
높은 곳에서는 눈물이 흘러내리며
새가 날고 있는 중에 떨어지며
주변의 대지가 진동하는 것이 보였다.

8-48 고대 멕시코 샤먼의 해탈상 스페인, 베
날마데나 시립박물관, 그림 출처 : M. Ripinsky-
Naxon, 《The Nature of Shamanism》.

앞에서 본 무가의 가사와 맥락이 같음을 알 수 있다. 낙슨의 어법
을 빌리면 샤먼의 엑스타시는 "현상학적 초월"을 의미한다. 점토로
만들어진 인디언의 토기 조각 가운데 한쪽 어깨에 자신의 머리를 또
하나 올려놓은 인물상이 있다(그림 8-48). 낙슨은 이를 두고 "영혼과
정신이 하나의 몸체에서 카운터파트가 되는 샤먼의 모습(몸)"이라고
했다.[45] 샤먼들의 육체이탈의 정황을 말하는 것이다. 현대서양철학은
이를 자기대상화自己對象化라고 한다.

영웅들의 서품

수메르 시대의 금성신인 인안나에게 바쳐진 찬가에는 "왕을 지명하고 왕의 지팡이를 내리는 그대"라고 되어 있다. 과거에 급제한 영웅에게 지팡이를 내리는 자가 여신이고 그 지팡이를 받은 영웅이 지상을 다스리는 왕이 된다는 것이다. 지중해 문명 시대의 보석 유물들은 영웅들이 받는 서품이 다양하다는 것을 보여준다(그림 8-49). 보석에는 말 탄 두 영웅이 새겨지고 그 사이에 비

8-49 미트라의 보석 그리스. 그림 출처 : Erich Newmann, 《The Great Mother》.

너스 즉, 금성이 있다. 여신의 머리 위에는 금성의 상징인 현조가 있고 현조의 좌우에는 해와 달의 신상이 새겨져 있다. 여신은 양손으로 영웅들이 타고 온 말의 입을 어루만지며 영웅들을 환영하고 있다. 이 영웅들은 통과의례에서 당상에 오른 인물들로, 오른쪽 영웅은 삼지창을 들었고 왼쪽 영웅은 T자 심벌을 들고 있다. 삼지창은 삼신의 심벌이고 T는 X나 十과 같은 기호로 사용되었다. 그림 좌우에 보이는 두 마리 뱀은 서로 엇갈리며 오르내리고 있다. 앞서 설명한 것처럼 이는 〈사신도〉의 청룡 백호와 통하고 그리스 신화에서는 아폴론과 디오니소스로 표현된다. 실제로 한국의 무가 〈만명창언萬明唱言〉에서는 이두 뱀을 "아린만명萬明" "쓰린만명"으로 표현하며[46] 노래에서는 "아리랑"으로 표현된다. 아리랑이 아리랑 축제에서 불렀던 노래임은 다음 가사에서 읽을 수 있다.

아리랑 아리랑 아라리오, 아리랑 고개를 넘어간다.
나를 버리고 가시는 님은 십리도 못가서 발병난다.

8-50 바위그림 3세기경, 가자. 그림 출처 : 조르주
나타프,《상징·기호·표지》.

아리랑은 산바라기 도전자이고 "아라리"에
서 "알"은 좀생이 혼을 일컫는다. 아라리를 "알
의 알"로 읽으면 "알 중의 알"이란 뜻이 되며 다
시 이것은 영웅을 가리킨다. 아리랑이 팔괘(4차
원)의 회오리 고개(난문難問)를 넘고 영웅이 되어
속세를 떠나는 정황을 노래한 것이다.

다시 그림을 보자. 말꼬리 쪽에 각기 작게 그
려진 인물들이 보인다. 한쪽은 오른손으로 말꼬
리를 잡고 있고 다른 쪽은 왼손으로 말꼬리를 잡
고 있다. 비너스의 양어깨 쪽에 두 개의 6각 별이
있는 것은 이 그림이 영웅 탄생의 이야기임을 말
해준다. 하단 중심에는 점상(제상祭床)이 있고 그 양쪽에 현조들이 새
겨져 있다. 점상 위에는 세 개의 자안패子安貝가 놓여 있고 달처럼 휘
어진 활은 팔각 별을 안고 있는 모습이다. 점을 치는 팔괘의 심벌이며
자안패는 다음 장에서 언급하지만 영웅의 정자를 담는 기구이다. 주
목할 것은 사제의 검파로 검의 아래쪽 끝에 이삭이 돋는 모양이다. 무
구에 등장하는 언월도偃月刀이다. 이것들이 모두 영웅들에게 주어지
는 서품이다.

서아시아의 가자지구에서 발굴된 바위그림에서도 영웅이 받는
서품이 그려져 있다(그림 8-50). 그림에서 뱀은 자신의 몸을 틀어서 X
자를 뜻하는 자물쇠를 만들고 있다. 자물쇠를 채운 안쪽 중심에는 가
지가 일곱 개인 촛대가 있고 그 양쪽에 벼이삭과 뿔배가 있다. 자물쇠
는 팔괘의 마법을 말하므로 누구든 이 비밀을 푸는 자라면 북두칠성
에서 내리는 좀생이 혼불의 세례를 받고 영웅이 된다는 뜻으로 읽을
수 있다. 그림에 보이는 뿔배는 영웅이 우승컵처럼 이 뿔배를 쥔다는
것을 말하고 있다. 뿔잔의 의미는 뒤에서 보지만 영웅의 DNA 정자를

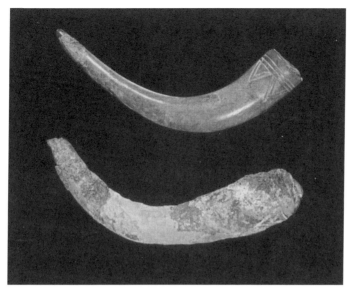

8-51 **청동 뿔잔** 6세기경, 한반도, 김동현 소장. 그림 출처 : 《한국미술전집 : 청동기》, 동화출판공사.

8-52 **청동 뿔잔** 중앙아시아 베그람, 1세기경. 그림 출처 : National Geographic, 《Afghanistan》.

8-53 **청동 그릇** 경주 호우총, 고구려시대. 그림 출처 :《한국미술 전집 : 청동기》, 동화출판공사..

담는 그릇이다. 이는 다른 쪽에 보이는 벼이삭이 말해준다. 한반도에
서 발굴한 6세기경의 청동 뿔잔은 입 언저리에 삼각을 나타내는 기하
학 문양들이 새겨져 있다(그림 8-51). 뿔배가 금성 이데올로기의 심벌
임을 말하는 것이다. 기록에는 흉노들이 뿔배 속 술에 서로의 피를 떨
어뜨려 번갈아 마신다고 했다. 가야시대의 토기 뿔잔은 삼각 문양 대
신 잔 아래에 말머리 조각이 새겼다. 영웅이 말을 타고 잔을 받는다는
것을 암시한다. 같은 종류의 뿔잔은 중앙아시아나 파르티아 시대의
유적에서도 발견된다(그림 8-52).

　　일연은《삼국유사》에서 "영웅(제왕帝王)이 탄생할 때 보기寶器와
녹도錄圖를 받는다"고 했다.[47] 보기는 청동기이고 녹도는 왕으로 부
임할 성城의 지도로 볼 수 있다. 고구려의 19대왕이 영웅이 되어 청동
기를 받았다는 사실은 실제 유물로 확인되고 있다(그림 8-53). 청동 그
릇의 밑바닥에는 "고구려의 담덕談德이 을묘년乙卯年에 국강상國崗上
에 올라 호태왕好太王이라는 호를 받았다"고 새겨져 있다. 호태好太는
금성의 이미지로 중성, 이른바 깨달은 자를 뜻한다. "국강상에 올랐

다"는 문장의 의미는 언덕 강崗자에서 힌트를 찾을 수 있다.《자전》이 강崗을 "북두칠성"이라고 풀이하고 있기 때문이다. 그러므로 국강상에 올랐다는 말은 담덕이 나라의 언덕인 우주축 X十에 올랐다는 의미이다.

켈트 신화에서는 솥(정鼎)이 네 개의 신보神寶 가운데 네 번째로 거론된다. 솥은 영웅이 어떤 대군을 거느린다고 하더라도 굶는 일 없이 배불리 먹인다는 뜻이다.[48] 고구려 대무신왕의 기록에는 실제로 이 솥이 등장한다. 사제가 청동 솥을 내리는 의미는 영웅에게 대군을 거느릴 권력을 내린다는 뜻이다. 청동 솥이 켈트 신화에도 나타나는 것은 청동기가 모두 샤먼제국 시대의 의례기임을 말하는 것이다.

올림피아드의 승자가 청동 검이나 창을 받는다는 사실은 이미 영웅 제이슨의 이야기에서 확인했다. 지친 모습의 제이슨 앞에 여신이 청동 창을 들고 있는 것은 창을 영웅에게 건네려는 정황이기 때문이다. 그리스의 도자기그림에는 영웅이 창과 함께 조복朝服을 받는다는 정황이 그려져 있다(그림 8-54 158쪽). 그림 중심에 지혜의 나무가 있다. 그 나무줄기를 거대한 용 한 마리가 감고 있다. 과거고시를 뜻하는 텍스트이다. 왼쪽에서 여신이 용이 즐겨먹는 먹이로 용의 시선을 끌고 그 사이에 오른쪽의 도전자가 수건에 감춘 단검으로 용을 찌르려 하고 있다. 오른쪽 위에는 영웅의 탄생을 반기기 위해 창과 조복을 들고 있는 여신이 있다.《동이전》에 "중국 왕들이 동이의 웅상雄常의 나무껍질로 만든 옷(조복朝服)을 입는다"고 한 것도 이렇게 이해되는 기록이다. 여기서 중국이라는 말은 특정 나라 이름이 아니라 영웅들이 다스릴 지상의 나라들을 말한다.

모든 증거 자료는 청동으로 만든 창(과戈)이나 검劍이 무기가 아니라 샤먼의 통과의례에서 하늘이 영웅에게 내리는 보기임을 말하고 있다. 이 점은 창과 창날에서 드러난다(그림 8-55). 창날은 이 무기가

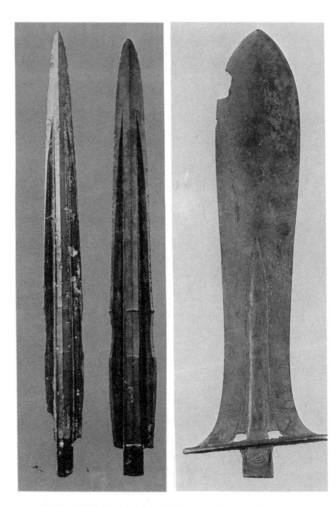

8-55 **청동검** 숭전대박물관. 그림 출처 :《한국미술전집 : 청동기》, 동화출판공사.

전쟁용이 아님을 말해주며 창에는 금성을 뜻하는 회오리 문양이 새겨져 있다. 중국이 발굴한 청동 유물의 창날에는 비밀 의례를 암시하는 특별한 장식이 새겨져 있다(그림 8-56). 주목할 것은 창날의 뿌리 부분에 벌거벗은 인체가 새겨져 있다는 점이다. 가슴에 X자를 새긴 인체와 두 젖가슴을 움켜쥐고 있는 여체, 그리고 성기를 드러낸 남성의 나체상도 있다. 이는 청동 창을 가진 영웅이 미인과 결혼하거나 자신의 위대한 DNA 종자를 신전에 바칠 의무가 있음을 말한다. 여신이 영웅에게 이 창을 주는 것은 창을 받는 영웅이 씨를 뿌릴 자격을 인정한다는 뜻이다.

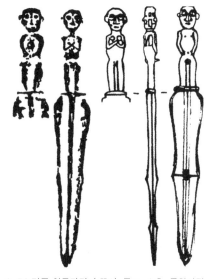

8-56 각종 청동단검의 꽃이 몽고, 소호, 근하가점 등지에서 출토. 그림 출처 : 소병, 《노자와 성》.

6세기 초반의 지중해 유물은 올림피아드의 영웅만이 가입할 수 있는 스파르타 전사의 모습을 보여준다(그림 8-57 159쪽). 전사는 목이 유난히 길다. 머리에는 상투가 높게 솟은 고깔을 얹고 있는데 이것은 다름 아닌 용의 중뿔이다. 허리에 감은 띠는 다섯 겹이나 되어 이것이 X를 말하는 수 5임을 암시하고 있다. 영웅은 등에 걸친 망토를 휘두르면서 막 회오리에서 솟아나왔다고 시위하는 것처럼 보인다. 주목할 것은 영웅의 고환이 지나칠 정도로 크게 묘사되어 있다는 점이다. 영웅에게 정자를 제단에 바쳐야 할 의무가 있음을 강조하고 있는 것이다. 한쪽 손에 구멍이 나 있는 것은 그 구멍에 창이 끼워져 있었다는 증거이다. 그리스의 아크로폴리스에서 발굴한 영웅상에서 영웅은 오리 머리털 장식을 한 모자를 썼으며 한쪽 손에 창을 잡고 있다(그림 8-58 159쪽). 오리는 미인과의 결혼을 의미하는 도상으로 이 부분은 뒷장에서 다시 언급하기로 한다.

지중해 문명 시대의 유물에는 올림피아드의 영웅들이 정자를 제

8-59 비밀의례 지중해 파이스토스 카밀라리 무덤. 그림 출처 : Thorkild Jacobsen,《The Treasures of Darkness : A History of Mesopotamian Religion》.

단에 바치는 '방생放生의 예'를 치르는 장면이 담겨 있다(그림 8-59). 세 개의 창문이 있는 신전의 방 속에서 제물을 받는 제관들과 제물을 바치는 영웅들이 마주앉아 있다. 주목해야 할 것은 그들 사이에 놓여 있는 제물 그릇이다. 세 개의 구멍은 샤먼들이 거처하는 천문대(부도浮屠)의 화혈花穴로 추정된다.

　기원전 1600년대 유물인 스웨덴의 암면화岩面畵는 생명수 바치기가 제의적이라는 사실을 생생하게 보여준다(그림 8-60). 농사꾼이 가을걷이에서 먼저 종자를 골라놓듯 샤먼의 농사에서도 종자 채취가 으뜸임은 당연하다. 원시시대의 동굴 벽화를 연구한 기디언S. Giedion 이 그의 저서에서 "다섯 손가락의 신"이라고 이름 붙인 이 바위그림 에는 생명수 채취가 샤먼들이 정자를 추출하는 행위임이 드러난다. 제의의 현장에는 모두 세 명의 인물이 등장한다. 왼쪽에는 의자에 걸터앉은 인물이 그려지고 그 옆에는 십자를 든 작은 인물이 성기를 드러내고 있다. 오른쪽에는 두 개의 손을 번쩍 쳐든 인물이 커다란 성기

를 왼쪽으로 뻗은 모습이다. 그가 치켜든 손
바닥이 유난히 크게 그려진 것은 10간을 말
하는 것으로 이처럼 손바닥을 치켜든 인물
은 과거시험에 참가했던 탈을 쓴 '손님'들
이다. 정황은 과거고시가 끝난 후 DNA 유전
자를 채취하는 비밀 의례(음사陰祀)의 장면
이다. 의자에 걸터앉은 인물이 과거시험의
주재자인 사제이고 작게 그린 인물이 영웅
이다. 영웅은 손에 십자를 잡고 있는데 이는
X十의 상징이다. 그림 중심의 바닥에 정액
을 받는 그릇이 놓여 있으며 정황상 많은 정

8-60 비밀의례 스웨덴 호프스, 선사시대. 그림 출처 :
Siegfried Giedion,《The Eternal Present : The Beginnings of
Art》.

액이 그릇에 떨어지고 있는 것처럼 보인다. 이는 양쪽 두 인물의 배에
여백이 있다는 사실에서도 알 수 있다. 여백이 그곳에 있어야 할 정자
들이 모조리 밖으로 빠져나갔음을 암시하는 것이다.

이탈리아 시저 시대의 폼페이 고분 벽화에는 베일에 싸여 있는
고대 비밀 의례의 장면이 새겨져 있다(그림 8-61). 오른쪽에 석조 기둥
이 나무와 함께 서 있다. 그 나무 아래에 사제로 보이는 노인이 거대하
게 과장된 제의적 성기를 꺼내 앞쪽 그릇에 정액을 쏟아내고 있다. 벽
화 오른쪽에는 작게 그려진 한 여자가 바닥에 놓인 그릇에서 종지 하
나를 꺼내들며 여신의 지시를 기다리고 있다. 중심의 여신은 수건으
로 얼굴을 가린 한 소년의 등을 잡고 있다. 소년은 과거시험에서 당상
에 오른 영웅이다. 그 증거로 한 손에 비밀의식에 참가할 자격을 의미
하는 긴 청동 창을 들고 있다. 바야흐로 하늘의 DNA 종자를 받으려는
정황인 것이다.

비밀 의례의 실상을 리얼하게 묘사한 작품은 이집트 선왕조 시대
의 유물에서도 볼 수 있다. '민Min'이라고 불리는 이 신상은 오른손을

8-61 비밀의례 로마시대. 이탈리아. 그림 출처 : 《世界の博物館 : 大英博物館》, 講談社.

배에 붙이고 왼손으로 가지(성기)를 잡고 있는 모습이다(그림 8-62).
이집트의 《피라미드 텍스트》 〈말씀〉 527절에는 "아툼Atum 신이 태양
신전에서 직접 성기를 손에 잡고 쌍둥이를 낳으려 사정했다"고 기록
되어 있고[49] 《파피루스 경전》에는 "창조주가 아툼 신을 창조했을 때
헬리오폴리스 신전에서 마스터베이션을 했다"고 쓰여 있다.[50] 경전
의 이런 증언은 이 신상이 우연하게 만들어진 것이 아님을 말해준다.

　제의적인 이런 신상은 중국 양자강 일대에서 발굴한 유물에서도
발견된다(그림 8-63). 선사시대의 이 유물을 그림 8-62의 이집트의 유
물과 비교해 보면 입상과 좌상의 차이 말고는 다를 것이 없다. 한자
에서는 이런 행위를 'ㅿ(사)'라고 표기한다. 《설문》은 이 글자의 뜻을
"자영自營 행위"라고 해설한다. 이 자료에서 양쪽 공히 왼손을 사용
한다는 사실은 고대 원시 종교의 세례 의식과 관련 있다. 왼손에는 특
별한 의미가 있다. 모계사회론(모권론母權論)의 제창자인 바흐오펜J. J.
Bachofen은 "오른손은 남성적이고 왼손은 에로스"라고 했다. 양쪽 유
물에서 모두 왼손을 사용하고 있는 것은 특별한 신앙과 관련 있다.

영웅의 위대한 DNA 종자를 제단에 바치는 제의는 1만 5000년 전의 라스코 동굴에서도 확인된다. 피레네 산맥의 프랑스 지역에 위치하는 라스코 동굴은 한반도의 압록강 일대와 마찬가지로 북위 40도 선상에 있다. 이는 샤머니즘이 35도와 40도 상에서 좌우로 오갔다는 증거로 볼 수 있다. 세상에 널리 알려져 있는 이곳 라스코의 벽화는 그 의미를 알아내기 힘들어 아직도 정답 없는 수수께끼로 남아 있다(그림 8-64 160쪽).

벽화의 양쪽으로 물소와 들소가 보인다. 그 사이에 새의 얼굴을 한 인물이 두 팔을 늘어뜨리고 나체로 널브러져 있다. 손바닥은 활짝 펴져 있고 성기는 발기돼 있다. 그 아래에는 한 마리의 새가 앉아 있는 솟대가 보인다. 그 오른쪽에는 들소가 공포에 질려 있다. 꽁지를 말아 올린 들소의 창자는 회오리 모양으로 밖으로 튀어나와 있고 거기에 긴 창이 관통하고 있다.[51]

독일의 고고학자 H. 키르히너H. kichner는 이 벽화가 "시베리아 샤머니즘에서 보게 되는 샤먼의 황홀경ecstacy 순간을 그린 것"이라고 했다. 왼쪽에 나열된 여러 개의 말뚝은 "샤먼이 짐승을 인도하는 천상의 길"이고 솟대에 앉은 새는 "샤먼의 보조령補助靈"이라고 했다.[52] 발기된 남근에 대해 발터 부르케르트는 "인류학에서 '성기의 축제 phallus cult' 라고 부르는 장면"이라면서 일반적으로 이 축제에 "거대한 새가 앉은 말뚝phallus-bird이 등장하며, 이때 왕을 죽이는 제의적인 성행위가 벌어진다"고 했다.[53] 미국의 고고학자인 매리 세테가스트는 왼쪽의 죽어 있는 수소가 배 부분이 그려져 있지 않다는 점과 수소의 치켜든 꼬

8-62 민Min신의 남근상 이집트 선왕조 시대. 그림 출처 : Siegfried Giedion, 《The Eternal Present : The Beginnings of Art》.

8-63 비밀의례 선사시대, 양자강 중류 지역의 석가하石家河 . 그림 출처 : 《中國古考學大系》, 雄山閣.

리 아래에 여섯 개의 점이 그려진 것에 주목했다. 이들 점이 "수소의 정액"이고 "수소가 그 정액을 모조리 방출함으로써 배가 없어졌다"는 것이다. 그는 이 점을 근거로 발기된 남근을 "축제용 성기"라고 말하고 남자가 죽어가는 상황은 아니라고 했다.[54] 하지만 그들은 모두 수소가 용머리가 된다는 사실을 간과하고 있다. 라스코 벽화의 주제는 인류의 씨가 타락할 것을 염려하는 1만 5000년 전의 샤먼들이 해마다 춘제春祭를 열어 좀생이 혼을 재생산하려는 하늘농사의 이야기라고 할 수 있다.

9-3 〈행차도〉 쌍영총 벽화, 고구려, 5세기경. 그림 출처 :《한국미술전집 : 벽화》, 동화출판공사.

9-4 청동으로 만든 덕정 주나라, 기원전 11세기. 그림 출처 :《한국의 미 : 청동기》, 계간미술.

9-8 세발 점탁 베그람, 박트리아, 1세기, 아프가니스탄 주립박물관. 그림 출처 : National Geographic,《Afghanistan》.

9-9 고분에 그려진 두꺼비 쌍영총 천장벽화, 고구려, 5세기경. 그림 출처 :《한국미술전집 : 벽화》, 동화출판공사.

9-12 뱀과 두꺼비가 장식된 토기 경주 월성포, 신라, 5~6세기. 그림 출처 :
《한국의 미 : 토기》, 계간미술.

9-18 삼족오 운반 고구려 각저총 벽화, 그림 출처 :《한국미술전집 : 벽화》, 동화출판공사.

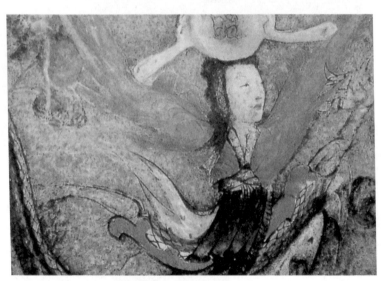

9-19 두꺼비 운반 고구려 각저총 벽화, 그림 출처 :《한국미술전집 : 벽화》, 동화출판공사.

9-25 담배 피우는 호랑이 수원 팔달사 벽화. 그림 출처 : 윤열수,《민화이야기》.

9-45 수소가 조각된 청동 저패기 운남성 진녕현 석채산石寨山, 전한 시대. 그림 출처 :《한국미술전집 : 청동기》, 동화출판공사.

9-46 **청동 냄비** 평양 석암리 9호분. 높이 21.6cm. 그림 출처 :
《한국미술전집 : 청동기》, 동화출판공사.

9-47 **저패기와 자안패** 중국 감천현, 기원전 2세기. 그림 출
처 :《한국미술전집 : 청동기》, 동화출판공사.

9-48 **조개에서 태어나는 아
프로디테** 아테네 박물관. 그
림 출처 : Erich Neumann,
《The Great Mother》.

10-1 황룡이 그려진 고분의 돌기둥 위에는 한 쌍의 주작이 날개를 펼친 모습이다. 쌍영총 현실, 4~5세기. 그림 출처 :《한국미술전집 : 고분》, 동화출판공사.

10-3 금동불상 법주사 대웅전, 그림 출처 : 김원룡, 《한국미술사》.

10-5 바알신상 레바논 라스샤브라, 기원전 13세기. 그림 출처 : 《대한성서대백과사전》.

10-6 금관을 쓴 황금 신상 틸리아 테페, 박트리아. 그림 출처 : National Geographic, 《Afghanistan》.

10-13 페르시아의 보살 단단위리크 사원, 런던 대영박물관. 그림 출처 :《世界の美術 : 中央アジア》, 朝日新聞社.

10-14 헤르마프로디테상 페르가몬, 기원전 3세기, 이스탄불 고고학박물관. 그림 출처 : Fatih Cimoc, 《Pergamon》.

10-15 서봉총 금관 경주, 5~6세기. 그림 출처 : 《한국의 미 : 금속공예》, 계간미술.

10-16 교동 금관 경주, 신라, 5~6세기. 그림 출처 :《한국의 미 : 금속공예》, 계간미술.

10-17 디아뎀 금관 러시아 노보체르카스크, 기원전 1세기 전후, 상트페테르부르크 예르미타시 미술관. 그림 출처 :《世界の美術 : 中央アジア》, 朝日新聞社.

10-18 박트리아 금관 하이눔, 기원전 4세기경. 그림 출처 : National Geographic,
《Afghanistan》.

10-20 고령 금관 경북 고령, 5~6세기. 그림 출처 :《한국의 미 : 금속공예》, 계간미술.

10-23 복숭아와 물고기 장식띠 경주, 5~6세기. 그림 출처 :《한국의 미 : 금속공예》, 계간미술.

10-24 금관 장식(하트형) 경주, 5~6세기. 그림 출처 :《한국의 미 : 금속공예》, 계간미술.

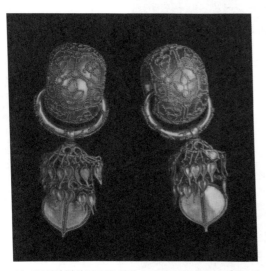

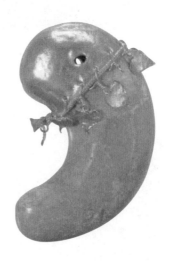

10-25 금관 장식(사과형) 경주, 5~6세기. 그림 출처 :《한국의 미 : 금속공예》, 계간미술.

10-28 금관 장식(곡옥) 고신라. 그림 출처 :《한국의 미 : 금속공예》, 계간미술.

10-30 소머리, 금관 장식 고신라. 그림 출처 :《한국의 미 : 금속공예》, 계간미술.

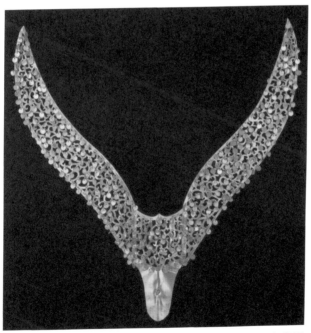

10-31 현조의 날개, 금관 장식 경주 천마총. 신라 5~6세기. 그림 출처 :《한국의 미 : 금속공예》, 계간미술.

10-32 신선놀이 쌍영총 벽화, 고구려 5세기
경. 그림 출처 : 《한국미술전집 : 벽화》, 동화출
판공사.

10-33 수소로 변하여 크레타 섬에 상륙한 제우스 그리스, 기원전
450년. 그림 출처 : Sofia Souli, 《Greek Mythology》.

10-35 〈미인탄생도〉 무신도, 조선시대. 그림 출처 :《한국의 미 : 민화》, 계간미술.

10-37 신윤복, 〈미인도〉 17세기, 간송미술간. 그림 출처 : 김원룡,《한국미술사》

10-46 신들의 혼인 쌍영총 주실 북벽, 고구려, 5세기경 그림 출처 :《한국미술전집 : 고분》, 동화출판공사.

10-52 돌로 만든 돼지 무령왕릉. 6세기경. 그림 출처 : 김원룡,《한국미술사》.

10-53 돼지의 신 기원전 1세기~기원전 2세기, 켈트. 그림 출처 : Juliete Wood, 《The Celts》.

10-54 제의적인 돼지 중국 청두 광한, 김용석 소장.

11-18〈오악진형도〉베제클리크(제19동) 벽화, 9세기경, 베를린 민족학박물관. 그림 출처 :《敦煌の美術》, 太陽社.

11-19 〈신선도〉 통구 사신총 고구려. 그림 출처 : 《한국미술전집 : 벽화》, 동화출판공사.

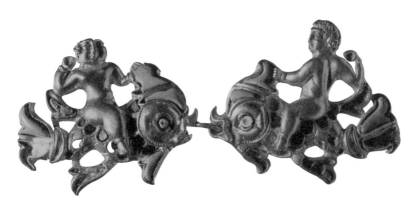

11-23 물레 장식 틸리아 테페, 박트리아. 그림 출처 : National Geographic, 《Afghanistan》.

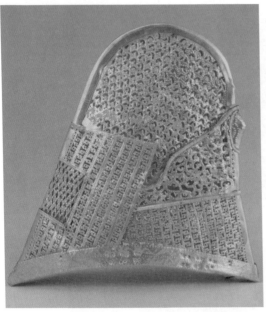

11-33 금관 천마총, 국립경주박물관. 그림 출처 :《한국의 미 : 금
속공예》, 계간미술.

11-34 황금 잔 틸리아 테페, 박트리아, 아프가니스
탄 국립박물관. 그림 출처 : National Geographic,
《Afghanistan》.

11-33의 부분

11-36 켈트인의 얼굴(물통 장식) 아이리시, 스코틀랜드에서 기원. 그
림 출처 : David M. Wilson,《The Northern World》.

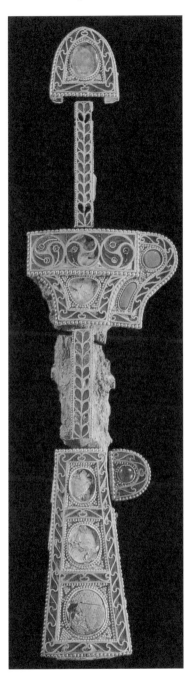

11-44 〈무신도〉 오방신장五方神將, 언월도, 삼지창, 칼은 천부인을
나타낸다. 1800년대.

11-39 삼태극 황금 검파 그림 출처 :《한국의 미 : 금속공예》, 계간미술.

11-48 쿠샨 왕의 화폐 파르티아, 3세기, 카불 박물관. 그림 출처 : 안나 반잔,《페르시아 : 고대문명의 역사와 보물》.

11-49 사산조의 금화 사산의 왕 호르미즈드 1세의 재위기에 발크(276~300년)에서 주조된 동전(왼쪽)과 606년 만들어진 호스로우 2세의 금화(오른쪽). 그림 출처 : 안나 반잔,《페르시아 : 고대문명의 역사와 보물》.

12-3 왕비의 장식 미케네, 기원전 6세기. 그림 출처 : J. Hawkes, 《Dawn at the Gods》.

12-4 영웅전설이 담긴 패널 장식 후기 켈트 시대. 그림 출처 :
Juliete Wood,《The Celts》.

12-6 밭갈이하는 영웅 스키타이 유물, 기원전 6세기. 그림 출처
: Jacquetta Hawkes,《Dawn of the Gods》. (오른쪽)

12-22 5월의 축제 덴마크, 기원전 3세기경. 그림 출처 : Juliete
Wood,《The Celts》. (아래)

13-1 〈무가 십이거리도〉 조선시대, 23x148.5cm, 서울대학교 박물관.

1) 부정풀이 굿 굿을 시작하면서 하는 굿

2) 제석 굿

3) 산바라기 굿

4) 장군 혼대거리 굿(왼쪽)과 대감놀이 굿(오른쪽) 언월도와 삼지창을 들고 한다

5) 만명 굿

6) 뒤풀이 굿 굿을 마치면서 하는 굿.

13-2 헤라클레스가 방망이로 독 안에 숨은 악들을 토벌하는 장면 기원전 6세기 이전. 그림 출처 : Sofia Souli,《Greek Mythology》.

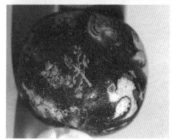

13-12 **무두르** 안악 3호분 앞방 벽화. 그림 출처 :《한국미술전집 : 벽화》, 동화출판공사.

13-13 **목걸이(염주) 부분** 고신라. 그림 출처 :《한국의 미 : 청자》, 계간미술.

3-15 최영 장군 조선 후기, 92x54cm, 윤수진 소장.

13-22 **기마형 토기** 경주 금령총, 고신라. 그림 출처 :《한국의 미 : 토기》, 계간미술.

13-23 **기마형 토기** 가야시대. 그림 출처 :《한국의 미 : 토기》, 계간미술.

13-24 미트라 신상 커질 석굴 벽화, 7~8세기. 그림 출처 :《敦惶の美術》, 太陽社.

13-25 바퀴 모양 토기 가야시대. 그림 출처 :《한국의 미 : 토기》, 계간미술.

13-35 여러 모양의 뿔 토기 가야시대, 높이 24.4cm. 그림 출처 :《한국의 미 : 토기》, 계간미술.

13-36 신발 모양 토기 가야시대. 그림 출처 :《한국의 미 : 토기》, 계간미술.

13-37 짚신 모양 토기 경주, 신라 5세기경, 높이 12.5cm. 그림 출처 :《한국의 미 : 토기》, 계간미술.

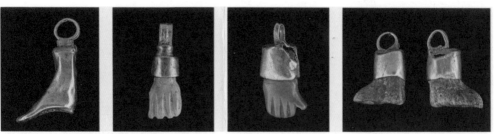

13-38 손과 발의 장식 틸리아 테페 고분, 박트리아, 아프가니스탄 국립박물관. 그림 출처 : National Geographic,《Afghanistan》.

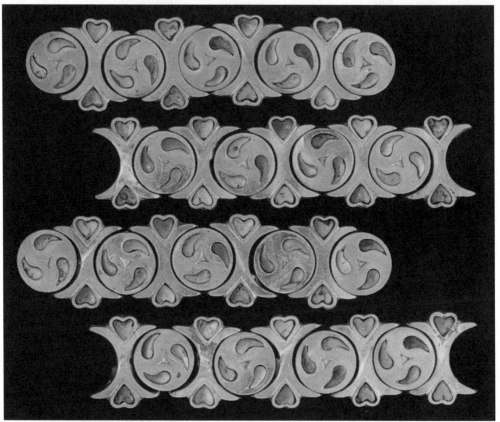

13-40 삼태극 28식 틸리아 테페 고분, 박트리아, 아프가니스탄 국립박물관. 그림 출처 : National Geographic,《Afghanistan》.

제9장

이데아와 좀생이 혼

여신과 지하 신전

샤먼문명 시대에 만들어진 고분은 지하에 숨어 있는 신전神殿이다. 4세기 전후해서 어딘가에서 옮겨온 샤먼들은 한반도 서북부 지역에 지하 신전을 조성하였다. 신라의 고승인 진표眞表는 이 지역을 "섬들이 모여 있는 지역"으로 표현하고 그곳 사람들을 "해족海族"이라고 했다. 같은 샤머니즘을 신봉했던 켈트족도 "여신(지모신地母神)이 바다의 섬에 산다"고 노래하고 있으며 섬에 사는 여신은 "남녀의 정精으로 부富를 누린다"고 했다. 노래는 이를 "어업漁業"이라고 했다.[1] 어업은 하늘농사의 메타포이다. 우리 무가에서도 신들이 사는 신전은 용궁으로 바다 속에 있다. 지하 신전인 이 고분들은 천정이 모두 우물을 연상케 하는 양식으로 서아시아에서 유행한 원시 형태의 돔dome 양식과 맥락이 같다.[2]

대표적인 것은 쌍영총双楹塚이다. 건축 양식이 서아시아의 고분 양식과 다르지 않다(그림 9-1). 주목할 것은 두 개의 묵직한 돌기둥과 우물 천정(말각조정抹角藻井)이다.

지하 신전은 두 돌기둥을 경계로 길쭉하게 생긴 앞쪽이 전실前室이고 뒤쪽이 현실玄室이다. 석대石臺는 놓여 있는 용도가 불분명하다. 전실 입구에는 수문장이 그려져 있어 석굴암의 현실 입구를 연상

•우물 천정
고구려시대의 고분 천정. 우물 모양으로 쌓은 돔 모양이다.

9-1 쌍영총 전실(스케치)
고구려, 5세기. 그림 출처
:《한국미술전집 : 벽화》,
동화출판공사.

9-2 비밀 의례 페르가몬, 기원전 3~기원전 2세기, 이스탄불 고고학박물관. 그림 출처 : Fatih Cimoc,《Pergamon》.

케 한다. 전실 동서 양 벽에 청룡 백호가 그려져 있고 돌기둥 대들보에는 주작朱雀이 그려져 있다. 이는 이 신전에 〈사신도〉가 그려져 있음을 알려준다. 주목할 것은 팔각八角 돌기둥을 감고 꿈틀거리며 올라가는 우주뱀이다. 그때껏 동아시아에 석조 건축이 존재하지 않았음을 감안하면 이것이 중앙아시아나 지중해 문화의 영향임을 알 수 있다. 뱀이 새겨지는 석조 기둥은 터키 서북쪽 페르가몬Pergamon 유적에서 볼 수 있다(그림 9-2). 쌍영총이 페르가몬 신전*과 관련 있다는 사실은 그리 놀랍지 않다. 기둥 받침대와 기둥머리(주두柱頭)에 연꽃이 장식된 것은 로터스 양식**과 같다. 기둥에 그려진 두 마리의 뱀은 이미 뱀 두 마리를 손에 쥔 크노소스의 여신에서 보았듯 여름띠와 겨울띠를 가리키는 우주뱀이다. 연꽃이 정축 X이고 팔각은 춘추분의 회오리(팔괘)를 상징한다. 천문고고학자인 데이비드 울란지는 "소, 뱀, 용이 모두 천문신 미트라이거나 직접 천문도를 가리킨다"고 했다.[3] 쌍영총 기둥의 우주뱀은 이 지하 신전이 샤머니즘 시대의 지성소였음을 말해준다.

공간은 침묵한 지 오래지만 그곳에 남아 있는 벽화는 침묵의 언어가 무엇인지 암시하고 있다. 쌍영총 주실 동쪽 벽에는 행차도가 그려져 이 비밀스러운 공간에서 무슨 일이 일어났는지 암시한다(그림 9-3 321쪽). 행렬 왼쪽에서 한 여인이 목이 길게 생긴 넋시루를 머리에 이고 다급히 어디론가 가고 있다. 넋시루의 모양이 평범하지 않고 연기가 솟고 있는 것으로 보아 특별한 의식이 행해지고 있음이 분명하다. 그 뒤에 지팡이를 쥔 샤먼(이승夷僧)이 따르고 있고 다시 그 뒤로 여인들이 따르고 있다. 여인들은 원근법이 적용되지 않았음에도 지나치게 크고 작다. 그곳의 신분제도가 엄격했음을 실감하게 되는 부분이다. 크게 그린 여인은 엄숙한 복식으로 볼 때 감천궁을 드나드는 여신의 신분임을 짐작케 한다. 이는 우리나라 무속의 '골메기(골매기)'

*페르가몬 신전
오늘날 터키 서북쪽의 고대 유적. 페르가몬은 소아시아에서 번영을 누린 헬레니즘 국가의 하나로, 현대에는 베르가마Bergama라고 불린다.

**로터스 양식
이집트의 연꽃을 문양으로 만든 것.

         제9장 이데아와 좀생이 혼 | 357

와 다르지 않다.

중국 문헌은 샤먼들(구이九夷)의 제사祭祀를 "구천무九天巫"라고
하고[4] 이 제사는 "신명대神明臺 혹은 감천甘泉이라는 곳에서 베푼다"
고 했다.[5] 구천무는 굿을 말하는 것이고 신명대의 신명은 금성이다.
그렇다면 감천은 무엇인가. 다른 기록에서는 "감천이 조선朝鮮의 감
천궁甘泉宮에 있다"고 쓰고 "감천궁은 현무관玄武關 앞에 있다"고 했
다.[6] 이 기록들은 쌍영총이 바로 감천궁임을 말해준다. 감천을 요즘
의 글자 뜻대로 해석하면 '달콤한 샘'이란 뜻이 된다. 하지만 감甘의
옛글자는 입을 벌린 모양이라는 의미의 감ㅂ자에 남성 성기를 뜻하는
사厶자를 넣은 모양이다. 이미 제7장에서 언급했듯이 厶(사)는 샤먼들
과 영웅들의 정자를 제단에 바친다는 뜻으로 이는 그리스 신화에서
영웅이 항아리를 무덤에 봉입하거나 유폐하는 일과 같은 맥락으로
읽을 수 있다.[7] 다시 말해 감천은 DNA 우수 인자를 가리킨다.

주대周代에 제사용으로 쓰인 청동기에는 세 다리 솥(삼정三鼎)이
있다(그림 9-4 321쪽). 중국 문헌은 "삼정은 옛날의 신기神器로 황제가
구리를 캐서 만들 때 태을상太乙象을 본땄다"고 하고[8] 그가 "최초로
삼정을 두기 위해 명정明廷으로 들어갔다"고 썼다.[9] 태을은 태일太一,
태백太白과 하나의 세트(삼각三角)로 금성 이데올로기(이데아)를 말하
는 것이고[10] 명정은 금성의 정원이다. 다시 말해 황제가 삼정을 두기
위해 조선의 감천궁으로 들어갔다는 뜻이다. 삼정이 청동기로 만들
어진 것은 구리와 흙이 생명체와 상생하는 물질이기 때문으로, 이는
청동기 문화의 실체가 샤머니즘임을 뒷받침한다. 필자는 졸저《샤먼
제국》에서 황제가 고조선의 환웅桓雄천황이고 수메르 시대의 사르곤
왕임을 밝혔다. 그는 복우승마하고 황제의 자리에 오른 인물로 그에
관한 기사는 시리아의 고대 유적지 이프라Ip-la에서 일어났다.

우리 무속에서 항아리와 단지가 모두 DNA 유전자를 보존하는

9-5 용문 주대 청동기 문양. 그림 출처 : 우실하, 《한국학논집》(제39집).

넋시루가 된 것은 이런 이유 때문이다. 이집트 문자에서는 항아리를
'nou'라고 읽고 단지는 khenem이라고 한다. 항아리는 '최초의 에너
지'를 뜻하며 단지는 '하나가 되다' '보호하다' '창조하다'의 뜻이
다. 우리는 제1장(그림 1-29) 이집트 벽화에서 단지가 북극에 있고 사
자가 이를 탐하는 광경을 보았다. 세 발 청동 그릇도 샤먼의 넋시루임
을 알 수 있다. 중국 문헌에는 항아리가 명기明器로 "신명神明"이라고
하고 이를 "영웅과 샤먼의 정자가 든 그릇"이라고 했다.[11] 만일 플라
톤이 이 자리에 있다면 그는 서슴없이 청동으로 만든 이 삼정을 "이데
아*"라고 하고 그 속에 담긴 좀생이 혼을 "프시케*"라고 했을 것이다.
주나라의 경우 청동 솥은 종묘의 석실에 두고 이를 "신위神位"라고 했
고 과거 급제자(대부大夫)가 이를 신주神主로 삼았다.[12] 영웅(총아寵兒)
이 자신의 정자를 그곳 항아리에 보관했음을 말하는 것이다.

　주대의 청동기가 용의 이데올로기(지동설地動說)와 관련 있음은
청동기에 파충문爬蟲紋이 새겨져 있다는 사실이 말해준다(그림 9-5).

*이데아, 프시케
플라톤의 사상. 인식론상의
장애물을 말하는 것으로 서
구 철학의 본질 개념이다. 이
데아는 존재와 인식의 근거
가 되는 항구적이며 초월적
인 실재를 뜻한다. 근대부
터 인간의 주관적인 의식, 곧
'관념'을 나타내는 말로 사
용되기 시작했다. 프시케는
그리스어로 호흡, 생명력 등
을 의미하는데 여기에 도덕
적 결정과 과학적 인식의 주
체로서의 '자아', 자율적인
'인격'과 같은 의미가 더해
졌다.

9-6 퓨티아의 세발솥 크로톤의 화폐, 기원전 6세기 후반. 그림 출처 :《世界の聖域 : デルフォイ神殿》, 講談社.

9-7 세발솥에 앉은 아폴론 그리스 도자기, 기원전 5세기 전반. 그림 출처 :《世界の聖域 : デルフォイ神殿》, 講談社.

•파문巴紋
태극 또는 삼태극 모양의 문양. 소용돌이치는 모양의 무늬를 뜻하는 말로 파문波紋 (물결 모양 문양)과는 의미가 다르다.

파충은 뿔을 가진 용의 상징으로 고대 종교 문화에 절대적인 영향을 주었던 문양이다.[13] 전문篆文에서는 파충을 "신神"이라고 했고 그 뜻은 "음양이 격렬하게 약동激耀하는 모습"으로 이를 다시 "곡성문장曲成文章"이라고 했다.[14] 용이 자신의 꼬리를 문 모양, 즉X十인 것이다.

다리가 셋 달린 솥은 고대 그리스에서도 종교적으로 중요한 심벌이었다. 기원전 6세기의 크로톤 화폐에 퓨티아의 세발솥이 새겨져 있다(그림 9-6). 솥의 긴 다리 쪽에 뱀 두 마리가 고개를 쳐들고 있고 그 위로 두 개의 회오리 문양이 새겨져 있다. 솥 위에는 세 개의 원이 새겨져 솥이 금성 이데올로기의 상징임을 암시한다. 기원전 5세기 전반의 그리스 항아리 그림에는 아폴론이 세발솥에서 신탁을 내리는 장면이 그려져 있다(그림 9-7). 그리스에서는 이를 "트리포드tripod"라고 했다. 솥 양쪽으로 날개가 펼쳐져 있고 둘레에는 물고기와 파문巴紋• 이 그려져 있다. 솥 위에서는 아폴론이 한쪽에 악기를 들고 다른 쪽에는 점을 치는 무구를 쥐고 있다.

세발솥이 삼족오의 이미지를 나타내는 것은 우연이 아니다. 삼각대에서 점을 친 최초의 신은 디오니소스이다. 삼각대가 점상占床이며 아폴론 신전의 경우 깊은 굴속에서 무녀가 다리 셋의 구리 항아리에서 월계수나무 잎사귀가 타는 냄새(증기)를 맡으며 몽환 속에서 신탁을 내렸다.[15] 박트리아에서 발굴된 청동 점탁占卜은 원탁 중심에 세 개의 동심원이 새겨져 있고 다리는 짐승의 발을 닮았다(그림 9-8 321쪽). 세 개의 동심원은 삼재三才로 금성 이미지이다.

벽화는 이렇게 말한다

쌍영총의 침묵 속에 숨은 비밀은 고분 내벽을 장식한 벽화에서 그 정황이 드러난다. 남쪽 입구로 들어서면 양쪽에 차와 기마무사와 북을 치며 행진하는 병사들이 그려져 있다. 신전을 지키는 특수 군사들일 것이다. 현실玄室의 동벽에는 귀부인의 행렬도, 북벽에는 성혼聖婚 장면, 남벽에는 주작과 용이 그려져 있다. 이런 정황은 샤먼의 비밀 의례와 관련 있다. 우물 천정의 한쪽 구석에 두꺼비가 그려져 있기 때문이다(그림 9-9 322쪽).

두꺼비는 개구리와 마찬가지로 물과 땅 양쪽에서 산다. 중성적인 도상인 것이다. 이 점에 유의해야 한다. 이란 사람들이 개구리를 비를 내리는 신으로 여기는 것도 이런 개념과 무관하지 않을 것이다.[16] 비가 내린다는 표현은 하늘농사의 메타포이다. 유럽인들이 개구리를 겨울에 죽었다가 봄에 다시 태어나는 부활의 상징으로 생각하는 것도 같은 맥락이다. 봄 축제의 메타포로 읽을 수 있는 것이다. 춘분에 열리는 디오니소스 축제는 혼음 축제로 그리스에서는 이를 "비너스 축제"라고 한다. 축제 때 개구리의 뼈를 부적으로 다는 것은 정욕에 효험이 있다고 믿기 때문이다. 실제로 개구리의 울음소리를 교미를 갈망하는 세레나데로 여기기도 한다.[17] 두꺼비는 개구리보다 크며 피부가 두껍고 등이 흑갈색으로 우툴두툴하다. 이는 물속에 낳는

9-10 조개에서 태어나는 아프로디테 기원전 7세기, 아테네 국립박물관. 그림 출처 : Sofia Souli,《Greek Mythology》.

9-11 달로 도망치는 항아 중국 하남 남양 서관한묘西關漢墓. 그림 출처 : 유강하, 《문명의 이동을 말하다》.

9-13 위대한 바다의 신 그림 출처 : 조르주 나타프, 《상징·기호·표지》.

9-14 개구리 토기문양 이란 선사시대, 페르세폴리스 박물관. 그림 출처 : 並河亮, 《佛像出現》.

수포水泡와 같은 알을 연상케 한다. 이것이 난자의 이미지라는 것은 아프로디테 신화가 말해준다. 아프로디테는 바다 속 조개에서 태어나는데 그 어원은 거품을 뜻하는 그리스어 '아프로스ἀφρος'이다(그림 9-10). 그리스 신화에서 난자를 운반하는 의례를 '헤르세의 의례Dew carrying Maidens'라고 하는 것도 헤르세Herse가 '이슬erse'의 뜻으로 '어린 동물의 난자'를 가리키기 때문이다.[18] 중국 문헌에는 "항아姮娥가 서왕모西王母의 선약仙藥을 훔쳐서 달로 도망가 두꺼비가 되었다"고 되어 있다(그림 9-11). 두꺼비는 보통 "월정月精"이라고 한다.[19] 이는 곧 난자를 말하는 것으로, 무가의《대감타령》에 등장하는 "금구렁이 굽을 치고 업두꺼비 새끼 친다"는 가사 역시 이를 뒷받침한다.[20]

신라시대의 토기 항아리에는 실제로 이런 상황이 새겨져 있다(그림 9-12 322쪽). 더불어 오스트레일리아의 암각화에서도 비슷한 정황을 확인할 수 있다(그림 9-13). 뱀은 정자이고 두꺼비를 대신하는 수충은 난자인 것이다. 페르시아 제국의 창시자인 큐로스왕의 궁전 기둥에 새겨진 개구리 그림은 부여국의 금개구리왕과 관련 있는 유물이다(그림 9-14). 양쪽에 수풀이 그려져 있고 그 가운데에서 개구리 두 마리가 양쪽 다리를 벌리고 있다. 두꺼비는 고려시대의 청동 세발솥에서도 나타난다(그림 9-15 323쪽). 두꺼비는 솥의 중심부에 앉아 있고 바탕에는 구멍이 뚫려 있다. 그 구멍에서 향이 타는 연기가 솟는 것이다. 향은 마취제이지만 샤먼은 마귀를 쫓는 소독제로 여긴다.

샤먼의 항아리가 바다 속 삼신산과 관련 있음은 백제시대의 금동제 향로에서 실감할 수 있다(그림 9-16 323쪽). 향로에는 받침대와 꼭대기에 불새(주작朱雀)를 상징하는 계룡鷄龍이 새겨져 있고 불꽃처럼 생긴 산에는 샤먼들의 동정이 보인다. 향로 몸통과 뚜껑 사이에 파도 문양이 새겨진 것은 샤먼들의 신전이 바다에 비유된다는 것을 시사한다. 중국 문헌에 나타나는 신화에는 "세 개의 항아리가 있는 곳에 샤먼(신선神仙)이 살고 있다"고 하고 "그곳이 바다이며 그 바다 속에 삼산三山이 있다"고 했다. 삼산은 세 개의 항아리를 말한다. 천하를 통일한 진시황제가 불로장생약을 구하기 위해 도사를 보냈던 곳이다. 항아리가 감천궁에 있다는 뜻이다.[21]

샤먼의 넋시루가 DNA 유전인자를 보관하는 그릇이라는 것은 기원전 8세기 전후의 유물에서 확인된다(그림 9-17). 이 작은 항아리는 독일 북부 지역 프러시아Prussia에서 발견되었다. 토기 항아리는 여신의 얼굴이고 몸통에는 DNA 유전인자를 뜻하는 두 마리의 뱀이 그려

져 있다. 또한 중국 문헌에서 "단지를 가까이 해
서는 안 되는 그릇"이라고 한 것과[22] 《설문》에
서 "굼실거리는 벌레"라고 한 것은 모두 단지에
DNA 유전인자가 담겨 있음을 암시한다. 여신의
비밀 의례를 연구한 시카고대학의 브루스 링컨
Bruce Lincoln 역시 "아메리카 인디언의 비밀 의례
에 등장하는 토기 항아리에 번데기chrysalis가 들
어 있다"고 했다.[23] 번데기가 정자나 난자의 별명
임은 어렵지 않게 추측할 수 있다. 우리나라 무속
은 항아리(항缸)를 "터주가리(토주土主)"라고 하고
거기에 벼(전곡田穀)를 넣어 이를 신체神体로 받든
다. 벼가 좀생이 혼을 상징하는 도상임은 앞장에
서 이미 언급했다. 태아의 포의胞衣를 토기에 넣

9-17 항아리 우상 독일 북부지역(프러시아), 기원
전 8~기원전 4세기. 그림 출처 : Franz Cumont,
《The Mysteries of Mithra》.

어 이를 터주가리(태항胎缸)라고 하는 것도 같은 맥락이다. 힌두교에서
도 항아리pot는 신의 자궁이고 꽃봉오리의 상징이다.[24] 저명한 신화
학자 커크G. S. Kirk는 청동기 시대의 토기 항아리에 대해 부정적으로
비판했다. 그는 근동신화나 호메로스의 《일리아드》에 등장하는 동굴
의 유폐된 항아리를 두고 "월경月經과 더럽힘의 원시적 관행이 있는
사악함과 더러움의 용기"라고 했다.[25] 다른 모든 서구학자들과 마찬
가지로 샤머니즘의 본질에 DNA 유전자 기술이 있었다는 사실에 무
지했기 때문이다.

삼족오와 옥토끼

항아리 운반 행차는 고구려의 각저총에서도 발견된다(그림 9-18, 9-19

9-20 신들의 놋쇠 거울 그림 출처 :《한국미술전집 : 벽화》,
동화출판공사.

324쪽). 벽화에는 두 인물이 각기 둥근 항아
리를 운반하고 있다. 몸은 용이고 어깨에
날개가 달린 인물이 운반하는 항아리에는
두꺼비가 들어 있다(그림 9-19). 삭발한 또
다른 괴물 역시 항아리를 이고 있는데 그
안에는 삼족오가 들어 있다(그림 9-18). 앞
서 말했듯 항아리에 든 두꺼비가 월정月精
이라고 주장하는 데는 크게 무리가 없지만,
다른 항아리에 든 삼족오를 단순하게 일정
日精이라고 정의하는 것은 문제가 있다. 좀
더 심오한 의미가 담겨 있기 때문이다. 실
제로 각저총 3호분 천장 벽에 그려진 삼족
오의 경우 그 아래쪽에 인人자 문양이 보인다(그림 9-20). 인人자는 사
람을 지칭하는 글자가 아니라 대大, 태太, 태泰와 마찬가지로 양성을
뜻하는 금성의 이름이다.[26] 중국의 소설가 뤄빈지駱賓基는 이십팔수
二十八宿 가운데 묘성을 "제帝 전욱顓頊의 눈(이목二目)"이라고 하고 그
눈은 "태양의 씨(자사子嗣)가 들어 있는 항아리(일격日鬲)"라고 했다. 신
화(《산해경》)에서는 신궁神弓 예羿가 요堯임금의 명으로 이 태양을 쏘
아 떨어뜨리고 하나만 남긴다. 쏘아 떨어뜨린 해는 세 발 달린 까마귀
였다.[27] 이는 삼족오가 태양의 정자를 의미하고 그 정자가 묘성이라
부르는 항아리 속에 들어 있다는 뜻이다. 실제로 "삼족오는 궁전의 동
쪽 우물에 있다"는 기록도 있어[28] 삼족오가 든 항아리가 조선의 감천
궁에 있는 넋시루임을 말해준다.

한반도에서 멀리 떨어진 소아시아에서 삼족오를 발견하게 되는
것은 놀라운 일이다(그림 9-21). 오늘날 터키의 서북쪽 지중해 연안
에 있는 페르가몬Pergamon 신전 기둥에 청동으로 만든 삼족오(그리핀

9-21 소아시아 지역의 삼족오 페르가몬 신전, 기원전
8~기원전 7세기. 그림 출처 :《世界の博物館 : ベルリン
世界民族博物館》, 講談社.

9-22 청동 독수리의 머리 그리스, 기원전 7세기. 그
림 출처 :《世界の聖域 : デルフォイ神殿》, 講談社.

griffin)가 있었다. 기원전 8~기원전 7세기의 것으로 이 유물은 독일 베
른의 페르가몬 박물관에 있다. 머리는 독수리, 몸통은 사자로 날개를
가졌다. 서구학계는 이를 "우랄알타이계의 현조玄鳥"라고 하지만 삼
족오의 머리 위의 그릇에 대해서는 설명해내지 못했다. 기원전 7세기
그리스 시대의 유물인 독수리griffon 머리에는 열매가 있는 그 안쪽으
로 꽃봉오리가 서 있다(그림 9-22). 삼족오가 생명의 씨를 운반한다는
것을 말해준다. 삼족오는 한반도와 일본의 고분에서도 발견된다. 삼
족오의 벽화가 있는 각저총은 평양 일대에 있다. 평양이 페르가몬과
관련된다는 것은 페르가몬의 '페르'가 평양의 고어에서 '페라'가 되
기 때문이다. 사마천의《사기》는 "조선에 습수濕水, 열수洌水, 산수汕
水가 있다"고 하고 "세 물을 합쳐서 열수"라고 했다. 삼족오가 선善의
상징임을 암시한다.[29]《설문》에서는 습濕을 "지하의 물"이라고 했고
열洌은 "맑은 물〔수청水淸〕"이며 이를 "선함〔선善〕"이라고 했다. 또 산汕

9-23 황금 쟁반이 새겨진 항아리 그리스. 그림 출처
: Erich Neumann, 《The Great Mother》.

9-24 트라야누스 기념주 중 승리의 여신상 그림 출
처 : Franz Cumont, 《The Mysteries of Mithra》.

을 "물고기가 물에서 노는 모양"이라고 했다. '조
선'이란 말이 샤먼의 메타포임을 말해준다.[30] 이
는 메소포타미아 시대에 널리 사용했던 선민選民
의 뜻인 'Chou-sun'과 '조선'이라는 개념이 같
은 뜻임을 말해주고 있다.《환단고기》에는 "조선
씨朝鮮氏는 사람의 표본(종倧)이며 이로써 왕을 삼
아 가르치고 책화責禍하였다"는 기록도 등장한
다.[31]

삼족오를 단순히 태양의 상징으로 풀이하는
것은 태양신을 유일신으로 믿었던 사람들의 오
판이다. 한국의 샤먼 무가巫歌는 이 점을 분명하
게 말해준다. 무가에서 새벽하늘에 나타나는 금
성(영성靈星)은 삼신三神이다. 삼三이 중성이라는
말은 이미 여러 번 되풀이한 바와 같다. 무가는
"해님(일광제석日光帝釋)과 달님(월광제석月光帝釋)이
삼신 안에서 쌍을 이룬다"고 하고 "동트는 새벽
에 해가 동해에서 떠오르면 금성이 황금 쟁반에
이를 담아 두 손으로 천계로 가져간다"고 노래한
다. 이는 춘분점에서 일어나는 일이다. 마찬가지
로 추분점에서는 서쪽 하늘에 떠 있는 달님을 황
금 쟁반에 담아서 천계로 가져간다.[32] 천계가 북
두칠성이며 북두칠성의 수직 아래에는 X十의 감
천궁이 있다. 춘추분점에서 금성과 지구가 60도
각도로 교차하는 상황에 대한 샤먼의 특유한 메
타포이다.

그리스의 항아리 그림에서 이런 정황을 실

감할 수 있다(그림 9-23). 항아리에 팔방으로 광채가 나는 커다란 원반이 그려지고 그 양쪽에서 두 여신이 원에 조심스럽게 접근하고 있다. 에리히 노이만Erich Neumann•은 이 커다란 원반을 "달"이라고 하고, 이 그림을 "그리스의 테살리아 지역 사람들이 달에 맹세하는 것"이라고 해석했다.[33] 하지만 달을 태양처럼 광채가 나게 그리는 예가 없다는 사실에 유의하면 선뜻 받아들여지지 않는 주장이다. 이 그림을 제대로 이해하려면 두 여인이 원반에 접촉하는 정황에 주목해야 한다. 오른쪽 여신은 한 손으로 원반에 무엇인가를 놓거나 아니면 가져가려는 제스처를 보여주고 있다. 그렇다면 광채를 내는 커다란 원반은 금성의 황금 쟁반이라고 해석해야 옳다. 태양이 동쪽 바다에서 떠오를 때 금성이 황금 쟁반으로 그 양기를 받아서 천계로 가져간다는 무가의 이야기를 그린 것이라고 해야 합리적이다.

그리스 로마 시대의 자료에는 날개 가진 금성 비너스가 황금 쟁반을 쥐고 있는 기념주記念柱가 있다(그림 9-24). 샤머니즘을 알지 못하는 유럽 학자들은 이를 "전사의 방패"로 이해하고 금성이 양성이라는 사실을 간과한다. 금성이 남성 이미지일 때는 승리의 여신상으로 원반은 방패가 되고, 여성 이미지로 나타날 때는 황금의 씨앗을 받는 황금쟁반으로 이해할 수 있다.

무가〈금성찬가〉(만명창언萬明唱言)에서는 일정과 월정을 아린만명과 스린만명이라고 하고 황금 쟁반(묘성)에 담긴 것을 "목숨(생명生命)" "피" "영혼"이라고 했다.[34] '아린'이 '아리랑'이고 '스린'이 '스리랑'이며 알 중의 알이 '아라리'이다. 삼족오가 아라리로 좀생이 혼이다. 한국 민화에는 담배 피우는 호랑이 그림이 있다(그림 9-25 325쪽). 이 그림에 중대한 정보가 들어 있다는 것은 우연이 아니다. 그림에서 토끼는 묘성이고 호랑이는 금성의 메타포이다. 이렇게 해석하면 토끼가 호랑이가 물고 있는 담뱃대에 불을 붙여주는 것은 묘성이 그가 달

•에리히 노이만
1905년 출생. 독일 태생의 심리학자, 역사학자. 1934년 카를 융과 만난 이후 분석 심리학을 연구하게 됐고 이후 역사학, 소설, 평론 등에서도 활약.《의식의 기원과 역사》《위대한 어머니 여신》《아모르와 프시케》등의 저서를 남겼다. 1960년 사망.

9-26 일출도 일본, 8세기. 그림 출처 : 來村多加史,
《高松塚とキトラ》.

9-27 달토끼 개마총 천정화, 고구려, 5~6세기. 그
림 출처 :《한국의 미 : 고분미술》, 계간미술.

에서 제조한 삼족오를 헌납하는 정황이라고 할 수 있다. 삼족오가 곧바로 태양을 의미하지 않는다는 사실은 일본 자료에서 확인할 수 있다(그림 9-26). 상단에 그려진 일출도日出圖는 사찰 벽화이고 하단은 고분에 그려진 일출도이다. 상단 그림에서는 바다에서 떠오르는 태양이 진하게 칠해졌고 하단 그림에서는 태양 속에 삼족오가 그려졌다. 앞쪽이 태양과 달을 주신으로 믿는 이분법에 역점을 둔 것이라면 삼족오가 있는 태양은 금성 이데올로기를 상징하는 삼분법을 반영한다. 말하자면 금성의 황금 쟁반에 담은 태양을 의미하는 것이다. 이 정황은 키토라 고분에 그려진 방아 찧는 달토끼가 말해준다. 일반적으로 달에서는 토끼가 방아를 찧고 있다고 말한다. 하지만 토끼는 방아를 찧기 위해 달에 온 것이 아니고 토끼 자체가 묘성이기 때문에 달에 온 것이다. 이는 이란이 전하는 고대 종교 조로아스트교Mazdaism에서 최초의 원우原牛가 죽을 때 그 수소의 정액을 달로 가져가 그곳에서 이를 순화시킨다고 한 기록이 뒷받침해주고 있다.[35]

레비 스트로스는 "남아메리카 인디언들은 토끼가 인간과 천계를 잇는 유일한 중계자(메시아)"라고 믿으며 또한 토끼가 "원래 거룩한 쌍둥이의 중간에 위치한다고 생각한다"고 했다. 쌍둥이의 중간이란 중성 개념으로 금성을 가리킨다. 인디언들이 토끼를 신성시하는 이유는 토끼의 찢어진 입술 때문인데, 이 때문에 그들에게는 언청이harelips도 숭배 대상이다.[36] 뒤에서 보지만 토끼의 찢어진 입술은 12

지의 심벌이다.

　토끼는 고구려 고분인 개마총 현실에서 볼 수 있다. 달 속에 있는 토끼가 항아리에 긴 장대를 넣고 휘젓고 있으며 뒤에는 두꺼비가 있다(그림 9-27). 정황은 묘성이 좀생이 혼을 지상에 내려 보내기 위해 달로 건너와 조선의 물 삼족오를 제조하는 상황이다. 캄보디아의 앙코르와트 신전의 부조에는 '유액乳液의 바다 휘젓기'라는 주제의 장면이 새겨져 있다. 유액이 무엇인지는 아무런 설명이 없으나 "지구의 축인 비슈누에서 불멸의 술을 빚는 바이욘Bayon", 이른바 "생성변화生成變化"라는 주장도 있다.[37] 생성변화라는 말은 섞어서 무엇인가를 만든다는 뜻이다. 당대唐代의 유물인 월궁경月宮鏡에도 토끼 그림이 있다. 거울 중심에 진리의 나무가 있고 나무줄기에는 씨의 그릇이 걸려 있다(그림 9-28). 왼쪽에는 천사가 향로를 들고 날아오고 있고 오른쪽에는 토끼가 장대로 항아리를 젓고 있다. 주목할 것은 두꺼비가 네 다리를 활짝 벌리고 있어서 월정을 뜻하는 난자를 채취했음을 암시한다는 것이다.

　삼족오가 금성과 묘성과 태양의 복합 상징이라는 것은 고대 그리스 시대의 청동 항아리에서도 확인할 수 있다(그림 9-29).

9-28 당나라시대의 월궁경　유강하, 《도상, 문명의 이동을 말하다》.

9-29 청동 항아리　그리스. 그림 출처 : Franz Cumont, 《The Mysteries of Mithra》.

9-30 토기항아리 경주, 신라시대. 그림 출처 : 《한국의 미 : 토기》, 계간미술.

항아리 목둘레에 금성 이데올로기를 나타내는 조각들이 많이 부착되어 있다. 그 중심에서 날개 달린 비너스가 머리 위에 현조를 이고 있다. 비너스상이 전체적으로 십자형을 이루고 있는 것은 금성을 나타나는 X十을 의미한다. 비너스의 머리 뒤쪽에 두 마리의 뱀이 십자의 날개 모양으로 양쪽으로 뻗었으며 양쪽에서 사자가 그 뱀을 밟고 있다. 초점을 맞춰야 할 곳은 비너스의 아래 양쪽에 있는 두 마리의 사자가 각기 한손에 토끼를 들고 있다는 사실이다. 토끼는 묘성이고 좀생이의 혼불이다. 토끼 머리가 한쪽은 땅으로 향하고 다른 쪽은 그 반대로 위로 향한 것은 춘추분의 원리를 암시하고 있다. 디딤대에도 중요한 정보가 담겨 있다. 디딤대는 긴 날개를 펼친 한 마리의 새처럼 보이지만 실제로는 추상적인 이미지의 합성물이다. 두 개의 눈으로 보이는 원은 각기 반대방향으로 돌고 있는 회오리이다. 그 끝이 양쪽으로 뻗어서 날개처럼 보이게 만든 것이다. 이는 곧 금성의 60도 각이 만들어내는 춘추분의 드라마이다. 항아리의 부조들을 읽으면 입언저리에 있는 두 마리의 뱀이 여름띠와 겨울띠이고 네 마리의 사자는 4계절임을 알 수 있다. 더불어 두 마리의 토끼가 묘성의 상징으로 봄토끼와 가을토끼임을 알 수 있다.

항아리의 고향은 크레타 문명 시대의 크노소스 신전이다. 항아리가 신전의 어두컴컴한 우물처럼 보이는 지하에 묻혀 있는 것은 우리 감천궁과 상황이 다르지 않다. 이 우물처럼 보이는 지하가 신화에서 "바다의 우물(해정海井)"이라고 일컬었던 곳이다. 실제로 항아리에는 뱀과 X자와 동심원 문양이 새겨져 있다. 한반도 경주 일대에서도 같은 문양의 토기 항아리가 발견되는 것은 우연이 아니다(그림 9-30). 샤먼문명 시대에는 좀생이 혼이 온 누리를 지배했다고 말하는 것은 허무맹랑한 공론空論이 아닌 것이다.

《고기》에는 "삼족오가 조선 궁중의 뒤뜰에 앉았다"고 하고 그 현조의 날개가 "석 자나 되었다"고 했다.[38] 천사의 수태고지受胎告知[•] 행차를 의미하는 메타포임은 기록의 문맥에서 읽을 수 있다. 일본의 동양학자 시라카와 시즈카白川靜는 금문金文에 나타나는 뜰 정庭자를 풀이하여 "강신례降神禮가 행해지는 묘 앞의 신성한 장소"라고 했다.[39] 이는 사제의 승계 문제로 삼족오가 강신하는 예가 행해졌음을 말해준다. 앞에서 언급했듯 조선의 물(조선씨朝鮮氏)이 사람의 표본(종倧)이므로 삼족오(천사)가 가지고 온 좀생이 혼으로 사제의 자리를 계승한다는 것을 말해준다.

바다 속 우물과 물마누라

샤먼(동이東夷)에 관한 기록에는 "바다 속에 신의 우물(신정神井)이 있다"고 했다. 바로 용궁과 감천궁을 일컫는 것으로, 바다 속 우물이란 메타포이다. 그리스 신화에서도 제우스의 오소고아Zeus Osogoa는 해정海井이지만 이는 신들의 신전으로 실제로 바다 속이 아니라 가리아에 있다. 이는 바빌로니아의 마르두크 신의 경우도 마찬가지이다. 그의 신전도 "해정海井, Tantu"이라고 하지만 바다 속에 있는 것은 아니다.[40] 우리 무가巫歌에서도 바다의 우물(감천甘泉)을 지키는 "물마누라"라는 여신이 있다. 중국이 전하는 동이에 관한 기록에는 해정을 "신들의 우물"이라고 하고 "들여다보기만 해도 아들이 나온다"고 했다. 크레타 신전 유적은 우물이 신전이고 그곳에 항아리가 숨겨져 있

•수태고지
하느님의 사자인 대천사 가브리엘이 처녀 마리아에게 그리스도의 회임을 알리는 이야기. 기독교 미술의 중요한 주제이다.

9-31 토기항아리 크레타, 기원전 7세기 이전. 그림 출처 : H. G. Wunderlich, 《The Secret of Crete》.

9-32 항아리 보관소 초르텐 사당, 네팔. 그림 출처 :《世界の美術 : 印度チベット》, 朝日新聞社.

9-33 우물과 두레박 미니어처 평양 부근, 1~3세기. 그림 출처 :《한국의 미 : 토기》, 계간미술.

9-34 영웅과 우물 인도 구자라트. 그림 출처 : Pupul Jayakar,《The Earth Mother》.

9-35 #자 모양의 점토 차탈휘위크, 기원전 5850년. 그림 출처 : James Mellaart, 《Earliest Civilizations of the Near East》.

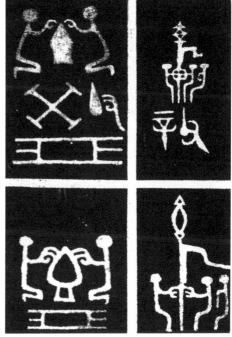

9-36 청동그릇에 새긴 문양 은주대殷周代. 그림 출처 : 長度敏雄,《東洋の美》.

음을 보여준다(그림 9-31). 신전 지하에 묻어놓은 항아리에는 신성부호인 X자와 동심원이 확인된다. 이와 똑같은 신성부호를 가진 토기 항아리는 한반도 경주에서도 발견된다. 양쪽은 공히 샤먼의 황금길(황금대黃金帶)인 위도 35도 상에 있다. 바다우물 속에 항아리가 들어 있는 적절한 예는 오늘날 네팔에서도 확인된다. 초르텐Chyorten 사당이라고 부르는 우물 안에 항아리 보관소가 있다(그림 9-32). 사당은 우물 모양(방호方壺)이고 꼭대기에는 천창天窓이 있어 밖으로 통하게 되어 있다. 제관(신관神官)이 그곳을 통해 항아리에 접근했을 것으로 추정된다. 천정 벽면에는 우수 종자를 제공했을 샤먼과 영웅들의 초상이 기록문서처럼 횡으로 배열되어 있다. 초르텐이 그리스의 항아리 축제에 등장하는 씨 항아리 "치트로이Chytroi"나 중국이 "동이의 조두(俎豆, chutou)"라고 기록한 것과 소리가 유사하다는 것은 우연한 일이 아니다.

여기에서 우리가 제5장의 도판에서 본 우물과 두레박의 메타포를 상기해보자. 실제로 평양 인근에서 발굴된 2세기경 유물에는 우물과 두레박이 미니어처로 만들어진 것이 있다(그림 9-33). 신라 시조가 나정蘿井에서 발견되었다고 한 것도 두레박의 메타포임을 알게 된다.

우물과 두레박의 메타포는 인도의 구자라트에서도 발견된다(그림 9-34). 목각에 새긴 이 그림에는 쌍두마를 탄 영웅이 커다란 주머니를 들고 비밀 의례의 현장에 나타나는 정황이다. 영웅은 용머리의 탈을 썼으며 다른 손에는 말고삐와 활을 들고 위협적으로 시위하고 있다. 활은 점占의 상징 도상이다. 정황은 현장에 누워 있는 두 여자의 모습에서 암시된다. 여자들은 씨를 받을 준비를 하고 있다. 흥미로운 것은 두 여인이 각기 상대의 다리를 끼면서 우물 정井자를 만들고 있다는 사실이다. 이 자세가 우연히 만들어진 것이 아님은 기원전 5850년경 아나톨리아 차탈휘위크의 유물에서도 확인된다(그림 9-35). 이 유물은 진흙으로 찍은 우물 정井자로 이 모양이 신성한 도상임을 말해준다. 우물 정자가 바로 감천궁임을 말해주는 것이다. 이는 중국의 청동기에 새겨진 금문金文에서도 확인된다(그림 9-36). 자료 왼쪽에 커다란 뾰족 항아리가 있고 중심부 상단에 두 인물이 조심스러운 자세로 항아리에 접근한다. 이 그림이 항아리의 비밀 의례와 관련 있다는 사실은 가운데 크게 쓰인 X와 그 옆 인물이 하늘에서 떨어지는 커다란 물방울을 받으려는 자세가 말해준다. X자는 금성이 출현하는 제의적인 시간이다. 주목할 것은 아래쪽에 우물 정井자가 있다는 사실이다. 그곳이 항아리를 보관하는 우물(신정神井)인 것이다. 미트라교가 활동하던 초기 로마의 자료에는 곡식 다발을 쥔 여신이 신전 기둥을 잡고 있다(그림 9-37). 오른쪽에는 곡식이 돋아난 꿀벌 통이 있고 여신의 등 뒤에 우물 정井자를 새긴 그릇이 있다.

9-37 곡물의 여신 로마 후기. 그림 출처 : Franz Cumont. 《The Mysteries of Mithra》.

이제는 이들 메타포가 직접적으로 그려내고 있는 씨받이에 대해서 알아보자. 중국 문헌은 "발이 세 개인 솥[정鼎]이 초혼初昏과 관련 있다"고 쓰고 있다.[41] 초혼은 난해한 말이다. 글자대로 읽으면 초初는 처음이라는 뜻이고 혼昏은 해가 지는 저녁이

9-38 케레스 여신 헬레니즘 시대. 그림 출처 : Franz Cumont, 《The Mysteries of Mithra》.

다. 하지만 그렇게 읽으면 의미가 성립되지 않는다. 해석을 방해하는

9-39 용궁놀이 그림 출처 :《한국의 굿》, 열화당.

암초는 혼醞자이다. 혼은 씨氏와 날〔일日〕을 아래위로 결합한 글자로 의미를 부여하면 '씨를 받는 날'이 된다. 혼醞이 혼인을 뜻하는 혼婚자에서 여자를 의미하는 여女를 떼어버린 형태인 것은 이것이 '여자가 개입하지 않고 씨를 받는 행위'임을 말하기 위함이다.《시경》이 "종묘에서 옥루屋漏의 예禮를 행한다"고 한 것은 바로 이 초혼을 의미한다. 옥루가 방에서 무엇인가를 떨어뜨린다는 뜻이기 때문이다.

그리스에서는 이 의식을 "항아리 축제 a pot feast"라고 한다. 실제로 항아리에는 온갖 곡물의 종자panspermia가 들어 있다. 곡물이 영웅들의 정자를 비유한 것이다. 우리의 천신굿(천신새신薦新賽神)에서도 잘 익은 벼이삭을 골라 제단에 바치는데 이를 "새신賽神"이라고 한다. 새賽는 '몸에서 무엇인가 튀어나오는 아이(투자骰子)'라는 뜻이다. 씨 추출을 그리 비유한 것이다. 힌두교는 이를 "신의 정령"이라고 했고 이 종자를 "황금의 씨cosmic fire-egg"라고 했으며 이 씨가 "황금 자궁golden womb"에서 자라나 아트만Atman이 된다고 했다.[42] 항아리는 위대한 좀생이 혼이 탄생하는 자궁이다. 헬레니즘 시대의 테라코타 부조에는 풍요의 여신 케레스가 양쪽 손에 벼이삭을 쥐고 있는 장면이 새겨져 있다(그림 9-38). 중요한 것은 여신이 벼이삭과 함께 뱀을 쥐고 있다는 사실이다. 벼이삭이 지혜의 씨를 상징하는 도상임은 이미 언급한 바 있다.

한국의 용궁놀이 굿에서는 무당이 항아리를 타거나 그 위에 작두를 놓고 맨발로 올라가 굿을 한다(그림 9-39). 무당은 한쪽 손에 뱀을 뜻하는 긴 수건과 또 다른 손에는 운명의 수레바퀴(각도角度)를 의미하는 부채를 잡고 춤추며 노래한다. 이는 항아리 속에서 기적을 행하는 영웅이 탄생한다는 것을 암시한다. 실제로 기원전 6세기에 만들어진 그리스 항아리에는 영웅이 항아리에서 튀어나오는 그림이 있다(그림 5-20 참고). 위대한 영웅이나 신이 바다의 우물에서 태어난다는 심오한 메타포이다.

9-40 라가시의 왕 우르닌나 상 수메르, 기원전 2900년경. 그림 출처 : Samuel Noah Kramer, 《The Sumerians》.

　수메르의 니푸르에서 발굴한 설형문자 필사본에는 "인류의 종말기(대홍수)에 인류의 씨를 보호하기 위해 씨를 가지고 바다를 건너 동방의 딜문Dilmun에 정착했다"는 기록이 있다. 수메르학자 크레이머 Samuel N. Kramer [*]는 딜문을 "대지의 종자The Seed of the Land" "해가 뜨는 바다의 집Sea-house" 또는 "땅 위에 있는 배The Dilmun Boat"라고 해석하여 샤먼과 영웅들의 종자가 바다의 우물에 저장되었음을 증언하고 있다.[43] 이 기사는 기원전 2900년경 수메르 시대의 부조에 그려진 이상한 풍경이 무엇을 의미하는지 짐작케 한다(그림 9-40). 그림은 상단과 하단으로 나뉘어 있다. 하단에는 뿔배를 든 인물이 크게 그려져 있고 그 뒤로 물병을 든 작은 인물이 나열되어 있다. 배경을 메우고 있는 다른 인물들도 똑같이 잔을 하나씩 들고 있다. 부조의 핵심 주제는 커다란 물동이를 이고 있는 거대한 인물이다. 더불어 모든 인물이 항아리나 작은 컵을 들고 있다는 점에 주목해야 한다. 제인 해리슨은 이 그림을 두고 "영웅 축제의 한 장면으로 세 사람이 영웅"이라고 했다.[44] 하지만 웨이델L. A. Waddell은 이 상황을 "신전을 짓기 위해 벽돌

* 새뮤얼 크레이머
펜실베이니아 대학 아시리아학 명예교수이자 같은 대학 수메르 점토판 컬렉션 명예 큐레이터. 수메르 연구의 석학.《역사는 수메르에서 시작되었다》등의 저서가 있다.

9-41 여섯개의 종지가 담겨 있는 토기 경주, 신라시대. 그림 출처 :《한국의 : 토기》, 계간미술. (오른쪽)

9-42 여섯개의 종지가 들어있는 항아리 경주, 8세기경. 그림 출처 :《국보》, 예경 (아래)

을 나르는 장면을 새겼다"고 말했다.[45] 하지만 벽돌은 어디에도 보이지 않는다.

    탁자 위에 놓인 작은 삼각추 모양으로 생긴 그릇은 한반도에서 발굴되었다(그림 9-41, 9-42). 종지가 모두 여섯 개인 데는 특별한 의미가 담겨 있다. 수로왕 탄생 설화에서는 하늘에서 종지가 담긴 금합자

金盒子가 내려온다. 그 항아리는 붉은 띠로 묶인 상자에 들어 있다. 이른바 판도라 상자이다. 그리고 수로는 그 여섯 개의 종지 중의 하나에서 태어난다. 이는 붉은 띠로 묶인 금합자가 수태고지임을 말해주는 것이다.

좀생이 혼이 숨어 있는 자안패

알타이 샤먼이 걸치는 모자와 복식에는 "유란 바스Jylan basy"라고 불리는 조개 장식이 붙는다. 유란 바스는 '뱀의 머리'라는 뜻이다. 이 조개는 나무로 깎아 만든 남성 성기와 함께 달리기도 한다.[46] 이 유란 바스는 한국 무속의 "부근付根"에 해당하고 일본 무속에서는 "긴세이(금정金精)"라고 부른다. 골뱅이처럼 작게 생긴 이 조개를 그리스 신화에서는 "비너스의 조개Concha Venerea"라고 부르며 영어에서는 보통 cowry라고 표기된다. 힌디어의 kauri, 산스크리트어의 kaparda에서 기원했다고 알려져 있는 단어이다(그림 9-43). 고고유물에는 이 조개가 저패기貯貝器라고 부르는 청동 그릇 속에 들어 있다. 학명으로는 '보패寶貝' 또는 아이를 잘 낳게 한다는 뜻의 '자안패子安貝'라고 부른다.

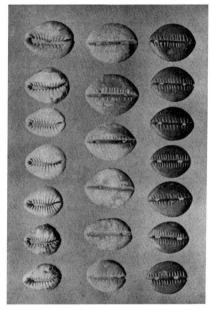

9-43 산동성에서 **출토된 자안패** 왼쪽은 구슬로 만들어진 것이고 가운데는 뼈로 만들었으며 오른쪽은 실물 자안패, 관야웅鸛野雄 소장. 그림 출처 : J. Gunnar Andersson, 《Children of the Yellow Earth, Studies in Prehistoric China》.

자안패는 할례割禮에 사용되기도 하고 말이나 낙타, 코끼리에 장식되기도 한다. 이 풍습은 페르시아에서 헝가리를 거쳐 독일과 스칸디나비아에 이르기까지 널리 펴져 있다.[47] 한반

9-44 말 모양 의례기, 청동기시대, 영천.《한국의 미 : 청동기》, 계간미술.

도에서 발굴된 청동기에도 자안패의 흔적이 발견된다(그림 9-44). 청
동제 장식 말은 말의 배 아래쪽과 앞쪽에 띠가 길게 뻗어 있고 그곳
에 조개가 새겨져 있다. 중국 윈난성에서 발굴된 청동제 저패기貯貝器
는 그 속에 자안패가 보관되어 있다는 사실을 확인시켜준다(그림 9-45
325쪽). 저패기의 뚜껑에는 수소가 여러 마리 새겨져 있어서 저패기
속에 좀생이 혼이 들어 있음을 말해주며, 저패기 양쪽에 새겨놓은 사
나운 사자는 저패기 속의 자안패를 탐하거나 지킨다는 것을 의미한
다. 평양의 석암리에서 발굴된 청동 조두에는 단단한 멜빵이 부착되
어 이것이 말을 타고 다니는 영웅(흉노)들의 신성한 그릇임을 말한다
(그림 9-46 326쪽). 〈계명찬가〉는 이렇게 노래한다.[48]

    말을 타고 오는 계명
    소를 타고 오는 계명
    말은 소가 있는 곳에
    조선의 채찍과 안장鞍裝에다 항아리를 달고

이 찬가에서 "조선의 채찍"과 "항아리"는 메타포로 읽어야 뜻이 통한다. 채찍은 굿에서 샤먼이 잡는 송대(털개)로 이는 천군만마千軍萬馬의 심벌이다. 또 항아리는 무가에서 "구레"라고 하지만 일본인 학자 아카마쓰 지조赤松智城˙는 이를 한자로 "비鑾" 또는 "세軰"라고 번역했다. 이 글자는 마차의 축에 해당하는 부분에 큰 항아리를 놓고 이를 밧줄로 고정시킨 것으로, 흉노가 말에 싣고 타고 다니는 청동기이다. 찬가에서 말은 천마이고 소는 용이다. 말과 소를 탄 사람이 "계명"이라고 한 것은 이들이 과거고시에 도전했던 영웅들이라는 뜻이다. 주목할 것은 채찍을 "조선의 채찍"이라고 한 것이다. 이는 신화에서 말하는 영웅의 무리 삼천도三千徒를 뜻한다.

기원전 2세기경의 흉노의 청동제 저패기에서는 자안패가 무더기로 나왔다. 청동 저패기의 뚜껑에는 수소가 많이 새겨져 있어서 자안패가 좀생이 혼이라는 것을 말해준다(그림 9-47 326쪽). 가장 오래된 자안패는 뿔배를 든 비너스가 나온 라스코 동굴에서 인골과 함께 발견되었다. 이는 생명수를 숭배했던 샤먼들이 이 조개를 염주처럼 줄줄이 매달아 목이나 허리 장식으로 삼았음을 말해준다. 고고학자들에 따르면 이 자안패는 아시리아, 바빌로니아의 이슈타르, 이집트의 하토르, 그리스의 아프로디테, 로마의 비너스 등 여신 숭배 신앙의 도구로 보고 있으며 이집트 전왕조 시대의 분묘를 시작으로 키프로스, 코카서스 산맥의 북쪽 흑해 연안, 중앙아시아, 인도, 우랄 산맥의 서쪽, 오로도스, 유럽에서는 보스니아, 프랑스, 영국, 독일, 더불어 유라시아 대륙에서 아메리카 대륙에 이르기까지 고루 발견된다.[49] 이 지역들이 모두 샤먼제국 시대의 문명이 미친 영역인 것이다. 안데르손J. G. Anderson은 자안패를 뜻하는 "그리스어 Cowrie는 어원이 '작은 돼지'"라고 하고 "자안패와 돼지가 신화적으로 관련 있다"고 했다.[50] 조개로부터 여신이 태어난다는 것도 자안패의 기능이 무엇인지를 알게

˙아카마쓰 지조
아키바 다카시와 함께《조선무속의 연구》를 펴낸 일본의 종교학자, 역사학자. 1937년에 발간된 이 책은 두 권으로 구성돼 있는데, 상권은 주로 경성을 비롯하여 중부지방과 제주도의 무가를 모아 일본으로 번역하고 해제와 주석을 붙여 정리하고 있다. 하권은 전국 90여 지역에서 현지조사를 수행하고 관련 문헌을 조사하여 발표한 논문들과 새롭게 작성한 글을 모았다.

9-49 세 개의 자안패 로마의 팜피리 유적, 콜롬바리움 벽화(스케치). 그림 출처 : Jane Ellen Harrison,《Prolegomena to the Study of Greek Religion》.

한다(그림 9-48 326쪽). 그리스 신화에서는 아프로디테가 바다에서 조개를 타고 육지로 오른다. 여기에서 바다의 조개는 좀생이 혼의 집이다. 로마 시대의 팜피리 유적 벽화에는 다섯 명의 여인이 중심에 조두를 놓고 주위를 둘러앉아 있다(그림 9-49). 조두 위에는 세 개의 자안패가 있다. 바흐오펜은 이 자안패를 "신비의 달걀"이라고 말하고 "여인들이 달걀을 놓고 진지하게 무엇인가 논의한다"고 말한다[51]. 이는 로마제국의 초기 황제들이 모두 서자가 되었던 것과 관련 있을 것으로 추정된다. 이것이 미트라교 시대의 엘레우시스 비밀 의례Eleusinian Initiation를 말한다는 것은 그리스의 유물에서 확인된다(그림 9-50). 항아리 유물에는 알을 담은 접시를 들고 있는 사제와 돼지의 뒷다리를 거머쥐고 있는 영웅 헤라클레스가 새겨져 있다. 사제는 오른손에 든 작은 항아리를 따라 돼지의 머리에 물을 붓고 있으며 헤라클레스는 목욕하고 난 몸을 긴 수건으로 가리고 있다. 이 도상에서 접시에 담긴 알은 자안패의 메타포이고 돼지는 영웅의 종자를 부화시키는 자궁의 메타포이다.

9-50 엘레우시스 비밀의례 그리스, 기원전 7세기 이전. 그림 출처 : Walter Burkert,《Ancient Mystery Cults》.

우리 무가에서는 자안패를 "해수원海水園의 해수海

水"라고 했고, '만명 굿'에서는 "자안패가 용궁 뒤뜰에 있는 세 우물에 있다"고 했다.[52] 또 무가의 〈오산烏山 열두거리〉 굿에서는 "우물〔정井〕이 안산대국安山大國에 있다"고 하고 "그곳을 관리하는 무당은 용궁 물마누라"라고 했다. 안산의 안安은 여자들이 있는 궁전으로 그곳에서 비밀 의례가 벌어진다는 것을 말해준다. 🐎

천문天文이라는 말의 본 뜻은 별의 메시지(신탁)다.
오늘의 과학이라는 이름의 천문학과는
사뭇 다른 뉘앙스로 이해되어야 한다.
……천문학astronomy의 어원은 라틴어의 astro이고
그 의미는 금성金星이다.

아리스토파네스, 기원전 5세기

제10장

샤먼의 황금신상

샤먼문명의 신상들

조선朝鮮의 감천궁甘泉宮에 두 마리의 용이 그려진 돌기둥이 있다. 기둥의 의미는 X十으로 우주축이다. 이 때문에 기둥은 붉은색을 칠하고 그 위에 황색으로 용을 그렸다. 황룡은 오행의 심벌이며 골메기이다 (그림 10-1 327쪽). 골메기는 앞장에서 언급한 것처럼 천상으로 연결되는 사다리가 있는 곳이다. 남쪽으로 향한 신전의 선도羨道 양쪽에는 기마무사들이 그려져 있어 이 신전의 주작관朱雀關에 천하의 보물이 있음을 암시한다. 현무와 주작은 도상으로 태극이다. 중국 기록은 감천궁을 "태극전"이라고 하고 4세기 때 "전진왕前秦王 부홍符洪(351년)이 그곳에서 황제로 추대되었다"고 하였다. 조선의 별칭인 감천궁이 제위의식을 치르는 곳임을 말해준다.

그렇다면 지금은 비어 있는 그 주작관에는 무엇이 있었을까. 중국 문헌에는 조선朝鮮을 "천축국天竺國"이라고 하고 "그곳의 감천궁에 황금으로 만든 휴도금인休屠金人이 있었다"고 기록돼 있다.[1] 휴도休屠라는 말은 다른 장에서 자세히 살펴보겠지만 우선 문맥을 보면 감천궁을 뜻함을 짐작할 수 있다. 그리고 황금으로 된 사람(금인金人)은 신상神像을 말하는 것이다. 또 다른 문헌에는 "전한前漢 무제武帝가 기원전 141년에 감천궁을 빼앗고 그곳에 진열돼 있던 신상들에게 제사

•선도
고분으로 들어가는 현관.

10-2 구데아 시대의 인장 바빌로니아 시대. 그림 출처 : 井上芳,《シュメル・バビロン社會史》.

했다"고 쓰여 있다.[2] 감천궁에 여러 신상이 진열되어 있었음을 암시하고 있는 것이다. 한 무제의 이 사건이 일어난 곳은 한반도의 평양이 아니라 오늘날의 중국 누란Lou-Lan을 말한다. 필자가 전작《샤먼제국》에서 밝혔듯 4세기 이전의 조선은 누란에 있었기 때문이다.

고려시대의 기록에도 "우주의 중심(부동본不動本)에 신상이 있었으며 이를 웅상雄像이라 한다"고 되어 있다.[3] 웅상이 황금 신상임을 말해주는 것이다. 웅雄의 뜻은 '수컷'이다. 이 글자의 핵심에는 '남성 성기(厶)'와 '꽁지 짧은 참새의 깃털(隹)'이 있다. 영웅과 현조의 의미가 담겨 있는 것이다. 바빌로니아 시대의 유물에서 이 문장이 말하고자 하는 정황을 살펴볼 수 있다(그림 10-2). 유물은 구데아 신 의 인장(실린더)으로 오른쪽에서 신 구데아를 볼 수 있는데 그는 앞에 앉아 있는 사제로부터 신탁을 받고 있다. 사제는 점을 치는 제물을 올려 놓은 삼각대(삼정三鼎)를 앞에 놓고 있으며 한 손에 지팡이를 잡고 있다. 동굴 시대부터 지팡이는 열 개의 수(십익十翼)를 상징하는 샤먼의

•구데아 신 (구데아 왕)
기원전 2100년 경 바빌로니아 라가시를 지배한 왕. 이후 신격화됐다. 구데아 왕의 조각상들은 그 시대의 걸출한 예술품으로 꼽힌다.

상징물이다. 하지만 오랜 세월 동안 지팡이는 침묵하고 있는 도상으로 전락했다. 샤머니즘의 종파인 그노시스파의 사제는 묘에서 진행하는 미사에서 제물인 떡에 창槍 끝을 대면서 이렇게 외친다.

신이 내린 정신의 식물이여
이를 창槍의 힘으로 신에게 바치나이다.

그런 다음 사제는 다시 떡을 손에 쥐고는 "신의 몸체이며 우리의 육체"라고 한다.[4] 이제 사제는 묘에서 나오고 이때 예악이 울린다. 사제는 창을 자신의 가슴에 대고 먼저 3보씩 규칙적으로 걷고 그런 다음 창을 받기 위해서 꿇어앉아 있는 여사제에게 창을 건넨다.[5] 청동기 문화에서 창이 어떤 기능을 하는지 전하는 중요한 자료이다.

어쨌든 바빌로니아 유물에서 주목할 것은 두 인물 사이에서 금성을 볼 수 있다는 사실이다. 그림 중심부에 고분 모양의 형상이 있는데 실은 한 그루의 나무가 왼쪽으로 휘어져 만들어졌다. 이 사실에서 고분이 "나무"로 불렸다는 사실을 짐작할 수 있다. 고분 안에는 거대한 관을 쓴 인물이 신상 앞에서 제물을 올려놓고 예배드리고 있다. 흥미로운 것은 고분의 왼쪽에 서 있는 인물이다. 그는 한쪽 발로 나무줄기를 밟고 한쪽 손으로는 낫으로 나무 가지를 자르고 있다. 이 그림이 단군신화에 등장하는 신단수神檀樹와 다르지 않음은 쉽게 알 수 있다. 나무는 북극에서 내리는 영성靈性을 상징하는 메타포이다. 고대 그리스인들은 그들에게 황금시대로 돌아가게 해주는 이 열매의 나무를 "보물 기둥Mat de cocagne"이라고 했다. 수메르와 히브리, 그리스 신화에는 모두 뱀 모양의 괴물(용)들이 이 나무와 열매를 지켰다. 그들이 비밀 정원의 파수꾼이었던 셈이다. 그 열매들을 얻으려면 그들을 유혹하거나 싸워 이겨야 한다.[6] 이것이 신단수의 일이다.

10-4 눈에 자안패를 박은 신상 머리 서아시아 제리코, 7000
년 전. 그림 출처 :《世界の博物館 : 大英博物館》, 講談社.

신단수는 '신단'과 '수'가 합쳐진 글자
로 구데아 인장이 보여주는 그림과 다르지
않다. 그림의 의미는 '수樹'라는 글자에 내
포되어 있다. 樹는 작은 마을을 뜻하는 촌村
자 속에 지성소(십十)와 콩(두豆)을 넣은 옹
기(조두제豆)를 결합한 그림문자이다. 황금
신상이 있는 감천궁의 메타포인 것이다. 수
메르어가 나무를 '남무nammu'라고 발음하
고 심연, 우물, 지하 여신이 있는 곳을 가리
킨다거나[7] 켈트어에서 나무를 'nemus'라
고 발음하는 것은 모두 우연이 아니다.

우리의 관심은 황금 신상이 놓여 있는
감천궁의 모습이다. 당나라 때 안사고顏師古
는 황금 신상을 "금인金人 또는 천인天人"이라고 하고 "이 신상이 뒷날
불상으로 이어졌다"고 했다[8](그림 10-3 328쪽). 웅상의 모습을 가늠해볼
수 있는 단서이다. 실제로 불상이 있는 사찰을 웅상雄像의 이름을 따서
대웅전大雄殿이라고 부른다.[9] 샤먼문명 시대를 기록한 역사 자료에는
"웅상이 천부인天符印을 들고 연화(환화桓花) 위에 앉아 있으며 본체인
웅상은 진신眞身"이라고 했다.[10] 천부인은 청동기로 만든 창, 삼지창,
언월도를 가리키는 것이고 진신이라는 말은 불상처럼 나무나 돌 또는
청동으로 만든다는 뜻이 아니라 신상을 만들 때 특정 인물의 유해를
직접 사용한다는 뜻이다. 웅상과 불상의 차이가 확인된다.

바빌로니아 시대에 비너스 여신상이나 아프리카에서 발굴되는
신상의 예에서 이런 정황을 확인할 수 있다. 실제로 시리아와 팔레스
타인 지역에서 발굴된 유물에서 테라코타로 만든 신상의 눈에 조개
껍질을 박아놓은 예를 볼 수 있다[11](그림 10-4). 풍장風葬으로 처리된

•안사고
중국 당나라 초기의 학자.
《한서》에 주석을 달아 오늘
날 해석의 중요한 근거가 되
게 했다.

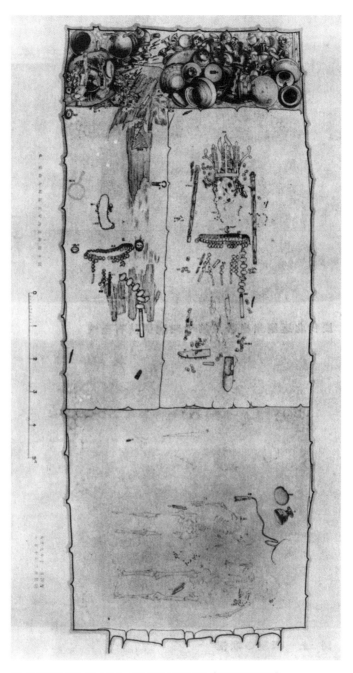

10-7 부부총 석실 경남 양산. 그림 출처 : 梅原末治,《朝鮮古代の墓制》.

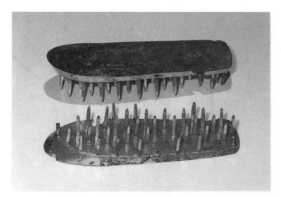

10-8 신발 바닥 금동제, 신라시대. 그림 출처 : 《한국의 미 : 금속공예》, 계간미술.

10-9 관제묘 만주 용강성 도남, 1930년대. 그림 출처 : 村田治浪, 《満洲の史跡》.

유골을 테라코타로 씌워서 그 위에 구리나 금으로 감싸는 방식이다. 바빌로니아 시대의 태양신인 바알Baal의 신상은 진신이 무엇인지 실감케 한다(그림 10-5 328쪽). 신상은 기원전 13세기에 만든 청동상으로 관은 이집트 풍이고 전신은 두터운 금박으로 감쌌다. 눈에는 보석을 박았던 흔적이 남아 있고 두 손은 불상의 수인手印과 다르지 않다.

박트리아에서 이 신상을 이해하는 또 다른 자료를 볼 수 있다(그림 10-6 328쪽). 1930년대에 러시아 고고학자들이 파헤친 무덤에서 머리와 몸체가 모두 얇은 금동판으로 포장된 유체遺體가 드러났다. 신상으로 보이는 이 유체는 이마에 금관을 쓴 흔적이 있었다. 황금 신상 속에 실제 인간 유골을 말하는 진신이 있었음을 확인하는 것이다. 이 신상의 이빨과 유골 아래쪽에 뼈와 신상을 장식했던 물건이 고스란히 노출되어 있었는데, 지팡이와 곡옥曲玉은 신상이 한반도의 상황과 동일하다는 것을 말해준다. 이 상황은 그대로 양산의 부부총에서 명쾌하게 확인된다(그림 10-7).

한 무덤에 2구의 유골이 나란히 묻혔기 때문에 부부의 무덤이라고 부르지만 이는 가설에 불과하다. 무덤 오른쪽에서는 유골의 원형이 확인되지만 왼쪽에는 유골이 없다. 진신이 아니라는 증거이다. 하

10-10 아홉 샤먼의 신상 구성사, 지린성 옌지延吉. 그림 출처 : 村田治浪,《滿洲の史跡》.

지만 어느 쪽이든 거창한 금관을 비롯한 각종 장식들로 파괴되기 이전의 신상을 상상할 수 있다. 주목할 것은 유골 현장에 금으로 장식한 신발이 있다는 사실이다(그림 10-8). 신발이 있다는 것은 신상이 의자에 앉아 있거나 서 있었다는 뜻이다. 신발 밑창에 송곳 같은 못이 돋아 있는 것으로 볼 때 신상은 발판에 고정돼 있었던 듯하다.

1930년대 만주 지역에 남아 있었던 도불道佛 습합형˙의 신상은 이런 정황을 이해하는 데 도움이 될 것이다(그림 10-9). 용강성龍江省 관제묘關帝廟의 삼신상 중 가운데는 문수불文殊佛이고 좌우가 도교신이다. 주목할 것은 그들 모두가 바탕에 깔린 커다란 연꽃대좌 위의 의자에 앉아 있다는 사실이다. 이 때문에 세 신상은 모두 신발을 연좌에 붙이고 있다. 이런 상황은 아홉의 샤먼(구성사九聖祠)에서도 마찬가지이다(그림 10-10). 그들에게는 연좌가 없지만 바닥에 신발을 붙이고 있는 것은 마찬가지이다.

키프로스에서 발굴된 기원전 5세기의 아프로디테 여신상은 여신도 의자에 앉았음을 말해준다(그림 10-11). 여신상은 보석들을 박은 커다란 관을 쓰고 있으며 두 다리가 받침대와 밀착되어 있다. 의자의

˙도불道佛 습합형
도교와 불교가 합쳐진 형태.

제10장 샤먼의 황금신상 ┃ 395

10-11 아프로디테상 그림 출처 : Franz
Cumont, 《The Mysteries of Mithra》.

양다리에 두 협시脇侍를 새겨놓았는데, 삼신의 이미지
를 보여주는 것이다. 의자 받침대 앞쪽 모서리에는 사
방으로 네 송이의 연꽃을 새겨 이 역시 4계절의 의미를
암시하고 있다. 이 여신상이 다름 아닌 금성상임을 확
실히 해주는 증거는 의자의 등받이 오른쪽에 거울이 있
다는 사실이다. 여신은 한손을 위로 치켜들고 다른 손
은 자신의 무릎에 놓았다. 상하를 가리키는 것은 그녀
가 앉아있는 곳이 북극성과 지구의 배꼽이 일치하는 X
十 지점임을 가리키며 이 위치는 다시 불상의 본존本尊
이 자리하는 부동본不動本이기도 하다. 여신은 내린 손
으로는 작은 종지를 쥐고 있고 올린 손으로는 그릇을
받쳐 들고 있다. 감천궁의 일을 말하는 것으로, 에리히
노이만은 작은 종지를 "석류石榴"라고 해석했다.[12] 종지
와 석류는 비유하는 의미가 같다.

　　1960년대 초기까지 경주 박물관에는 은제 관과 관
식이 금제 장식물과 함께 전시되어 있었다. 지금은 무
슨 이유에선지 볼 수 없다. 금제와 함께 은제가 있다는 것은 감천궁에
웅상과 함께 여신상이 존재했음을 말해주는 자료이다. 그 점에서 부
부총의 한쪽 유골 상황이 허술하게 처리된 것은 매우 아쉽다. 그것 역
시 좌상의 여신상이 아니었을까 싶기 때문이다.

　　기원전 1700년 바빌로니아 시대의 청동 신상은 입상 양식이다
(그림 10-12). 신상은 얼굴이 네 개이고 모자는 하나이며 손에는 두 마
리의 뱀을 쥐고 있다. 왼쪽 발로는 염소를 밟고 있다. 수메르학자 소르
킬드 야콥센Thorkild Jacobsen은 이를 마르두크 신상으로 추정했다.[13]
마르두크Marduk라는 말의 원래 뜻은 지팡이이다. 우리말의 말뚝과 어
원이 같다. 말뚝은 솟대이고 용의 중뿔이므로 마르두크도 X十의 의미

라는 것을 알 수 있다. 손님인 것이다. 신상의 네 얼굴은 4계절이고 두 마리의 뱀은 여름띠와 겨울띠이다. 염소는 소와 같은 천문학의 메타포로 읽을 수 있다.

10-12 네 얼굴의 신 바빌로니아 시대, 기원전 1700년경. 그림 출처 : Franz Cumont, 《The Mysteries of Mithra》.

페르시아 시대의 보살이라고 부르는 신상도 웅상을 이해하는 데 참고가 된다(그림 10-13 329쪽). 이 신상은 중앙아시아의 단단윌리크 사원 유적지에서 발굴되었다. 인도 풍의 보살로 신상은 금관을 쓰고 있으며 팔이 모두 넷이다. 기본이 되는 팔 하나는 가슴으로 갔고 그 손에는 작은 술잔을 들었다. 다른 손은 힘 있게 무릎을 짚고 있다. 검은 옷을 입은 두 개의 팔 가운데 왼손은 각도角刀를 쥐었고 다른 쪽은 꽃송이를 쥐었다. 두 다리가 삼각형을 만들고 있고 두 발이 살짝 겹치는 모습에서 불상의 가부좌를 떠올리게 된다. 머리 뒤의 작은 원과 그 원을 둘러싸는 또 하나의 큰 원이 신상이 앉은 전체의 모습을 감싸고 있다. 좌대에는 잎이 네 개인 꽃문양이 새겨져 네 개의 팔과 함께 4계절을 나타낸다고 볼 수 있다. 작은 술잔은 신들의 정자 그릇이다. 두 개의 원과 뾰족한 칼, 살짝 꼰 두 개의 발은 금성과 지구의 교차를 의미하는 제스처로 읽을 수 있다. 네 잎사귀의 꽃방석은 그가 X十의 중심에 앉아 있음을 말하고 있다.

샤먼제국의 마지막 감천궁이었던 페르가몬 신전에 청동 삼족오만이 아니라 입상의 금성 신상이 있었던 것은 너무나 당연하다(그림 10-14 329쪽). 기원전 3세기에 만들어진 헤르마프로디테Hermaphrodite 신상은 양성으로 금성 이데올로기를 드러내고 있다. 가슴은 여성이고 아래는 남성이다. 신상은 그리스의 고대 아폴론 상처럼 가지가 잘

려나간 나무줄기에 기대어 있는 모습이다. 김부식의《삼국사기》에
나타나는 고구려의 부녀신상婦女神像ˑ이나 고등신상高登神像ˑˑ은 물론
신라의 선도성모상仙桃聖母像ˑˑˑ도 모두 같은 신상 양식으로 감천궁에
진열돼 있었다고 추정해볼 수 있다.

신상의 금관(옥황)

웅상에는 특별하게 만들어진 거창한 금관이 있다. 일연은《삼국유사》
에 이를 "옥황玉皇"이라고 적었다. 이 금관은 불상과는 달리 신상과
독립적으로 제작되어 진신의 신상 머리에 씌웠던 것으로 추정된다.
샤먼의 과거고시 때 금관을 신상으로부터 벗겨내어 제장으로 옮겨야
했기 때문일 것이다. 샤먼제국에 관한 기록에는 "신상이 태시전太始殿
에 있으며 신상 머리에 태양빛이 쪼일 때마다 큰 해와 같은 원광圓光
이 생겨난다"고 했다.[14] 태시太始는 곧 삼신(삼대三臺)이어서 태시전이
감천궁의 별칭임을 알 수 있다. 주목할 것은 빛이 반사되어 큰 해와 같
은 원광이 생긴다는 표현이다. 이것이 웅상의 금관이고 무가에서 "태
양이 동해에서 떠오를 때 금성이 황금 쟁반을 가지고 나타난다"는 이
야기가 그 메타포임을 알 수 있다. 태양이 떠오를 때 해와 같은 원광이
생기게 되는 것은 금관에 구슬과 황금 장식이 무수히 달려 있다는 뜻
이며 그것이 만들어내는 원광이 바로 황금 쟁반의 비유인 것이다. 중
국 문헌에서 "흉노(샤먼)의 신상은 주상珠像"이라고 한 것도[15] 신상에
구슬이 많이 장식되어 있었음을 말해준다.
　　경주 서봉총瑞鳳塚에서 발굴된 금관에는 출出자 장식과 함께 많
은 구슬과 황금 보물들이 달려 있다(그림 10-15 330쪽). 이것들이 어디
에선가 들어오는 태양광선에 쏘이면 그 반사광이 지하 신전 안에 퍼

ˑ부녀신상
고구려시대의 여신상. 김부
식의《삼국사기》에 기록되어
있음.

ˑˑ고등신상
남자가 말에 탄 모양의 고구
려시대 때 신상.《삼국지》〈위
서〉〈고구려전〉에 "국왕이 있
는 곳 좌우에 신묘를 세워 귀
신을 제사지낸다"고 했고 당
나라 때 이연수가 편찬한《북
사》에는 "두 곳의 신묘 중 하
나에 부인 모양의 나무 조각
을 새겼고 또 하나는 고등신
이라 하는데 이는 그 시조 부
인의 아들"이라고 했다. 이로
미뤄 고등신은 고주몽이며
부인상은 하백의 딸로 추정
된다.

ˑˑˑ선도성모상
신라 시조의 어머니 신상. 양
자강 이남의 양나라에 있었다
고 김부식이 기록하고 있다.

10-19 디오니소스 축제 베를린 박물관. 그림 출처 : Jane Ellen Harrison,《Prolegomena to the Study of Greek Religion》.

지면서 햇빛 이상으로 밝아진다는 것을 알 수 있다. 이 금관의 주제는 나무이다. 나무를 추상화하여 出(출)자 형태를 만든 것이다. 그 이전에 제작된 것으로 여겨지는 금관은 나무의 모습을 더 뚜렷이 보여주고 있다(그림 10-16 330쪽). 나무를 왜곡시킨 이유는 수數의 메시지를 나타내기 위함이다. 그 근거는 경주 지역에서 발굴된 금관에 두 가지 종류의 출자 장식이 있다는 사실이다. 금관의 출자 장식은 3단과 4단으로 종류가 나뉜다. 3단은 가지가 모두 일곱으로 샤먼의 영혼의 고향인 북두칠성을 의미한다. 4단은 모두 아홉으로 샤먼의 수(구이九夷)를 나타낸다.

중국 양梁나라 시대 때 유명한 문장가인 유신庾信도 "감천궁에 금인이 있다"는 사실을 확인하면서 "금인의 모양이 한 무더기의 나무와 같다"고 했다.[16] 감천궁에 있는 신상이 나무처럼 생긴 금관을 썼음을 지적하고 있는 것이다. 금관의 나무는 스키타이 샤먼의 공통되는 장식이다(그림 10-17 330쪽). 사루마디아Sarumadia인의 금관으로 알려져 있는 이 금관에는 중심에 열매가 달린 코카서스 지방의 나무가 있고 양쪽으로 사슴 두 마리가 마주서 있다. 또 다른 쪽에는 산양과 나무가 있다. 관대 정면에 그리스 풍의 여자 얼굴을 새긴 카메오가 장식되어 있으며 관 아래에는 로터스 장식이 달려 있다. 아프가니스탄의 하이 눔에서 출토된 금관도 주제가 나무와 꽃이다(그림 10-18 331쪽). 중심에 거대한 로터스 꽃과 좌우에 나무를 배치하고 미니어처 거울과 하트 장식을 많이 달았다. 이 금관의 공예기법이 신라 금관과 동일하다는 것은 우연이 아니다. 나무가 금관의 주제라는 사실은 그리스 시대의 암포라 그림(도화陶畵)에서도 확인된다(그림 10-19). 그림 왼쪽으로 디오니소스 신상이 보인다. 신상 머리에는 장식을 단 긴 나뭇가지가 솟아 있다. 여신은 항아리를 들고 비틀거리고 있다. 이 모습은 그 신상이 지하세계의 감천궁에 있었음을 짐작하게 하는 근거가 된다. 항아리를 두는 장소가 바로 지하세계의 감천궁이기 때문이다. 그리스인은 올림피아드의 우승자에게 올리브나무 가지로 만든 관을 씌운다. 올리브라는 말은 나무 이름이기 이전에 먼저 '동굴Alsos'의 의미를 담고 있다. 어원은 '알티스Altis'로 이는 제우스 신전의 중심부에 있었던 금관의 이름이다.[17] 금관의 가지가 올리브라는 나무 이름으로 전이된 것이다.

가야 지역 고령에서 발굴된 금관은 스키타이 금관처럼 단순한 양식이다(그림 10-20 331쪽). 신상용이라기보다는 샤먼들의 과거고시에서 영웅이 쓰는 대관으로 추정된다. 기독교《성서》에 언급되는 면류관과 다르지 않을 것이다. 면류관의 의미는 '세속과 갈라놓다'이고 이 관은 '봉헌해두는 것'이다.[18] 해탈자인 영웅에게 대관한 다음 이를 신전에 정중히 보관하면서 의식에 사용한다는 것이다. 관에는 네 개의 로터스 꽃이 서 있으며 관대에는 간간이 곡옥을 매달아 놓았고 나무 잎사귀를 여기저기 매달았다. 주목할 것은 관대에 X자를 새겨놓았

다는 사실이다. 프레이저는《황금가지》에
서 "스키타이인의 황금 관은 인적이 닿지
않는 깊은 숲속에 있으며 약한 바람에도 흔
들린다"고 했다. 이 가지는 "하지와 동지에
태양빛에 방사된다"고 했으며 "가지에 매
달린 양의 이빨처럼 생긴 꽃(양치류羊齒類)을
얻으면 기적 같은 행운이 뒤따른다"고도 했
다.[19] 금관에 달린 보물이 영웅이나 미인에
게 주어지는 여의주라는 것을 암시하는 것
이다.

고대 그리스의 도자그림은 보물들이
실제로 어떻게 사용됐는지 보여주고 있다
(그림 10-21). 그림의 왼쪽 상단 구석에는 제
우스가 삼지창을 들고 진리의 나무와 마주
하고 있다. 중앙에는 영웅으로 탄생한 인물
이 천마(페가수스)를 타고 청동 창을 잡고 있
으며 오른쪽 상단에는 영웅의 목에 구슬목
걸이를 걸어주는 날개의 여신이 보인다. 샤
먼의 과거고시 축제가 끝난 뒤의 정황을 보
여주는 그림이다. 그림 하단에는 손에 열매
를 쥔 인물과 그 인물을 쏘아보는 뱀이 그
려졌다. 영웅의 DNA 정자를 채취하는 제의
적인 상황으로 읽을 수 있다. 또 다른 그림
(그림 10-22)에는 중심에 지팡이를 쥐고 있
는 제우스가 있고 그 앞에는 창을 들고 있
는 미인과 그 미인에게 구슬목걸이를 걸어

10-21 용에 도전하는 영웅 도자기 그림, 그리스, 기원전 4
세기. 그림 출처 : Semni Karouzou, 《National Museum》.

10-22 황금 목걸이를 받는 영웅 기원전 350~기원전 340
년, 파리, 루브르 박물관. 그림 출처 : Semni Karouzou,
《National Museum》.

주려는 날개천사가 있다. 영웅이 아니라 미인이 탄생하고 있음을 보여준다.

무가 〈경성 열두거리〉의 '창부唱婦굿'에서는 이 정황을 "금 쟁반에 받들어 천상의 백옥경白玉瓊을 바치시고"라고 노래한다. 백옥경은 여의주이다. 힌두교는 옥황상제가 구슬로 세상을 다스린다며 "구슬의 통치자jade ruler"라고 부른다. 우리 무속에서 말하는 옥황상제의 "옥황玉皇" 역시 구슬의 관을 말한다.

복숭아(하트)와 대추(배꼽)

경주 지역 고분에서 발굴된 여러 개의 금제 허리띠에는 곡옥曲玉을 비롯하여 물고기나 먼지떨이 같은 보물이 많이 달려 있다(그림 10-23 332쪽). 이 장식은 물론 금관에서도 똑같이 발견된다. 대추와 사과, 복숭아, 고추, 곡옥曲玉형 장식이다. 복숭아는 하트 도상이다(그림 10-24 332쪽). 하트는 일명 "메디아의 풀medic grass"로[20] 전설에서는 이란이나 아르메니아의 신선(장로)들이 불로장생의 약으로 복용했던 풀이라고 한다.[21] 그리스 신화에서는 날개를 단 큐피드가 활로 겨구는 대상이 바로 하트이다. 일반적으로 사랑의 상징으로 알려져 있는데, 영웅이 미인을 차지한다는 뜻으로 읽을 수 있다. 사과와 대추는 같은 꼴로 《성서》는 이 두 가지를 "선악을 아는 열매"라고 했다. 경주 지역에서 발굴된 능금형 장식은 대추와 같은 모양이다(그림 10-25 332쪽). 이는 켈트 양식과 동일한 공예기법으로 제작돼 샤먼문명이 지중해에서 한반도에 이르렀음을 말해주는 증거물이라고 할 수 있다. 아나톨리아 보아즈쾨이에서 발굴한 기원전 7세기의 유물에는 실제로 사과를 쥐고 있는 승리의 여신상이 있다(그림 10-26). 승리의 여신은 키벨레이다. 여신은 머리에 무거워 보이는 관을 쓴 채 왼손에 사과를 들고 오른손은 가슴으로 가져갔다. 올림피아드에서 단상에 오른 것이다. 양쪽에서 소년 악사가 북을 치고 피리를 부는 것도 그 때문이다. 축하 연주를 하고 있는 것이다. 《삼국유사》에는 "가락국의 수로왕 부인이 상제上帝로부터 복숭아와 대추를 받고 가야로 와서 왕비가 되었다"고 기록되어 있다. 이 기록에서 보물을 받는 것을 비몽사몽간이라고 하여 뒷날 무속에서는 이를 "몽금척夢金尺"이라고 부른다.

금관총과 양산의 부부총에서는 웅상의 머리에 보관되는 금관의 온전한 원형이 발굴됐다(그림 10-27). 이 금관에는 반달형 곡옥을 비롯해서 소머리와 소뿔과 현조의 날개가 부가적으로 장식되어 있다. 반달형 구슬을 두고 프레이저는 《황금가지》에서 양치류라고 했으나 이는 페니키아의 왕자 카드모스가 용을 굴복시키고 얻었다는 용의 이빨이다. 헤라클레스의 이야기에서도 그는 중뿔을 뽑는다. 중뿔은 우주의 비밀을 의미하므로 이는 그가 좀생이의 혼을 가졌다는 징표이다. 실제로 반달형 구슬은 배아胚芽, embryo 형태로 생겼다. 반달형 곡옥이 황금 모자를 쓰고 있는 것은 그것이 DNA 우수 인자라는 뜻이다(그림 10-28 332쪽). 배아는 그리스문자에서 물고기를 뜻하는 X이다. 시베리아 파지리크 유적에서 발굴된 텍스타일 그림에는 곡옥이 영웅에게 주어지는 보물로 나타난다(그림 10-29). 그림에는 서품을 내리는 사제와 말을 탄 영웅이 그려져 있다. 사제 앞에는 신단수를 상징하는 나무가 있고 영웅에게 내린 곡옥은

10-26 사과를 쥔 키벨레 터키 보아즈쾨이, 기원전 7세기. 그림 출처 : Franz Cumont, 《The Mysteries of Mithra》.

10-27 소뿔 금관 고신라. 그림 출처 : 《한국의 미 : 금속공예》, 계간미술.

10-29 영웅 탄생 남러시아, 파지리크 무덤. 그림 출처 : 김병모,《신라금관》.

말의 목과 콧잔등에 걸려 있다. 곡옥이 신단수에서 영웅에게 수여되었음을 말해주는 것이다.

곡옥이 영웅에게 수여되는 여의주라는 사실은 금관 장식에서도 나타난다(그림 10-30 333쪽). 소머리를 본뜬 장식은 뿔이 모두 세 개여서 이것이 용머리임을 알 수 있게 한다. 용의 뿔에는 각기 곡옥을 박았다. 특별히 관 장식에 거대한 날개를 단 것은 금성이 묘성으로부터 좀생이 혼불을 운반하는 삼족오라는 것을 암시한다(그림 10-31 333쪽). 주목할 것은 이들 황금 장식이 모두 지중해 지역에서부터 중앙아시아와 누란 지역을 거쳐 한반도로 이동해 왔으며 당나라가 고구려를 침략했을 때 신라왕 김춘추의 아우 김인문金仁問이 군대를 끌고 와 이 모든 신전 유물들을 경주로 가져다가 땅에 묻었다는 사실이다.

우후와 미인 탄생

감천궁의 황금 유물이 샤먼의 과거고시(통과의례)와 직접적으로 관련 있음은 의심할 여지가 없다. 조선조시대 때 학자 이규보李奎報는 과거 뒤에 치르는 의식을 "우후牛後"라고 했다. 우후는 소의 뒷일이라는 뜻이다. 고구려 고분에는 소가 우차를 끌고 가는 정황이 그려져 있는 벽화가 있다(그림 10-32 334쪽). 특별한 모양의 달구지(우차牛車) 한 대가 어디론가 가고 있다. 달구지 앞에서는 소몰이를 하고 뒤에서는 한 여인이 뒤따르고 있다. 달구지 지붕 모서리에는 X자가 나열되어 있어

축제가 있음을 알 수 있게 한다. 아래쪽 호
위 기마병의 정황 역시 의미심장하다. 말과
기마병이 달고 있는 머리 장식은 달구지 속
에 그들이 숭상하는 신주神主와 같은 존재
가 있음을 암시한다.

　앞에서 황금 신상이 쓰고 있는 금관이
축제 때에 분리되어 이동된다는 점을 설
명했다. 그렇다면 달구지 속에 옥황이 들
어 있다고 추정할 수 있다. 이는 그림 아래
쪽의 정황이 암시한다. 아래쪽에서 세 명
의 미인들이 무엇인가 기다리고 있다. 앞에
서 여신 키벨레가 미인이 되어 사과를 잡았
던 것이나, 가야의 수로 부인이 상제로부터

10-34 용의 뱃속에서 나오는 여신 스킬라　기원전 420~기
원전 415년, 이탈리아 아기오겐토 고고학박물관. 그림 출처 :
Jane Elizabeth Henle, 《Greek Myths》.

복숭아와 대추(황금 사과)를 받고 수로왕과 결혼한 것 처럼 이 정황도
이 주제와 다르지 않다. 고대 그리스 아테네에서는 5월 초에 봄 축제
(춘제春祭)가 열렸다. 이때 무녀 지망생들은 〈제우스 찬가dithyrambos〉
를 부르며 '수소 쫓아가기' 경기를 벌인다.[22] (그림 10-33 334쪽). 그림
에 등장한 수소는 외뿔unicorn이다. 용의 중뿔을 의미하는 것이다. 미
인 대회의 텍스트도 용(팔괘八卦)이었다. 그리스의 항아리 그림에 미인
(5월의 여왕)이 지하세계로 내려갔다가 지상으로 되돌아 나오는 장면
이 그려져 있는 점에서 그렇게 추정할 수 있다. 이탈리아 시칠리아 지
역에서 발굴한 기원전 5세기경 주화鑄貨에는 그 확실한 증거가 새겨
져 있다(그림 10-34). 동전 아래로 용의 뱃속을 여행하고 밖으로 나오
는 여신(스킬라Scylia)의 모습이 보이고 그 위에 커다란 게 한마리가 새
겨져 있다. 게는 양쪽에 다리가 각기 네 개이며 앞쪽으로 두 개의 엄지
손가락을 가졌다. 팔괘와 두 개의 중심 고리(X+)에 대한 메타포로, 여

10-36 용의 뱃속에서 나온 여신 네레이스 주화, 이탈리아, 기원전 5세기경. 그림 출처 : Francis Huxley, 《The Dragon》.

신이 팔괘를 정복했음을 말하는 것이 틀림없다. 신라향가(무가巫歌)인 〈헌화가獻花歌〉*에도 미인이 용궁으로 끌려들어갔다가 환생하는 이야기가 나온다.[23] 무속화巫俗畵에 그런 장면이 등장하는 것 역시 우연이 아니다(그림 10-35 335쪽). 그림에서는 세 명의 여인이 용을 타고 바다를 나온다. 그들은 미녀로 뽑히어 각기 손에 보물들을 차지하고 있다. 주목할 것은 두 마리의 용이 그녀들이 상제로부터 받은 사과를 엄중하게 지키고 있다는 사실이다. 이는 그리스 신화와 같다. 그리스 신화에서도 "용들이 밤에도 눈을 뜨고 자면서 황금 사과를 지킨다"고 했다. 이 여신이 무가의 스린만명이며 민요로 불리는 스리랑이다.

산스크리트 문헌에는 스리랑과 어원이 같은 여신이 등장한다. 비슈누의 아내이자 신들의 모신母神인 그녀의 이름은 '스리Srī'이다. 스리는 신과 인간의 영혼을 연결하는 위대한 명상가이며 연꽃이 피어남에 비유되는 연꽃의 신이기도 하다. 그녀의 신상은 네 개의 손을 가지고 연꽃 위에 앉아 있는 모습이다. 위의 양손으로는 연꽃을 쥐고 있고 아래 두 손으로는 흐르는 물과 다이아몬드를 쥐고 있다. 머리 위에는 커다란 연꽃을 이고 있다. 스리는 생을 방해하는 모든 것으로부터 해방을 유도한다.[24] 이 대목에서 스리랑의 '스리'가 자손 번영을 의미한다는 추정이 가능하다. 곤충이 알을 낳는 것을 "쓸다"라고 하는 것도 그 근거가 된다. 4세기 때 그리스의 접시에는 여신 네레이스**가 소머리를 가진 용의 모가지를 감아 안고 바다에서 나오는 그림이 새겨져 있다(그림 10-36). 용은 하체를 동그랗게 꼰 채 꽁지를 위로 치켜

*〈헌화가〉
신라 성덕왕 때 어느 노옹이 지어 부른 4구체 향가. 순정공 일행이 부임지로 가던 중 그의 부인인 수로가 종자들에게 벼랑 끝의 꽃을 꺾어 바칠 수 있겠느냐고 묻자 아무도 대답하지 못했는데 마침 암소를 끌고 그 곁을 지나던 한 늙은이가 꽃을 꺾어 바치며 노래했다고 전한다.

**네레이스
그리스 신화에서 해신 네레우스와 대양신 오케아노스의 딸 도리스 사이에 태어난 50명의 님프들. 여신에 가깝다. 아름다운 모습으로 신이나 영웅과 결혼한 경우도 많다.

들었고 여인은 용의 등에 탔다기보다는 용의 몸에서 나온다는 표현이 더 알맞아 보인다. 두 갈래 꽁지는 두 개가 아니라 하나이자 둘이고 둘이자 하나이다. 그러나 그 하나도 실은 용의 회오리에서 별개로 독립된 것이 아니다. 여인이 용을 굴복시키고 비밀의 문을 열고 미인으로 탄생하는 순간이다.

10-38 제의적인 축제 인도 데칸, 빔베트아, 기원전 5500년 경. 그림 출처 : 레오나르도 아담, 《원시미술》.

스리랑의 주제는 신윤복의 〈미인도〉에서 볼 수 있다(그림 10-37 335쪽). 미인은 당상에 올라 금관에서 따온 황금 보물을 손에 쥔다. 보물은 꽃으로 장식되어 있는데 이것을 잡는 것을 "지화자持花者"라고 한다. 미인은 뱀을 뜻하는 다발머리를 하고 있으며 두 마리의 뱀을 상징하는 고름의 매듭을 푸는 제스처를 하고 있다. 팔괘를 풀었다는 뜻이다. 고름은 끈의 양쪽 끝을 맬 때 한쪽을 180도 비틀어서 묶는데 이는 뫼비우스 띠의 원리를 말하는 것이다. 파노프스키에 따르면 "저고리는 매듭nodus과 끈vinculum으로 아주 불분명하게 정의되는 세계정신spiritus mundanus의 상징"이다.[25] 조선조시대의 석학 이수광도 경전(經)을 가리켜 "다발처럼 비틀어 감은 것"이라고 하여 진리의 본질이 회오리임을 암시했다.[26] 중국 고승인 조주선사趙州禪師가 진여眞如를 갈등葛藤나무에 비유한 것과 같은 수사학이다. 스리랑의 고름을 제일 먼저 푸는 의식이 혼인이다. 영웅인 신랑이 신부의 고름을 풀어야 동침이 허용되기 때문이다.

선사시대 벽화는 인도에도 우후가 있었음을 말해준다(그림 10-38). 벽화는 전면에 신성한 문양으로 장식된 수소가 제물이 되어 있음을 보여준다. 수소가 제의적인 성기를 노출하고 있고 그 둘레에서 많은 젊은이가 춤을 추고 있다. 우후의 메타포로 읽을 수 있는 것이

10-39 곡식의 여신 이집트의 제단 벽화. 그림 출처 : Franz Cumont, 《The Mysteries of Mithra》.

다. 창을 들고 있는 오른쪽 인물이 여러 개의 씨 주머니(그릇)를 들고 있으며 다른 손에는 여신으로부터 받은 청동 창을 들고 있다. 연꽃의 씨를 연상케 하는 독특한 모양의 씨 주머니는 이집트 벽화에서 흔하게 볼 수 있다(그림 10-39). 중앙에 배꼽과 유방을 노출한 여신이 꽃과 씨 주머니를 쥐고 있고 발아래에 사자를 데리고 있다. 주목할 것은 여신의 왼쪽 인물이다. 인물은 두 개의 뿔 같은 모자를 쓰고 제의적인 성기를 드러내고 있다. 그가 바로 제단에 정자를 바쳐야 할 영웅이다.

오리 궁둥이를 쫓는다

•하데스
그리스 신화에 등장하는 지하 명부의 신. 이름은 "보이지 않는 자"라는 뜻. 크로노스의 자식으로 태어나 형제인 제우스, 포세이돈과 힘을 합쳐 부신과 티탄신족을 10년에 걸쳐 정복한 뒤 제우스가 하늘, 포세이돈이 바다의 왕이 되고 하데스는 명계의 지배권을 얻었다. 후에 자신의 자매인 여신 데메테르의 딸 페르세포네를 지상에서 유혹하여 아내로 삼았다.

남이탈리아의 로치리에서 발굴된 테라코타 장식판에는 그리스 신화에서 지하의 신으로 등장하는 하데스Hades와, 그가 강제로 혼인하려 했던 페르세포네Persephone가 새겨져 있다. 이 신화는 우리에게 많이 알려져 있을 뿐만 아니라 필자의 《샤먼제국》에는 신라 시조를 낳은 파소婆素와 겹치는 이야기로 되어 있다(그림 10-40). 우선 두 사람이 앉은 의자의 등받이에 목이 긴 오리의 머리가 눈에 띈다. 앞에 앉아 있는 페르세포네는 오른손에 병아리, 왼손에 난자를 뜻하는 수초水草를 들어 하데스에게 건네고 있다. 반대로 하데스는 오른손으로 벼이삭을 여신에게 건네고 있고 다른 손에는 쟁반을 들고 있다. 눈여겨볼 것은 의자 밑으로 닭 한 마리가 낟알 쪼아 먹는 모습이 새겨져 있다는 사

실이다. 닭은 좋은 낱알을 재빨리 골라먹는
짐승의 하나로 전갈이나 게와 같은 족집게
의 메타포이며 오리는 자궁 동물의 심벌이
다. 훌륭한 씨를 골라 이를 생산한다는 메
시지가 그림 속에 숨어 있는 것이다.

세계의 창조 신화에 원초의 바다(대양
大洋)에서 백조, 오리, 기러기가 자주 등장하
는 것은 그와 같은 상징성을 갖고 있기 때
문이다. 바다는 해정海井에서 이미 언급했
듯이 청동 그릇이나 옹기를 두는 조선 감천
궁의 메타포이다. 러시아의 고고학자 알렉
세이 오클라드니코프A. Okladnikov가 아무
르 강 일대의 암각화(탁본)에서 얻은 물오리
〔압鴨〕 그림은 오리가 샤먼들에게 특별한 비
유로 쓰였음을 말해준다(그림 10-41). 암각
화에서는 사랑을 나누는 두 마리의 오리와
이를 바라보는 또 다른 한 마리의 오리가
보인다. 눈여겨볼 점은 격리되어 있는 오리
의 몸에 X자가 새겨져 있다는 사실이다. 이
는 곧 통과의례에서 미인이 되었음을 말하
는 것이다. 오리를 뜻하는 한자 鴨(압)자를
풀면 '갑甲의 새〔조鳥〕'가 된다는 데에서도
오리가 어떻게 여겨졌는지 알 수 있다.

10-40 하데스와 페르세포네 남부 이탈리아, 기원전 460년
경. 그림 출처 : Franz Cumont,《The Mysteries of Mithra》.

10-41 암각화 아무르강. 그림 출처 : A.P. Okadnikov 일본
어판,《シベリアの古代文化》.

경주 지역에서는 오리형 토기가 수없이 출토됐다. 이들 오리 몸
에는 물결 문양이 새겨졌으며 등 부분에 큰 구멍이 나 있어서 이 토기
가 제의용이었음을 알게 해준다(그림 10-42). 그리스의 도기 항아리에

10-42 오리 모양 토기 3~4세기. 국립김해박물관. 그림 출처 :《한국의 미 : 토기》, 계간미술.

10-43 오리의 아프로디테 보에티아 고전 시대. 그림 출처 : Jane Ellen Harrison, 《Prolegomena to the Study of Greek Religion》.

서는 오리가 비너스를 태우고 날갯짓하고 있다(그림 10-43). 비너스는 왼손에 항아리를 들고 오른손에는 뱀을 잡고 있다. 영웅의 정자를 갖고 있다는 뜻이다.

　기원전 2300년경의 크레타 유물에서는 무거운 관을 쓴 여신이 양손에 오리 두 마리의 목을 거머쥐고 있다(그림 10-44). 두 오리는 양쪽으로 두 마리씩 있는 뱀과 입을 맞추는 모양이다. 펜던트에 달려 있는 다섯 개의 거울 장식은 5가 X와 같은 뜻이라는 점에서 금성 이데올로기의 표현으로 읽을 수 있다. 또 다른 도자기 그림에서도 오리의 도상 의미를 확인할 수 있다(그림 10-45). 그림에서 여신은 두 팔을 활짝 벌고 있다. 이것이 영웅의 씨받이와 관련 있다는 것은 치마에 그려진 커다란 물고기가 말해준다. 물고기도 물론 X 문양을 새기고 있다. 비너스 여신 양쪽에는 사자가 꽁지를 휘말면서 긴장하고 있는데, 이는 물고기를 보호하려는 동작으로 이해된다. 주목할 것은 비너스가 드

10-44 황금 펜던트 크레타, 기원전 2300~기원전 2100년. 그림 출처 : Jacquetta Hawkes 《Dawn of the Gods》

10-45 개밥바라기 여신 그리스 항아리 그림, 기원전 7세기. 그림 출처 : Jane Ellen Harrison, 《Prolegomena to the Study of Greek Religion》.

리운 머리카락과 하체를 둘러친 파장선이다. 파장은 좀생이 혼을 가시화한 것으로 이를 성령聖靈이라고 한다면 여신의 몸은 온통 전기가 흐르듯 성령으로 가득 차 있는 셈이다. 두 마리의 개, 여신의 양쪽 어깨 위에 있는 오리가 이 정령에 감화되려는 몸짓하고 있는 것은 그렇게 말할 수 있는 근거이다.

그림 속 이야기의 주제는 여신의 두 팔 아래에 숨어 있다. 한쪽에는 소머리, 다른 쪽에는 방망이가 그려져 있다. 소머리는 샤먼이고 방망이는 헤라클레스의 방망이다. 〈무가 열두거리도〉에도 방망이는 마지막 '뒤풀이 굿'에서 잡귀를 때려잡는 용도로 등장한다(345쪽 그림 13-16)번 참고). 주목해야 할 것은 양쪽 항아리 그림에 나타나는 만卍자가 같은 방향으로 도는 도상이 아니라는 사실이다. 卍은 우리 무가의 '아리'와 '스리'로 춘추분점에서 일어나는 회오리의 도상이다. 그리스 신화에서도 아폴론 축제는 춘분 때 열리고 디오니소스 축제는 추분 때 열린다. 여름띠와 겨울띠의 메타포이다. 오리는 무가에서 말하는 '스린만명'이고 또 '스리랑'이다.

영웅의 씨뿌리기

감천궁의 해정海井 벽면에 성혼도聖婚圖가 있다. 영웅들의 성혼이 이곳 감천궁에서 행해진다는 것을 말해주는 자료이다(그림 10-46 336쪽). 그림에서는 남녀 한 쌍이 좌대 위에 가부좌하고 있다. 두 인물이 벗어놓은 신발이 서로 맞절하듯 마주보게 배치된 것은 성혼의 징표라고 할 수 있다. 검은 모자를 쓴 남자가 사제이고 그 배필은 감천궁의 지배자인 물마누라(모신母神)이다.[27] 그림 오른쪽에는 예물을 지참하고 있는 인물이 작게 그려져 있고 반대쪽에서는 무녀들이 물마누라

10-47 백조의 성혼 동굴 벽화, 북아프리카. 그림 출처 : 조르주 나타프, 《상징·기호·표지》.

를 시중들고 있다.

벽화가 신화에서 말하는 "침제寢祭"를 묘사하고 있다는 사실은 인물 뒤에 보이는 제의적인 침대寢臺가 역원근법으로 그려졌다는 사실에서 알 수 있다. 역원근법은 신성을 의미한다. 전면의 대들보에 수소의 기호인 우牛자가 반복되어 쓰여 있다는 사실에서도 성혼의 분위기를 짐작할 수 있다. 큰 대들보에는 파도 문양이 보이고 장막의 지붕 꼭지에 현조(주작朱雀)가 그려진 것은 그곳이 용궁임을 시사하고 있다. 벽화는 하늘(북두칠성)의 씨뿌리기 제의가 개인사가 아니라 천하의 관심사임을 말해주고 있다. 이런 의식이 선사시대부터 이어져왔다는 사실은 북아프리카의 동굴 벽화에서도 확인된다. 벽화에는 백조가 신선한 샤먼들의 씨를 받는 씨받이 의식이 그려져 있다(그림 10-47). 왼쪽에 샤먼이 서 있고 가운데에 방패로 자신의 모습을 숨긴 사제가 있다. 사제는 성기를 상징하는 창으로 백조의 궁둥이에 정자를 주입하는 정황을 보여주고 있다. 주목할 것은 신성한 샤먼과 사제의 정자가 하나의 호스로 연결되어 있다는 점이다. 신성비밀의례의 메타포인 것이다.

•침제
중국 문헌에 보이는 풍속으로 황제가 능에서 여자와 동침하는 일.

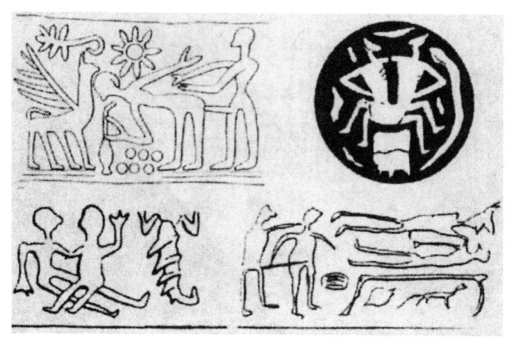

10-48 **비밀의례** 바빌로니아, 기원전 2300년경. 그림 출처 : 조철수,《한국신화의 비밀》.

인도의 마헌제馬獻祭˙에서 씨 뿌리기 행위를 "호미질"이라고 했듯이, 바빌로니아 시대의 한 유물은 호미질이 유전자 이식의 제의를 상징한다는 점을 보여준다(그림 10-48). 자료를 왼쪽에서부터 훑으면 먼저 날개를 단 천마를 확인하게 된다. 가운데 나체의 여인이 몸을 기역자 모양으로 구부리고 엎드려 있으며 그 뒤에는 발기한 제의적인 성기를 드러낸 남성이 서 있다. 이것이 신화가 말하는 하늘농사의 호미질이라는 것은 여인의 동작에서 알아차릴 수 있다. 여인은 왼손으로 땅에 놓인 항아리를 잡고 있으며 오른손을 뒤로 돌려 호미질하는 남성에게 무엇인가를 건네고 있다. X자 오리가 된 여신은 인류를 위해 묘성이 보내준 좀생이 혼을 자신의 자궁에서 재생산해야 할 신성한 의무를 지닌다. 때문에 그녀는 항아리에서 꺼낸 자안패를 호미질

˙**마헌제**
인도에서 행해졌던 비밀 의례. 천국에서 내려온 말을 임금이 정중히 맞이하여 진행하는 씨받기 의례.

하는 남성에게 건네는 제스처를 취하고 있는 것이다. 엎드린 여신의 아래쪽에 모두 여섯 개의 자안패가 있는 상황이 이렇게 말할 수 있는 근거이다. 호미질의 비유는 오른쪽의 둥근 원 속에 있는 그림에서도 보인다. 원 속에는 서로 껴안고 있는 남녀가 보이고 그 옆쪽에 뱀 한 마리가 있다. 둥근 것은 금성의 메타포인 황금 쟁반이고 남녀가 껴안은 모습은 음양 에너지의 미분화로 양성의 메타포이며 뱀은 육화된 좀생이 혼이다. 시선을 아래로 옮기면 전갈을 중심으로 오른쪽에서는 씨를 뿌리고 있고 왼쪽에서

10-49 팔레스타인의 유리병 로마시대, 1세기경. 그림 출처 :《世界の博物館 : 大英博物館》, 講談社.

는 두 인물이 두 다리를 서로 어긋나게 엮어놓고 있다. 겹쳐놓은 다리 모양새는 바로 우물 정井자이다. 주목할 것은 오른쪽 침상 밑에 개가 있다는 점이다. 이 개는 금성을 지키는 개밥바라기로 파종 행사에 여신을 지키는 군사가 참여한다는 것을 암시하고 있다. 그림의 아랫부분은 파종이 물마누라의 입회 아래 엄정하게 실행된다는 것을 보여준다. 팔레스타인에서 출토된 1세기경의 유리병 유물은 호미질의 정황을 실감나게 드러낸다(그림 10-49). 용도가 불분명한 두 개의 병 아래에 신화 속 호미라는 메타포로 만들어진 남성 성기가 있다.

글린 대니얼은 저서《최초의 문명》에서 "수메르의 중심에 성역인 제의 지역temenos이 있다"고 했으며 "그곳 신상들을 모시는 판테온Pantheon에 일군一群의 여신들이 있으며 인류 사상 최고의 여신을 대표하는 모신母神이 있다"고 했다.[28] 이 문장에서 판테온은 우물천

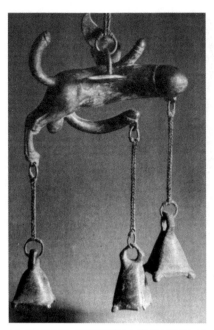

10-50 청동 종 헤르쿨라네움, 기원전 1세기경, 나폴리 국립미술관. 그림 출처 : James Wyly,《The Phallic Quest》.

정dome으로 지은 감천궁(신단수)에 대응된다. 기원전 2500년경의 초기 수메르 왕조에서부터 기원전 1000년대의 바빌로니아 시대까지 그 제의 의식은 "신성한 혼인"이라는 이름으로 많은 도시 국가에서 행해졌다.

샤먼의 파종 의식이 운명적인 우주 시간표에 의해 진행된다는 것은 기원전 1세기경의 이탈리아 헤르쿨라네움Herculaneum 유물이 말해준다(그림 10-50). 몸체는 사자이고 머리와 꼬리와 다리는 모두 남성의 성기 모양이다. 눈여겨볼 것은 한쪽 다리와 성기, 그리고 성기로 된 머리에 모두 세 개의 종이 달려 있다는 사실이다. 엘빈 파노프스키의 어법을 빌리자면 이는 파종의 시간이 철저히 아버지의 시간에 좌우된다는 것을 말한다. 태어나는 아이의 운명이 아버지의 시간에 의해 선택되기 때문이다.

자궁 동물과 돼지

신화에 등장하는 돼지도 오리와 마찬가지로 자궁 동물의 심벌이다. 미술사에서 접하는 모든 비너스상이 젖가슴과 풍만한 배와 배꼽을 주로 표현하는 것은 자궁의 이미지를 강조하기 위한 것이다. 빌렌도르프의 비너스를 비롯해 수많은 비너스들이 이 점을 분명하게 보여준다. 돼지는 열두 개의 젖꼭지를 가졌다. 많은 새끼를 낳겠다고 말하고 있는 것이다. 아홉은 숫자의 끝이고 전부이므로 신성수가 된다. 고

10-51 돼지의 희생 접시그림, 기원전 6세기경, 아테네 국립박물관. 그림 출처 : Jane Ellen Harrison, 《Prolegomena to the Study of Greek Religion》.

대 이집트에서는 1년에 한 번씩 만월이 되는 밤에 오시리스에게 '돼지의 희생'을 바쳤다. 희생수로 돼지가 선택된 것은 아홉 개의 젖꼭지와 관련 있을 것이다. 그리스의 아티스 아도니스Attis-Adonis 제전에서 매번 돼지가 성수聖獸로 등장했던 것도 같은 의미일 것이다.[29] 기원전 6세기 그리스 도자기 그림에 나타나는 돼지는 번제에 제물로 사용된다(그림 10-51). 제의적인 의미의 돼지는 한반도 중서부에 있는 백제 무령왕릉(6세기)에서도 발견된다. 고분의 갱도 입구에 돌로만든 돼지상이 설치되어 고분을 지키는 신상처럼 느껴진다(그림 10-52 337쪽). 돼지상은 몸에 용이나 뱀을 암시하는 파문巴紋이 새겨져 이것이 신성한 동물의 개념으로 만들어졌음을 알게 된다. 프랑스의 골족은 돼지신을 숭상했다(그림 10-53 337쪽). 기원전 1~기원전 2세기경 유물인 석상은 목에 황금 장식을 달려 있으며 가슴에 돼지가 새겨져 있다. 성수로서 돼지의 이미지는 중국 청두成都 지역의 광한廣漢에서 발굴된[30] 고구려시대의 유물에서 볼 수 있다(그림 10-54 337쪽). 필자는 이미《샤

면제국》에서 고구려의 유물이 청두 일대에서 발견되는 이유를 서술
한 바 있다. 청동으로 만든 돼지상의 등에는 한 마리의 현조玄鳥가 앉
아 있다. 돼지의 머리와 다리와 엉덩이에는 무령왕릉의 돼지와 마찬
가지로 용을 뜻하는 파문巴紋이 새겨져 있다.《삼국사기》에는 "고구
려에서 하늘과 산천에 제사하거나 각종 굿거리를 할 때 제물로 돼지
머리를 바쳤다"고 기록돼 있다.

제11장

사제와 성역

샤먼의 돌

샤먼문명 시대에 사냥은 하늘의 별을 좇는 학습이다. 만주에 전하는 신가神歌〈만주 샤먼의 노래〉에는 위대한 무당이 사냥에서 죽은 소년 (비얀고)을 살려내는 이야기가 전해진다. 이 노래에서 주인공 비얀고 는 이렇게 외친다.

세상에 태어나 사냥을 못한다면 어찌 사나이로 살아야 할 이유가 있겠는가?[1]

여기에서 사냥이란 용의 비밀을 풀고 영웅이 되는 일이다. 그렇 다면 영웅이 되려는 산바라기(샤먼 지망생)들이 그토록 가고 싶어 했 던 사냥터는 어디에 있었을까. 그곳이 아직도 그 의미가 미궁에 빠져 있는 고인돌이고 샤먼의 지상낙원이다. 세계에는 모두 5만 5,000개의 고인돌이 있다. 그 중 4만 개나 되는 엄청난 수의 고인돌이 한반도에 있다. 어찌 이것이 우연이겠는가. 천문학자 박창범*은 이를 두고 "한 반도는 고인돌의 제국"이라고 했다.[2]

한반도의 고인돌은 들판에 노출되어 있다(그림 11-1). 주목할 것 은 학술용어로 '돌멘dolmen'이라고 부르는 이 돌들이 모두 자연석으

*박창범
천체물리학자, 고등과학원 교수.《하늘에 새긴 우리 역 사》《천문학》등의 저서가 있다.

11-1 북방식 고인돌 강원도 양구 고대리. 그림 출처 : 김원룡,《한국미술사》.

11-2 귀鬼 함경도 경성. 그림 출처 : 赤松智城,《滿蒙の民族と宗敎》.

로 만들어졌다는 사실이다.《구약성서》와 관련 깊은 서아시아는 고인돌 위를 덮는 판석으로 자연석만 쓰도록 계율로 정해놓았는데, 그 사실과도 무관하지 않을 것이다. 제임스 프레이저에 따르면 서아시아 세계에서 돌멘의 기원은《성서》에 등장하는 "야곱의 돌베개"이다. 멋진 메타포이다. 이 돌베개는 황량한 벌판에 있었다. 뒷날 이스라엘 사람들은 그 돌 속에 하나님이 주재駐在한다고 믿었고, 때마다 기름을 부어 보호했다. 이는 옛날 그리스인들도 마찬가지였다. 세련된 신상이 나타나기 전까지 그들은 돌을 신상으로 숭배했다. 제물도 바치고 희생짐승의 기름을 부어 돌을 보호했다. 사모아 제도나 호주 원주민의 세계에서도 제사장은 나뭇가지를 덮어 누구도 감히 손대지 못하게 함으로써 돌 속의 신을 보호했다.[3] 프레이저의 자료에서 주목할 점은 돌멘의 판석이 자연석으로 한정된다는 것과 그 자연석에 신이 거주한다고 믿는다는 것이다. 이는 돌이 곧 별이라는 의미이다. 별에는 좀생이 혼이 숨어 있다. 샤먼이나 영웅의 혼은 좀생이 혼으로 모두 별에서 왔다. 고인돌은 별의 혼이 지구에 내려왔을 때 깃드는 곳이라고 말해도 된다.

샤머니즘에서 돌의 의미가 특별하다는 사실은 1930년대의 것으로 전해지는 '귀鬼'라고 부르는 돌의 내력에서 알 수 있다(그림 11-2).

이 돌은 한 맹인 무당이 기도 중에 본 귀신을 그대로 옮겨놓았다는 것으로, 그는 이것을 신당에다 두고 신주로 삼았다.[4] 자연석 하나에 새끼줄을 칭칭 감아놓았는데, 여기에서 돌은 좀생이 혼이 묘성에서 X十의 사다리를 통해 내려와 깃드는 매체라고 할 수 있다. 한자漢字의 세계에서는 돌[석石]을 '사주社主'라고 일컫는다. 결사結社가 돌의 주主를 중심으로 뭉친다는 것을 말해준다. 이 때문에 돌의 주가 있는 곳을 '반석磐石'이라고 하고 그곳에 귀인의 시신을 두었는데, 이를 '반은盤隱'이라고 한다. 돌이 석실이고 신전임이 분명하게 드러나는 것이다.[5] 이 돌의 메타포는 동서고금에 모두 통한다.

11-3 높은 고인돌 영국 윌셔 지방, 스톤헨지의 일부. 그림 출처 : Fred Hoyle, 《On Stonehenge》.

한반도는 위도 35도~40도의 황금대golden belt에 위치하고 4계절이 정확히 순행되는 금성의 정원庭園이다. 이를 신화는 낙원이라고 한다. 낙원은 춘추분점에서 금성을 두 번 볼 수 있는 곳이다. 한반도의 척추에 해당하는 산을 태백산맥이라고 부르는 것은 우연이 아니다. 태백은 태백성太白星으로 금성의 별칭이기 때문이다. 세계 지도를 놓고 보면 한반도가 금성의 정원이고 고향임을 알 수 있다. 세계에서 가장 많은 고인돌이 박혀 있는 것은 그 때문이다.

한국 신화에서 최초의 신은 환인씨桓因氏*이다. 《설문》에 따르면 환인의 환桓은 "돌을 두 개 또는 네 개를 세운 다음 그 위에 자연석 하나를 덮는다"는 뜻이다. 이를 다시 "표지標識"라고 했다. 돌 두 개에 자연석 하나를 덮는 경우 이는 금성의 삼대三臺 개념으로 태양, 달, 금성을 가리키는 삼신三神의 표현이다. 다시 네 개를 세우고 돌 하나를 덮은 것은 다섯의 돌이 5방五方을 의미하며 그곳이 X十의 축임을 가리

*환인씨
단군신화에 나오는 하늘의 신으로 환웅의 아버지이며 단군의 할아버지이다. 일연의 《삼국유사》 《고조선기》에 등장한다. 아들 환웅에게 천부인 세 개를 주어 세상에 내려 보내 다스리게 하였다. 환인이라는 이름은 '하늘' '하느님'이라는 한글의 근원으로 추정된다.

11-4 고인돌 천문도 그림 출처 : 박창범,《하늘에 새겨진 별자리》.

킨다. 실제로 桓(환)이라는 글자는 솟대를 의미하는 나무 목木자와, 해가 상하의 틈새로 모습을 드러내는 단旦자를 합친 모양이다(그림 11-3). 환인의 인因은 별을 뜻하는 대大자를 울타리城로 둘러친 모양이므로 이 두 글자는 환인씨가 천문학자였음을 말해준다. 이 최초의 샤먼은 고인돌을 "단壇"이라고 하고 단을 쌓는 법과 이유를 기록해놓았다. 그는 "단은 두 개의 돌을 세우고 그 위에 하나의 돌을 얹는다"고 했다. 그것이 "팔괘와 4계절(사상四象)과 음양(양의兩儀)이 하나의 태극 모양이 되는 이치"라고 했다.[6] 중요한 정보이다. 고인돌이 있는 곳이 X十의 축이고 금성과 지구가 교차하는 지점임을 말하고 있기 때문이다. 이는 한반도에 전해지는 고인돌에 관한 전설에도 반영되고 있다. 하늘에서 내려온 장수들이 판석板石을 머리에 이고 왔다가 이를 놓고 갔다는 전설이다.[7] 판석을 놓았다는 말은 두 개의 돌 위에 돌을 놓았다는 뜻으로 이는 대립되는 음양의 기를 돌 하나로 덮어서 중성中性의 이미지를 보여준다. 머리에 판석을 이었다는 표현은 챙이 넓은 갓을 썼다는 표현으로 읽을 수 있다. 아주 먼 고대에서부터 시작되었던 요가 행자들이 가부좌와 선정인禪定印˙을 하고 앉아 해, 달, 금성, 지구가 도는 현상을 머리 위에 그려보는 주천周天˙˙의 수련이라 할 수 있다. 주천으로 황도십이궁과 28수를 관찰한다. 그러므로 그 전설은 하늘의 장수들이 요가를 통해 득도(해탈解脫)한 후 돌탁자를 두고 떠났다는 이야기이다. 이는 돌에서 영웅이 태어난다는 신화 속의 이야기와 다르지 않다.

초기 고고학자들은 고인돌에서 여러 계층의 유골과 청동기를 발굴했다. 유골은 요가 수행(득도得道)에 실패한 산바라기(수도자)들의 것이라고 할 수 있다. 이런 유골과 청동기가 함께 발굴되는 것은 그곳에

11-5 암각화 울주 반구대(필선 복원도), 선사시대. 그림 출처 : 문명대, 《울주반구대》.

서 샤먼들이 요가 수행을 했으며 해탈을 검증하는 영웅 뽑는 아리랑 축제(통과의례initiation)가 행해졌음을 헤아릴 수 있다. 실제로 고인돌에서는 천문도가 새겨져 있는 흔적이 발견된다(그림 11-4). 산바라기들이 그곳에서 무엇을 했는지 확인해주는 증거물이다. 문헌에는 샤먼의 역할이 "산바라기들과 함께 새벽녘(사백력斯白力)에 신광神光을 보는 일"이라고 하고 이를 "현묘지도玄妙之道"라고 했다.[8] 앞서 설명한 것처럼 현묘의 현玄은 숫대(ㅗ)에서 음양이 교차하는 의미로 X十축의 회오리 현상을 가리킨다. 그러므로 현묘는 지구가 뫼비우스 띠처럼 회전한다는 뜻이며 이는 다시 금성 이데올로기를 의미한다. 이처럼 고인돌은 자연 속의 신전이었지만 지동설 시대가 천동설 시대로 바뀌면서 서서히 제 가치를 잃어갔다.

위도 35도에 해당되는 울주 반구대 바위에는 그림이 여럿 새겨져 있다. 거울을 뜻하는 도상도 발견되고 제의적인 성기를 가진 인물도 있다. 주목할 것은 귀인의 행차도이다(그림 11-5). 앞쪽에 감투 쓴 인물이 말을 타고 가며 그 뒤에는 원피스를 입은 여자가 따라가고 있다. 그 여인을 전통을 멘 기마병이 호위하고 있다. 감투 쓴 인물이 영웅임을 알 수 있는 것은 그가 양산을 받치고 있기 때문이다. 영웅의 탄생과 우후牛後의 장면임을 말해주는 것이다. 이는 한반도의 고인돌에

•선정인
석가가 보리수 아래 금강좌金剛座에서 선정禪定에 들었을 때 취한 손의 모습.

••주천
별의 궤도를 관찰하는 요가의 수행

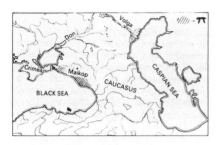

11-6 돌 세개를 세우고 하나를 덮은 고분 마이코프 유적이 있는 지역. 그림 출처 : Roger Joussaume, 《Dolmens for the Dead》.

서 태어난 위대한 능력을 지닌 샤먼과 장수(영웅)들이 아득한 태고로부터 샤먼의 길(황금대)을 따라 왕래했음을 말해준다. 코카서스 산의 마이코프 유적에 남아 있는 기원전 4000년경의 고인돌은 동굴 입구에 고인돌을 붙여 놓은 모양이다(그림 11-6). 중심부에는 화혈이 뚫려 있어 굴속의 관측자가 그곳을 통해 하늘의 별을 사냥하거나 시간을 관측한다는 것을 알 수 있다.

샤먼의 돌집

고인돌 신앙이 한국의 무속에서 뿌리가 깊다는 사실은 조왕굿이 말해준다. 새해가 되면 무당은 마을 집들을 차례차례 방문하면서 부엌에서《조왕경竈王經》을 읊으며 굿을 한다. 조竈는 부뚜막이라는 뜻이다(그림 11-7). 밥을 지을 때 불을 때는 부뚜막은 부도의 비유이다. 아궁이에서 나오는 광채(화火)가 부도의 화혈花穴에서 반사되어 나오는 황금 신상의 반사광과 다르지 않기 때문에 생긴 메타포라고 할 수 있다. 이런 메타포는 시베리아 샤먼의 천막이나 몽고의 게르에서도 확인된다. 부뚜막은 기도의 대상으로 시베리아 샤먼은 부엌을 향해 기도한다. 부뚜막의 '부뚜'가 부도의 buto butu와 발음이 유사한 것은 우연이 아니다. 부도나 부엌의 아궁이 속은 캄캄한 굴과 다르지 않다. 이 때문에 불교에서는 부도를 "대흑천大黑天"이라고 한다. "대흑大黑은 인도 베타 시대의 천문학의 대천신大天神이고 힌두 시대에는 복과 덕을 주는 복덕신福德神으로 부뚜막(주廚) 신"이라는 주장을 참고할 만하다.[9]

11-7 부엌 미니어처 운산 용호동 고분, 높이 29cm. 그림 출처 :《한국의 미 : 공예》, 계간미술.

11-8 부도 미니어처 토기 높이 8cm. 그림 출처 :《한국의 미 : 토기》, 계간미술.

사냥이 별을 사냥하는 일이라는 힌트는 가형토기에도 숨어 있다 (그림 11-8). 기와를 인 길쭉하게 생긴 집 벽에 세 개의 둥근 구멍이 뚫려 있다. 3수는 금성이고 동시에 화혈이다. 가운데와 양쪽으로 춘추 분점의 해와 금성을 관찰하는 구멍이 있다. 이것들을 모두 부도buto인 것은 7세기 때 만들어진 태화사지太和寺址의 미니어처 천문대가 말해 준다(그림 11-9). 돌로 만든 미니어처 돔dome에 화혈이 뚫려 있고 그 둘레에 십이지상十二支像이 새겨져 있으며 석조에는 '부도浮屠'라는

11-9 12지 띠를 두른 부도 미니어처 태화사지, 신라시대 8세기(울산), 높이 1.1m. 그림 출처 : 《한국의 미 15》, 계간미술.

명문이 새겨 있어서 불교 시대에도 부도라는 말이 사용되었음을 알 수 있다. 일반적으로 부도는 휴도休屠, 부도浮屠, 부도浮圖, 부도符都와 같이 쓴다.《자전》은 부도가 "불교 이전 시대(샤머니즘)의 천문도가 있는 곳을 말하며 이를 산스크리트어로 buddha라고 번역했다"고 썼다. 뜻은 '깨달음' 또는 '깨달은 자'이다. 깨달음의 본질이 곧 천문이었던 것이다. 크레이머는 "수메르 시대 때 돔 구조물의 지하에서 샤먼들이 불로장생의 도를 연마했다"고 썼다.[10] 그런가 하면 수메르 바빌로니아 시대의 천문학자들이었던 갈대아인들은 이렇게 전한다. "최초에 바다에서 나온 신이 연안의 야만인에게 독서와 토지 경작과 약초 재배를 가르쳤으며 별을 연구하게 만들었다."[11]

부도浮屠라는 글자는 배에 신상을 실은 모양이다. 부도의 도圖는 '영도靈圖'라고도 쓰는 것으로 이는 천문도를 말하는 것이다.[12] 우리 고문헌에 나타나는 백두白頭, 박달朴達, 배달倍達, 백달白達도 산스크리트어가 부도를 buddha라고 옮긴 것과 마찬가지로 모두 부도의 소리를 옮겨 적은 것임을 알 수 있다.[13]

바다와 용궁

바다가 실제 바다를 지칭하는 1차적 언어가 아니라 샤먼의 메타포인 것은 그리스 신화에서 볼 수 있다. 신화에서는 신들의 집을 "바다의

우물(해정海井)"이라고 표현한다. 이는 바빌
로니아의 마르두크 신화에서도 마찬가지
이다. 이 신의 전당을 "바다" 또는 "바다의
우물海井, tantu"이라고 한다.[14]

바다가 부도의 메타포라는 것은 강릉
단오제에서 확연히 드러난다. 이 축제에서
무당은 용선龍船을 모시고 굿을 한다(그림
11-10). 용선은 굿판에 매다는데 이 배는 파
도 문양으로 장식되어 바다에서 나왔음을
암시한다. 배에는 연꽃으로 장식한 상자 모

11-10 용선 굿판의 천정에 매단다. 강릉단오제. 그림 출처 :
《한국의 굿》, 열화당.

양의 집이 있다. 상자 모양의 집 정면에는 신상神像이 그려져 있다. 이
집트 벽화에 등장하는 배와 같은 모습이다. 이집트 벽화에서 배는 하
늘의 별을 관찰하는 부도이며 거울 든 신들이 타고 있다. 그러므로 이
상자 모양의 집 역시 부도이다. 엘리아데는 "용선에 우주목이 있다"
고 하고 이 나무가 "천지를 연결하는 창槍"이며 "배의 중앙부에 사다
리 모양으로 솟아 있다"고 했다.[15]

경주에서 발굴되는 토기에도 배가 있다(그림 11-11). 토기에는 받
침대가 있어 제사에 쓰였던 물건임을 알 수 있다. 주목할 것은 배에 제
의적인 성기를 드러낸 인물이 노를 젓고 있다는 점과 배 앞쪽에 세 가
닥의 뿔이 돋아 있다는 사실이다. 또 배의 앞에는 하트 장식이 달려 있
다. 배가 부도의 메타포라면, 배 앞쪽의 세 가닥 뿔은 용의 뿔을 의미
하며 이는 다시 중뿔을 정복한 영웅이 부도에 있음을 말하는 것이다.
신라의 시조 설화에는 "부여국의 공주 파소가 동해의 가장 깊은 곳에
있는 진한辰韓에 들어와 아비 없이 아들을 낳았다"고 했다. 그 아들이
신라 시조 혁거세赫居世이다. 이 전설에서 바다는 감천궁甘泉宮이고
진한은 사제의 신전을 말한다. 파소가 들어갔던 곳은 정말 바다가 아

11-11 배 모양 토기 금령총, 고신라. 그림 출처 :《한국의 미 : 토기》, 계간미술.

니라 샤먼이 바다(용궁)라고 불렀던 지축 X十이 있는 여신전이다. 파
소 공주의 전설은 그곳에서 일어난 사건이다.

삼위태백은 피라미드이다

압록강 하류 북쪽에 집안현集安縣이 있다. 그곳의 통구通溝 평야에 작
은 피라미드가 하나가 있다(그림 11-12). 고구려 보장왕寶藏王 때 중국
의 도사들을 불러 지은 석조물로 기록은 이를 "신성新城"이라고 했다.
이것을 새로운 성이라고 했다는 것은 다른 곳에 낡은 성(피라미드)이
또 있다는 뜻이다. 기록에는 이 피라미드에 "도교의 신상(천존상天尊像)
과 넋시루(삼정三鼎)를 두었다"고 했다. 일연은《삼국유사》에서 이 피
라미드를 "용언성龍堰城"이라고 했고 "축조할 때 그곳에서 영석靈石
을 파내었다"고 썼다.[16] 영석은 축전지蓄電池를 말하는 것으로 지축을
고정시키는 수단으로 쓴다. 용언성이라는 단어에서 언堰자는 '물을

11-12 부도(장군총) 집안, 5세기. 그림 출처 : 김원룡,《한국미술사》.

11-13 수메르인의 배 원통 인장, 기원전 3000년 후반. 그림 출처 : James B. Pritchard,《The Ancient Near East》.

막는 방죽' 이라는 뜻이다. 따라서 용언은 용의 물이 새어 나가지 못하게 막는 방죽이라는 의미이며, 다시 용언성은 성 안에 보관되어 있는 용의 물을 절대로 새어나가지 못하게 막는 요새였다고 볼 수 있다. 이는 곧 조선의 감천궁을 말하는 것이다.

기원전 3000년 초에 이라크 남쪽에서 사용된 수메르의 원통인장에는 배 그림이 새겨져 있다(그림 11-13). 오른쪽에 수소 뿔을 가진 샤먼이 노를 잡고 있으며 그 앞에서는 한 인물이 DNA 정자를 담은 그릇을 들고 있다. 왼쪽에서도 샤먼의 얼굴과 영웅의 상징인 사자를 볼 수 있다. 부도의 물을 새로운 X十으로 옮기는 장면이라고 할 수 있다. 언뜻 노아의 홍수 이야기를 연상케 한다. 그런 측면에서 노아의 방주도 배가 아니라 샤머니즘 시대 때 부도의 메타포로 읽어야 상황을 제대로 해석할 수 있다.

샤먼의 최초의 나라

장군총*으로 불리는 피라미드는 7단(축단築
段)으로 쌓았으며 다섯 번째 단에 사각형의
화혈花穴이 있어 샤먼이 그 암실에서 해나
별을 보게 되어 있다. 암실에는 도교식 신
상(천존상天尊像)이 있었고 신상 앞으로 뚜껑
없는 석관이 두 개 놓여 있었으며 관棺에는
남녀 한 쌍의 인골이 있었다. 이것은 미트
라 신전의 인골 보관 풍습과 같다. 미트라
신전에서는 철사로 뼈와 뼈를 얽어 뼈들이
흩어지지 않게 해놓았다. 왜 그랬는지 아직
도 많은 학자들이 이 부분을 수수께끼로 삼

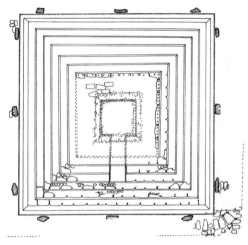

11-14 장군총 실측도 그림 출처 : 김원룡,《한국 미술사》.

는다. 이 뼈들이 영웅의 도전자들이 풀어야 할 숙제였다는 것이 필자
의 주장이다. 샤머니즘은 인골 수가 1년 365일과 대응된다고 믿는다.
한방의학이 인체에 팔괘의 원리가 있다고 믿는 것과 같은 맥락이다.
아마도 영웅의 도전자들은 최후의 지하여행에서 암실의 인골을 찾아
내 그 인체와 뼈의 비밀을 풀어야 했을 것이다. 축조물 꼭대기에는 봉
토封土 흔적이 있고 둘레에 난간이 있다.[17] 그곳에서 제천의식을 행하
기 위해 불을 밝힌다는 것을 말해준다. 피라미드 둘레에는 12지를 의
미하는 12개의 호석護石이 있어서 하나의 피라미드에 모두 3, 4, 5, 7,
12수가 숨어 있음을 알게 된다. 피라미드(장군총)를 실측한 도면을 보
면 피라미드의 의미가 무엇인지 짐작할 수 있다(그림 11-14). 정사각
형의 바탕에서 대각선과 네 개의 이등변삼각형을 보게 되며, 그 이등
변선을 위로 끌어올리면 그곳에서 중심을 이루는 수직선이 정사각형
의 중심에서 위로 솟는다. 시베리아 샤먼들의 천막에서 중심을 떠받

*장군총
만주 집안현에 있는 고대 유
적. 작은 피라미드 모양으로
안은 어두운 공간이다. 현존
하는 계단돌방돌무지무덤
가운데 외형이 가장 온전하
게 보존돼 있다. 북한학계에
서는 장수왕의 무덤으로 보
는 학자가 많다.

11-15 수소 토용. 경주, 7세기 후반, 길이 12.5cm. 그림 출처 : 김원룡, 《한국미술사》.

11-16 이집트 피라미드 조세르 왕조 3기. 그림 출처 : Micael Claud Touchard, 《Les Pyramides et Leurs Mysteres》

치는 직각수직선의 기둥을 세우는 일과 같은 방법이다. 〈무가 열두거리〉의 '창부타령倡夫打令'은 이를 "삼각산三角山"이나 "사위삼당四位三堂"이라고 노래한다. 삼각산은 피라미드를 한쪽에서 보는 형태이고 사위삼당은 밑바탕의 사각형과 그 위로 솟는 세 뿔을 일컫는 것이다. 이는 금성과 지구가 교차하는 삼사성환三四成環의 의미이다. 샤먼들이 3과 4수를 신성하게 여기는 그 근본인 것이다.

피라미드는 신전을 만들 때는 수소의 힘을 빌려야 한다. 말뚝을 박은 곳을 중심으로 거대한 원을 그려야 하기 때문이다. 경주 일대에서 발굴된 7세기경의 토우는 다리가 짧고 얼굴에서 어깨 쪽으로 굵은 끈이 달려 있다(그림 11-15). 이 끈은 신전이나 거석을 세울 때 동서남북의 방향을 정확히 긋기 위해 사용된 것으로, 이 소가 제의적인 소이다. 이처럼 돌을 놓는 장소가 기하학적 원리에 충실해야 북두칠성을 조준하는 피라미드(삼각)를 얻게 된다. 이 돌(기둥)은 하지와 동지에 그림자가 3:2 길이로 뒤바뀌는 것을 보게되고 춘추분에는 그림자가 없다. 앞에서 이를 골메기(골매기)라고 했다. 수소가 기하학의 심벌이 된 이유이며 피라미드나 고분을 "수소tholos"라고 부르게 된 이유이기도 하다. 샤먼들은 이 피라미드를 "원방각圓方角"이라고 했고, "소머리(우두牛頭)"라는 별칭으로 부르기도 했다. 그렇게 우주의 방향이 설정되면 수소는 도축되어 그 중심부에 묻힌다. 이는 이집트의 피라미드에서도 마찬가지다

11-17 이오니아식 신전 기둥머리 기원전 7세기경. 그림 출처 : Karl Katz 외,《From the Beginning》.

(그림 11-16). 미르체아 엘리아데는 로마의 판테온 신전을 예로 들면서 "세계 창조의 표상은 원에 두 직선을 교차하여 중심을 얻는 일"이라고 했다. 또한 "이로써 동서남북이 투사되며 이때 원형 속의 생겨난 정방형, 이것이 세계의 모상Imago mundi"이라고 했다.[18]

　이집트의 최초의 피라미드로 알려져 있는 조세르의 피라미드˙도 이렇게 만들어졌다. 피라미드에는 피타고라스가 "성삼각형聖三角形"이라고 했던 신성비율이 적용되었다. 신성비율은 변邊이 등차급수等差級數이며 삼각의 자오선의 반분이 3, 4, 5의 비례로 각각의 변을 이루고 있음을 말한다.[19] 우리 피라미드(장군총)도 같은 비례로 지어졌다. 이는 피라미드 축조물이 단순한 왕의 무덤이 아니라 실은 춘추분점을 관측하던 천문대였음을 말해준다. 장군총의 꼭대기에 어떤 시설이 있었는지는 확인되지 않고 있다. 만일 그곳에 수혈식竪穴式 천정문이 있다면 이런 정황을 상정할 수 있다. 춘추분점에 솟대에 그림자가 없게 될 때, 태양광선이 수직으로 어두운 고분안으로 들어가 그곳

˙조세르의 피라미드
조세르 왕이 만든 계단식 피라미드. 전왕들의 묘 형식인 마스타바를 여섯 단에 걸쳐 차례로 쌓은 것과 같은 형상이다. 멀리서 보면 네모뿔의 피라미드 형상을 하고 있어 계단식 피라미드라고도 부른다.

을 대낮같이 밝게 만든다고 할 수 있다. 황금신상이 그곳에 설치되어 있다면 그 반사광은 암흑을 한층 더 황홀하게 만들 것이다. 굳이 그 새벽이나 저녁에 금성을 관찰하지 않는다고 하더라도 제의적인 목적은 달성된다. 이 점은 고대 이오니아(그리스)의 수도에서 발굴된 유물에서 유추 할 수 있다(그림 11-17). 그러니까 기원전 7세기경 신전의 기둥머리〔두주頭柱〕를 볼 수 있다는 것은 대단한 행운이다. 기둥머리에는 수수께끼처럼 난해한 문양이 새겨져 있다. 중심에 세 줄을 겹쳐서 하나의 삼각을 만들었고 그 꼭지 양쪽에 동심원을 하나씩 새겨놓았다. 그런 다음 삼각의 양쪽에 커다란 원상圓相을 그려놓았는데 이 원상은 중심의 동심원이 회오리치는 모습이다. 한쪽은 왼쪽으로, 다른 쪽은 오른쪽으로 돌고 있다. 삼각을 피라미드로 간주하면 이 기둥의 수수께끼는 풀린다. 먼저 삼각은 삼위태백이다. 두 개의 동심원은 한쪽이 태백성太白星이고 다른 쪽이 태을성太乙星으로 성삼각聖三角의 양각에 해당된다. 이것은 신성 피라미드에서도 똑같은 방식으로 춘추분점에 샤먼이 금성과 일출을 관찰했음을 의미한다. 〈무가 열두거리〉에 등장하는 성제정星祭井도 금성을 관측하는 요가yoga적인 의례장소라고 할 수 있다. 우물이 첨성대를 말하기 때문이다.

흉노의 용성과 조선

신성新城에서 서쪽으로 3킬로미터 못 되는 곳에 태왕릉太王陵이라고 부르는 또 다른 피라미드가 있다. 신성보다 더 큰 피라미드로 이미 파괴되어 흔적만 남아 있다. 이 피라미드가《삼국사기》가 말하는 "백암성白巖城" 또는 "백애성白崖城"이라는 것은[20] 백암白巖, 백애白崖라는 글자에서 드러난다. 암巖은 '험준한 산'이고 애崖는 '경사' 또는 '깎아지른 산'을 가리킨다. 또 백白이라는 글자를 두고《회남자》는 "비어 있는 방이 밝아지는 것"으로 이를 "도道"라고 했다.[21] 그곳에 황금 신상(금인金人)이 있다는 것을 암시하고 있는 것이다. 중국인은 흉노들이 제천의식을 행하는 곳을 "용성龍城"이라고 한다. 카를 케레니K. Kerenyi 는 "제사는 고도의 천문학적 지식을 전제하는 말"이라고 했으므로[22] 용성에서 제사를 한다면 그곳이 부도라는 것은 당연하다.

도교에서는 용의 방죽을 '오악진형五嶽眞形'이라고도 한다.[23] 오악진형의 오五는 X이고 악嶽은 가파르게 생긴 삼각산을 의미한다. 진眞은 십十자이다. 중국 신강성 지역에서 발굴된 도교의〈오악진형도〉를 보면 이런 정황을 확인할 수 있다(그림 11-18 338쪽). 오악五嶽을 그린 그림에는 거대한 용 한 마리가 호수 속에 있고 그 둘레를 험악한 돌산들이 둘러싸고 있다. 샤먼과 영웅을 의미하는 조선의 물이 새나가는 것을 완벽하게 막고 있는 것이다.

백암성 일대에는 여러 개의 고분이 부속되어 있다. 모두루총牟豆婁塚과 무용총舞踊塚, 각저총角抵塚, 사신총四神塚이 대표적이다. 사신총 벽화에는 지팡이(삼주인三珠印)를 쥔 샤먼이 학鶴을 타고 구름을 헤치며 하늘을 나는 모습이 그려져 있어서 이곳에 샤먼이 있었음을 알 수 있다(그림 11-19 339쪽). 샤먼은 머리에 긴 상투를 달았다. 상투는 샤먼의 머리 모양에서 비롯되었으며 초기 불상이 샤먼의 상투를 계승했다. 평양의 경우 사신총은 물마누라가 지키는 감천궁이었다. 이곳에도 사신총이 있다는 것은 이곳이 조선朝鮮의 성역이었음을 말해준다. 무두루(모두루)가 미트라Mithra의 음역이라는 사실은 뒤에서 언급하기로 한다. 김부식은《삼국사기》에서 "무두르가 천사天使"라고 했는데 실제로 각저총 벽화에 그 모습이 나타난다(157쪽 그림 8-47 참고). 젊은 무두르는 샤먼과 마주 앉은 모습이고 그림 아래에 좀생이의 혼이 그려져 있다. 이는 이들이 있는 곳에 북두칠성에서 영혼이 내리고

•카를 케레니
1897~1973. 헝가리 태생의 종교학자, 신화학자. 1948년 스위스 카를 융 연구소에 들어가 원시 신화를 연구했으며 이후《그리스 종교의 원형》《그리스 신화》등의 저서를 발표했다.

11-20 부도 무용총 주실 천정벽화, 고구려, 5세기경. 그림 출처 :《한국미술전집 : 벽화》, 동화출판공사.

있음을 말해준다. 이들이 〈무가 열두거리〉에 등장하는 산바라기와 영웅들로 조선을 지키는 삼천도三千徒의 무리이다. 무용총에는 또 〈황도십이궁도〉가 그려져 있어서 그곳이 부도임을 말해준다(그림 11-20). 이 모든 것을 종합해 볼 때 백암성과 신성 일대가 하나의 성城으로 묶이어 있었음을 알 수 있다.

이를 미륵사지彌勒寺址와 비교해볼 필요가 있다. 불교 시대의 가람은 전체적으로 샤먼제국 시대의 가람을 모방했다는 것을 알 수 있기 때문이다(그림 11-21). 미륵사지의 조감도는 중심부와 좌우 상칭으로 석탑을 쌓았다. 피라미드와 대응되는 축조물이다. 그런 다음 중심 탑 뒤에 불상을 예배하는 금당金堂을 배치해 불교식 기능을 배려하고 있다. 그 밖에 부속건물을 볼 수 있으며 가람 전체는 거대한 회랑廻廊으로 둘러쌓았다. 반면 백암성을 중심으로 하는 샤먼의 가람은 불교와 달리 부속건물들이 모두 지하 양식이다. 예배 형식이 다르기 때문이다. 프레이저는《황금가지》에서 이 가람의 분위기를 다음과 같이 기록했다.

남성 결사는 아무도 접근이 허용되지 않는 숲으로 밀폐된 지성소 至聖所를 지킨다. 지성소에 신들의 정령이 깃든 나무가 있기 때문이다. 그들은 그 나무의 정령들이 지상을 지배한다고 믿는다. 그런가 하면 축제 때가 되면 그곳의 여신들은 불을 숭상하는 태양신 사제司祭와 함께 젊은 남자들과 동침한다.[24]

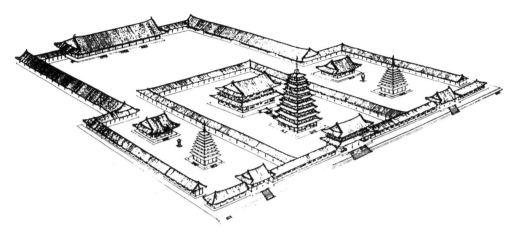

11-21 **미륵사지** 백제. 8세기. 그림 출처 : 김원룡, 《한국미술사》.

숲의 지성소는 지하 양식의 가람이다. 탑은 신들의 정령이 깃든 나무로 비유되어 있다. 나무의 정령이 지상을 지배한다는 말은 영웅의 집단인 모두루의 이야기다. 필자는 《샤먼제국》에 이곳이 "5세기에 한반도에 출현한 샤먼제국의 수도로 《삼국사기》에 기록된 신라의 금성金城"이라고 썼다. 불교 이전에 신라와 고구려는 모두 하나의 조선이었다. 이는 금성의 '금金'이 우리말의 '곰〔웅熊〕'으로 북두칠성을 의미한다는 사실이 말해준다.

우리 고대 문헌에 등장하는 "삼위태백三危太白"이 북극성과 금성이다. 샤먼은 모두 북극성을 머리에 이고 새벽녘에 금성(영성靈星)을 보았던 것이다. 6세기 때 재상이었던 박제상은 "신라가 일국一國의 도읍지가 아니라 천하의 공도公都"라고 했다. 기독교 시대의 바티칸시티와 대응되는 말이다. 551년에 고구려가 이곳을 둘러싸고 돌궐과 전쟁을 벌였던 것도 이곳이 샤먼제국 시대의 천하의 공도였기 때문이라고 해야 옳다.

사제

대야발大野勃의《단기고사》에는 "기원전 13세기 초에 샤먼제국이 남
북조로 갈라졌다"고 쓰여 있다. 한쪽이 기자조선奇子朝鮮이고 다른 하
나는 단군조선檀君朝鮮이다. 이들은 "같은 갈래에서 갈려나갔다"고
했다.[25] 고구려에 이어 발해가 건국되자 대야발은 중앙아시아는 물
론 돌궐 땅의 비문까지 조사하여 샤먼제국사인《단기고사》를 완성했
다. 주목할 것은 그의 책에 두 사람의 사제가 그림으로 남아 있다는 사
실이다(그림 11-22). 면류관을 쓴 쪽이 기자조선의 초대 사제 환서여桓
西余의 모습이고 상투에 나뭇잎을 새기고 두루마기를 걸친 쪽이 환검
桓儉의 모습이다. 두 인물이 인종적인 차이가 있는 까닭은 무가巫歌의
호귀胡鬼라는 말에 암시돼 있다. 용을 대신하여 지상을 다스린다는 뜻
으로 늘어뜨린 면류관의 구슬은 용의 구레나룻 수염〔용염龍髯〕에 비유
된다. 주목할 것은 환검의 두루마기이다. 거기에는 많은 나뭇잎이 새

11-22 기자 1세 환서여, 단군 1세 환검 그림 출처 : 대야발,《단기고사》.

겨져 있다. 그것이 신단수의 상징임은 물론이다.《시경》
에는 나무[수樹]를 군자君子에 비유하여 "수인樹人은 현
재賢才"라고 했다.[26] 이는 불교에서도 마찬가지다. "일
엽관음一葉觀音은 한 잎사귀의 부처"라는 말로 해탈자
를 진리의 나뭇잎에 비유한 것이다. 전설에 따르면 마
야부인도 석가를 낳을 때 나무에 의지했다. 나뭇잎은
물고기와도 같은 메타포가 된다. 샤머니즘을 풍류風流
라고도 하는데 그 뜻은 '위대한 물고기를 흐르게 한다
는 뜻'이다. 풍류의 풍風자는 두 다리 사이에서 뿔을 가
진 물고기가 나타난다는 뜻이다. 실제로 박트리아의 틸
리아 테페 유적에서 뿔을 가진 물고기를 볼 수 있다(그
림 11-23 339쪽). 유물은 샤먼들이 뿔이 달린 물고기를
타고 유유자적하는 모습이다. 풍류의 심벌은 샤먼의 부
채이다(그림 11-24). 부채는 각도(팔괘)의 상징이지만 기
본적으로 바람을 일으키는 도구이다. '바람을 피운다'
는 샤먼의 풍류의 메타포이므로 부채가 조선에서 기원
되었다고 보는 것은 비약이 아니다.

바빌로니아 시대의 사제상은 대해大海의 지배자
'에아' 또는 '다곤'으로 불린다. 우리 기록에 등장하는
단군檀君은 다곤Dagon의 음기이다. 신상은 한 마리의
거대한 물고기를 등에 업고 있다. 물고기는 황금 정자
를 의미하므로 손에 든 통이 씨의 저장 그릇임을 알 수
있다(그림 11-25). 그리스인은 바다의 신 포세이돈Pos-
eidon을 물고기, 거대한 뱀으로 나타냈는데 이 단어는
수메르어의 '위대한 물고기'에서 왔다. 이 말의 본래 뜻
은 '보다see, look'로 뒤에 라틴어와 산스크리트어에서

11-24 칠성선 1930년대. 그림 출처 : 赤松
智城(외),《朝鮮巫俗の研究》.

11-25 바다의 신 에아 혹은 다곤 바빌로
니아 시대. 그림 출처 : Alexander Heidel,
《The Babylonian Genesis》.

11-26 마야부인 수하미녀상 네팔, 18세기. 그림 출처 : Steven H. Darian, 《The Ganges in Myth and History》.

는 'vid-eo' 'vid' 'ved'가 되었다.[27] 이는 위대한 물고기가 천문을 두루 관찰하는 천문학자와 사제임을 말하는 것이다. 예수그리스도가 그리스어로 물고기가 되는 것도 같은 맥락이다.

우루에서 발굴된 한 점토 문서(우루 남무비문)에는 "천국에서 온 생명수 항아리가 천사들에 의해 지구라트로 운반되어 왔다"고 기록되어 있다. 신화가 "나뭇잎이 떨어져 지상으로 내려간다"고 한 것은 생명수가 항아리에 담겨 어디론가 운반된다는 메타포이다.[28] 《성경》에서 "고대 셈인들의 우상숭배자들이 나무를 향해 '그대는 우리의 아버지'라고 말하고 돌(부도)을 향해 나를 낳았다"고 한 것은 같은 메타포로 읽을 수 있다. 유명한 석가의 탄생 신화에는 마야부인이 성城의 동쪽에 서 있는 나무에 기대어 석가를 낳았다고 전한다. 18세기 네팔에서 만들어진 불모상佛母像(그림 11-26)에서 마야부인은 나무 아래에서 두 다리를 X자형으로 만들어 놓았다. 나무의 모든 잎사귀에는 영혼을 상징하는 보석들이 박혀 있다. 마야는 왼손을 치켜들고 나뭇잎을 잡고 있으며 오른손으로는 귀고리가 된 잎사귀를 잡고 있다. 샤머니즘 도상을 이해하지 않고서는 속뜻을 짚어내기 어려운 작품이다.[29]

사제를 일컫는 한자 제帝자는 갑골문자나 금문의 글자를 보면 꼭지 부분에 역삼각형을 가지고 몸체는 치마(건巾)의 이미지를 나타내고 있다. 역삼각형이 황금 씨를 저장하는 조두이고 수건 혹은 치마가 제의용 앞치마임이 드러나는 것이다. 중국 문헌에는 이 제帝자를 "천도天道를 행하고 천하의 사물을 두루 살핀다"고 했다[30](그림 11-27).

•조르주 뒤메질
1898~1986. 인도유럽어계 민족들의 신화를 비교 · 연구하고, 공통된 구조와 내용을 밝힌 프랑스의 구조주의 언어학자, 신화학자. 《신화와 서사시》 등의 저서가 있다.

사제는 DNA 씨를 관장하는 신이다. 바빌로니아 시대의 아슈르바니팔 신전을 지켰던 사제가 머리 위에 토기 그릇을 이고 있는 것은 확실한 증거이다(그림 11-28). 수메르 초기 왕조 시대(기원전 2600년)의 사제는 특별히 과장한 눈을 가졌다. 눈이 사제의 도상임을 암시한다. 주목할 것은 산처럼 다듬어서 세 갈래로 갈라놓은 긴 수염을 가진 삼신의 이미지이다. 샤먼은 머리카락에 정령이 깃들어 있다고 믿는다. 사제는 그의 긴 수염 아래에 컵을 받쳐 들고 있다. 사제의 상징은 제천의식의 '하늘에 잔 올리기(근존謹尊)'이다. 발터 부르케르트는 조심스럽게 "신이라는 말의 기원이 이 잔 올리기 행위에서 기원했을 것"이라고 말하면서 이 행위는 "신적인 또는 데몬적인 힘이 주어지는 어떤 선물이라고 생각한다"고 썼다.[31] 조르주 뒤메질 Georges Dumezil 에 따르면 이 술잔에는 "소마, 무두, 봉밀주蜂蜜酒와 같은 알코올 성분의 음료가 들어 있으며 사제는 '불사의 향연'이라고 불리는 축제에서 이를 마신다".[32]

메소포타미아의 유물에서도 커다란 뿔배를 들고 있는 사제의 모습을 볼 수 있다(그림 11-29). 뿔배를 든 사제는 오른쪽 의자에 앉아 있고 그 왼쪽에 큰 수소 위에 앉아 있는

11-27 갑골문자 帝(제) 그림 출처 : 소병,《노자와 성》.

11-28 아슈르바니팔 신전의 사제 바빌로니아, 니네벨, 기원전 7세기경. 그림 출처 : James B. Pritchard,《The Ancient Near East》.

11-29 날개의 여신 원통인장
메소포타미아, 기원전 3000
년 초. 그림 출처 : 제카리아
시친,《수메르, 혹은 신들의
고향》.

11-30 날개의 여신 원통인장
메소포타미아, 기원전 3000
년 초. 그림 출처 : 제카리아
시친,《수메르, 혹은 신들의
고향》.

현조玄鳥 모습의 금성이 있다. 현조는 양쪽으로 날개를 쭉 펴고 있어
그가 지닌 금성의 메타포를 분명하게 드러낸다. 삼각형의 머리도 같
은 의미를 강조하고 있다. 네 다리를 쪼그리고 앉은 수소 또한 부도의
심벌이다. 밤하늘에는 반달 모양으로 별들이 그려져 있어서 금성이
출현하는 시간임을 암시하고 있다.《12번째 행성》의 저자 제카리아
시친은 날개를 가진 이 금성을 "12번째 미지의 행성"이라고 주장한
다.[33] 하지만 그의 주장이 설득력을 지니려면 12번째 행성이 왜 수소
의 등을 타고 뿔배를 든 신과 대면해야 하는지 그 이유가 밝혀져야 한
다. 같은 주제를 다룬 또 다른 자료에서는 양쪽에 있는 신들이 삼지창
을 쥐고 있다(그림 11-30). 이것이 삼지창이 분명하다면 이는 기원전

3000년에 샤먼의 무구로 삼지창이 존재했다는 움직일 수 없는 증거가 되며 또한 "천부인 세 개"를 언급한 단군신화가 헛소리가 아님을 알 수 있게 된다. 자료의 정황을 이야기로 엮자면 당연히 날개의 괴물이 금성의 메타포라고 해야 한다. 거대한 날개의 한쪽이 아린만명卍明이고 또 다른 쪽이 스린만명으로 양성의 금성은 삼각 머리로 양쪽을 조정한다. 60도 각도로 날면서 지구와 두 번 만난다는 것을 의미하는 것이다. 아린만명이 춘분점에 나타나면 용머리는 '아리아리동동'으로 꽃노래(X十)를 부르고 스린만명이 추분점에 나타나면 용머리는 '스리스리동동'으로 꽃노래를 부른다. 강강술래에서 노는 술래잡기 노래와 같다. 만명신(금성)이 금 쟁반을 들고 일정日精을 받아 천

11-31 바빌로니아 시대의 구데아상 라가시, 기원전 2500년경. 그림 출처 : S. N. Kramer,《The Sumerians》.

상계로 가져가는 것도 이 시점이다. 거대한 날개의 괴물과 뿔배를 들고 있는 사제의 모습은 금성이 들고 올 황금 쟁반을 기다리는 것이 아닐까 생각된다.

수메르 시대의 구데아Gudea 상은 두 손을 맞잡은 모습으로 특별한 비의를 암시하고 있다(그림 11-31). 구데아의 손은 좌우의 네 개 손가락을 전면으로 드러내고 나머지 두 엄지손가락은 별개로 분리시켰다. 분명히 이상하게 보이는 손이다. 오른쪽 손가락 네 개와 왼쪽 손가락 네 개는 모두 여덟 개이며 이는 팔괘를 암시한다. 양쪽 네 개의 손가락을 무리하게 비틀어놓은 것 또한 같은 의미이다. 마치 오딘의 팔족마八足馬를 보는 것 같다. 억지로 비틀었기 때문에 두 개의 손가락

은 어색하게 보이지만 만卍자의 원리를 나타내는 것으로 곧《역경》에서 말하는 팔괘이다. 그러니까 별개로 보이는 두 개의 엄지손가락은 X十을 의미하는 것이다.

사제의 기능이 천문학이었다는 사실은 기원전 6세기 전후 그리스 신전의 유적지에 남아 있는 벽의 부조에서 확인된다(그림 11-32). 부조에는 X축을 의미하는 돌기둥을 제단으로 삼고 남녀 사제가 특별한 제의祭儀를 행하는 정황이 새겨져 있다. 돌기둥은 사람의 크기에 불과한 작은 돌로 이것이 골메기(우주목)다. 그 기둥 왼쪽에 서 있는 남자 사제는 수 10을 의미하는 지팡이(십익十翼)를 잡고 있다. 돌기둥이 신성한 제단이라는 사실은 그곳에 헝클어진 띠가 감겨 있고 이 띠가 아래쪽에서 한쪽이 두 개, 다른 쪽이 세 개로 나뉘어져 있음을 말해 준다. 이는 그리스인들이 신성神聖이라는 수식어를 붙였던 3:2 황금비례를 보여주는 것이기 때문이다. 황금비례는 두 사제가 돌기둥을 향해 제시해 보이는 손가락 모양에서 다시 부각된다. 여사제는 두 손을 모아서 돌기둥에 갖다 대는 제스처를 취한다. 그녀의 두 손가락은 양쪽 공히 엄지와 인지의 끝을 맞붙여 다섯 개의 손가락이 두 편으로 나누어지고 있다. 3:2 황금비례를 보여주는 것이다. 남자 사제 역시 오른쪽 손가락을 3개와 2개로 나누었다. 지팡이를 잡고 있는 손모양에서도 확실하게 3:2 비례를 제시하기 위해 억지로 인지人指를 벌리고 있다. 이 비례는 하지와 동지의 밤낮 길이가 3:2 비례가 된다는 것을 확인해주는 제스처이다. 인체가 만물의 척도라고 믿었던 그리스인은 인체가 천체에서처럼 황금비로 만들어졌다고 믿었다. 이는 1820년 에게해 미로섬에서 발견된 비너스에서 학자들에 의해 주장된 바 있다. 황금비가 제의의 본질이라는 것이다. 그리스 신화의 권위자인 카를 케레니가 "그리스 신화에 언급되는 제례의식이 고도의 천문학적인 지식을 전제한다"고 말한 것도 이를 뒷받침해준다. 그는 "그

11-32 **그리스 신전의 부조상** 우주축을 상징하는 돌기둥에서 손가락으로 천문원리를 제시하고 있다. 기원전 6세기 전후.
그림 출처 : Dr. Semni Karouzou, 《National Museum》.

리스인이 정교하게 만든 인형을 제사하는 것을 '다이다라 제祭'라고 하면서 이것도 목성주기를 부각하는 행위라고"했다.[34] 인형이 지구의 자전공전의 비밀을 상징하는 척도라고 믿었기 때문이다.

사제의 의례기구

사제가 예배 때 황금 관모를 쓰는 것은 거의 모든 종교의 관행이다. 경주에서 발굴된 관모는 샤먼 시대의 사제 역시 황금 관모를 썼다는 것을 말해준다(그림 11-33 340쪽). 관모는 전체적인 윤곽이 각모角帽이다. 이 관모의 특징은 의미심장한 도상으로 장식돼 있다는 점이다. 전체적으로 파도 문양과 함께 신성문자 X자가 뒤섞여 있다. 주목할 도상은 관모의 아래둘레에 ㅗ와 ㅜ자 모양이 반복적으로 새겨지고 글자 사이에는 방점 '•'을 찍은 것이다. 한글 ㅗ자 모양이 아니라 한자의 '두ㅗ'자 모양이라고 간주하더라도 네 개의 글자 요소는 십자十를 만드는 데 아무런 손색이 없다.

이 문양이 우연한 장식이 아니라는 것은 아프가니스탄 테페의 풀롤Tepe Fullol에서 발굴한 기원전 2000년대의 황금 잔에서 알 수 있다(그림 11-34 340쪽). 여기에서는 ㅗ자가 X를 중앙에 두고 네 방위에서 안쪽을 향해 압박하고 있는 모양새다. ㅗ나 ㅜ에 한글 음가를 부여하면 이 도상은 'a' '어' 'o' 'wu'의 네 소리를 한꺼번에 뒤섞어 내는 회오리 소리를 가리키고 있다. 중국이 전하는 오음五音인 궁상각치우宮商角致羽의 다섯 소리 가운데 궁음宮音이 이에 해당한다.[35] 궁음은 금, 목, 수, 화의 4대 원소原素를 하나로 종합한 음으로 고대 중국의 왕자들은 이를 수양의 방편으로 불렀다. 서양음악사에서는 플라톤이 이를 "천체天體의 하모니를 성취하는 음"이라고 했다. 플라톤은 음의 전체 체계를 5음으로 구성했는데, 4대 원소(불, 공기, 흙, 물)에 대응하는 4음계와 이를 종합한 음(Grummetic)을 합친 다섯 음이었다. 그 종합음이 바로 궁음인 것이다. 이 발상이 한글의 모음 구조와 같은 것은 흥미로운 일이다. 종합음을 만들 때 그들은 그리스 문자 K를 서로 뒤집어 음양을 나타내는 방법으로 좌우상하로 배치한다. 결과는 앞에서 본 풀롤의 황금 잔 문양이 된다. 이렇게 되면 음정은 두루뭉술하게 같게 되고 기표만 다르게 된다.[36] 목적은 우주음宇宙音을 만드는 것으로 이것은 사실상 빈 공간에서 지구가 돌아가는 소리이다. 이것이 소리의 모음母音이고 음의 이데아이다, 발터 부르케르트는 이를 "해탈에 이르는 신비의 연금술"이라고 했다.[37]

신라의 박제상이 저서《부도지》에서 팔괘를 "팔음이문八音二文"이라고 한 것도 같은 맥락으로 이해된다. 이문二文은 대립되는 두 요소가 서로 꼬였다는 뜻이다. 문文을《설문》이 "꼬인 이미지"라고 하고《논어》가 "꽃[화華]"이라고 한 것은 이를 말한다.[38] 이렇게 되면 팔八음은 각기 4, 9(가을) 3, 8(봄) 1, 6(겨울) 2, 7(여름)이고 이문이 5, 0(궁宮)이 된다. 금성의 소리는 5, 0이 되는 것이다. 관모의 아래둘레에 보이는 방점 '•'이 이를 나타낸 것으로 볼 수 있을 것이다. 중세 기독교의 예배음악 찬트를 연상케 한다. 이런 정황으로 보면 사제의 황금 관모가 의례를 집전할 때 썼음을 말해준다.

산스크리트어는 궁음을 "옴om(아우阿吽)"이라고 하고 "소의 내장에서 울려오는 소리로 우주의 창조, 존속, 귀멸歸滅을 주재하는 브라흐만, 비슈누, 시바(삼신三神)의 상징"이라고 한다. '아阿'는 입을 열고 내는 소리, '우吽'는 입을 다물고 내는 소리이다. 전자가 최초의 모음이고 후자가 최후의 모음이다. 그러므로 옴om은 처음과 끝이 동시에 공존한다는 뜻이다. 힌두교에서도 옴은 성스러운 소리이며,《카타우파니샤드》에서는 절대자인 아트만을 상징하는 성음으로 우주의

11-35 청동 거울 중국역사박물관. 그림 출처 : J. C. Cooper, 《An Illustrated Encyclopaedia of Traditional Symbols》.

본체 브라흐만이다. 따라서 이를 알면 모든 희망이 달성된다.[39] 전통 음악의 용어를 빌리면 이 절대음絕對音은 궁음宮音이며 한국의 판소리에서는 계명조啓明調이다.[40] 계명이라는 말은 금성이고 피타고라스 음악론이 말하는 성삼각형聖三角形이다. 이 소리가 X十에서 직각수직으로 하늘(북극)과 통하는 영혼의 목소리이다. 우리 판소리 역시 이를 추구하지만 제대로 이 소리를 내는 명창은 정유진鄭有進 뿐이다.

ㄴ, ㅜ의 도상이 한글과 관련 있다는 사실은 평양 부근에서 출토된 청동 거울에서도 나타난다(그림 11-35). 청동 거울의 중심에는 12개의 작은 원을 거느린 중심원이 있고, 다시 그것을 둘러친 정사각형의 네 변에 ㅏ자 도상을 새겼다. 주목할 것은 그 사이에 여덟 개의 원을 두르고 그 외연으로 모두 네 개의 ㄱ자와 네 개의 ㅅ자를 새겼다는 사실이다. ㄱ자 도상을 각角으로 보고 ㅅ자 도상을 금성이라고 하면

11-37 큰머리를 얹은 만명(무당)과 큰머리 장식 그림 출처 :《한국문화상징사전》, 동아출판사.

는 금성이 지구와 60도 각도로 돌면서 나는 용의 울음소리, 이른바 우주의 궁음이라고 할 수 있다.

　이렇게 말할 수 있는 근거는 영국의 스코틀랜드 지역에서 발굴된 유물이다(그림 11-36 340쪽). 유물에는 가슴에 십자와 십자의 네 쪽 빈 곳에 ㅏ, ㅓ, ㅗ, ㅜ자가 결합하여 궁음의 형태를 만들고 인물은 요가 자세로 가부좌하고 있다. 이 모든 도상이 십자에 근거한다는 것은 샤먼의 여사제女司祭의 장식머리에서 볼 수 있다(그림 11-37). "큰머리" 라고 부르는 여사제의 머리에는 두 개의 정釘이 꽂혀 있으며 정에는 두 개의 십자가 새겨져 있다. 십자는 정축과 횡축의 결합을 뜻하므로 두 개의 십자는 춘추분점의 상징으로 읽을 수 있다. 십자 위에 두 마리의 현조가 있는 점은 이런 주장을 뒷받침하기에 모자람이 없다. 이런 정황은 이미 언급한 바 있는 크레타 여신에게서도 확인된다(그림 11-

11-38 크노소스 신전의 발굴품 여신상, 놋쇠그릇, 조개(자안패) 등. 그림 출처 : Jacquetta Hawkes, 《Dawn of the Gods》.

38). 여신은 양손에 두 마리의 뱀을 쥐고 있는데 이것이 발굴된 같은 장소에서 거대한 십자가와 놋쇠 그릇에 담긴 자안패들이 발견되었다. 십자가 춘추분점의 상징임을 말해주는 것이다.

사제가 잡는 권위의 심벌에는 지팡이(검파劍把)가 있다. 경주에서 발굴된 황금 검파에는 금성 이데올로기를 의미하는 세 개의 올챙이, 그리고 세 개나 되는 태극 마크가 새겨져 있다. 전 세계에서 유일한 삼태극의 황금 검파다. 한반도에 샤먼제국의 유적이 남아 있다는 사실은 고인돌과 함께 중요한 의미를 지닌다(그림 11-39 341쪽).《한서》의 저자인 응소應劭는 이를 "경로신도徑路神刀"라고 적고 "흉노의 보도寶刀"라고 명기했다. 그러면서 "한나라가 흉노에게 사신을 파견하여 화해의 맹약盟約을 할 때 이 검파가 사용되었다"고 했다.[41] 검파가 맹세의 도구로 쓰였다는 것이다. 기원전 시대 때 그리스의 역사가 헤로도토스[*]는 이 검파가 "아키나케스Akinakes 단검"이라고 하고 역시 "흉노

[*]헤로도토스
키케로가 "역사의 아버지"라고 부른 고대 그리스의 역사가. 기원전 484년에 태어나 기원전 425년에 죽었다고 알려져 있으나 확실하지는 않다. 대표작은 페르시아 전쟁을 다룬《역사》.

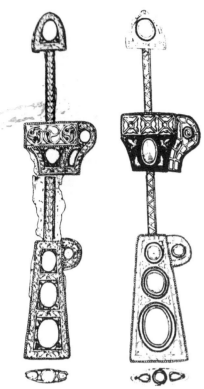

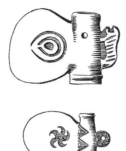

11-41 청동 도끼 청동기시대, 중국.
그림 출처 : 조지프 니덤, 《중국의 과학
과 문명》.

11-40 황금 검파 복원도 왼쪽은 경주 계림토에서
된 것이고 오른쪽은 보르우오예 유적의 벽화에서 아
프라시아브 왕이 차고 있던 것임. 그림 출처 : 정수일,
《씰크로드학》.

11-42 만卍자 모양의 청동기 김해 대
성동 고분, 지름 12cm. 그림 출처 :《한
국미술전집 : 고분미술》, 동화출판공사.

들이 숭배하는 물건"이라고 했다. 주목할 것은 이와 똑같은 양식의 검
파가 우크라이나의 보로우오예Borovoje에서 출토되었다는 사실이다
(그림 11-40).

양쪽을 비교해보면 장식에서 삼태극과 네모꼴 태극이 다를 뿐
이다. 필자는 《샤먼제국》에서 "하나는 6세기 전후에 등장한 서돌궐
제국의 검파이고 다른 하나는 평양에 있었던 동돌궐제국의 검파"라
고 했다. 돌궐이라는 말은 터키어로 아홉[구九]으로 이는 구이九夷 즉,

샤먼이라는 뜻이다. 551년에 백암성과 신성을 둘러싸고 고구려와 돌궐 간에 전쟁을 치렀던 상황이 이를 말한다. 이 대목은 필자의 전작인 《샤먼제국》에 소상히 기록되어 있다.

사제가 잡는 의례기구에는 청동 도끼가 있다(그림 11-41). 중국 땅에서 출토된 청동 도끼는 실제 무기가 아니라는 사실이 문양에서 드러난다. 문양에는 춘추분점의 회오리를 나타내는 만卍자 문양이 새겨져 있다. 한반도에서 발굴된 청동 만자는 앞쪽과 달리 방향이 반대로 돌고 있다(그림 11-42).

샤먼의 바티칸과 삼한

기원전 2000년경의 바빌로니아 유물은 천하의 공도로서 샤먼문명의 정황을 보여준다(그림 11-43). 유물은 그림문자로 쓴 책이라고 해도 과언이 아니다. 맨 윗줄에는 해와 달과 별(금성)이 나열되어 삼신상三神像을 보여준다. 그림 왼쪽에는 거대한 뱀이 그려져 있다. 1년 365일의 지구 순환을 의미하는 역曆(금성력)이라고 할 수 있다. 뱀이 자신의 머리를 시계판처럼 생긴 달(반월半月)에 드밀며 혀를 날름거리고 있는 것은 시간을 계시한다는 의미이다. 두 번째 단에는 세 개의 신전이 있다. 샤머니즘의 3기능을 말하는 삼한신전三韓神殿이다. 사제(진한辰韓)와 물마누라(변한弁韓)와 천사 계급(마한馬韓)이다. 이들 신전 속에 무엇이 있는지는 감천궁 부분에서 이야기했다.

세 번째 단에서는 지붕 모양이 각기 다른 세 개의 신전이 있다. 두 신전은 수소로 보이는 괴수가 문을 가로막고 있지만 나머지 하나는 텅 비어 있다. 수소 하나는 긴 주둥이를 가졌고 다른 하나는 피리 불 듯 긴 대를 입에 물고 있다. 세 개의 신전을 삼기능三機能으로 보면 피리 부는 괴수가 축제의 주관자, 즉 사제임을 알 수 있다. 사제는 터번처럼 생긴 모자와 두루마기 치마를 걸쳤다. 이렇게 풀면 나머지 비어 있는 신전이 영웅들의 무리인 군신軍神의 것임을 알 수 있다. 군신이 보이지 않는 것은 그들 무리가 지상에 있기 때문이다.

네 번째 칸에서는 군신의 기능이 무엇인지 말해준다. 왼쪽에 보이는 괴수들이 전쟁 영웅(전사戰士)이고 굴속에 있는 말은 천마天馬이다. 주목할 것은 말 앞쪽에 있는 솟대에 현조가 앉아 있다는 사실이다. 샤먼은 천마와 현조를 통해 세계를 지배한다. 이 주제는 다시 아래로 이어진다. 그림에는 동물 한 마리를 거느린 인물이 의젓하게 의자에 앉아 어딘가를 향해 박수치고 있다. 부도를 지키는 사제가 무엇인가 보면서 박수치는 모습이다. 이는 타조처럼 보이는 반인반수의 신이 활을 당기고 있는 정황과 관련 있다. 활은 샤먼의 굴렁쇠로 점을 치거나 신탁을 내리는 메타포이다. 반신반수인 신의 점괘에 대해 사제가 박수 치며 환영하는 것이다. 바닥 그림에는 왼쪽에 두 개의 뿔이 있고 그 아래에 소가 있으며 다시 중앙에는 자라와 전갈과 항아리가 그려져 있다. 소와 두 개의 뿔은 천문대이고 거북이는 묘성이 있는 북극, 전갈은 태교의 신(물마누라)이다.

11-43 그림 **금성력** 바빌로니아, 기원전 2000년경. 그림 출처 : 조르주 나타프,《상징·기호·표지》.

천부인 세 개

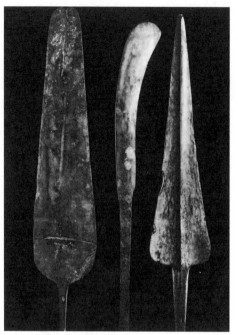

11-45 후기 가나안 시대의 유물 이스라엘. 그림 출처 : Karl Katz, 《From the Beginning》.

사제의 기능 중 하나는 무구를 관리하는 일이다. 무구 중에서는 방울, 신칼, 삼지창, 거울 같은 것이 중요하다. 그 중에서도 가장 중요한 것은《고조선기》에 기록되어 있는 "세 개의 천부인天符印"이다. 19세기 때의 무속화로 전해지는 오방신장五方神將 그림에는 이 천부삼인이 나타나 있다(그림 11-44 341쪽). 중심에 선 인물은 검을 쥐었고 뒤쪽 인물들은 각기 삼지창과 언월도를 잡고 있다. 검을 잡은 인물이 중요함을 말하기 위해 양쪽에 인물을 배치하고 검을 쥔 인물의 치맛자락을 잡게 했다. 환인이 환웅에게 천부삼인을 주어 세상을 다스리게 했으므로 천부삼인에 샤먼문명 시대의 세계관과 정치 이념이 함의되어 있음은 분명하다. 삼개三個의 삼三은 금성의 삼대三臺를 말하기 때문이다. 고려시대 때 선비 북애北崖는 "천부삼인이 태백산의 늪으로 둘러싸인 돌집의 나무 아래에 있다"고 하고 그곳을 "조천朝天"이라고 했다.[42] 천부인이 황금 신상이 모셔진 부도 안에 있다는 뜻이다.

후기 가나안(이스라엘) 시대의 유물은 서아시아 시대의 샤머니즘을 대표하는 천부삼인天符三印이다(그림 11-45). 오른쪽 뾰족 창은 십익十翼의 심벌이고 가운데 것은 언월도임을 알 수 있다. 하지만 왼쪽 것이 무엇인지는 분명치 않다. 형태로 보면 반달형도 아니고 뾰족한 것도 아니다. 삼지창을 대신하는 무구로 볼 수 있지 않을까 생각된다. 반월半月이기에는 너무 꼿꼿하고 뾰족하기에는 끝이 너무 두루뭉술

●**가나안 문화**
가나안은 팔레스타인 및 남시리아의 고대 명칭. 이스라엘 백성이 이집트를 탈출한 후 젖과 꿀이 흐르는 땅으로서 동경하던 곳. 메소포타미아와 이집트 문화에 고루 영향을 받으면서 문화를 형성했다.

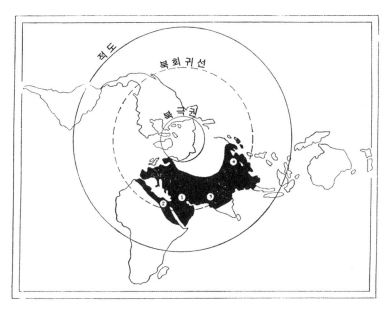

11-46 청동기문명지역 1)바빌로니아, 2)이집트, 3)인더스강 유역, 4)고대 중국. 그림 출처 : 조지프 니덤,《중국의 과학과 문명》.

하기 때문이다. 신화에서는 신들이 혼인할 때 반달검을 잡은 쪽이 신부 측이고 뾰족창을 든 쪽이 신랑 측이다. 그리스 신화는 먼저 낫(도끼)을 든 사제가 정원 잔디를 깎는다고 했다. 세 개의 의례기구에서 낫에 작은 톱니들이 나 있는 것이 잔디를 깎거나 나뭇가지를 벤다는 것을 말해주고 있다. 의식이 끝나면 청동기를 잡은 미트라의 무리들이 청동기로 땅을 두드리면서 춤추는 장면을 연상해볼 수 있다.

청동기의 원료는 구리와 주석과 아연이다. 구리나 주석은 모두 생물의 정자와 친화적이다. 글린 대니얼은 "최초로 구리를 캔 원산지가 기원전 7000년대에 아나톨리아의 차탈휘위크"라고 했다. "수메르 최초의 왕조 시대에 금속세공인이 구리와 주석을 혼합하여 청동기를 만들었다"고도 했다.[43] 이는 샤머니즘이 발상지와 무관하게 서아시아와 지중해 지역에서 그 실체가 드러났다는 것을 말해주는 것이다.

11-47 포세이돈 은화, 기원전 306~기원전 283년. 그림
출처 : Sofia Souli, 《Greek Mythology》.

저자의 《샤먼제국》에서는 그곳 차탈휘위크가 단군조선의 요람지로 언급된다.

영국의 역사학자 조지프 니덤Joseph Needham이 작성한 지도에는 고대에 청동기를 사용한 지역의 판도가 드러나 있다(그림 11-46). 이 지역은 서쪽으로부터 바빌로니아 문명과 이집트, 인더스 그리고 중앙아시아와 극동아시아의 전 지역이 포함되어 있다. 이 지역이 기원전 3000년경부터 세계를 지배한 샤먼제국의 판도이다. 일찍이 헤로도토스가 그의 《역사》에서 샤먼을 일컬어 "페라스키족"이라고 하고 "그들이 다스렸던 세계 영토가 어디에서 어디까지인지를 아무도 모른다"고 한 바로 그 정황이 지도에서 확인되는 것이다. 삼지창, 창, 언월도 이 세 청동기가 샤먼제국의 랜드 마크인 것이다.

〈무가 열두거리도〉에 삼지창과 언월도가 등장하는 것은 너무나 당연하다(345쪽 그림 13-1 4)번 참고). 이는 지중해나 중앙아시아에서 발견되는 것과도 다르지 않다. 유명한 포세이돈의 삼지창은 끝부분이 사냥용 창끝 같고 손잡이가 길다(그림 11-47). 그림에서는 삼지창을 던지는 모습이지만 실은 위엄을 나타내는 제스처라고 할 수 있다. 반면 파르티아 쿠샨 왕조의 화폐에 나타나는 삼지창은 우리의 삼지창과 거의 같다(그림 11-48 342쪽). 쿠샨 제국 제5대 왕 바스데바의 양쪽에 삼지창이 모두 그려져 있다. 왕은 한 손으로는 삼지창을 쥐었고 다른 손으로는 항아리를 들고 있다. 물론 항아리는 넋시루이다. 화폐의 둘레에는 그리스문자로 '제왕의 왕'이라고 새겨놓아 그가 사제의 지위에 올라 있음을 말해준다.

페르시아와 파르티아에 이어 일어난 사산조의 호르미즈드 1세의 금화(그림 11-49 왼쪽, 342쪽)나 호스로우 2세의 금화에도 같은 장면이 새겨져 있다(그림 11-49 오른쪽, 342쪽). 호르미즈드 1세의 금화에는 양손에 삼지창을 든 왕의 모습이 새겨져 있다. 호스로우 2세의 금화에서는 왕이 황소를 타고 앉은 채 오른손에 삼지창을 들고 있다. 왼손으로는 황소의 뿔을 잡고 있다. 필자의 앞 책《샤먼제국》에서는 "페르시아, 파르티아, 사산은 우리 기록에 나오는 부여국夫餘國과 백제百濟의 원명"이라고 했다. 🐂

제12장

샤먼문명의
군사와 미트라

동굴에서 태어나는 메시아

우리는 앞에서 샤먼의 메타포가 '손님(수手)'이라고 했다. 그렇다면 '발님(족足)'이라는 말도 있음을 짐작할 수 있다. 샤먼의 일에는 손과 발이 함께 동원되어야 하기 때문이다. 발님은 샤먼제국 시대의 군대이다. 이 군대를 샤먼은 하늘의 심부름꾼인 천사天使라고 불렀다. 인도인은 태양신(천공신天空神)을 "힘센 수소 미트라 바루나Mithra Varuna"라고 불렀다. 수소가 태양신의 수호자였기 때문이다.[1] 천공天空은 돔dome이고 수소는 용머리로 지구라고 했다. 미트라Mithra는 중성명사 mitam과 관련 있으며 그 뜻은 '우정' '계약'이다.[2] 이란의《아베스타 경전》에도 미트라가 등장하여 미트라 신앙이 소아시아나 지중해 문명 시대에 광범위하게 퍼져 있었음을 알 수 있다. 초기 신화학자들은《아베스타 경전》을 근거로 미트라 신앙의 발상지가 인도, 이란이라고 주장했으나 최근에는 마니교 시대에 파르티아가 미트라를 mihryazd, 소그디아나가 mysyy로 발음했다는 사실을 알게 되어 그 근거지가 이란보다 더 동쪽이었음을 확인했다.[3] 고대 켈트인은 자신을 낳은 아버지는 알지 못하고 단지 어머니(신모神母)만 알고 있었는데 "어머니의 나라는 먼 동쪽 아시아의 땅에 있다"고 하고 어머니가 있는 곳은 "바다 속의 섬〔도嶋〕"이라고 했다. "그곳에 한번 가보는 것이

《아베스타 경전》
조로아스터교의 경전. 아베스타어로 쓰여 있다. 조로아스터교의 주신인 아후라 마즈다의 가르침을 수백 년 동안 수집해 완성됐다.

12-1 수소를 물어뜯는 사자 보석, 미케네 시대. 그림 출처 : E. A. Wallis Budge,《Amulets and Superstitions》.

12-2 수소의 엉덩이를 물어뜯는 사자 페리세폴리스 궁전 부근, 이란, 기원전 7세기 이전. 그림 출처 : A. T. Olmstead,《History of the Persia Empire》.

464 ｜ 샤먼문명

평생의 소원"이라고도 했다. 그것이 한반도의 고인돌과 관련 있을지도 모르는 일이다.

왜 그들은 아버지가 누구인지 모를까. 그것은 그들이 미트라 전사들로 '하늘의 수소'를 죽이고 태어난 좀생이 혼이기 때문이다. 좀생이 혼의 고향은 수소로 미트라 전사는 수소의 피에서 태어났다. 지중해 시대의 유물(보석)에는 사자가 수소의 등을 타고 소의 정수리를 물어뜯는 정황이 새겨져 있다(그림 12-1). 뒤에서 보게 되지만 정수리는 묘성이 있는 곳이다. 영웅인 사자가 좀생이의 혼을 쟁취하는 메타포로 읽을 수 있는 것이다. 고대 이란의 페르세폴리스 궁전의 돌층계 벽면 부조에서는 사자가 황소의 엉덩이를 물어뜯는 장면을 볼 수 있다(그림 12-2). 이는 우의적인 도상으로 수소의 엉덩이는 소의 뒷일, 즉 우후牛後의 일로 영웅 탄생 이후에 벌어지는 축제를 말하는 것이다. 이 역시 좀생이 혼과 무관하지 않다. 신전으로 올라가는 돌층계의 양쪽 벽에는 연꽃을 든 인물들이 길게 줄을 서서 주신인 아후라 마즈다를 향해 예배하는 장면이 새겨져 있다. 연꽃은 좀생이 혼을 의미하므로 이 예의는 가장 신성한 예배라고 할 수 있다. 아테네에서 행해졌던 '수소 죽이기bouphonia 제사' 또한 같은 맥락이다. 아테네 사람은 이 축제에서 도축된 수소의 고기를 먹었으며 그런 다음 가죽을 본디 모습처럼 봉합해 경작할 때와 똑같이 쇠스랑에 비끄러매어 두었다. 이것이 미트라가 탄생하는 의식임은 미케네 시대(기원전 16세기) 때 왕비의 장식에서도 알 수 있다(그림 12-3 342쪽). 장식은 사자가 움츠리고 앉은 모양이다. 눈에 띄는 것은 엉덩이에 회오리 문양이 새겨져 있다는 사실이다. 사자가 우주의 회오리(X十)의 비밀을 풀고 영웅으로 태어났다는 것을 말한다.

켈트 시대의 패널 장식에는 또 다른 패러디도 있다(그림 12-4 343쪽). 그림은 거대한 수소가 고환을 드러내고 누워 있으나 두 개의 뿔

●아후라 마즈다
조로아스터교의 주신主神. 아후라는 주主를 의미하는 칭호, 마즈다는 지혜를 의미하는 이름이다. 세계의 창조자로서 빛과 어둠을 만들어 때를 정하고 질서의 아버지로서 태양과 별의 길을 만들었으며 선의善意를 창조했다고 전해진다.

12-5 조로아스터교의 상징 은쟁반, 7세기, 상트페테르부르크 예르미타시 미술관. 그림 출처 : 앤드류 콜린스,《금지된 문명》.

은 사라지고 없다. 수소에 도전한 영웅들에 의해 뿔이 뽑혔다는 사실을 암시한다. 이는 켈트 문화 후기 때 영국의 웨일스나 아일랜드 지방 또는 덴마크에 전해져 왔던 영웅 전설과 관련되는 도상이다. 자료의 위쪽에는 한 여신이 칼을 들고 개를 쫓고 있다. 여신은 비너스(무당)이고 개는 비너스를 지키는 개밥바라기(미트라 전사)로 개가 비밀 의식을 거부하고 있는 정황이다. 이는 하단에 크게 그려진 전갈과 그 옆에 새우 모양처럼 움츠리고 있는 개의 정황으로 실감할 수 있다. 전갈은 DNA 씨를 골라내는 족집게 도사를 상징하며 우리 무속에서는 삼신할멈으로 나타난다. 패널 장식의 그림은 과거고시에서 좀생이의 씨를 채취하는 비밀 의례를 상징적으로 묘사하고 있는 것이다. 같은 주제는 조로아스터교의 유물에서도 확인된다(그림 12-5). 은 쟁반에는 신전이 그려져 있고 그 위에 커다란 활 모양의 금성이 있다. 그 속에 수소 뿔을 어깨에 단 신이 의자에 앉아 있다. 의자 위에 가부좌를 틀고 두 손으로 장검을 잡고 있다. 아래쪽 그림은 상징적이면서도 유머러스하다.

날개 단 천사가 활과 화살을 잡고 신전 문에 모습을 드러내자 양쪽의 소들이 황급히 방귀를 끼면서 도주하는 상황이다. 활과 화살은 점성占星의 상징이므로 그림은 위대한 미트라의 출현을 알리고 있다. 그림의 양쪽 위에 큐피드가 있는 점도 이 주제를 뒷받침한다. 스키타이 유물에서는 같은 주제를 다른 은유로 표현하고 있다(그림 12-6 343쪽). 고통스러워 보이는 두 마리의 수소 사이에서 한 젊은이가 애써 소

12-7 바위(부도)에서 태어나는 미트라 청동으로 만든 미트라 장식 액자, 헝가리 부다페스트. 그림 출처 : M. J. Vermaseren,
《Mithas, the Secret God》.

를 몰아가며 밭갈이하는 모습이다. 주목할 것은 수소의 등에 커다란
진리의 나무가 자라나고 있는 것이다. 지상에 미트라의 좀생이 혼을
심는다는 비유이다.

　미트라 관련 자료를 많이 수집했던 베르마세렌M. J. Vermaseren 이
보여준 삽도에는 미트라가 외양간에서 송아지로 태어난다. 수소가
용머리이고 지구를 관찰하는 천문대라고 이해하면 미트라가 왜 송아
지로 태어나는지 알게 된다(그림 12-7). 그림 중앙에 외양간이 있고 그
속에 어미 소와 새끼 소가 함께 있다. 외양간이 돌로 쌓은 석실 모습인
것은 그곳이 부도이기 때문이다. 그림 왼쪽에는 궁시를 들고 있는 고
깔의 인물 즉, 사제가 있고 오른쪽에는 한 마리의 뱀으로 전신을 칭칭
감고 있는 인물이 있다. 궁시는 샤먼의 굴렁쇠(점성술占星術)이고 뱀은
좀생이 혼이다. 송아지로 태어나는 신화는 그리스의 《디티람보스 찬
가Dithyrambos》에서 구체적으로 전개된다. 디티람보스는 '나무의 신'
'식물의 정精'으로 송아지(자우仔牛), 바로 디오니소스의 탄생을 의미
하는 것이다. 제인 해리슨이 "디오니소스 신의 탄생이 아기 예수와 대
응된다"고 말한 것은 양쪽의 이런 동질성 때문일 것이다. [4]

*베르마세렌
미국의 비교 종교학자. 미트
라교의 신년과 탄생일이 12
월 25일이었다고 주장해 논
란을 불러일으켰다. 밤이 짧
아지는 절기인 12월 25일, 이
른바 "나탈리스 솔리스 인빅
티"는 로마인들이 태양의 탄
생을 기념하는 날일 뿐 미트
라교와는 관련 없다는 주장
도 많다.

12-8 지구를 들고 있는 미트라 그림 출처 : M. J. Vermaseren, 《Mithas, the Secret God》.

12-9 나방을 안고 있는 큐피드 베그람, 1세기경, 아프가니스탄 국립박물관. 그림 출처 : National Geographic, 《Afghanistan》.

•아틀라스
그리스 신화에서 티탄신족으로 프로메테우스와 형제이다. 티탄족이 제우스와 싸워 패한 뒤 어깨로 하늘을 떠받치는 벌을 받게 되었다. 근세 지도책에 지구를 떠받치는 그림이 있어서 지도책이라는 뜻으로도 쓰이게 됐다.

또 다른 자료에서도 미트라가 돌에서 태어난다(그림 12-8). 돌에서 나오는 미트라는 한쪽 손에 지구를 들고 있고 다른 손에는 뱀을 뜻하는 검을 잡고 있다. 여기서 미트라가 들고 있는 것은 지구가 확실하다. 오랜 세월 천동설에 익숙한 서구학자들이 이것을 지구가 아니라 공이라고 여길 것은 당연하다. 그러나 인물이 지구를 들고 있는 예는 수없이 많다. 그리스 신화의 아틀라스•도 지구를 한 손에 받쳐 들고 있는데 로마의 바티칸박물관에는 아틀라스가 등에 지구를 메고 있는 2세기 때 조각이 있다. 그들은 미트라 신화의 본거지가 소아시아와 중앙아시아라는 사실은 알았으나[5] 그곳이 금성력金星曆을 숭상하던 샤먼제국의 중심지였다는 사실에 관해서는 알지 못했다. 미트라가 한 손에 지구를 들고 있는 모습은 물론 천문학의 심오한 메타포다. 지구(용)는 음기와 양기가 양분점兩分点이 되는 정축(X十)에서 무중력이 되므로 이때 지구는 한 손으로도 들 수 있다는 뜻이다.

중앙아시아 박트리아(베그람)에서 발굴한 1세기경의 유물에 동굴에서 태어나는 아이가 그려져 있다. 미트라 신화가 중앙아시아에도 있었음을 말해주는 자료이다(그림 12-9). 날개 가진 한 아이가 나방을 안고 태어난다. 나방은 부활의 상징이다. 학자들은 이 작품에 그리스 로마 신화에 등장하는 '에로스Eros' '프시케Psyche'라고 이름 붙였다. 에로스는 사랑이고 프시케는 영혼이다. 미트라임을 알 수 있다. 실제 아이는 나방과 물병을 쥐고 있다. 물병은 좀생이 혼을 담는 그릇이다.

이 작품의 주제는 우리 무속에서는 "미륵서낭님"이라고 불리는 서낭당의 신주神主로 표현된다(그림 12-10). 신주는 수소의 뿔을 뜻하는 고깔을 썼다. 그가 흰 자루 속에서 태어나는 것은 동굴에서 태어났다는 사실을 암시하기 위해서이다. 경주 일대에서 발굴된 토우는 미트라를 매우 세련된 메타포로 표현하고 있다(그림 12-11). 토우는 용의 중뿔을 가졌고 양팔을 활짝 벌리면서 커다란 제의적인 성기를 드러내고 있다. 양쪽 손이 묘사되어 있지 않은 데는 심오한 의미가 있다. 아이가 X十의 진공眞空 사다리를 타고 북극에서 지상으로 단숨에 내려왔음을 말해주고 있는 것이다.

고려시대의 해저 유물 가운데 미트라 주제를 다룬 도자陶瓷가 있다(그림 12-12). 동자가 소를 타고 있는 모습인데, 천진난만한 표정으로 소의 뒷머리를 밀어 올리며 장난치고 있다. 소는 아이와 다를 바 없다. 소와 아이는 이신동체이다. 12세기 중국의 선종파禪宗派 승려들이 남긴 선화禪畵 중에는 열 마리의 소를 그린 〈십우도十牛圖〉(뒤의 489쪽 그림 13-5 참고)가 있다. 미트라 신화의 패러디라고 할 수 있다. 첫 장면에 동굴이 등장하고 소년이 그 동굴에서 소를 발견하는 장면이다. 소년이 소의 등을 타고 있는

12-10 서낭당 안에 주신으로 모신 미륵서낭님 그림 출처 : 《한국문화상징사전》, 동아출판사.

12-11 뿔을 가진 아이 토우, 경주, 고신라. 그림 출처 : 《한국의 미 : 토기》, 계간미술.

12-12 소를 탄 동자 고려시대, 해저 유물. 그림 출처 : 《한국의 미 : 백자》, 계간미술.

12-13 소를 탄 미트라 그림 출처 : M. J. Vermaseren,
《Mithras, the Secret God》.

도자기 그림은 이 〈십우도〉의 한 장면을 표현하고 있는 것이다.

베르마세렌이 제공한 자료에도 미트라가 소를 타고 가는 그림이 있다(그림 12-13). 이 자료에서 미트라는 고깔을 쓰고 어깨에 날개옷(카프탄)을 걸쳤으며 수소를 타고 어디론가 바삐 달려가는 모습이다. 이 그림을 하늘의 심부름을 하기 위해 지상으로 달려간다고 해도 지나친 비약은 아닐 것이다. 샤먼에 관한 문헌에서는 이를 "신정神政"이라고 했는데, 그 의미를 "도발로 소의 다리를 벌리는 것(도발과우이치陶髮跨牛以治)"이라고 했다.[6] 의미를 언뜻 알아차리기 어려운 난해한 메타포이지만 찬찬히 살펴보면 다음과 같다. 여기서 도발陶髮은 도자기로 만든 돔을 말한다. 맹자孟子는 도陶를 "만국을 지배하는 곳"이라고 썼다. 《설문》에서는 "인위적으로 쌓은 언덕"이라고 했다. 도발이 천문을 관측하는 부도라는 것을 암시하고 있는 것이다. 또 '수소의 가랑이를 벌리다'는 수소의 고환에 숨어 있는 좀생이 혼으로 영웅을 만든다는 뜻이다. 신라의 석학인 최치원崔致遠은 이를 "풍류도風流道"라고 했다. 앞서 잠시 설명했듯 풍風자는 책상〔궤几〕다리 속에 뿔을 가진 벌레〔충虫〕가 있는 모양으로, 신들의 성기를 지칭한다. 풍류라는 말은 이 벌레를 흘러내려 널리 퍼지게 한다는 뜻으로, 풍류도가 바로 샤머니즘인 것이다.

•프란츠 퀴몽
1868~1947. 벨기에의 고고학자, 종교사가. 미트라 연구의 선구자로 평가된다. 저서에 《미트라 수수께끼와 관련 글, 기념비》 《점성술사의 이집트》 등이 있다.

미트라 신전

미트라에 관한 연구서를 최초로 펴낸 프란츠 퀴몽Franz Cumont•은 "미트라가 태어난 동굴이 자연동굴이거나 인위적으로 돌로 쌓은 축조 건물"이라고 했다. 그가 공개한 미트라 신전은 동굴 양쪽에 좌석이 마련돼 있는데 50명 정도의 가입식 참가자가 앉을 수 있는 규모이다(그림 12-14). 신전 정면 벽에는 아치가 있다. 그 안쪽 벽에 거대한 수소를 그려놓고 검은 망토를 걸친 미트라가 단검으로 수소를 찌르는 정황을 보여준다. 많은 수수께끼를 안고 있는 신전의 이 비밀을 풀어주는 첫 번째 대목은 활처럼 휘어져 있는 아치arch의 존재이다. 아치가 하늘의 굴렁쇠(천궁天弓)를 의미하므로 신전이 금성을 숭상하는 성소임을 말해주기 때문이다. 벽에는 황도12궁黃道十二宮을 비롯하여 계절을 나타내는 별들이 우의적寓意的으로 그려져 있다. 관문을 통과한 영웅 미트라가 성찬식장에 참가하며, 지상의 악을 소탕하고 귀환한 미트라의 업적을 경축하기 위해 축하연을 베푸는 장면도 연작으로 그려져 있다.[7] 벽화는 미트라가 단검으로 수소의 급소를 찌르자 스페인의 투우경기에서처럼 사나운 수소가 무릎을 꿇고 주저앉는 모습을 보여준다. 이때 흘리는 피를 마시기 위해 개와 뱀이 덤비고 한 마리 전

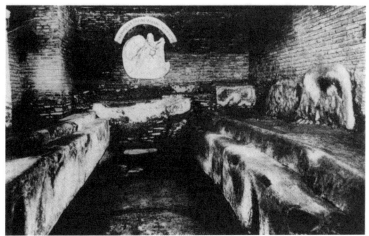

12-14 미트라 신전 내부 오스트리아. 그림 출처 : Franz Cumont, 《The Mysteries of Mithra》.

갈이 노출되어 있는 수소의 고환을 물어뜯고 있다. 주목할 것은 수소의 꽁지가 하늘로 치솟으면서 세 갈래 벼이삭으로 변하고 있다는 사실이다. 고환은 묘성昴星의 상징이고 세 갈래의 벼이삭은 금성의 상징이다. 벼이삭이 좀생이 씨를 뜻하기 때문이다. 이렇게 읽으면 우리는 이 벽화에서 뒤로 젖혀지고 있는 소머리의 방향에서 바야흐로 태양이 뜬다는 것과 이 시간이 춘분점임을 알게 된다. 샤먼 문명시대의 고유 역서인 금성력의 기본원리를 보여주는 벽화인 것이다.

퀴몽의 최대 딜레마는 왜 미트라가 신성한 그 신전에서 수소를 죽여야 하는지 설명할 수 없다는 사실이었다. 그는 수소 죽이기가 단지 "이란의 고대 풍속Mazdaism(조로아스트교)"이라고 언급할 뿐이었다.[8] 이란의 우주 개벽 신화에는 최초의 원우原牛가 죽을 때 그 수소의 정액을 달로 가져가 순화시킴으로써 그 정액에서 최초의 소 부부가 태어났다고 한다. 퀴몽은 이 신화에서 수수께끼의 해답을 찾고자 한 것이다. 하지만 그는 정확한 설명을 할 수 없었다. 이 신화에서 소가 샤먼을 말한다는 점, 샤먼들이 천제天祭 때 천문의 상징인 수소를 잡았으며 제사에 참가한 사람들이 그 고기를 나누어 먹었다는 사실 등 샤머니즘의 비의에 대해 알지 못했기 때문이다.

미트라는 인신공희를 했다

초기 기독교 기사단들이 확인해주었던 것처럼 미트라 신전에는 돌침대(석단石壇)가 있었고 거기에는 어김없이 사람 유골이 남아 있었다[9](그림 12-15). 이 뼈들은 마디마다 철사와 같은 것으로 묶여 있어 흩어지지 않게 돼 있었다. 이는 인골이 미트라의 학습용 교재였음을 말해주는 것이다. 미트라 신전의 이 석단은 서아시아 고대 문명 시대의 오벨리스크 신전에서도 발견되었고 우리의 피라미드 신전(장군총)에서도 발견되었다. 일반적으로 미트라 신전 석단에는 인간을 해부했던 흔적이 남아 있고 이때 흘린 피를 모아두는 항아리가 그 바닥에 묻혀 있기도 했다.[10] 근세 서양학자들은 "샤먼들은 그를 따르는 비밀결사들에게 뼈를 투시하는 고골관枯骨觀을 단련시켰으며 비밀결사들은 자연의 원리를 요약할 수 있는 최후의 단계에 이르러 이 훈련을 터득한다"고 했다. 이때 미트라는 그 모든 인골에 자기 나름대로의 새 이름을 부여해야 비로소 해탈에 도달했음을 인정받으며 통과의례의 모든 프로세스에 종지부를 찍는다.[11] 기원전 2300년경의 수메르 자료에는 실제로 인신공희에서 사람의 겉가죽을 벗기는 장면이 확인된

12-15 뼈마디를 연결시킨 인골 미트라 신전. 그림 출처 : Franz Cumont,《The Mysteries of Mithra》.

12-16 인신공희 수메르, 기원전 2300년경. 그림 출처 : Edward Chiera,《They Wrote on Clay》.

다(그림 12-16). 인체 해부를 통해 천문학의 공리를 증명하는 과정이다. 미트라 신전이 동굴이거나 고분이 되는 것은 이런 상황과 관련 있는 것이다.

미트라와 그 추종자들이 지구가 회전한다는 사실을 알았다는 증거는 여러 자료에서 발견된다(그림 12-17). 부조에는 황도12궁을 새긴 원형의 틀이 있고 그 네 구석에는 무엇인가를 기다리는 사람들의 얼굴이 새겨져 있다. 원형 틀에서 미트라가 지구를 들고 밖으로 나오는 모습이다. 미트라 학자들은 물론 이 지구를 공이라고 말한다. 하지만 왜 공을 들었는지는 설명하지 못한다. 미트라가 축구나 농구선수가 아닌 것이 분명하니까.

12-17 지구를 들고 황도12궁을 바라보는 미트라 그림 출처 : David Ulansey, 《The Origins of Mithraic Mysteries》.

12-18 미트라 영웅상 그림 출처 : David Ulansey, 《The Origins of Mithraic Mysteries》.

공이 천문학의 이미지라는 것은 둥근 원에 새겨진 성좌가 말해주고 있다. 여기서 주목할 것은 둥글게 생긴 원이다. 이것이 미트라교도들의 과거고시(통과의례initiation)의 텍스트(괘)이며 미트라가 영웅이 되기 위해서는 이 동굴, 즉 용의 뱃속에 들어갔다가 나와야 한다는 상징이다. 그림 아래에는 좀생이 혼을 운반하는 현조玄鳥와 개밥바라기 무리를 말하는 뱀도 새겨놓았다.

또 다른 부조에서는 미트라가 지구 위에 서서 자신의 몸에 뱀을 지그재그로 칭칭 감고 있는 모습을 볼 수 있다(그림 12-18). 사자 얼굴을 한 미트라는 어깨와 등에 사계절을 상징하는 네 개의 날개를 달고 있다. 신상이 직립하고 있는 것은 그가 바로 북두칠성을 향해 있는 직각수직선(X十)과 일치한다는 것을 시위하기 위함이다. 머리 꼭대기에는 천공(자미원紫薇垣)을 뜻하는 해골바가지가 있고 몸은 나체로 표현되어 있다. 오른쪽에는 기역자형 척을 잡았고 왼쪽에는 지팡이와 봉화烽火를 들었다. 퀴몽은 이 기역자 척을 "열쇠"라고 했지만 실은 금성의 각도를 나타내는 그리스문자 감마로 읽어야 한다. 열쇠가 다름 아닌 운명의 열쇠인 것이다. 지팡이는 샤먼으로부터 받은 청동기로 십간(십익十翼)의 의미이고 불은 좀생이 혼불이다. 전갈은 좀생이 혼을 정확히 골라내는 족집게라고 했다. 미트라의 왼쪽 발치에는 집게와 망치가 있다. 망치는 성城을 짓는 도구이다. 미트라는 뛰어난 공병工兵이기도 하다. 퀴몽은 이 그림에서 집게와 닭과 달걀, 그리고 헤르메스의 지팡이Mercury를 모두 "연금술의 상징tongs of Vulcan"으로 보았다.[12] 하지만 몸을 칭칭 감은 뱀에 대해서는 어떤 의견도 내놓지 않았다. 뱀들은 우주뱀이고 태양을 회전하는 지구이며 샤먼들이 말하는 팔괘의 심벌이다.

미트라의 명칭이 공식적으로 기록된 것은 기원전 1380년이다. 터키 앙카라의 문서고文書庫에서 히타이트 왕과 미탄니 왕 사이에 체결된 강화조약문이 발굴되면서이다. 그 문서에서 미트라는 서명자로 등장하고 있다.[13] 미트라교는 금성과 지구가 교차하면서 4계절을 만든다는 교리를 믿었다. 따라서 그들이 강화조약에서 중요한 몫을 했음직한 이 자료는 지구가 자전과 공전을 한다는 사실이 이미 당대에 통용되었음을 말하는 것이다. 고고학에서는 매리 세테가스트가 "미트라교가 이미 기원전 8000년 중부 터키의 차탈휘위크나 아르메니아, 코카서스 지역에 존재했다"고 말하고 있다.[14] 필자는《샤먼제국》에서 이곳이 바로 "환웅이 삼천단부三千團部를 거느리고 지상으로 내려와 활동했던 곳"으로 기록했다. 단군신화가 미트라 신화임을 말하고 있는 것이다.

또 다른 자료에서는 미트라가 두 개의 열쇠를 쥐고 지구 위에 서 있는 모습을 볼 수 있다(그림 12-19). 이 도상은 16세기에 로마의 미트라 신전에서 발굴한 벽화의 모사품으로 베르마세렌은 이를 "무한한 시간을 상징하는 미트라적인 크로노스"라고 했다.[15] 하지만 그도 샤머니즘이 지동설을 믿었다는 사실을 알지 못하였으므로 이 도상을 제대로 설명하지 못했다. 도상에서 미트라는 사자의 가면을 썼고 사계절의 날개를 달았다. 두 개의 열쇠는, 미트라가 알고 있는 최상의 비밀 즉, 금성에 의해 춘추분점에서 지구에 음양이 뒤바뀌는 회오리가 일어난다는 비밀을 여는 열쇠이다. 이는 뱀이 지구에서부터 회오리 모양으로 미트라의 어깨와 뒷머리를 감싸고돌아 입속으로 들어가는 모습에서 암시된다. 직각수직선과 회오리가 미트라의 최상의 비밀임을 말해주는 특별한 메타포이다. 인체가 봄여름의 띠, 뱀이 가을겨울의 띠라고 하면 두 개의 띠는 미트라의 입에서 만나고 있다. 지구가 태

12-19 두 개의 열쇠 그림 출처 : David Ulansey, 《The Origins of Mithraic Mysteries》.

12-20 하늘에 떠오르는 미트라 그림 출처 : M. J. Vermaseren,
《Mithras, the Secret God》.

양을 끊임없이 돈다는 것을 의미한다.

베르마세렌이 제시한 또 다른 도판은
지구와 금성의 교차를 미트라가 알고 있음
을 증언한다(그림 12-20). 이 도상에는 미트
라가 네 필의 말을 타고 하늘을 날고 있다.
광배를 단 태양신이 그림 중심에서 낫을 쥐
고 있다. 그 위쪽에 뿔관에 카프탄을 걸친
신이 손에 헤르메스의 지팡이를 잡고 있
다. 이렇게 되면 그 아래에는 달의 신이 있
다는 것을 알 수 있다. 이들은 모두 성별을
구별할 수 없다. 금성 이데올로기를 보여주
는 것이다. 베르마세렌은 태양신이 든 낫을
"길을 안내하는 지팡이wand"이라고 했고[16] 퀴몽은 "손도끼hatchet"라
고 했다.[17] 손도끼이든 낫이든 이것이 모두 언월도의 범주에 포괄되
는 것으로 미트라와 묘성의 관련성을 말해주는 것이다. 헤르메스의
지팡이가 지구와 인간의 운명을 헤아리는 팔괘의 심벌이라는 것은
이미 여러 차례 언급한 바 있다. 중국 문헌에서는 이를 "천사성天駟星"
이라고 했는데 그림에서는 네 필의 말이 거기에 해당한다.[18] 황제黃帝
시절에 이 별이 뜨면 "누에〔잠蠶〕를 친다"고 했다. 누에는 넋시루의 메
타포다. 이 도상은 삼신三神을 말하는 것으로 금성 이데올로기를 말하
고 있음을 알 수 있다. 베르마세렌은 삼신의 개념을 정확히 이해하지
못하여 이를 "아후라 마즈다Ahura Mazda와 대지모大地母의 연합체"라
고 했다.[19] 아후라 마즈다는 조로아스터교의 주신主神이다. 베르마세
렌은 대지모가 사계절을 주관하는 금성임을 파악하지 못했다. 미트
라의 유적에는 미트라교의 신앙 대상이 하늘의 굴렁쇠임을 보여주는
그림이 많다(그림 12-21). 하나의 지구에 X자가 감겨 있고 거기에 여섯

개의 별이 새겨졌다는 사실이 그렇다. X자는 교
차 회오리를 의미하고 여섯개의 별은 묘성이며
거대한 날개를 가진 독수리도 금성과 지구가 교
차하는 순간 좀생이 혼을 물고 오는 묘성의 상징
이다. 독수리는 여름띠이고, 겨울띠를 의미하는
두 마리의 뱀이 꼬여 있는 중심을 잡고 있다.

12-21 독수리(현조)와 지구 그림 출처 : M. J.
Vermaseren, 《Mithras, the Secret God》.

미트라, 메시아의 탄생

샤먼제국의 전사였던 켈트족이 남긴 기원전 1세
기경의 패널에서는 미트라를 맞이하는 의식이
나온다. 신화는 이를 "오월五月의 축제"라고 한다(그림 12-22 343쪽).
그림은 미트라 전사들이 숲에서 거대한 나무를 뽑아 운반하는 모습
이다. 왼쪽에는 한 거인이 인형처럼 보이는 사람을 거꾸로 들어서 통
속에 집어넣는 장면이 그려져 있다. 인신공희人身供犧는 미트라의 필
수과정이다. 상단에 그려진 기마병들은 오른쪽으로 이동하고 그 아
래에서 보병들은 왼쪽으로 이동하고 있다. 전사들은 방패와 검을 쥔
모습으로 축제의 광장에 세울 나무를 떠받들고 간다. 이 그림에서는
축제의 나무가 뿌리째 뽑힌 모양이다. 주목되는 것은 오른쪽에 길게
그려진 뱀과 세 명의 전사가 씨 주머니를 들고 있다는 사실이다. 뱀은
좀생이 혼이고 씨 주머니 속에 그 혼이 들어 있다고 해석해도 될 것이
다. 씨 주머니의 제일 앞쪽에 검을 메고 있는 전사의 머리 위에 전갈이
있는 것은 이를 뒷받침한다. 전갈은 족집게 도사의 비유이다. 우리 무
속에서는 산신할멈이다. 이런 정황은 그림 상단에 그려진 기마병의
머리 장식에서도 볼 수 있다. 그들은 머리 위에 독특한 장식을 달고 있

다. 가장 앞에 있는 기마병의 머리에는 현조가 있다. 현조의 등장과 전갈의 존재는 이 축제에서 넋시루(항아리)의 비밀 의례가 진행된다는 것을 말해준다. 전사들의 행진 앞에는 개 한마리가 그들을 반기고 있다. 신화에 등장하는 개밥바라기이다.

제임스 프레이저에 따르면 이들이 운반하는 통나무는 "오월의 기둥 세우기May-pole"에 쓰일 나무이다. 우리의 기둥 세우기는 강릉 단오제에서 볼 수 있다. 올림포스를 말하는 대관령의 산신당에서 큰 나무의 가지 하나를 꺾어서 여기에 오색 기치를 달고 축제장으로 운반한다. 켈트족도 나무에 둥근 테를 두르기도 하고, 또는 십자 모양의 나무 조각이나 여러 개의 활을 일정한 간격을 두고 달거나 묶어놓으며, 나무 꼭대기에 깃발을 꽂기도 한다.[20] 패널에서 주목되는 것은 인신공희이다. 프레이저에 따르면 서아시아 아도니스의 메이폴 축제에서는 축제를 위해 선발된 처녀들이 미트라를 말하는 아도니스와 밤샘을 한다. 이 밤샘을 책임지는 희생자가 필요하다. 이때 태어나는 모든 아이의 아버지를 대신하는 한 명의 순교자가 필요한 것이다. 그는 오월의 말뚝에 묶이어 불타야 한다. 시체는 장엄한 장례 행사 끝에 전사들에 의해 바다나 늪에 던져지지만[21] 아도니스는 부활한다고 믿는다. 이렇게 해서 미트라가 남긴 아이들은 어머니만 있고 아버지는 없는 서자庶子가 된다. 이것이 기독교 십자가의 주제와 이어진다는 것은 우연이 아니다.

수소 죽이기의 협력자

유럽의 미트라학자들은 미트라mithra가 "하늘의 수소를 죽이고 태양신의 아들로 태어난다"고 말하고 있다. 하지만 샤머니즘은 "태양신

의 기와 달의 기가 함께 금성의 황금 쟁반
에 담겨진 복합적인 태양의 아들(일정日精)"
이라고 말한다. 더불어 "진정한 의미에서
태양신의 아들은 중성中性이고 본질적으로
좀생이 혼의 화신이어야 한다"고 주장한다.
미트라 신전에 새겨진 수소 죽이기 비밀의
정체는 이 프로세스를 말하는 것이다(그림
12-23). 부조를 보면 미트라는 앉아 있는 수
소의 등을 단검으로 찌르고 이에 수소는 괴
로운 듯 머리를 쳐든다. 주목할 것은 이때
수소가 자신의 꽁지를 높이 쳐들기도 하고
꽁지 끝이 보리이삭처럼 세 갈래로 갈라지
기도 한다는 점이다. 우연한 일이 아니라
도상 의미가 숨어 있는 장면인 것이다. 이

12-23 수소를 죽이는 미트라 청동판, 헝가리 부다페스트. 그림
출처 : M. J. Vermaseren, 《Mithras, the Secret God》.

것이 춘추분점에 태양의 서광과 함께 보이는 쪽달(삼일월三日月)의 심
벌이다. 또 카프탄(망토)을 걸친 미트라의 머리 위에 아치가 있으며 그
아치가 거대한 용의 몸이라는 사실도 지나쳐서는 안 된다. 이는 수소
를 찌르는 행위가 곧 용의 중뿔을 뽑는 것임을 말하고 있다. 그는 용의
중뿔을 뽑고 그 희열을 자신의 얼굴을 내려다보는 현조와 함께 하려
는 모양새다.

부조의 주제는 그림 아래쪽에서 더 확연히 드러난다. 거기에는
전갈(사갈蛇蝎)이 수소의 고환을 물어뜯는 장면과 거대한 뱀과 개가 수
소의 몸에서 흘러내리는 피를 빨기 위해 덤비는 모습이 보인다. 맨리
홀Manly P. Hall은 이 피가 신성한 우주 에너지로 그림은 이 에너지가 대
지에 내리는 상황을 의미한다고 했다. 수소의 피가 좀생이 혼이라는
사실을 극적으로 보여주고 있는 것이다. 부조 하단 앞쪽에는 항아리

12-24 미트라의 협시, 백호와 청룡 그림 출처 : M. J. Vermaseren, 《Mithras, the Secret God》.

를 지키는 사자의 모습이 있다. 항아리가 넋시루이고 영웅인 사자가 넋시루를 감시하고 있다는 뜻이다. 맑은 물에 불순물이 끼어들면 풍류도는 망하기 때문이다. 도상의 주인은 거대한 수소이다. 수소는 북극의 수소자리를 가리키기도 한다. 미트라의 비의는 수소좌에 있다. 한 마리의 수소 이미지에 해와 달과 금성과 묘성의 네 별의 자리가 들어 있다. 소머리가 뒤로 젖혀지는 동작은 바야흐로 새해의 서광이 솟는다는 뜻이고 동시에 영웅이 머리를 돌려 보리이삭으로 변한 수소 꽁지를 보는 것은 달을 확인하는 제스처이다. 신화는 이 쪽달을 손톱이라고 한다. 수소 죽이기는 춘분점에 발생하는 천문 이치를 확인하는 제의도祭儀圖이다.

　주목을 끄는 또 하나의 주제는 미트라 양쪽에서 횃불 지팡이를 들고 있는 젊은이의 정체이다. 이들은 미트라를 보좌하는 전사들처럼 보이지만 그렇게만 말하기에는 담고 있는 이미지가 너무나 심오하다. 이것이 〈사신도〉의 청룡과 백호에 해당된다는 것은 그림에서 읽을 수 있다(그림 12-24). 이들의 동작은 청룡과 백호처럼 정확히 대칭적이다. 한쪽은 횃불을 내리는 대신 왼다리를 앞으로 내밀며 구부렸다. 다른 쪽은 반대로 횃불을 올리고 오른다리를 앞쪽으로 구부리면서 꺾었다. 춘분점에서 청룡이 오른쪽으로 방향을 바꾸면서 내려가는 모습, 추분점에서 백호가 왼쪽으로 방향을 틀면서 내려가는 모습과 정확히 대응된다. 만卍자 기호로 보면 오른쪽으로 다리를 내민

것이 갈고리가 오른쪽으로 꺾인 卍swastika
이고 왼쪽으로 다리를 꺾은 것은 반대의 卐
sauvastika이다. 데이비드 울란지는, 퀴몽이
이란의 선악 개념에 따라 벽화의 개와 뱀을
적대관계로 해석했듯 "백호와 청룡의 두 상
응하는 개념도 이란의 이분법dualism으로
보아야 한다"고 말한다.[22] 천동설의 한계에
서 벗어나지 못한 것이다. 전갈(천갈天蝎)은
남방에 보이는 성좌의 이름이다.《설문》에
서 "전갈이 봄이 되면 날개를 달고 하늘의
수소(천우天牛)가 된다"고 한 것은 전갈이 춘
분점에 나타난다는 것을 말해준다.[23] 퀴몽
은 수소의 피를 나누어 먹는 메타포를 "포
도주와 빵을 나누는 예수의 최후의 만찬"에
비유한다.[24] 프레이저는《황금가지》에서

12-25 탄트라 힌두. 그림 출처 : John Stratton Hawley,
《The Divine Consort》.

이 사례들을 열거하고 있다.[25] 빵은 보리이
삭이고 포도주가 피와 서로 교환되는 메타
포가 된다. 미트라의 '수소 죽이기'는 거의 모든 종교의 원시 경전인
것이다.

청룡과 백호의 의미가 힌두 시대에도 등장하는 이유는 힌두가 샤
머니즘을 계승했기 때문이다(그림 12-25). 우선 삼지창이 종교의 심벌
로 등장한다. 그림 중앙에 삼지창이 커다랗게 그려져 있고 그 위 양쪽
으로 해와 달이 보인다. 삼지창 양쪽에는 만卍자가 그려져서 금성의
춘추분점을 암시한다. 삼지창 아래에는 두 개의 눈이 커다랗게 그려
져 있다. 그 아래에는 두 개의 눈과 대응하여 두 개의 옹기가 놓여 있
다. 눈과 옹기 모두 넋시루의 메타포로 볼 수 있다. 우리가 주목할 것

은 양쪽에 서 있는 여인이다. 미트라의 횃불 들기와 마찬가지로 이들도 횃불을 들고 있다. 오른쪽 검은 여인은 오른쪽 손에 횃불을 들고 다리를 내밀고 있는 데 반해 왼쪽 여인은 그 반대 포즈를 취하고 있다. 검은 쪽이 춘분점이고 왼쪽이 추분점임을 말하고 있는 것이다.[26]

수소 죽이기는 천문학이다

"미트라의 수소 죽이기가 천문학의 주제"라고 최초로 주장한 사람은 미국 보스턴 대학의 데이비드 울란지이다. 그는 "미트라의 수소 죽이기가 수소자리Taurus를 가리킨다"고 했다(그림 12-26). 그가 제시한 천문도 상단에 제우스 별Perseus이 비스듬히 옆으로 누워 있다. 오른손에 미트라처럼 칼을 잡고 있다. 울란지는 그가 "천공의 미트라"라고 했다. 제우스 별 아래에는 커다란 수소가 달리는 모양이고 수소의 두 뿔 사이로 평분선平分線*과 하지선夏至線**이 교차하고 있다. 주목할 것은 묘성Pleiades이 수소의 등에 그려져 있다는 점이다. 이는 미트라가 단검으로 찌르려는 목표가 정확히 묘성임을 확인시켜준다. 울란지는 "춘추분점이 미트라가 있는 적정한 자리이며 수소자리 타우루스는 비너스에 지정된다"고 했다.[27] 비너스는 금성이므로 이 지적은 우리가 앞에서 우후牛後의 이야기에서 말한 것과 대응된다. 금성과 묘성은 수소자리와 겹치므로 수소 죽이기 비유는 영웅 탄생을 말하는 것임을 알 수 있게 된다.

미트라가 금성의 수호자라는 사실은 미트라 유적 여러 곳에서 발견된다(그림 12-27). 이 장면은 접시에 새겨진 그림으로 건장한 미트라가 거울에 나타난 여신(금성)을 번쩍 쳐들고 있다. 울란지는 이 여신을 "아이온Aion의 화신"이라고 했다. 아이온은 우주적 시간의 심벌이

*평분선
주야 평분선. 낮과 밤의 길이가 같은 춘분점과 추분점을 일컫는다.

**하지선
북위 23° 27'. 북회귀선이라고도 한다. 하짓날 태양이 남중하였을 때 고도가 90도가 되고 태양이 천정을 통과하는 위선, 동시에 북반구에서 열대와 온대를 구분하는 경계선이다.

12-26 춘추분점에서 볼 수 있는 수소좌 수소를 죽이는 제우스
와 수소 그리고 묘성. 그림 출처 : David Ulansey, 《The Origins
of Mithraic Mysteries》.

12-27 아이온 헬레니즘 시대의 우주 시간의 상징. 그
림 출처 : David Ulansey, 《The Origins of Mithraic
Mysteries》.

다.[28] 하지만 그는 금성 이데올로기(금성력)를 이해하지 못하여 거울
속 여신이 금성임을 알 수 없었다. 여신은 동굴 입구의 한쪽을 손으로
짚고 다른 손에는 영웅에게 내리는 청동 지팡이(십익十翼)를 들고 있
다. 오른쪽에 3층 제단이 있고 거기에 뾰족한 기둥이 서 있다. 기둥이
골메기로 신화가 우주목이라고 한 것이다. 골메기에는 휘감고 있는
거대한 뱀이 보인다. 3층은 3수로 금성 이미지이고 직각수직은 5五이
므로 뾰족한 기둥은 지축(용의 중뿔)에서 7수인 북두칠성으로 향하는
하늘의 사다리를 말한다. 이것은 샤먼 경전(《천부경》)의 주제이다.

12-28 용을 지휘하는 마르두크 뉴욕 메트로폴리탄 미술관. 그림 출처 : Alexander Heidel, 《Babylonian Genesis》.

세상을 구하는 샤먼 전사

용이 미트라 이야기의 주제라면 미트라는 이미 바빌로니아 시대에도 존재했음을 알게 된다(그림 12-28). 원통인장에는 영웅 마르두크가 시베리아 아무르강이나 천전리 암각화에서 본 그림처럼 전쟁을 치르거나 전사들이 이동하는 장면이 그려져 있다. 그림에는 거대한 용과 함께 이를 지휘하는 신이 그려져 있다. 필시 그는 천사의 군대를 거느리는 미트라 군신임에 틀림없다. 이 하나의 용을 단군신화가 말하는 삼천도三千徒의 비유라고 보아도 무리가 없을 것이다. 《길가메시 서사시》에서는 하늘의 수소이다. 마르두크는 세상의 악을 소탕하기 위해 하늘의 용(천군天軍)을 이끌고 지상으로 내려오는 중이다. 1906년에 베를린에서 결성된 비교신화학연구회는 바빌로니아 신화의 주제가 "천체 현상이며 혹성이나 성신星辰의 모양과 그 운행과 관계된다"고 파악했으나 애석하게도 용의 도상을 풀지는 못하였다. 이 때문에 이 그림을 마르두크가 용과 싸우는 장면이라고만 해석했다.[29] 🐃

제13장

샤먼의 발과 삼한

샤먼의 방망이

서울대학교 박물관에는 〈무가 열두거리〉를 그린 조선조 후기 때 족자가 있다(그림 13-1 344쪽). 이 그림에서, 처음에 흰 고깔에 장삼을 걸친 무당이 양손에 황금 방울과 기하학을 의미하는 부채를 들고 춤을 춘다. 〈무가 열두거리〉의 '제석굿'이다. 제석은 제우스Zeus와 같은 말이다. 그림은 마지막으로 빗자루와 방망이를 든 무당을 보여준다. 마지막 굿을 '뒷전(뒤풀이 굿)'이라고 한다. 우리의 관심은 빗자루와 방망이가 무엇을 의미하는지에 모아진다. 무가 〈경성 열두거리〉의 뒷전에는 무당이 첫줄과 끝줄에서 이렇게 노래한다.

> (첫줄) 오-라! 걸닙(걸립乞粒)이여!
>
> 만신신주萬神身主 대감걸닙(대감걸립大監乞粒)이여!
>
> (……)
>
> (끝줄) 집일랑 걱정 말고 무사하게 갔다 오게 해주소서!

걸닙은 짚으로 만든 소쿠리 같은 것으로 속에 쌀을 넣고 신당의 문간에 늘 걸어두며 참배하는 물건이다. 만신신주는 부도(피라미드)를 지키는 사제이고 대감은 샤먼제국의 행정을 담당하는 총리 역할을

*제석굿
한국의 무당노래(무가)는 모두 열두 거리. 서울대학교 박물관에 전해지는 열두거리 그림에서는 제석굿이 가장 먼저 부르는 노래로 되어있다.

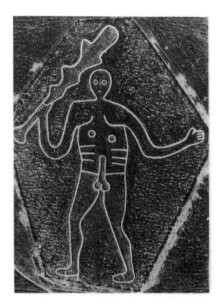

13-3 고대 앵글로색슨족의 풍요제 청동기. 그림 출처 : Barry Fell,《America B. C.》.

한다고 할 수 있다. 이 노래에서 걸닙의 정체는 만신신주와 대감의 명을 받고 출동하는 모두루(미트라)이다. 그렇다면 빗자루와 방망이 또한 모두루 천사의 메타포로 읽을 수 있다. 이 방망이는 전설에서는 도깨비 방망이로 나타나고 민요로 전해지는 아리랑 노래에서는 홍두깨라고도 한다. 그리스 신화에서는 헤라클레스의 방망이로 등장한다. 이 방망이가 특별한 위력을 갖는다는 것은 그리스의 도자기 그림에서 볼 수 있다(그림 13-2 346쪽).

그림에는 헤라클레스가 방망이를 들고 악당을 퇴치하는 장면이 그려져 있다. 헤라클레스는 사자머리로 만든 투구와 그 가죽으로 만든 옷을 걸친 모양이다. 여기에는 물론 에피소드가 있다. 크레타인들이 영웅을 가리키는 헤라클레스Hera+kles+Klezo는 본래 소영웅 'Heros'에서 유래한 말로 이름의 머리글자 헤라Hera는 여신 '헤라'를 일컫는 말이다. 이는 영웅이 여신(금성)의 이름을 따른다는 것을 말해준다.[1] 헤라클레스가 사자머리 가면을 쓰고 다녔던 것도 이런 정황을 말해준다. 헤라클레스는 개밥바라기별로 불리는 세 마리의 개를 앞세웠는데 그들은 영웅이 거느리는 천군天軍이다. 개의 머리, 등, 콧등과 발에 뱀이 그려져 있는 것이 그 근거이다. 고대 영국의 풍요제에 등장하는 영웅도 방망이를 쥐고 있다(그림 13-3). 더불어 풍요의 메타포인 제의적인 성기를 노출시키고 있다.

방망이가 악한 세력을 굴복시키는 무기의 심벌이라면 빗자루나 먼지떨이는 방망이로 굴복시킨 악을 쓸거나 털어버린다는 뜻의 메타포이다. 한국 무속에서는 빗자루나 먼지떨이를 송대送袋라고 한다

(그림 13-4). 한자를 그대로 풀이하면 '무엇인가를 넣어서 보내는 주머니'이다. 악령들은 이 송대를 두려워한다고 하는데, 그것은 이 주머니에 뭔가 특별한 의미가 담겨 있다는 뜻이다. 한반도 남쪽 지방(전라도)에서는 대나무 가지를 묶은 송대로 악령을 쫓는 퍼포먼스를 한다. 대나무에 악령들이 두려워하는 어떤 마력이 있다고 생각하는 것이다. 우선 대나무는 엄동설한에도 나고 자라며 항상 북극을 향해 절도(매듭)있게 자란다. 그런가 하면 대나무는 죽어서야 열매를 남긴다. 〈무가 열두거리도〉 '부정풀이'에는 관管을 부는 악사의 모습이 그려져 있다. 관은 대나무라는 뜻이다. 대나무로 만든 이 악기를 한자로 '동소洞簫'라고 적는데 그 뜻은 '비어 있다' '비어 있는 속으로 바람을 통과시키다'이다. 이것이 X十으로 좀생이 혼이 오가는 진공의 통로(공空)를 말하는 것이다. 동소를 부는 것은 단순한 연주가 아니라 '비었다는 것(공空)' '아무것도 없다는 것(허虛)', 이른바 '해탈의 증명'이라고 할 수 있다.

12세기 때 중국의 선화禪畵인 곽암廓庵의 〈십우도十牛圖〉는 이 점을 확실하게 드러내 보인다. 모두 열개의 장면으로 되어 있는 그림의 여섯 번째 장면에서 해탈을 성취한 인물은 천문을 뜻하는 소를 타고 대나무 악기를 분다(그림 13-5). 대나무가 음악 연주용이라기보다는 빈 공간 속에 있는 호흡(기氣)의 존재를 확인하는 수단인 것이

13-4 경꾼이 사용하는 신장대 그림 출처 : 정병호, 《농악》.

13-5 곽암의 〈십우도〉의 한 장면 12세기경. 그림 출처 : Paul Reps,《Zen Flesh, Zen Bones》.

13-6 풍년을 기원하는 장식 전남 진도. 그림 출처 : 정병호, 《농악》.

다. 이 때문에 보명普明의 〈십우도〉에서는 이 장면을 "무애無碍"라고 기록하며 "근심걱정이 없어진 상태를 말한다"고 밝히고 있다.

일본의 신토에서는 대나무 가지(또는 소나무)를 신사나 신단에 두르는 시메나와しめなわ라는 끈에 끼워놓는다. 우리 무속의 농사장원기農事壯元旗도 마찬가지이다(그림 13-6). 풍년을 비는 이 설치물은 형식만 다를 뿐 내용은 다르지 않다. 기치는 장대에다 두 개의 십자를 만들고 그 꼭대기에 소나무 가지와 그 아래쪽에 먼지떨이를 달고 있다. 소나무와 대나무는 속성이 같다. 기치 아래에도 빗자루와 망치, 볏짚으로 만든 바구니가 달려 있다. 여기에서 바구니는 송대의 이미지로 미트라가 지상으로 내려갈 때 가지고 가는 고리짝이다.

빗자루나 먼지떨이는 더러운 것을 쓸어 내거나 떨어내는 기능을 위해서 하나의 대(간竿)에 함께 묶였다. 악의 세력을 내쫓는 군사 조직을 그렇게 비유한 것이다. 이것이 걸닙(걸립乞粒)의 메타포로 유교 시대의 포졸이나 오늘날의 헌병과 경찰에 이르기까지 그 전통이 이어져 오고 있다.

샤먼의 빗자루

러시아 고고학자 오클라드니코프는 시베리아 아무르강 일대에서 빗자루가 샤머니즘 전사들을 가리키는 메타포임을 암시하는 자료들을

13-7 원숭이 얼굴 시베리아 아무르 강. 그림 출처 : 알렉세이 오클라 드니코프,《아무르 강 유역의 암벽화》.

13-8 태양신 원숭이의 얼굴 마야 문명. 그림 출처 : 《Gold of Inca》도록.

수집했다. 만주의 오로친족이 그랬던 것처럼 아무르강의 수도자들도 수렵의 근본 목적은 별의 관측이었다. 이 때문에 하지, 동지, 춘분, 추분의 네 지점을 따라 옮겨 다닌다. 수렵 때 기거하는 천막은 나무로 피라미드처럼 골격을 만들고 그 위에 막을 덮는 식이다. 이 때문에 그들은 이동할 때는 천막만 가지고 다닌다. 도착하는 곳에 이전에 사용했던 피라미드의 골격이 있기 때문이다.

수렵은 다른 말로 하늘을 사냥하는 일이다. 그들이 남긴 암각화에는 원숭이 얼굴, 오리, 사슴, 용, 배(주舟), 기마병 등이 그려져 있다. 원숭이 얼굴은 머리에 털이 많이 돋아 있다. 태양의 비유임을 암시하고 있는 것이다(그림 13-7). 원숭이의 머리카락이 태양의 에너지인 동시에 그것이 뱀의 무리(집단)를 나타낸다는 것은 잉카 마야 문명 유적에서 볼 수 있다(그림 13-8). 이 원숭이는 머리에 무수한 뱀을 달고 있다. 뱀이 태양의 아들(정기精氣)이며 그 무리가 특수한 훈련을 하는 무력집단임을 말해준다.

날카로운 창끝으로 그린 암각화에서는 긴 창을 든 기마인이 많은 뱀들(용)을 연상케 하는 무리를 거느리고 앞으로 나아가고 있다(그림

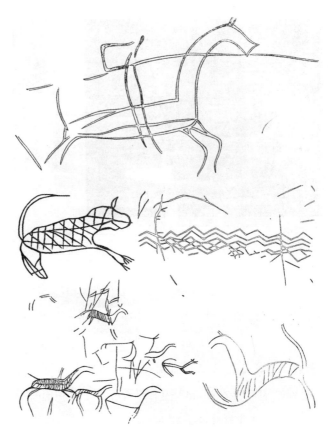

13-9 기마전사와 용 아무르 강 유역의 암각화. Alexey P. Ohadnikov, 일본어판《シベリアの古代文化》

13-9). 암각화에 거대하게 그려진 말을 탄 인물은 긴 창을 던질 듯 앞으로 겨누고 있는데, 무수한 선으로 뱀처럼 표현된 전사들을 그가 통솔하고 있음을 보여준다. 시베리아 나나이족은 뱀의 무리를 "하늘의 뱀(천사天蛇)"이라고 부르고 퉁구스족은 "무두르mudurr"라고 부른다.[2] 말을 탄 통솔자가 무두르이고 하늘의 뱀들이 전사들이라고 하면 천사가 그 무리들을 거느리고 지상으로 내려오는 것을 한 자루의 빗자루가 내려온다고 비유해도 이상할 일은 아니다. 시베리아 부랴트 샤

13-10 시베리아 부랴트
샤먼의 지팡이 그림 출처 :
Uno Harva,《Shamanism》.

13-11 미트라 영국의 고대 전설(칼라드)을 옮겨 그린 것. 그림 출처 :《From There to Here》,
Better Yet.

먼의 경우 말머리를 새긴 지팡이(마장馬杖)가 송대 구실을 하는 것은
그렇게 이해되는 것이다(그림 13-10). 말머리와 지팡이는 통솔자와 전
사들이다. 지팡이에 여러 개의 실고리가 달린 것은 군사들을 의미한
다. 샤먼은 이 지팡이를 가랑이 사이에 끼고 달리는 시늉을 한다. 미
트라를 거느리고 지상으로 내려가거나 다시 천상으로 돌아가는 것을
보여주는 것이다. 한국의 샤먼은 이를 "신장대神將袋"라고 한다. 긴 장
대 끝에 많은 띠를 묶어 달고 끝에 꽃 장식을 했다. 많은 띠가 영웅이
거느리는 군사(뱀)들이다.

영국의 민간 전설에서 미트라의 축제는 악마devil의 축제이다. 이
축제에도 빗자루가 등장한다(그림 13-11). 그림 중심에 악마라고 불리

는 미트라 영웅이 커다란 빗자루를 들고 서 있다. 미트라는 소머리 뿔에 염주를 목에 걸었고 옆구리에 천사의 나팔을 찼으며 제의적인 성기를 드러내고 있다.[3] 다른 손에는 태양신의 정령을 상징하는 불을 들고 있다. 빗자루는 그가 거느린 미트라 전사들을 의미한다. 그림의 왼쪽에 나팔 부는 천사가 있고 그 반대쪽에는 꼬리 달린 괴수가 음악에 맞춰 손뼉 치고 있다. 이들 모두가 제의적인 성기를 노출시켰는데 이는 미트라 전사들이 지상으로 내려가기 위한 뒤풀이 축제가 벌어지고 있음을 보여주는 것이다.

죽엽군

먼지떨이의 메타포는 고구려 고분(안악 3호분) 벽화에 등장한다(그림 13-12 347쪽). 벽화의 인물은 검은 옷에 검은 모자를 썼고 모자 앞 쪽에 대나무 잎사귀를 달고 있다. 검은 옷은 이들이 고구려의 조의선인皂衣仙人임을 나타낸다. '조의'는 검다는 뜻 말고도 말을 잘 다루는 조마사調馬士의 뜻도 있다. 모두 샤먼을 지키는 모두루이다. 손에 든 먼지떨이의 모양이 선명하지 않지만 주목할 것은 인물의 인상이 이국적이라는 점이다. 미트라가 다인종 사회였음을 말해주는 것이다. 고구려가 부여夫餘의 별종이라고 한 것은 고구려라는 명칭이 미트라를 가리키고 있음을 말해준다. 중국 문헌은 이들을 "흉노Hun"라고 기록했다.

경주에서 발굴된 유물에는 영웅들이 잡는 구슬목걸이가 있다(그림 13-13 347쪽). 이 목걸이의 구슬 알 속에 영웅의 얼굴이 상감象嵌으로 새겨졌는데 이 인물의 눈이 코카서스 인종을 연상하게 할 만큼 푸르다는 점이 우리를 놀라게 한다. 신라 왕족 가운데 그리스계가 있었다는 증거물이다. 고구려에서는 총채를 잡은 검은 옷의 인물을 조의 두대형旱衣頭大兄이라고 불렸는데, 이들은 비상시에 구세군救世軍으로 나타난다. 이들이 사서에 죽엽군竹葉軍이라고 기록되는 것은 머리에 대나무나 싸리나무 잎사귀를 꽂았기 때문이다.[4] 이집트의 벽화에는 이 털개의 메타포가 선명하게 드러난다(그림 13-14). 먼지떨이와 헤르메스 지팡이를 잡은 인물은 아카나톤 여신상이다. 그녀는 머리에 뱀을 단 모자를 썼다. 금성 이데올로기로 정의를 수호하는 신인 것이다. 《삼국유사》에는 "신라 14대 유리왕 때 신라의 금성金城이 이웃나라의 침략을 받고 곤궁에 처하자 느닷없이 귀에 댓잎을 꽂은 군사들이 나타나 성을 구하고 종적을 감추었다"고 기록돼 있다. 이들이 천사의 군대 모두루이다.

13-14 아카나톤 여신상 이집트, 루브르 박물관. 그림 출처 : 조지 하트, 《이집트 신화》.

　미트라를 뜻하는 고구려의 대천사 모두루牟頭婁[5]는 용이고 고구려에서는 용을 "미리" 또는 "미시"라고 했다. 실제로 메디아, 페르시아, 파르티아에서도 뱀을 mihryazd, mysyy라고 했고 신라에서도 "미시未尸"라고 했다. 고구려나 신라의 미시가 소그디아나의 mysyy와 소리가 같다는 것은 우연이 아니다.[6] 일연은 "미시未尸가 신라의 화랑도를 일컫는다"고 하고, 그 뜻이 "중매쟁이" 또는 "장차 세상을 구하는 미륵선화彌勒仙花"라고 했다.[7] 이는 《리그베다 경전》에서 미트라를 "중개자" "화해자" "계약자"의 뜻이라고 한 것과 다르지 않다. 조르주 뒤메질도 " '정기적으로 평화리에 우호적으로 교역하다'는 뜻을 지닌 라틴어의 munus와 슬라브어에서 '교환'을 의미하는 mena이라는 말이 미트라Mithra의 뿌리이며 이는 '계약의 신' '사법적 주권신' '마술적 주권신'이란 뜻"이라고 했다.[8] 무두르나 화랑도가 단순히 전쟁만을 수행하는 집단이 아니고 무역 중개 기능도 수행했다는 것을 말해준다.

모두루의 탄생

무당은 〈무가 열두거리도〉 가운데 '장군(군신軍神) 혼대거리'와 '대감놀이 굿'에서 똑같이 삼지창과 언월도를 쥐고 있다(345쪽 그림 13-14번 참고). 대감놀이의 대감大監은 샤먼제국의 총리 격으로 그가 하는 가장 중요한 일은 성城의 축조이다. 이 때문에 여러 무가에서 이를 '성조城造푸리'라고 한다. '장군 혼대거리'에서 장군의 모델은 고려 시대의 최영崔瑩 장군으로 되어 있다. 물론 어디까지나 모델일 뿐이다. 최영 장군 혼대거리에서 무당은 가슴에 염주로 보이는 말방울을 둘렀고 양쪽에다 삼지창三指槍과 언월도偃月刀를 들었다. 말방울은 말을 타고 달리는 모두루의 상징이다. 무가는 군신을 가리켜 "나라 막는 손님(두신痘神) 나라 지키는 손님" "청색 청포靑袍에 황색 날개를 단 손님"이라고 하여 모두루를 무서운 세균(두신)에 비유했다. 두려운 존재임을 말하려는 것이다. 조선조 후기에 제작된 초상에서 최영 장군은 삼지창 달린 투구를 썼고 왼손에 언월도를 잡고 있다(그림 13-15 348쪽). 언월도는 무기가 아니라 사람농사의 메타포라고 했다. 주목할 것은 오른손으로 허리를 묶은 띠의 한 가닥을 잡고 있는 모습이다. 이는 군신이 팔괘의 비의를 풀었음을 암시한다.

고구려의 모두루가 군사 조직이라는 사실을 중국 문헌은 이렇게 말하고 있다.

고구려에는 대대로大對盧, 태대형太大兄, 대형大兄, 소형小兄, 태대

사자太大使者, 대사자大使者, 소사자小使者와 같은
벼슬이 있으며 이들은《오경五經삼사三史삼국지
三國志진양추晉陽秋》와 같은 책을 읽는다.[9]

이들이 여러 계급으로 조직된 특수 군사 조
직임을 말하고 있는 것이다. 일본 신토의 무사 계
급도 같은 맥락으로 이해할 수 있다. 일본 문헌에
는 미트라를 "미다라米多羅" "마도라摩都羅"와 같
이 기록하고 이들이 "대흑천大黑天에 소속돼 온
갖 장애를 물리치는 신"이라고 했다.[10] 대흑천은
빛이 없는 부도(부엌신)를 말하는 것으로 이들 무
사들은 뒤에 사무라이로 불렸다. 사무라이는 한
자로 '侍人'이라고 쓰는데 글자 그대로 풀이하면
'절(사寺)을 지키는 사람'이라는 뜻이다. 이는 곧

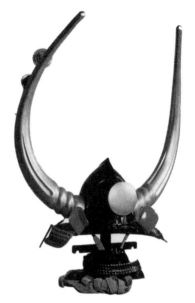

13-16 무사도의 투구 일본, 16~17세기. 그림 출처
: 니토베 이나르,《일본의 무사도》.

고구려의 모두루를 가리키는 것으로 이런 점은 이들의 복식에서도
드러난다(그림 13-16). 이들은 모두루와 마찬가지로 검은 옷을 입었
다. 투구에는 두 개의 소뿔이 장식돼 있는데 뿔과 뿔 사이에 고깔이 있
고 앞에는 용의 구슬을 장식했다. 이는 지구의 동서 양단을 오가며 샤
먼제국을 지켰던 미트라 전사들의 전통이 고스란히 일본 열도로 옮
겨갔음을 말해 준다. "일본의 중요 고분이나 신사(석상신궁石上神宮)에
서 발굴된 청동기가 시베리아에서 한반도를 거쳐 일본으로 건너갔
다"는 주장은 이를 뒷받침하고 있다.[11]
　중국 청두의 삼성퇴三星堆(산싱두이)에서 출토된 유물에는 미트라
로 추정되는 청동기마인상이 있다(그림 13-17). 기마상의 인물은 언월
도를 들었고 말머리에는 오리가 새겨졌다. 이 기마상이 고구려 주몽
신화와 관련되는 것은 언월도와 오리 때문이다.《삼국사기》에는 주

13-17 말을 탄 영웅상 높이 114cm, 김용석 소장

13-18 페르시아 제국의 국장 그림 출처 : David Ulansey,《The Origins of the Mithraic Mysteries》.

몽의 신상을 "고등상高登像"이라고 했다. 고등상은 곧 기마상을 일컫는 말이다. 주몽은 비류국沸流國의 왕(송양왕松壤王)을 굴복시키고 오리말(압마鴨馬)을 탔다.12 오리가 우후牛後에 황금 사과를 잡는 미인(스라랑)이므로 기마상은 우후의 주인공의 모습인 것이다. 영웅이 탄 말은 꼬리도 오리 모양으로 보인다. 기록에는 "주몽이 말을 타고 동굴로 들어가 땅속을 통과한 뒤 조천석朝天石에 올라 승천하여 기린마麒麟馬를 탔다"고 했다.13 동굴 통과는 용의 뱃속을 통과하는 샤먼의 과거고시를 말하는 것이고 승천한다는 말은 영웅이 되어 단(부도)에 올라 기린아麒麟兒가 된다는 뜻이다. 필자의《샤먼제국》에서 중국의 청두는 미트라(고구려)의 이동지이다. 주몽상은 그 지역에서 나온 유물이다. 기린아가 된 주몽은 샤먼으로부터 동명東明이라는 이름을 받았으며 나라 이름을 고구려高句麗라고 지었다. 동명은 동쪽의 금성이고, 고구려의 구句자는 사람이 상자를 가슴에 앉고 가는 모습으로 이것이 모두루가 지상으로 가지고 가는 수태고지의 고리짝을 말하는 것이다. 마르코 폴로는 고구려를 "카울리Cauly"라고 기록했고14 중국에서도 "가우리"라고 부른다. 필자의 《샤먼제국》에는 "카울리가 이란의 천사를 가리키는 가브리엘을 뜻한다"고 기록돼 있다.

천사의 발상지는 중앙아시아이다. 이란의 천사는 언월도를 잡는데, 이 언월도는 페르시아 제국의 심벌마크이다(그림 13-18). 언월

도 외에도 금성을 뜻하는 반월 앞
에는 팔괘를 뜻하는 여덟 잎사귀
의 꽃이 있으며 다시 그 앞에는 호
미, 낫, 검의 이미지가 공유되는 검
파가 있다. 검파는 온 누리를 다스
리는 사제의 심벌이다. 앞에서 언
급했듯이 언월도는 살상용 무기가
아니었다. 중국에서는 언월도를
"전극戰克"또는 "과戈"라고 부르
는데, 주나라 때 과戈라고 불렸던

13-19 과戈 주나라 시대 창, 오른쪽 그림은 세부. 그림 출처 : 우실하,
《한국학논집》(제39집).

창의 꽃이에 삼태극이 새겨져 있는 사실은, 전극이나 과가 무기가 아
니라 미트라의 심벌임을 말해주는 것이다(그림 13-19).

언월偃月이라는 말은 일반적으로 낫을 의미하며 뿔처럼 생긴 반
달 모양의 식물에 빗대어 말할 때 쓰이기도 한다.《논어》는 언월을 가
리켜 "풀을 깎는 도구"라고 했으며《장자》에서는 "언월도를 든 병사
들이 정의를 지킨다"고 했다.[15]

천마

그리스 신화에 등장하는 페가수스는 날개 달린 말이다(그림 13-20).
중국 섬서성에서 발굴된 청동제 말은 현조의 등을 타고 나는 모습이
다(그림 13-21). 미트라가 해탈의 인자(DNA)를 운반하는 임무를 지녔
다는 메타포로 읽을 수 있다. 우리는 이미 경주에서 출토된 청동 말의
띠고리(버클)에서 자안패子安貝가 새겨진 것을 보았다.《상징어 사전》
은 조개를 "바다의 불(빛)" 또는 "거품과 바람"이라고 했다.[16] 불과 빛

13-20 날개를 가진 말 아테네 고고학박물관. 그림 출처 : Semni Karouzou, 《National Museum》.

13-21 제비를 타고 나는 말 중국 섬서성 무위. 그림 출처 : Peter C. Swann, 《Art of China, Korea, and Japan》.

은 "깨달은 자" "신령한 자"의 정령을 미화한 개념이다. 조르주 뒤메질은 "그리스 신화의 말 켄타우로스, 인도와 이란의 간다르바가 모두 바람의 정이며 신화에서 그 정액이 지속적으로 지상에 떨어졌다"고 이야기한다.[17] 미트라의 천마가 지상에 황금 씨를 심을 때마다 새 나라(봉국封國)가 그곳에서 일어났다는 뜻으로 읽을 수 있다. 모두루가 잡은 언월도가 씨의 운반자를 의미한다는 것을 알 수 있는 것이다. 켈트 신화에서 말이 산, 나무, 동굴, 냇물의 이미지와 결부되는 것은 이들 말이 샤먼과 관련 있음을 말하는 것이다.[18] 경주 금령총金鈴塚에서 발굴된 기마인 토기는 말 엉덩이에 바구니 같은 그릇이 달려 있다(그림 13-22 349쪽). 흉노Huns 연구로 유명한 오토 멘첸 헬펜Otto J. Maenchen-Helfen은 이 기마인 토기를 "유목민이 원거리를 이동할 때 사용하는 가마솥"이라고 해석했다.[19] 하지만 가마솥이 동고銅鼓라는 설도 있다. 말에 달고 다니면서 악기로 사용했을 가능성도 있는 것이다. 모두루 전사들이 말에 청동 악기를 달고 달리면서 금성을 찬양하는 음악을 연주한다는 뜻이다. 한국의 샤먼은 이 동고를 "징" 또는 "메기(매귀埋鬼)"라고 한다. 메기는 금성의 귀신鬼神이다.

〈무가 열두거리〉의 '계명 찬가'에는[20] "조선의 채찍과 안장鞍裝에 항아리를 달고 다닌다"는 가사가 있다. 찬가에서 채찍은 먼지떨이와 빗자루이고 항아리는 그릇이다. 모두루 천사가 안장에 항아리를 실었다는 뜻이며, 그 항아리가 곧 넋시루이다.

　가야시대의 기마 인물상은 분명하게 미트라임을 드러내고 있다(그림 13-23 349쪽). 이 인물은 머리에 뿔을 단 모자를 쓰고 방패를 들었다. 말은 보호구로 무장했으며 목에는 삼각 문양이 그려져 있었고 엉덩이에는 두 개의 거대한 뿔이 거꾸로 치솟아 있다. 이 모습은 양쪽으로 갈라지는 모양으로 각角을 암시한다. 미트라가 금성 이데올로기의 전사라는 것을 말하는 것이다. 《고기》에는 이들 "낭도郎徒들이 하늘이 내리는 옷을 입는다"고 했다. 그 하늘의 옷이 어떤 것인지는 확실하지 않지만 그것이 검은 옷이라는 추정이 가능하다. 검은 옷은 날개의 심벌이다. 날개 단 말을 그리스 신화는 페가수스라고 하고 고상한 정신의 심벌로 여긴다.[21]

　키질의 석굴 벽화에는 둥근 광배를 등에 지고 있는 태양신 미트라가 그려져 있다(그림 13-24 350쪽). 큰 모자가 태양신의 얼굴 전체를 감싸고 있고 어깨에는 날개가 달려 있다. 그가 미트라인 것은 마차 바퀴를 깔고 앉은 모습에서 알 수 있다. 반가부좌로 앉은 자세가 이 인물이 특별한 종교적 의미를 지닌다는 것을 말해주고 있는 것이다. 이 반가부좌 자세는 뒤에 불상으로 이어진다. 가야시대의 토기 차륜車輪도 미트라의 마차라고 할 수 있다(그림 13-25 350쪽). 이 토기는 바퀴가 두 개이며 뿔배도 두 개 달려 있다. 두 개의 뿔은 제의적 의미 아니면 두 개의 각角을 나타내는 것으로 어느 쪽이든 금성 이데올로기를 상징한다고 볼 수 있다.

　몽고의 전설은 천마天馬를 세계 지배의 상징으로 여긴다. 이 때문에 아흔아홉 마리의 말을 세계의 중심을 뜻하는 솟대에 매어둔다. 말

13-26 청동말 경남 영천, 청동기시대 말기. 그림 출처 : 《국립중앙박물관》 일본어판.

들은 천산天山에서 불어오는 바람의 정精을 싣고 차례차례로 지상으로 내려간다. 그때마다 새로운 나라가 지상에 하나씩 생겨난다고 믿는다. 켄타우로스가 바람의 정精이고 그 정이 바다에서 생긴다고 한 것과 다르지 않다.[22] 황금의 씨가 조선의 감천궁에서 나와 직접적으로 세상에 펼쳐지는 모습이다.

경주에서 발굴된 말들도 몽고의 전설과 무관하지 않다. 말을 청동으로 제작한 것은 이 말에 내포된 의미가 심오함을 의미한다. 그리스의 델포이 신전에 청동 말이 있었던 것 역시 같은 맥락으로 이해된다. 한반도에서도 흙으로 구운 말이 출토되는데, 이 역시 몽고의 전설과 무관하지 않다(그림 13-26). 중국 기록에 "사제(태일신太一神)가 천마天馬를 내린다"고 하거나[23] "말을 얻는 일이 곧 도道를 얻는 일"이라고 한 것도 이를 뒷받침한다.[24] 《논어》는 이렇게 하는 것을 "이마지정爾馬之政"이라고 했다. 이마爾馬가 넋시루의 씨를 운반하는 말이므로 이마지정은 우수 종자로 세계를 다스린다는 뜻이다.[25]

고대 인도의 마헌제馬獻祭도 같은 맥락으로 읽을 수 있다. 마헌제는 사제가 천계로부터 내려온 말을 마중하면서 시작된다. 말은 왕후와 상징적 의미의 동침 의식을 치르고, 왕은 말이 싣고 온 넋시루의 씨를 궁녀들에게 나누어준다. 이 의식에서 태어난 아이들은 모두 왕의 자식으로 입적되고 왕은 천계로부터 확고한 종주권을 담보 받게 된다. 이 제의에서 말은 넋시루의 씨의 임자로 나중에 도살된다. 증거 인멸을 의미하는 것이다. 이것이 말의 공회이고 이로써 말은 장송동물葬送動物이 된다.[26]

〈무가 열두거리도〉 그림에는 '대감大監 놀이'가 있다(345쪽 그림 13-1 4) 참고). 대감은 샤먼제국의 총리와 같은 존재라고 했다. 앞에서 잠깐 나왔듯이, 이 놀이에서 무당은 '장군 혼대거리'와 마찬가지로 삼지창과 언월도를 잡는다. 대감이 하는 가장 중요한 일은 모두루 지상 파견과 새로운 도성都城 축조이다. 새로운 영웅이 생기면 그가 다스릴 도성이 필요하기 때문이다. 고구려의 왕들 이름에 냇물, 언덕, 들, 산과 같이 자연의 뜻이 반영되는 것은 왕들이 영웅으로 성주가 되었음을 말한다. 성 하나가 왕국이며 그곳에는 제천의식을 행하는 소도蘇塗가 있고 무당이 있다. 이 때문에 무가의 〈오산 열두거리〉에서는 성주城主를 "성조成造" "성황城隍"이라고 호칭하고 있다. 성조成造는 성을 짓는 일을 말한다. 고구려 약수리에는 고구려시대의 성곽 유적이 남아 있다(그림 13-27). 성은 미트라가 지상에 내려와 어떻게 성을 다스렸는지 헤아릴 수 있게 한다. 무가는 이렇게 노래한다.

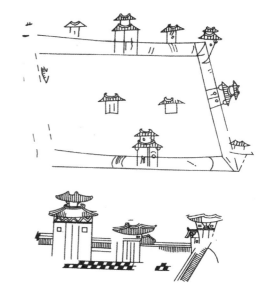

13-27 샤머니즘 시대의 성곽도 약수터 무덤(위)과 용강대 무덤(아래). 그림 출처 :《조선미술사》, 1987년판.

> 이 성을 지으려고 서른세 명의 일꾼이
> 옥도끼로 둘러메고 만첩萬疊 청산靑山에 올라가
> 천제를 지낼 때 넋시루(신첩神疊) 놓고
> 백지 석 장 소지하고 합장하여 빌 때

성을 하나 짓기 위해 전문가가 33명이 동원되었다는 것, 목재를 베기 위해 첩첩 산중으로 들어갔다는 것 등을 이 노래에서 알 수 있다.

• 장송동물葬送動物
사람을 대신해서 하늘에 바치는 동물.

〈경성 열두거리〉에서는 "팔도명산 고개고개 봉우리 봉우리마다 성황(성城)이 있다"고 하고 그 모든 성이 "용신龍神이 지배하는 사해四海 안에 있다"고 했다. 용신이 지배하는 사해란 곧 샤먼제국이다. 《삼국사기》에는 "고구려 전성시대에 모두 178개의 성이 있었다"고 하고 "그 중 76개만 한반도와 만주 일대에서 확인되었다"고 했다. 나머지 100여 개의 성이 확인되지 않고 있는 것이다. 그 성들의 위치를 확인할 열쇠는 청동기 분포도이다. 100여 개의 성은 청동기가 발굴되는 지역과 중첩되어 있다. 성주의 모습은 청나라 때 발견한 산둥성山東省[27]의 무씨사당武氏祠堂 화상석畵像石에서 볼 수 있다(그림 13-28).[28] 그림은 거대한 나무로 채워져 있다. 이것이 신단수神檀樹라는 것은 이 거목의 뿌리에 세 개의 검은 고분이 달려 있다는 사실로 확실히 알 수 있다. 고분은 우물처럼 생겼다. 실제로 수메르어에서는 심연, 우물을 "남무nammu"라고 한다. 우물이 넋시루가 있는 감천궁이라는 사실은 앞에서 언급했다. 실제로 이 그림에서 어두운 우물 속에 날개를 단 사람이 있는 것은 거목이 샤먼 성전(신단수)의 메타포임을 말해주고 있다. 고분 밖에서는 한 인물이 나무에 등지고 앉아 있다. 그가 샤먼제국의 축제를 담당하는 사제이다. 그림 왼쪽 하단에서는 성주城主들이 축제를 마치고 작별을 고하고 있지만 사제는 신단수에 등을 지고 앉아 이에 응하지 않고 있다. 작별이 싫었던 것이다.

그림 상단으로 올라가면 축제의 성격이 무엇인지 알 수 있다. 우선 오른쪽에서 두 신상을 볼 수 있다. 신상은 눈사람처럼 몸을 뚱뚱하게 만들고 검게 칠하여 눈에 쉽게 띈다. 신상은 작은 날개를 어깨에 달았으며 머리에는 장식이 많이 달린 관冠을 썼다. 주목할 것은 그 관에 영웅과 미인들이 탐내는 여의주와 용의 이빨(곡옥曲玉)이 달려 있다는 사실이다. 마차를 타고 온 젊은이들이 좌우 양쪽에서 여의주를 얻고자 앞 다투어 손을 내밀고 있다. 검게 칠한 고분에서 하나의 줄기로 솟

13-28 샤먼 축제 산둥성 무씨사당. 그림 출처 : 김재원,《단군신화의 신연구》.

아나 이리저리 용처럼 구부러진 신단수 가지에는 여기저기에 날개의 인물들이 앉아서 무엇인가 심각하게 논쟁하고 있다. 영웅과 미인을 선발하는 심사 장면임을 알 수 있다.

지상으로 내려가는 모두루

동북아시아에 강력한 샤먼 세력이 존재했다는 움직일 수 없는 증거가 화상석에서 발견된다. 그림에서 모두루 천사들은 사제를 모시고 제국의 천하를 순례하고 있다(그림 13-29). 그림을 왼쪽에서 오른쪽으로 보면 모두루가 용마를 타고 지상으로 내려오고, 그들을 맞이하기

13-29 샤먼의 행차 산동성 무씨사당. 그림 출처 : 김재원,《단군신화의 신연구》.

13-30 수태고지 산동성 무씨사당. 그림 출처 : 김재원,《단군신화의 신연구》.

위해 성주들이 나타나는 모습을 보게 된다. 그림 오른쪽에 뿔 모자를 쓰고 짧은 날개를 단 인물이 깃발을 흔들며 천사들을 맞이하고 있다. 그림 하단에는 오른쪽에 모두루를 떠나보내는 성주 일행이 그려져 있고, 왼쪽에는 수소가 그려져 있다. 수소는 이 그림의 주제라고 할 수 있다. 수소 위에서는 두 뿔을 거머쥔 인물이 허공을 날고 있고 그 뒤에는 수소 꼬리와 수소 뿔을 잡은 인물, 그리고 꼬리를 잡고 가는 또 한 사람의 인물이 그려져 있다. 그가 사제라고 하면 어떨까? 행진 사이사이에 모두루 전사들이 날개를 단 모습으로 아주 작게 그려졌으며 그들 천사들이 암브로시아 를 담아 마시는 뿔배도 보인다.

　　정황을 보면 이들 모두루 집단이 지상으로 내려갈 때 감천궁에서

•암브로시아
그리스 신화에서 신들이 마시는 음료의 일종으로 이것을 먹으면 영생한다고 한다.

넋시루를 운반한다는 사실을 알 수 있다(그림 13-
30). 그림은 상하단으로 나뉘고 이야기는 왼쪽에서
오른쪽으로 전개된다. 상단에는 용마를 탄 천사(모
두루)가 지상으로 내려와 무엇인가 바닥에 내려놓
고 있다. 복숭아 모양으로 생긴 함函이다. 함 오른
쪽에는 머리를 조아리고 엎드린 두 인물과 서 있는
인물이 그려져 있다. 이 상황이 스키타이 흉노 시
대의 수태고지受胎告知임을 알 수 있다.

　　복숭아 모양의 함은 위구르 지역에서 발굴된
바 있는데 이 유물에서는 함의 뚜껑만 복숭아 모양
이다(그림 13-31). 함의 둘레에는 미트라 무리들이

13-31 고리짝(사리함) 쿠차의 스파시, 6세기경, 높
이 32.3cm. 그림 출처 :《世界の美術 : 中央アジア》,
朝日新聞社.

악기를 연주하며 행차하는 모습이 그려지고 뚜껑에는 날개 천사(큐피
드)와 현조玄鳥가 그려졌다. 이 함 속에는 유골이 있었던 것으로 전해
지지만 그것이 본래 들었던 것인지는 알 길이 없다. 이것이 샤먼들과
관련 있는 유물이라는 것은 낙랑 고분에서 출토된 고리짝이 말해 준
다(그림 13-32). 고리짝에는 한쪽 면에 얼굴을 마스크로 가린 열 명의
샤먼들이 생동감 있게 그려져 있다. 고리짝은 모두루의 순례 행차에
수태고지 의식이 있었음을 말해준다.

13-32 채색 그림이 그려진
고리짝 낙랑시대. 그림 출
처 : Peter Swann,《Art of
China, Korea and Japan》.

다시 화상석을 보면 수태고지와 함께 순회재판이 있다는 것을 알수 있다(그림 13-33). 그림 하단에는 용 한 마리를 돔 모양으로 구부려 만든 공간이 있다. 그 속에 죄수가 엎드려 있고 형리가 망치와 끌을 들고 죄수를 내리치려는 정황이 그려져 있다. 중세 기독교 시대에도 그랬듯이 순회재판이 벌어지고 있는 것이다. 모두루 천사 일행은 의기양양하고 성주는 잔뜩 주눅 든 모습이다. 고문이 진행되는 돔 위에는 죄수를 구하기 위해 애쓰는 정황이 그려져 있다. 사제가 출동한 재판이 얼마나 엄숙한지는 그림 왼쪽에서 그 정황을 볼 수 있다. 살생부를 들고 죄수의 이름을 호명하는 인물이 있다. 북을 치며 취조를 독려하는 인물도 보인다. 주목할 것은 형장 앞쪽에 서 있는 여신이 긴 머리채를 뒤로 늘어뜨린 벽안의 여자로 보인다는 점이다. 고구려 벽화에서 이런 여인이 발견된다고 해서 놀랄 일은 아니다. 그 여신은 옆구리에 항아리를 차고 있으며 무엇인가 그 속에서 꺼내려 하고 있다. 매우 긴장된 상황이 전개되고 있음을 알 수 있다. 청淸나라 시대의 마운봉馬雲峰은《수신기搜神記》를 인용하여 그림에 등장하는 "동녀童女들이 '우레의 채찍〔뇌책雷策〕'을 들었다"고 말하고 "동남童男들은 뇌차雷車를 끌고 있다"고 해석했다.[29] 이 해석은 여신의 항아리에 폭약이 들어 있음을 암시한다. 고구려의 쌍영총이나 진파리 고분에는 샤먼이 화약을 다뤘음을 암시하는 벽화가 있다. 폭약을 제조(연금술)했음을 추정케 하는 것이다. 그리스 신화에서도 샤먼을 뜻하는 거인족은 수류탄(뇌정雷挺)을 만들어 제우스와 협력하여 크로노스를 격퇴하는 데 공헌했다. 중국 기록에는 "진한辰韓 사람들은 키가 크고 몸이 장대하며 머리털이 아름답고 의복이 깨끗하다"고 했다. 이는 무가에 등장하는 호귀胡鬼의 모습이라고 할 수 있다. 또 형벌이나 법은 엄하고 까다롭다고 했다. 화상석은 이를 실감케 한다.[30]

화상석의 또 다른 탁본 그림에서는 미트라 전사들이 초인적인 힘

13-33 샤먼의 순회재판 산둥성 무씨사당. 그림 출처 : 김재원,《단군신화의 신연구》.

13-34 샤먼의 전사(영웅)들 산둥성 무씨사당. 그림 출처 : 김재원,《단군신화의 신연구》.

을 지녔다는 것을 보여준다(그림 13-34). 그림 상단에서는 두 인물이
커다란 파리채 같은 것을 들고 있는데 그것이 정확히 무엇인지는 알
수 없다. 두 인물 사이에 두 개의 뿔배가 땅바닥에 버려져 있고 오른쪽
에는 탈을 쓴 괴이한 인물들이 반주에 맞추어 춤을 추고 있다. 가면은
미트라의 가면이다. 하단에는 전사들이 힘을 과시하려는 듯 여러 맹
수를 한 손으로 들어서 던지거나 생나무를 뿌리째 뽑고 있다. 산스크
리트 경전에서는 이들이 "건달바〔건달파乾達婆〕"라면서 "불의 신과 율

법의 신에 봉사하므로 절반은 인간이고 절반은 신"이라고 했다. 땅바
닥에는 뿔배가 뒹굴고 있다. 경주 유물에 토기로 만든 뿔배가 많은데,
이것들은 모두 모두루의 유물로 볼 수 있다. 뿔배는 말과 연결되고 어
떤 것은 마차와 연결되기도 한다. 미트라의 이념을 보여주는 것이다.
《동이전》에서는 이들 "낭도들이 서로 사徒라고 부르며 하나의 뿔배
에 서로의 피를 떨어뜨려 함께 마신다"고 했다. 가야시대의 유물에도
다양한 뿔배가 있다. 뿔배에 말머리가 달린 것도 있고 말과 마차에 뿔
배가 달린 것도 있다(그림 13-35 351쪽).

손과 발의 메타포

13-39 손과 발 베라크루즈 중
부 지역, 400~600년, 뉴델리
국립박물관. 그림 출처 : 《世界
の博物館 メキシコ 國立人類學
博物館》, 講談社.

손은 샤먼들을 말하는 것이고 발은 샤먼을 받드는 모두루의 메타포
이다. 신발이 모두루 천사의 메타포라는 것은 우리 유물에서 볼 수 있
다(그림 13-36 351쪽). 가야시대 유물인 토기 신발은 배를 연상케 하고
신발 끝은 버선코처럼 생겼다. 경주에서 발굴된 5세기경의 짚신 모양
토기에는 각배가 달려 있다(그림 13-37 351쪽). 토기에 뿔배가 달린 것
은 미트라가 지상의 악을 소탕하는 성스러운 임무를 완수하기를 기
원하는 선물이다. 이 때문에 무속에서는 성황당에 늘 짚신들을 만들
어 걸어놓고 이에 참배한다. 이를 '미투리'라고 한다. 미투리는 짚신
의 동의어이지만 특별히 미투리라고 하는 것은 모두루나 미트라와
관련 있기 때문일 것이다.[31] 《삼국유사》에는 이를 "구슬 달린 신발(주
리珠履)"이라고 썼다. 신이 국선國仙에게 내리는 신발(신발은 '신의 발'이
라는 뜻)로 여기서 국선은 영웅을 말하며 "당대에 이 신발을 신은 낭도
(미트라)가 1,000명이나 된다"고 썼다.[32]

미투리는 발을 감싸는 도구로 발의 의미라고 할 수 있다. 석가모

니가 임종 때 설법했다는《불유교경佛遺敎經》에는 "지족知
足"이라는 말이 나온다. 글자 그대로의 뜻은 '발의 일을 알
라'이다. 석존은 "모든 번뇌에서 벗어나려면 마땅히 발을
보라, 발을 아는 사람은 지상에 누웠을 때 진정으로 안락이
무엇인지 안다"고 했다. 그래서인지 석존은 임종하여 관에
들었을 때 두 발을 관 밖으로 내어 놓았다고 한다. 발은 몸
을 운반하는 기관이다. 목숨이 다하는 시간까지 발은 몸을
싣고 여기저기 어디든 가야 한다. 샤먼제국을 다스리는 미
트라(미투리)에게 발은 최전선에 선 전사이다. 이 점은 아
프가니스탄의 틸리아 테페에서 발굴된 신상 장식에서 실
감할 수 있다(그림 13-38 352쪽). 장식들은 모두 발과 손을
새겼으며 손에는 어김없이 다섯 개의 손가락이 달려 있다.
손과 발의 의미가 심오하다는 것을 확인해주는 작품은 인
도의 뉴델리 박물관에서 볼 수 있다(그림 13-39). 손과 발이

13-41 바알 신 우가리트. 그림 출처 :
《성서대백과사전》.

하나의 덩어리로 되어 있는데, 이는 미트라와 사제의 뜻이
하나로 묶인다는 것을 말해준다. 손이 하고자 하는 일을 발
이 알아서 척척 한다는 의미이다. "손발도 척척 맞아야 제 맛"이라는
우리의 속담과 뜻이 통한다. 손발이 척척 맞아야 샤먼제국의 이상 정
치가 온 누리에서 실현된다는 것이다.

　　테페에서 발굴한 장식에 삼태극이 금장식으로 나타나는 것도 이
유적의 유물들이 샤먼제국의 것들임을 말해준다(그림 13-40 352쪽).
삼태극은 다소 변형되었으나 샤먼제국의 심벌임에는 틀림없다. 삼태
극을 신봉하는 영웅들이 천하를 다스렸다는 증거는 바빌로니아 시대
의 유물에서 볼 수 있다. 시리아의 우가리트Ugarit(샤므라)에서 발굴된
바알 신˙은 머리에 두 개의 뿔과 중심에 또 하나의 특별한 뿔을 단 투
구를 썼다(그림 13-41). 투구 양쪽 아래에는 뱀처럼 구부러진 장식이

˙바알 신
중동 신화에 등장하는 신. 바
알. 생산의 신.

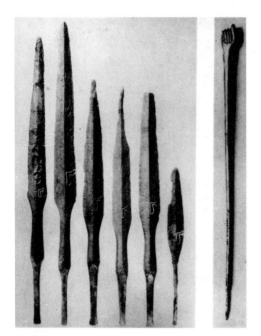

13-42 청동창 바빌로니아 시대. 그림 출처 :《世界の博物館
: 大英博物館》, 講談社.

달려 있다. 그는 방망이를 치켜들고 있으며 다른 손에는 빗자루를 들고 있다. 바알 신의 '발'은 천하를 다스리는 신을 뜻하는 말이다. 중국은 주周나라의 무왕武王의 이름을 "발發"이라고 했는데 여기에서 '발'은 동이東夷의 신(금성)이라는 뜻으로 활과 화살(궁시弓矢)을 뜻하기도 한다.[33] 실제로 바빌로니아 문명 시대의 청동기에는 발과 손이 주제가 되어 있다(그림 13-42). 손을 새긴 청동 침(무구巫具)은 은으로 만들었다. 주목할 것은 청동 창에 모두 발을 새겼다는 사실인데 이 그림은 실제로 바빌로니아의 문자에서 '가다' '서다'의 뜻으로 읽는다. 이는 샤먼과 그 영웅들이 청동기를 들고 발로 걸어서 천하를 다스린다는 뜻으로 읽을 수 있다. 영어는 다리를 leg라고 하며 고대로마시대에 군단軍團을 legion이라고 한 것도 그 어원에 다리의 메타포가 있음을 암시한다. 🐚

끝내는 글

샤먼문명의 최후

샤머니즘의 마지막 장면

인류 문명의 기반이었던 샤머니즘은 지중해와 소아시아 지역에서 먼저 몰락했다. 그리스 신화는 샤먼을 "바다 사람(해족海族)" 또는 "거인족"이라고 불렀다.《성서》의 〈창세기〉에 따르면 이 거인족 신화는 본래 중동 지방의 신화라고 했다.[1] 헤로도토스는 이들 "거인족이 다스리던 세계가 너무나 방대하여 어디에서 어디까지인지 정확히 아는 사람은 아무도 없다"고 했다. 샤먼제국 시대가 광활하게 존재했음을 증명하는 말이다.

아폴로도로스Apollodoros 는《그리스 신통기》에서 "거인족의 전쟁은 제우스가 청동기 시대의 인간들을 멸하고자 한 전쟁"이라고 규정했다.[2] 청동기가 샤먼문명이므로 거인족의 전쟁은 오랜 세월 지중해를 중심으로 전개되었던 금성 이데올로기에 그리스 공화주의자共和主義者들이 반기를 들고 일어났음을 말한다. 이 정황에 대해 아폴로도로스는 이렇게 말한다.

그리스 신화에 등장하는 큐크로푸스 신이 아테네를 다스리고 있을 때 아테나와 포세이돈이 같은 땅을 두고 싸웠다. 이때 포세이돈이 먼저 삼지창을 휘두르며 아크로폴리스의 중심에 해정海井을 팠다.

아폴로도로스
기원전 2세기 고대 그리스의 문법학자, 역사학자. 호메로스의 작품에서 그리스인의 종교 생활을 고찰해내고 인물의 연대 결정에 남자의 최성기(활동의 정점인 되는 40세)를 적용하는 방법을 고안해《연대기》등을 저술했다. 《연대기》는 뒤에《그리스 신통기》로 번역되었다.

14-1 **제우스에서 솟아나는 아테나 여신** 기원전 5세기경. 아테네 아크로폴리스미술관. 그림 출처 : Sofia Souli, 《Greek Mythology》.

삼지창을 휘두른다는 말은 금성 이데올로기의 기치를 들었다는 뜻이고 해정은 좀생이의 혼을 모시는 신전을 세웠다는 뜻이다. 그러자 아테나도 이에 질세라 그곳에 감람나무(신수神樹)를 심었다. 분쟁이 커지자 12명의 올림포스 신들이 이를 해결하기 위해 투표를 했는데 이때 제우스가 아테나에게 표를 던짐으로써 승리는 아테나에게 돌아갔다. 그리스인은 이 장소를 "제우스의 투표"라고 부른다.[3]

기원전 6세기의 그리스 접시그림에는 올림포스의 제우스가 아테나 여신과 한편이 되어 거인족과 전쟁하는 장면이 그려져 있다(그림 14-1). 한쪽 의자에 제우스가 앉아서 한쪽 손에 수류탄을 쳐들고 있으며 그의 머리에서는 창과 방패를 든 아테나가 솟아나 청동 도끼를 들고 있는 거인족에게 대항하는 장면이 그려져 있다. 창은 천간天干의 상징이고 도끼는 금성 이데올로기의 상징이다. 신화를 천문학으로 보았던 막스 뮐러E. Max Muler는 "제우스가 태양으로 상징된다"고

14-2 아테나와 포세이돈의 이념 대결 접시그림. 5세기경, 아테네 아크로폴리스 박물관. 그림
출처 : Semni Karouzou, 《National Museum》.

했는데 여기에서 제우스가 거인족과 투쟁했던 것은 "빛〔光〕과 어둠
〔暗〕의 담판"이라고 했으며 "제우스가 승리한 것은 곧 태양신의 승
리"라고 했다.[4] 빛은 태양력太陽曆이고 어둠은 금성력金星曆이다. 점
성술의 대가인 알레이스터 크로울리Aleister Crowley는 이 이념 전쟁을
"회전回轉의 심원한 뜻(교리)의 갈등"이라고 하고 이 때문에 "거인족
이 올림포스족과 끊임없이 전투를 벌였다"고 했다. 여기서 회전은 지
구와 금성의 교차를 말하는 것이다. 그는 거인 타이탄을 그리스어에
서 수비적 가치數秘的價値를 말하는 "666"이라고 했다.[5] 샤머니즘이
666이고 태양력이 66임을 말하는 것이다. 제우스와 거인족의 전쟁은
그러므로 66과 666의 이데올로기 싸움이었다. 5세기경 그리스의 접
시그림에는 아테나가 포세이돈의 666 이데올로기에 항거하는 장면
이 우의적으로 그려졌다(그림 14-2). 중심에 아테나와 진리의 나무가
있고 왼쪽에 영웅 디오니소스와 오른쪽에 포세이돈이 말고삐를 잡

14-3 샌들을 든 아테나 아테네 국립박물관. 그림 출처 : Sofia Souli, 《Greek Mythology》.

14-4 신모로부터 징벌을 받는 거인족 페르가몬 신전 부조. 그림 출처 : Semni Karouzou, 《National Museum》.

고 서 있다. 이 그림은 샤머니즘의 독특한 알레고리(우의寓意)로 읽어야 한다. 먼저 포세이돈을 보자. 그는 미트라 천사처럼 망토를 길게 걸치고 오른손에 잡은 삼지창으로 그에게 항거하는 뱀을 죽이려 한다. 포세이돈이 수태고지의 임무를 수행한다는 사실은 그의 발치 아래에 두 마리의 물고기가 그려진 사실에서 확실히 알 수 있다. 진리의 나뭇가지(하늘 사다리) 위에 천사가 앉아 아테나 쪽으로 손짓하는 모습은 아테나의 치마 쪽에서 무엇인가 사건이 일어나고 있다는 뜻이다. 아테나의 치마 앞쪽에는 벌집처럼 보이는 이상한 물건이 있다. 이 천사가 가져온 샤먼의 좀생이 혼이다. 아테네는 창으로 이것을 찌르려 하고 그녀와 한편이 된 디오니소스도 창으로 찌르려고 하며 그가 거느린 개도 이를 향해 짖는다. 주목할 것은 좀생이 혼이 정확히 아테나 여신의 음부 위치에 있다는 사실이다. 아테나 여신은 포세이돈이 가지고 온 좀생이 혼을 단호히 거절하기 위해서 저항하고 있다. 수태고지를 수행하려는 포세이돈이 궁지에 몰려 있는 상황이다. 이제 아테나는 금성 이데올로기를 버리고 공화주의demos를 지향하는 제우스와 한편이 되었음을 말해준다. 이 전쟁에서 거인족은 참패했다. 헤로도토스는 "참패한 거인족은 중앙아시아에서 멀고 먼 동쪽으로 이동했다"고 썼다. 실제로 포세이돈의 삼지창은 아직도 중앙아시아와 한반도의 무당들이 소중하게 지키고 있다. 하지만 아무도 이 물건이 천재적인 DNA 인자를 보호하려는 좀생이 혼불(풍류風流)의 심벌임을 알지 못한다.

〈샌들을 벗어든 아테나〉로 알려진 도판은, 아테나의 승리가 무엇을 의미하는지를 전하는 메타포이다(그림 14-3). 뿔을 가진 인물은 거인족으로, 자신의 정자를 아테나에게 심으려고 아테나의 손목을 잡는다. 그러자 아테나는 이에 당황하며 왼쪽 발에서 샌들을 벗어 거인족을 때리려 한다. 거절의 제스처이다. 흥미로운 것은 아테나의 어깨쪽에 보이는 승리의 신 큐피드이다. 큐피드는 단호히 손을 내밀어 거인족의 뿔을 떠밀고 있다. 아테나의 반란은 소아시아의 페르가몬 신전에 새겨진 부조에서 리얼하게 나타난다. 부조에는 아테나가 거인족의 머리카락을 틀어쥐고 무기로 내려치는 순간을 새겨놓았다. 여기서 거인족은 하체가 거대한 뱀(용)으로 나타나고 있다. 바다의 신 포세이돈인 것이다(그림 14-4). 이로써 지중해에서 시작한 민주주의가 샤먼문명에 완전한 승리를 거둔다. 🐂

부록

주석, 용어설명

여는 글

1) Joseph Needham, 《Science and Civilization in China》 일본어판 《中國の科學と文明》, 思索社, 1983.
2) Edited by Jeremy Narby and Francis Huxley, 《Shamans Through Time : 500 Years on the Path to Knowledge》, 2001.
3) Georges Nataf, 《Symboles, Signes et Marques》 한국어판 《상징·기호·표지》, 김정란 옮김, 열화당, 1987, 210쪽.
4) Dorzhi Banzarov, 《Shamanism》 일본어판 《シャマニズム 研究》, 白鳥庫吉 譯, 新時代社刊, 1971, 68쪽.
5) Uno Harva, 《Shamanism》, 일본어판 《シャマニズム》, 田中克彦 譯, 三省堂, 1971, 165~166쪽.
6) 秋葉隆, 《朝鮮巫俗の現地研究》, 名著出版, 1980, 130쪽.
7) Mircea Eliade, 《Shamanism》, Mircea Eliade, 《Shamanism : Archaic Techniques of Ecstasy》 일본어판 《シャマニズム》, 堀一郎 譯, 冬樹社, 1974, 503쪽.

제1장

1) Robert K. Logan, 《The Alphabet Effect》, William Morrow and Company, 1986, 제2장.
2) Georges Bataille, 《La peinture prehistorique》 일본어판 《ラスコの壁畫》, 出口裕弘, 譯, 二見書房, 1975, 104쪽.
3) 《玉篇》, 黄帝伏服牛乘馬.
4) David Ulansey, 《The Origins of the Mithraic Mysteries》, Oxford University Press, 1989, 60쪽.
5) James George Frazer, 《The Golden Bough》 한국어판 《황금가지》, 김상일 옮김, 을유문화사, 1969, 제52장-5절.
6) Jene Ellen Harrison, 《Ancient Art and Ritual》 일본어판 《古代藝術と祭式》, 佐佐木里 譯, 筑摩書房, 1976, Harrison, 《Ancient Art and Ritual》, 81~82쪽.
7) J. E. Cirlot, 《A Dictionary of Symbols》, Routledge and Kegan Paul, 1981, 331~332쪽.
8) '암소'나 '황소'를 뜻하는 go는 복수형으로 바뀌면 '별'과 '태양광선' '지구'의 의미가 되고 go에 pala라는 말을 더하면 '소치기(牧者)'가 되는데 이는 '지구(go)를 통치하는 왕'의 비유가 된다. Georg Feurstein, 《In Search of the Cradle of Civilization》 한국어판 《최초의 문명은 고대 인도에서 시작되었다》, 정광석 옮김, 사군자, 2000, 249~250쪽.
9) 北崖, 《揆園史話》 "跨牛以治".
10) 山内雅夫, 《占星術の世界》, 中央公論社, 1983, 401쪽.
11) 《열왕기》 상, 제1장 50절.
12) 上田正昭, 《古代傳承史の研究》, 塙書房, 1991, 34쪽.
13) Manly P. Hall, 《The Secret Teachings of All Ages : An Encyclopedic Outline of Masonic, Hermetic, Qabbalistic and Rosicrucian Symbolical Philosophy》 일본어판 《秘密の博物誌 : 象徴哲學大系 II》, 大沼忠弘(外) 譯, 人文書院, 1981.
14) Siegfried Giedion, 《The Eternal Present : The Beginnings of Art》 일본어판 《永遠の現在》, 江上波夫·木村重信 譯, 東京大學出版社, 1968, 99, 101쪽.
15) J. E. Cirlot, 앞책, 137쪽.
16) Mircea Eliade, 《Shamanism : Archaic Techniques of Ecstasy》 일본어판 《シャマニズム》, 堀一郎 譯, 冬樹社, 1974, 18쪽.
17) 이능화, 《조선해어화사》, 학문각, 1968, 290쪽.
18) 〈무가 열두거리〉

19) 《한국문화상징어사전》 2권, 동아출판사, 1995, 326쪽.

20) Uno Harva, 《Shamanism》 일본어판 《シャマニズム : アルタイ系諸民族の世界像》, 田中克彦 譯, 三省堂, 1971, 176쪽.

21) 司馬遷, 《史記》 〈天官書〉

22) Uno Harva, 앞 책, 175~178쪽.

23) Uno Harva, 앞 책, 174쪽.

24) 《漢書》 〈律曆志〉 上 "七者天地四時人之始也".

25) 《左氏》 〈文〉 "十六 七遇皆北".

26) Erwin Panofsky, 《Studies in Iconology : Humanistic Themes in the Art of the Renaissance》, Harper and Row Publishers, 1972, 제4장.

27) Andrew Collins, 《From the Ashes of Angels》 한국어판 《금지된 신의 문명》 제1권, 오정학 옮김, 사람과 사람, 2000, 43, 44쪽.

28) 《晉書》 〈天文志〉 七 "昴七星 天之耳也".

29) 《大漢和辭典》 5卷, 〈昴〉.

30) 司馬遷, 《史記》 〈天官書〉.

31) 《성서백과대사전》 4, 성서교재간행사, 153쪽.

32) 《淮南子》 〈主術訓〉 "君人之道 其猶零星之尸也 儼然玄默 而吉祥受福".

33) Uno Harva, 앞 책, 180~183쪽.

34) Christian Jacq, 《Le Petit Champollion illustre》 한국어판 《이집트 상형문자 이야기》, 김진경 옮김, 예문, 1997, 154쪽.

35) Uno Harva, 앞 책, 194~195쪽.

36) Herbert Edward Read, 《The Origins of Form in Art》 일본어판, 《藝術形式の起源》 瀨戶慶久 譯, 紀伊國屋書店, 1966, 89쪽.

37) Charles Alfred Speed Williams, 《Outline of Chinese Symbolism & Art Motives》 한국어판 《환상적인 중국문화》, 이용찬 옮김, 평단문화사, 1985, 97쪽.

38) Erwin Panofsky가 앞 책, 제4장에서 다룬 주제.

39) Friz Saxl, 《Lectures》 일본어판 《シンボルの遺産》, 松枝到·栗野康和 譯, せりか書店, 1980, 109쪽.

제2장

1) Zecharia Sitchin, 《The 12th Planet》 한국어판 《수메르, 혹은 신들의 고향》, 이근영 옮김, AK, 2010, 291~293쪽.

2) 大野勃, 《檀奇古事》, 檀君 第13世, 屹達 26, 〈用於萬理元論〉.

3) 山崎正一·市川浩 編, 《現代哲學事典》, 講談社, 1970, 86쪽.

4) Georges Nataf, 《Symboles Signes et Marques》 한국어판, 《상징·기호·표지》, 김정란 옮김, 열화당, 1987, 210쪽.

5) Mircea Eliade, 《Das Heilige und das Profane》 일본어판 《聖と俗》, 風間敏夫 譯, 法政大學出版局, 1973, 47쪽.

6) Christian Jacq, 《Le Petit Champollion illustre》 한국어판 《이집트 상형문자 이야기》, 김진경 옮김, 예문, 1997, 290쪽.

7) James George Frazer, 《The Golden Bough》, Macmillan, 1963.

8) Anne S. Baumgartner, 《Comprehensive Dictionary of the Gods》, Carol Communications, 1984, 79쪽.

9) Uno Harva, 《Shamanism》 일본어판 《シャマニズム : アルタイ系諸民族の世界像》, 田中克彦 譯, 三省堂, 1971, 31쪽.

10) Jeremy Narby, 《The Cosmic Serpent-DNA and the Origins of Knowledge》 한국어판 《우주뱀=DNA : 샤머니즘과 분자생물학의 만남》, 김지현 옮김, 들녘, 2002, 141~164쪽.

11) 李陌, 《太白逸史》 〈三神五帝本紀〉 第一 "天道起於北極故天一生水是謂北水 蓋北極水精子所居也".

12) Jeremy Narby, 앞 책, 111쪽.

13) James George. Frazer, 《Folklore in the Old Testament》 한국어판 《구약시대의 인류민속학》, 이양구 옮김, 강천. 1996, 473~476쪽.

14) Jeremy Narby, 앞 책.

15) 《易經》 〈乾〉 九五.

16) 《桓檀古記》 〈蘇塗經典本訓〉 第五.

17) Fritjof Capra, 《The Tao of Physics》, Shambhala Boulder, 1975, 238쪽.

18) Fritjof Capra, 앞 책, 176쪽.

19) Stephen H. Kellert, 《In the Wake of Chaos : Unpredictable Order in Dynamical Systems》, University of Chicago Press, 1994, 36쪽.

20) 紫田有,《グノーシスと古代宇宙論》, 勁初書房, 1982, 28쪽.

21) Philip P. Wiener,《Dictionary of the History of Ideas》, Macmillan Pub. Co.

22) Jane Ellen Harrison,《Prolegomena to the Study of Greek Religion》, Princeton University Press, 1991, 12~20쪽.

23) J. E. Cirlot,《A Dictionary of Symbols》, Routledge and Kegan Paul, 1981, 87쪽.

24) 中村元,《佛敎語源散策》, 東亞選書, 1977, 107쪽.

25) Georges Nataf, 앞책, 40쪽.

26) 小口偉一・堀一郎 監修,《宗敎學辭典》, 東京大學出版會, 1973, 333~356쪽.

27) C. H. Gordon,《Forgotten Scripts》일본어판《古代文字の謎》, 津村俊夫 譯, 社會思想社, 1979, 108쪽.

28)《說文》〈通訓定聲〉"爻按X古文五 二五天地之數會意爻".

29) Uno Harva, 앞 책, 30쪽.

30) Mircea Eliade,《Shamanism : Archaic Techniques of Ecstasy》일본어판《シャマニズム》, 堀一郎 譯, 冬樹社, 1974, 26쪽.

31)《淮南子》.

32) Georges Nataf, 앞 책, 80쪽.

33)《ヘルメス文書》, 荒井獻・紫田有 譯, 朝日出版社, 1980, 234쪽.

34) 紫田有,《グノーシスと古代宇宙論》, 勁草書店, 1982, 23쪽.

35) 손진태,《민속학논고》, 민학사, 1975, 146쪽.

36)《鄕札》〈鄕射禮〉注"龍首中央爲 蛇身相交也".

37) 大野勃,《檀紀古史》, 第1世 檀帝.

38) 子曰龍德而正中者也.

39)《管子》"正軸若左若右 正中而己矣".

40)《易經》〈繫辭〉上"天垂象, 天樞는 天의 中樞, 中心".

41) 吉在由秀,《天文學のすすめ》, 講談社, 1966, 212~214쪽.

42)《爾雅》〈釋詁〉"道 首始也",《中庸》第一章"章句 首明道之本原出於天".

43) Carl Gustav Jung,《Psychologie und Alchemie》일본어판《心理学と錬金術》, 池田紘一・鎌田道生 譯, 人文書院, 1979, 24쪽.

44)《성서백과대사전》11권, 성서교재간행사, 613쪽.

제3장

1) Mircea Eliade,《Shamanism : Archaic Techniques of Ecstasy》일본어판《シャマニズム》, 堀一郎 譯, 冬樹社, 1974, 191쪽.

2) Uno Harva,《Shamanism》일본어판《シャマニズム:アルタイ系諸民族の世界像》, 田中克彦 譯, 三省堂, 1971, 165~166쪽.

3) Uno Harva, 앞 책, 20쪽.

4) Joseph Needham,《Science and Civilization in China》일본어판《中國の科學と文明》, 思索社, 1983.

5)《禮》"郊特牲郊所以明天道也"注"謂則之以示人也",《淮南子》〈天文訓〉"明者吐氣者也".

6)《星湖塞說》

7)《東國秘說》神祠掛銅圓鏡 號曰明圖.

8) 秋葉隆,《朝鮮巫俗の現地硏究》, 名著出版, 1980, 130쪽.

9) Mircea Eliade, 앞 책, 196쪽.

10) 박시인,《일본신화》, 탐구당신서, 1980, 66쪽.

11) Aleister Crowley,《Magic in Theory and Practice》일본어판《魔術 : 理論と實踐》上 島弘之 譯, 國書刊行會, 1983, 142쪽.

12) Christian Jacq,《이집트 상형문자 이야기》, 김진경 옮김, 예문, 1995, 68쪽.

13) Christian Jacq, 앞 책, 67~68쪽.

14) R. T. Rundle Clark,《Myth and Symbol in Ancient Egypt》, Thames and Hudson, 1978, 43쪽.

15) 박창범,《하늘에 새긴 우리역사》, 김영사, 2002, 111쪽.

16) Erwin Panofsky,《The Meaning of the Humanities》일본어판《視覺藝術の意味》, 內藤秀雄(外) 譯, 岩崎美術社, 1981, 제2장.

17) 徐陵,〈皇太子臨辟雍頌序〉"握天鏡而授河圖執玉衡而運乾象".

18) Alfred Maury,《La Magie et l'Astorologie》일본어판《魔術と占星術》, 有田忠郎·洴文敏 譯, 白水社, 1978, 277쪽.

19)〈檀君世紀〉序 "三神一體之道在大圓一之義".

20) 日下實男,《宇宙學入門》, 社會思想社, 1967, 34~42쪽.

21) 山內雅夫,《占星術の世界》, 中央公論社, 1983, 188~189쪽.

22) 山內雅夫, 앞 책, 188쪽.

23)《易》〈說卦〉參天兩地.

24) 秋葉隆,《朝鮮巫俗の現地研究》, 名著出版, 1980, 132~4쪽.

25) 박창범, 앞 책, 86쪽.

26) 李陌,《太白逸史》"大辯經曰惟天一神冥冥在上乃以三大三圓三一之爲靈符者".

27) 諸橋轍次,《大漢和辭典》卷十二, 1041쪽, "明兩弓相背戾".

28) 南師古,《格庵遺錄》"天降弓符天意在 拯濟蒼生誰可知".

29) James Legge,《Chinese Classics》Vol. III. Pt. l, 80쪽. 재인용처 : C. A. S. Williams, 이용찬 옮김,《환상적인 중국문화》, 평단문화사, 1985, 279쪽.

30)《日本書紀》〈神代紀〉下.

31) 諸橋轍次, 앞 책, 卷三, 476쪽에 기사 "天弓".

32)《晉書》〈天文志〉上 "天弓主司弓弩之張候 繁難".

33)《우파니샤드》, 박석일 옮김, 정음문고 59, 1974, 69쪽.

34) Uno Harva, 앞 책, 448~67쪽.

35)《Dictionary of the History of Ideas》3 일본어판《西洋思想大事典》3, 平凡社, 1990, 145쪽.

36) 大野扐,《檀奇古史》〈檀典〉第1世檀帝 "運三四成環五七一妙然之理".

37) 李陌,《太白逸史》〈三神五帝本紀〉第一 "惟天一神冥冥在上乃以三大三圓三一之爲靈符者大降降于萬萬世".

38)《桓檀古記》〈蘇塗經典本訓〉第五와《三一神誥》참초.

39) 藪內淸,《中國の數學》한국어판《중국의 수학》박세희 옮김, 현대과학신서, 1969, 31쪽.

40)《說文》"弓以近窮遠象形".

제4장

1) Fritz Saxl,《Lectures》일본어판《シンボルの遺産》, 松枝到·栗野康和 譯, せりか書店, 1980, 165~166쪽.

2) 郭璞 注,《山海經》〈海外西經〉.

3) J. E. Cirlot,《A Dictionary of Symbols》, Routledge and Kegan Paul, 1981, 88쪽.

4)《神市本紀》第三 "三神山祭天得封圖於天河其劃三絶三連換位推理妙含三極變化無窮".

5) 朱子,《太極圖說》"二五之精妙合而凝三極, 五行一陰陽五殊二實餘缺無".

6)《禮》〈禮運〉"陰陽之交",《淮南子》〈精神訓〉"精氣爲人",《說文》〈通訓定聲〉"人果實之人 在核中 如人在天地之中".

7)《淮南子》〈天文訓〉八 "馮馮翼翼洞洞灟灟".

8) 赤松智城·秋葉隆,《朝鮮巫俗の研究》上卷, 大阪屋號書店, 1937, 566쪽, "萬明唱言".

9) 諸橋轍次,《大漢和辭典》, 大修館書店, 1984.

10) 山內雅夫,《占星術の世界》, 中央公論社, 129~130쪽.

11) Carl Gustav Jung,《Mandala Symbolism》(Bollingen Series), Princeton University Press, 1973.

12) 민족문화추진위원회 편,《국역 퇴계집》II, 1968, 136쪽.

13) Michael Ripinsky-Naxon,《The Nature of Shamanism》, State University of New York Press, 1993, 34쪽.

14) Michael Ripinsky-Naxon, 앞 책, 71쪽.

15) J. E. Cirlot, 앞 책, 353쪽.

16) 池田末利,《古代中國宗教史研究》, 東海大學出版會, 1981, 291쪽.

17) 박창범,《하늘에 새긴 우리 역사》, 김영사, 2002, 111쪽.

18)《淮南子》〈天文訓〉.

19) Jeremy Narby,《The Cosmic Serpent : DNA and the Origins of Knowledge》한국어판《우주뱀=DNA : 샤머니즘과 분자생물학의 만남》, 김지현 옮김, 들녘, 2002, 284쪽.

20) Fritjof Capra,《The Tao of Physics》Shambhala Boulder, 1975, 307쪽.

21) Aleister Crowley,《Magic in Theory and Practice》일본어판《魔術：理論と實踐》上 島弘之 譯, 國書刊行會, 1983, 142쪽.
22) 諸橋轍次,《大漢和辭典》1卷, 大修館書店, 1984, 188쪽.
23)《震域留記》"八神之祭八神者天主地主兵主陽主陰主月主日主四時主也".
24) Mircea Eliade,《Shamanism : Archaic Techniques of Ecstasy》일본어판《シャマニズム》, 堀一郎 譯, 冬樹社, 1974, 600쪽.
25) Georges Dumezil,《Les Dieux des Germains》日本語版《ゲルマン人の神々》, 吉田敦彦 解, 松村一男 譯, 國文社, 1980, 77쪽.
26) Mircea Eliade, 앞 책, 489쪽.
27) 朴堤上《符都誌》.
28) 朴堤上《符都誌》十一章 "桓雄氏 歸而修八音二文 定曆數醫藥 述天文地理 弘益人世".
29)《說文》"象交也, 交錯也",《論語》"雍也「皇疎」文, 華也".
30)《淮南子》〈天文訓〉注 "文者, 象也".
31)《中庸》"天下之達道五".
32) 老子,《道德經》六.
33) Jeremy Narby, 앞 책, 160쪽.
34) J. E. Cirlot, 앞 책, 1981.
35) Alain Danielou,《Shiva and Dionysus》, translation by K. F. Hurry, Inner Traditions International, 34, 36쪽.
36) 班固,《答賓戱》注에 "善曰藻文采也",《漢書》〈敍傳〉上 "藻如春華" 注 "師古日 藻文辭也".
37) 福永光司,《道敎と日本文化》, 人文書院, 1984, 56~67쪽.
38) Heinz Westman,《The Structure of Biblical Myths》Dallas; Spring Publications Inc. 1983, 25쪽.
39) Walter Burkert,《Structure and History in Greek Mythology and Ritual》, University California Press 1982. 31쪽.

제5장

1) 최남선,《조선상식문답》, 동명사, 1946, 171쪽.
2) 1966년에 발행된 프랑스의 계간잡지《L′Arc》25의 특집〈레비 스트로스의 세계〉를 번역한 일본어판《レヴィ-ストロースの世界》, 伊藤晃(外) 譯, みすず書店, 44. 48, 58쪽.
3)《易經卦辭》下 "通神明之德",《莊子》〈天地〉"通於天地者德也",《韓詩外傳》五 "至精而妙乎天地之閒者".
4) 白鳥庫吉(外) 譯,《シャーマニズムの硏究》, 新時代社, 1940, 136쪽. 반자로프와 미하일로프스키의 연구 논문, 일본어로 번역한 책., 136쪽.
5)《莊子》〈讓王〉, 石戶之農.
6) Jeremy Narby,《The Cosmic Serpent : DNA and the Origins of Knowledge》한국어판《우주뱀=DNA-샤머니즘과 분자생물학의 만남》, 김지현 옮김, 들녘, 2002.
7) 木村重信,《ヴィーナス以前》, 中公新書, 1982, 64~65쪽.
8)《Hermetica》일본어판《ヘルメス文書》, 荒井獻·柴田有 譯, 朝日出版社, 1980, 86쪽.
9) E. A. Wallis Budge,《Amulets and Superstitions》, Dover Publications, INC. 1930, 254~257쪽.
10) Jeremy Narby, 앞 책, 141~164쪽.
11)《성서백과대사전》4, 성서교재간행사, 713~717쪽.
12) E. A. Wallis Budge, 앞 책, 254~257쪽.
13) Christopher Knight / Alan Butler,《Civilization One》한국어판《1세대문명》, 성양환 옮김, 청년사, 2007, 221쪽.
14) 山内雅夫,《占星術の世界》, 中央公論社, 1983, 188쪽.
15) Anne S. Baumgartner,《Comprehensive Dictionary of the Gods》, Carol Communications, 1984, 62, 124쪽.
16) James George Frazer ,《The Golden Bough》한국어판《황금가지》, 김상일 옮김, 을유문화사, 1969, 제44장.
17) 鄭喬,《東言攻略》, 古今書海館, 1쪽.
18) C, A, S. Williams,《Outlines of Chinese Symbolism and Art Motives》한국어판《환상적인 중국문화》, 이용찬 옮김, 평단문화사, 1985, 57쪽.
19) B. Z. Goldberg,《The Story of Sex in Religin》, Grove Press, Inc., 1962, 190쪽.
20) B. Z. Goldberg, 앞 책, 51쪽.
21) James George Frazer, 앞 책, 제12장 456쪽.

22) James George Frazer, 앞 책, 같은 곳.

23) 《日本書紀》第二, 一書.

24) 三品彰英, 《三品彰英論文集》第5卷 : 古代祭政と穀靈信仰, 平凡社, 1973, 425쪽.

25) 三品彰英, 앞 책, 425쪽.

26) Mircea Eliade, 《The Myth of the Eternal Return : Or, Cosmos and History》, Princeton University Press, 1974, 16, 26쪽.

27) 《春秋左氏傳》〈昭〉十七 「疏」에 玄鳥氏-官名, 曆官".

28) J. E. Cirlot, 《A Dictionary of Symbols》, Routledge and Kegan Paul, 1981, 91쪽.

29) 《說文》"鳳 神鳥也, 天老曰 鳳之像也 (……) 出於東方君子之國".

30) 山東省 嘉祥縣 素雲山, 기원후 147년(後漢)에 조성된 것으로 1786년에 발굴됐다.

31) 《詩經》商頌玄鳥篇 "天命玄鳥降而生商宇殷芒芒".

32) Mircea Eliade, 앞 책, 26~28쪽.

제6장

1) Mircea Eliade, 《Shamanism : Archaic Techniques of Ecstasy》일본어판 《シャマニズム》, 堀一郎 譯, 冬樹社, 1974, 211~213쪽.

2) Mircea Eliade, 앞 책, 208쪽.

3) 《桓檀古記》〈檀君世紀〉.

4) Uno Harva, 《Shamanism》일본어판 《シャマニズム : アルタイ系諸民族の世界像》, 田中克彦 譯, 三省堂, 1971, 182~183쪽.

5) Mircea Eliade, 앞 책, 29쪽.

6) Mircea Eliade, 앞 책, 338~340쪽.

7) Mircea Eliade, 앞 책, 208쪽.

8) G. S. Kirk, 《Myth : Its Meaning and Functions in Ancient and Other Cultures》, 1970, University of California Press, 146쪽.

9) Hans Findeisen, 《Schamanentum》일본어판 《靈媒とシャマン》, 和田完 譯, 冬樹社, 1979, 120쪽.

10) Fred Hoyle, 《On Stonehenge》, 일본어판 《ストーンヘンジ》, みすず書房, 1983, 127~128쪽.

11) Mircea Eliade, 앞 책. 211~213쪽.

12) 《桓檀古記》〈檀君世紀〉

13) 藤井知昭, 《音樂, 以前》, 日本放送出版協會, 1978, 99~100쪽.

14) 秋葉隆, 《朝鮮巫俗の現地研究》, 名著出版, 1980, 132~135쪽.

15) Walrer F. Otto, 《Theophania》일본어판 《神話と宗教》, 辻村誠三 譯, 筑摩書房, 1966, 42~43쪽.

16) Uno Harva, 앞 책, 471쪽.

17) Siegfried Giedion 《The Eternal Present : The Beginnings of Art》일본어판 《永遠の現在》, 江上波夫·木村重信 譯, 東京大學出版會, 1968, 153~154쪽.

18) Mircea Eliade, 앞 책, 제8장 〈샤머니즘과 우주론〉.

19) Uno Harva, 앞 책, 183쪽.

20) Mircea Eliade, 앞 책, 208~210쪽.

21) Mircea Eliade, 앞 책, 211~213쪽.

22) 秋葉隆, 《朝鮮巫俗の現地研究》, 名著出版, 1980, 129쪽.

23) 강희안, 《양화소록》, 이병호 옮김, 을유문화사, 1974, 66쪽.

24) Mircea Eliade, 앞 책, 197쪽.

25) Georg FeursteinIn 외, 《In Search of the Cradle of Civilization》한국어판 《최초의 문명은 고대 인도에서 시작되었다》, 정광식 옮김, 사군자, 2000, 249~250쪽.

제7장

1) 《周易大全》〈首卷〉易說綱領 7.

2) Mary Settegast, 《Plato Prehistorian》, Lindisfarne Press, 1990, 205쪽.

3) 《春秋左氏傳》〈文〉十六 "七遇皆北", 《漢書》〈律曆志〉上 "七者天地四時人之始也".

4) 《列子》〈天瑞〉 "一變爲七 七變而爲九 九變者究也".

5) C, A, S. Williams, 《Outlines of Chinese Symbolism and Art Motives》한국어판 《환상적인 중국문화》, 이용찬 옮김, 평단
문화사, 1985, 279쪽.

6) 《詩經》〈綢繆〉 "有古參爲三星".

7) 《易》〈說卦〉 "三, 天兩地".

8) 《說文》 "牛 角頭三 封尾之形也 其文理可分析也".

9) 《三一神誥》〈神理大全〉 "神位 四 分則三也 合則一也 三一而神位定".

10) 《漢書》〈律曆志〉上 "七者天地四時人之始也".

11) 《禮》〈禮運〉 "人者天地之德 陰陽之交鬼神之會五行之秀氣也".

12) 宗密, 《原人論》 "洗三才中之最靈而無本源乎".

13) 周敦頤《太極圖說》〈正蒙〉 "鬼神, 往來屈伸之義--故天曰神 地曰示 人曰鬼".

14) Jean Brun, 《Les Presocratiques》, 일본어판 《ソクラテス以前の哲學》, 鈴木幹也 譯, 白水社, 1971, 51~54쪽.

15) 《天符經》 "一始無始一析三極".

16) 《桓檀古記》.

17) Emmelin M. Plunket, 《Calendars and Constellations of the Acient World》한국어판 《고대의 달력과 별자리》, 진관수
옮김. 연세대학교출판부, 2010, 제4장.

18) 《說文》〈通訓定聲〉 "爻按X古文五 二五天地之數會意爻".

19) Jean Brun, 앞 책, 1971, 51~54쪽.

20) James Flazer, 《Golden Bough》, the Macmillan Company, 1969, 312쪽.

21) 《中庸》 "天下之達道五".

22) J. E. Cirlot, 《A Dictionary of Symbols》, Routledge and Kegan Paul, 1981, 193쪽.

23) Manly P. Hall, 《The Secret Teachings of All Ages : An Encyclopedic Outline of Masonic, Hermetic, Cabbalistic and
Rosicrucian Symbolical Philosophy》 일본어판 《秘密の博物誌 : 象徵哲學大系 II》, 大沼忠弘(外) 譯, 人文書院, 1981,
172쪽.

24) B. S. 라즈니쉬 강의, 석지현·홍언자 편역, 《사라하의 노래》, 일지사, 1981, 120쪽.

25) 《易》〈繫辭〉上 "六爻之動三極之道也".

26) 《說文》〈六〉 "易之數 陰變於六 正於八從八".

27) Michael Ripinsky-Naxon, 《The Nature of Shamanism》, State University of New York Press, 1993, 126쪽.

28) 《淮南子》〈時則訓〉, 六合孟春興 孟秋爲合仲春興 仲秋爲合.

29) 中村元, 《佛敎語源散策》, 東亞選書, 1977, 107쪽.

30) 민족문화추진위원회 편, 《국역퇴계집》 II, 1968, 110~111쪽.

31) 《國語》〈晉語〉四億, 寧百神.

32) Manly P. Hall, 앞 책, 224쪽.

33) 《說文》 "八 別也 相分別相背之形".

제8장

1) Mircea Eliade, 《Shamanism : Archaic Techniques of Ecstasy》, 일본어판 《シャマニズム》, 堀一郎 譯, 多樹社,
1974, 610쪽.

2) George Hart 《Egyptian Myths : Legendary Past Series》 《이집트신화》, 이용균·천경호 공역, 범우사, 1999, 58쪽.

3) 光宗, 《溪嵐拾葉集》〈大正新修大藏經〉76卷.

4) 秋葉隆, 《朝鮮巫俗の現地硏究》, 名著出版, 1984, 132~135쪽.

5) 司馬遷, 《史記》〈匈奴傳〉.

6) Mircea Eliade, 《Shamanism》, Princeton University Press, 1974.

7) Georges Dumezil, 《Les Dieux des Germains》 日本語版 《ゲルマン人の神々》, 吉田敦彦 解, 松村一男 譯, 國文社, 1980,
77쪽.

8) 金富軾, 《三國史記》〈雜篇〉溫達傳.

9) 이수광, 《지봉유설》 하, 남만성 옮김, 을유문화사, 1975, 376쪽.

10) Uno Harva, 《Shamanism》 일본어판 《シャマニズム : アルタイ系諸民族の世界像》, 田中克彦 譯, 三省堂, 1971, 439쪽.

11) Walter F. Otto, 《Dionysus : Myth and Cult》, Indiana University Press, 1965.

12) 司馬遷, 《史記》〈封禪書〉.

13) 司馬遷, 《史記》〈孝武本紀〉 "入九天廟於甘泉–胡巫事九天於神明臺".

14) Fritz Saxl, 《Lectures》 일본어판 《シンボルの遺産》, 松枝到·栗野康和 譯, せりか書店, 1980, 158~162쪽.

15) 柴田有, 《グノシスと古代宇宙論》, 勁草書房, 1982, 28~29쪽.

16) Michio Kaku, 《Hyperspace》, 한국어판 《초공간》, 최성진·한용진 옮김, 김영사, 1997, 240~242쪽.

17) 김상일, 《초공간과 한국문화》, 교학연구사, 1999, 121쪽.

18) Hans Findeisen, 《Schamanentum》 일본어판 《靈媒とシャマン》, 和田完 譯, 冬樹社, 1977.

19) Carl Gustav Jung, 《Psychologie und Alchemie》 일본어판 《心理学と錬金術》, 池田紘一·鎌田道生 譯, 人文書院, 1979, 175쪽.

20) Mircea Eliade, 일본어판, 앞 책, 510쪽.

21) 松村武雄, 《古代希臘に於ける宗教的葛藤》, 培風館, 1943, 848쪽.

22) Mircea Eliade, 《Yoga》, Princeton University Press, 1969, 221~222쪽.

23) 赤松智城·秋葉隆, 《朝鮮巫俗の研究》上卷, 大阪玉號書店, 1938, 314쪽.

24) Joseph Campbell, 《The Hero with a Thousand Faces》, MJF Books, 1949, 91~92쪽.

25) Jacquetta Hawkes, 《Dawn of the Gods》, Random House, 1968, 141쪽.

26) 《한국상징문화사전》 2, 동아출판사, 1995, 632쪽.

27) Michael Ripinsky-Naxon, 《The nature of Shamanism》, State University of New York Press, 1993, 35~36쪽.

28) 赤松智城·秋葉隆, 앞 책, 566쪽.

29) 赤松智城·秋葉隆, 앞 책, 180쪽.

30) 赤松智城· 秋葉隆, 앞 책, 73~74쪽.

31) Mircea Eliade, 일본어판, 앞 책, 33쪽.

32) Walter Burkert, 《Structure and History in Greek Mythology and Ritual》, University of California Press, 1979, 83~84쪽.

33) Walter Burkert, 앞 책, 88~94쪽.

34) Mircea Eliade, 앞 책, 제8장

35) Dorzhi Banzarov, 《Shamanism》, 일본어판 《シャマニズム研究》, 白鳥庫吉·高橋勝之 譯, 新時代社, 1971, 46쪽.

36) 邦正美, 《舞踊の文化史》, 岩波書店, 1976, 22쪽.

37) Alain Danielou, 《Shiva and Dionysus》, translation by K. F. Hurry, Inner Traditions International, 200쪽.

38) Michael Ripinsky-Naxon, 앞 책, 34쪽.

39) Michael Ripinsky-Naxon, 앞 책, 71쪽.

40) 정병호, 《농악》, 열화당, 1990, 9쪽.

41) Barry Fell, 《America B.C. : Ancient Settlers in the New World》, A Wallaby Book, 1989.

42) Uno Harva, 앞 책, 301~302쪽.

43) Johan Huizinga, 《Homo Ludens : A Study of the Play – Element in Culture》, 한국어판, 김윤수 옮김, 까치, 1977, 143~144쪽.

44) 赤松智城·秋葉隆, 앞 책, 128~129쪽.

45) Michael Ripinsky-Naxon, 앞 책, 34쪽.

46) 赤松智城, 秋葉隆, 앞 책, 566쪽.

47) 一然, 《三國遺事》〈紀異〉

48) 《世界の神話傳說 總解說》, 自由國民社, 1983, 49쪽.

49) George Hart, 앞 책, 23쪽.

50) R. T. Rundle Clark, 《Myth and Symbol in Ancient Egypt》, Thames and Hadson, 1959, 42쪽.

51) Georges Bataille, 《La Peinture Prehistorique Lascux》 일본어판 《ラスコーの壁畵》, 出口裕弘 譯, 二見書房, 213쪽.

52) Georges Bataille, 앞 책. 213~214쪽.

53) Walter Burkert, 《Homo Necans》 Translation by Peter Bing, University of California Press. 58~72쪽.

54) Mary Settegast, 《Plato Prehistorian》, Lindisfarne Press, 1990, 110쪽.

제9장

1) Georges Dumezil, 《Les Dieiux des Germains》 일본어판 《ゲルマン人の神々》, 吉田敦彦解·松村一男 譯, 國文社, 1980, 155쪽.

2) Uno Harva, 《Shamanism》 일본어판 《シャマニズム：アルタイ系諸民族の世界像》, 田中克彦 譯, 三省堂, 1971, 29쪽.

3) David Ulansey, 《The Origins of the Mithraic Mysteries-Cosmology and Salvation in the Ancient World》, Oxford University Press, 1989, 119~124쪽.

4) 司馬遷, 《史記》〈封禪書〉.

5) 司馬遷, 《史記》〈孝武本紀〉 "入九天廟於甘泉-胡巫事九天於神明臺".

6) 郭璞 注, 《山海經》〈海內經〉.

7) G. S. Kirk, 《Myth : Its Meaning and Functions in Ancient and Other Cultures》, 1970, University of California Press, 248쪽.

8) 《康熙字典》〈器〉.

9) 司馬遷 《史記》〈封禪書〉 "黃帝接 萬靈明廷 明廷者 甘泉也".

10) 《漢書》〈郊祀志〉 上 "黃帝作寶鼎三 象天地人".

11) 《禮記》〈檀弓〉 上 "其日明器神明之也. 夫明器, 鬼器也. 日精也".

12) 白川靜, 《中國の神話》, 中央公論社, 1980, 36~37쪽.

13) 小杉一雄, 《中國文樣史の研究》, 1973, 21쪽.

14) 《淮南子》〈本經訓〉.

15) 松村武雄, 《古代希臘に於ける宗教的葛藤》, 培風館, 1943, 415쪽.

16) 並河亮, 《佛像出現》, 玉川大學出版部, 1982, 110쪽.

17) John Williamson, 《The Oak King, the Holly King and the Unicon》, Happer and Row Publishers, 1983, 222쪽.

18) Nonnos, 《Dionysiaka》 V111, 144 ff. 재인용 : 松村武雄, 《古代希臘に於ける宗教的葛藤》, 培風館, 1943, 549쪽.

19) 《後漢書》〈天文志〉 上.

20) 赤松智城·秋葉隆, 《朝鮮巫俗の研究》 下卷, 大板玉號書店. 1938, 107쪽.

21) 司馬遷 《史記》〈封禪書〉 "使人入海求蓬萊方丈南瞻部洲, 此 三神山者, 其 傳在 渤海中", 《拾遺記》〈高辛〉, "三壺, 則海中三山也, 一日方壺則方丈也. 二日蓬壺則蓬萊也 三日 南瞻部洲也, 形如壺器".

22) 《禮》〈檀弓〉 下 "爾專之".

23) Bruce Lincoln, 《Emerging From the Chrysalis》, New York Oxford University Press, 1991.

24) Jyoti Sahi, 《The Child and the Serpent-Reflections On Popular Indian Symbols》, Arkana, 1990, 173쪽.

25) G. S. Kirk, 앞 책, 일본어판, 內堀基光 譯. 社會思想社, 1976, 312쪽.

26) 《禮》〈郊特牲〉 "郊所以明天道也" 注 "謂則之以示人也".

27) 《青海社會科學》 1983年 5期 論文, Taipei.

28) 《南史》〈梁武帝紀〉 "日有三足烏 集殿之東戶".

29) 司馬遷, 《史記》〈朝鮮列傳〉 注 "集解曰 張晏曰 朝鮮有 濕水 洌水 汕水 三水合爲洌水".

30) 《說文》 "魚遊水克".

31) 《桓檀古記》〈神市本紀〉.

32) 赤松智城·秋葉隆, 앞 책, 72쪽.

33) Erich Neumann, 《The Great Mother》, translation by Ralph Manheim, Princeton University Press, 1974, 도판 141.

34) 赤松智城·秋葉隆, 앞 책, 上卷, 566쪽.

35) Franz Cumont, 《The Mysteries of Mithra》, Dover Publications Inc., 1956, 121쪽.

36) Claude Levi-Strauss, 《Myth and Meaning》 3, Schocken Books, 1978.

37) Jean-Noel Robert, 《From Rome to China》 한국어판 《로마에서 중국까지》, 이산 옮김, 1998, 287쪽.

38) 《桓檀古記》〈檀君世紀〉.

39) 白川靜, 《中國古代の民俗》, 講談社, 1980, 32쪽.

40) 松村武雄, 앞 책, 374~375쪽.

41) 《儀禮》 "士昏禮 期初昏, 陳三鼎于寢門外東方".

42) Charles Alfred Speed Williams, 《Outline of Chinese Symbolism & Art Motives》 한국어판 《환상적인 중국문화》, 이용찬 옮김, 평단문화사, 1985, 57쪽.

43) Samuel Noah Kramer, 《The Sumerians : Their History, Culture and Character》, The University of Chicago Press,

1963, 145, 280쪽.

44) Jane Ellen Harrison, 《Prolegomena to the Study of Greek Religion》, Princeton University Press, 1991, 351쪽.

45) L. A. Waddell, 《Indo-Sumerian Seals Deciphered》, Luzac & Co, 1925

46) Uno Harva, 앞 책, 476~477쪽.

47) Johan Gunnar Andersson, 《Children of the Yellow Earth, Studies in Prehistoric China》, 일본어판 《黃土地帶》, 松琦壽和 譯, 1933, 403~425쪽.

48) 赤松智城·秋葉隆, 앞 책, 71쪽.

49) Johan Gunnar Andersson, 앞 책, 403~425쪽.

50) Johan Gunnar Andersson, 앞 책.

51) Johann Jakob Bachofen, 《Myth, Religion and Mother Right》, Princeton University Press, 1973, 24~25쪽.

52) 《日本書紀》 神代記. 上.

제 10장

1) 郭璞 注, 《山海經》 〈海內經〉.

2) 崔浩, 《史記索隱》 "胡祭以金人爲主 今浮圖金人是也".

3) 《海東高僧傳》 卷第一 "按霍去病云 得休屠王祭天金人 則像設似先人沙漠矣 前漢哀帝時".

4) Aleister Crowley, 《Magic in Theory and Practice》 일본어판 《魔術 : 理論と實踐》 下, 島弘之 譯, 國書刊行會, 1983, 178쪽.

5) Aleister Crowley, 앞 책, 166쪽.

6) Georges Nataf, 《Symboles Signes et Marques》 한국어판 《상징·기호·표지》, 김정란 옮김, 열화당, 1987, 93쪽.

7) 조철수, 《한국신화의 비밀》, 김영사, 2003.

8) 司馬遷, 《史記》 〈匈奴傳〉.

9) 《魏書》 〈釋老傳〉.

10) 大野扐, 《檀奇古史》, 〈檀君11世 道奚〉.

11) Johan Huizinga, 《Homo Ludens : A Study of the Play - Element in Culture》, 한국어판, 김윤수 옮김, 까치, 1977, 31쪽.

12) Erich Neumann, 《The Great Mother》, translation by Ralph Manheim, Princeton University Press, 1974.

13) Thorkild Jacobsen, 《The Treasures of Darkness : A History of Mesopotamian Religion》, Yale University Press, 1976, 166쪽.

14) 《桓檀古記》 〈檀君世紀〉 第十一世 檀君.

15) 《魏書》 〈蠕蠕傳〉 "醜奴遣沙門洪宣奉獻珠像".

16) 庚信, 《謝滕王集序》 "啓 若夫甘泉宮裏 玉樹一叢 玄武關前 明珠六寸 不得譬此 光芒方斯燭照".

17) 園隨園, 《ギリシア史研究》 3, 創元社, 1945, 222~224, 245, 272쪽.

18) Roland de Vaux, 《구약시대의 종교풍속》, 이양구 옮김, 성서연구사, 1996, 174쪽.

19) James George Frazer, 《The Golden Bough》 한국어판 《황금가지》, 김상일 옮김, 을유문화사, 1969, 제68장 〈황금가지〉.

20) Berthold Laufer, 《Sino-Iranica》, Ch'engwen pub. com, Taipei, 1978, 208~212쪽.

21) Laufer, 앞 책, 208~212쪽.

22) Jene Ellen Harrison, 《Ancient Art and Ritual》 일본어판 《古代藝術と祭式》, 佐佐木里 譯, 筑摩書房, 1976, 제4장.

23) 一然, 《三國遺事》 〈水路夫人〉.

24) John Stratton Hawley Ed., 《The Divine Consort》, Berkeley Religious Studies Series, 1982, 224~237쪽.

25) Erwin Panofsky, 《Studies in Iconology : Humanistic Themes in the Art of the Renaissance》, Harper and Row Publishers, 1972, 125~126쪽.

26) 이수광, 《지봉유설》 하, 남만성 옮김, 을유문화사, 1975, 425쪽.

27) 여러 기록에서 동해용왕, 천제, 상제, 단군 혹은 지모신은 선도성모, 산신(産神), 신모, 해척지모(海尺之母)로 표현한다.

28) Glyn Daniel, 《The First Civilizations : The Archaeology of Their Origins》, Thomas Y. Crowell Company, 1970, 73쪽.

29) 松村武雄, 《古代希臘に於ける宗教的葛藤》, 培風館, 1943, 705쪽.

30) 黃劍華, 《三星堆》 한국어판 《삼성퇴의 황금가면》, 이해원 옮김, 일빛, 2002, 16쪽.

제 11장

1) 성백인 역주,《만주샤먼신가》, 명지대학출판부, 1974.

2) 박창범,《하늘에 새긴 우리역사》, 김영사, 2002년 125쪽.

3) James George. Frazer,《Folklore in the Old Testament》한국어판《구약시대의 인류민속학》, 이양구 옮김, 강천, 1996, 477~489쪽.

4) 赤松智城·秋葉隆,《朝鮮巫俗の研究》下卷, 大阪屋號書店, 1938, 圖版75.

5) 白川靜,《漢字の世界》2, 平凡社, 1976, 102쪽.

6) 大野勃,《檀紀古史》, 제2세단제, 명부루

7) 손진태,《민속학논공》, 민학사, 1975, 32쪽.

8)《大震國本紀》第七 "諸夷太白玄妙之道".

9) 中村元,《佛敎語源散策》, 東亞選書, 1977, 大黑天.

10) Samuel Noah Kramer,《The Sumerians : Their History, Culture, and Character》, The University of Chicago Press, 1963, 133쪽.

11) Pierre Amiet,《Les Civilisations Antiques du Proche-Orient》일본어판《古代オリエント文明》, 鵜飼溫子 譯, 白水社, 1979, 141쪽.

12) 諸橋轍次,《大漢和辭典》卷 6, 6,867쪽 "經云 浮屠者梵語也, 或謂 聖瑞靈圖浮 海而至 故云 浮圖也".

13) 北崖子,《揆園史話》〈太始記〉

14) 松村武雄,《古代 希臘の宗敎的葛藤》, 培風館, 1943, 374~375쪽.

15) Mircea Eliade,《Shamanism : Archaic Techniques of Ecstasy》일본어판《シャマニズム》, 堀一郎 譯, 冬樹社, 1974, 452~453쪽.

16) 一然,《三國遺事》〈寶藏奉老〉.

17) 김원룡,《한국미술사》, 범문사, 1968, 54쪽.

18) Mircea Eliade, 일본어판《宗敎學と藝術》, 中村恭子編 譯, せりか書房, 1975, 114쪽.

19) Micael Claud Touchard,《Les Pyramides et Leurs Mysteres》일본어판《ピラミッドの秘密》, 酒井傳六 譯, 社會思想社, 1979, 340쪽.

20) 金富軾,《三國史記》〈寶藏王〉.

21)《淮南子》〈俶眞訓〉 "虛室生白(注)白, 道".

22) Karl. Kerenyi,《The Religion of the Greeks and Romans》, 일본어판,《神話と古代宗敎》, 高橋英夫 譯, 新朝社, 1972, 122쪽.

23)《道敎研究》, 二卷〈五嶽眞形圖の信仰〉, Michel Soymie, 吉岡義豊 編修, 昭森社, 1967.

24) James George Frazer,《The Golden Bough》한국어판《황금가지》, 김상일 옮김, 을유문화사, 1969, 제1장.

25) 大野勃,《檀奇古事》.

26)《詩》 "小雅, 巧言".

27) L. A. Waddell,《Indo-Sumerian Seals Deciphered》, Luzac & Co., 1925,

28) Jack Finegan,《Light from the Ancient Past》일본어판《古代文化の光》, 三笠宮崇仁(外) 譯, 岩波書店, 1962, 52쪽.

29) W. Robertson Smith,《Lectures on the Religion of the Semites》일본어판《セム族の宗敎》前篇, 永橋卓介 譯, 岩波書店, 1942, 67쪽.

30)《風俗通》 "言其能行天道擧錯審諦".

31) Walter Burkert,《Structure and History in Greek Mythology and Ritual》, University of California Press, 1979, 제2장.

32) C. Scott Littleton,《The New Comparative Mythology》일본어판《新比較神話學》, 堀美佐子 譯, みすず書房, 1981, 52~53쪽.

33) Zecharia Sitchin,《The 12th Planet》한국어판《수메르 혹은 신들의 고향》, 이근영 옮김, AK, 2010.

34) K. Kerenyi, 앞 책, 122쪽.

35) Hugo Leichtentritt,《Music, History and Ideas》일본어판《音樂の歷史と思想》, 服部幸三 譯, 音樂之友社, 1980, 36~37쪽, 82쪽.

36) Walter Burkert,《Ancient Mystery Cults》, Havard University Press Cambridge, 1981, 제4장.

37)《說文》 "文 象交也, 交錯也",《論語》〈雍也〉 "皇疎」文, 華也",

38) 中村元 編,《佛敎語源散策》, 東西選書, 1977, 93쪽.

39) 계명(啓明)을 계면(界面)이라고 쓰는 것은 잘못이다.

40) 應邵,《漢書集解》.

41) 北崖,《揆園史話》檀君記.

42) Glyn Daniel,《The First Civilizations : The Archaeology of Their Origins》, Thomas Y. Crowell Company, 1970, 72쪽.

제 12장

1) Fritz Saxl,《Lectures》일본어판《シンボルの遺産》, 松枝到·栗野康和 譯, せりか書店, 1980, 98쪽.

2) Fritz Saxl, 앞 책, 106~107쪽.

3) S. N. Kramer,《Mythologies of the Ancient World》, Doubleday and Co. Inc., 1961, 348쪽.

4) Jane Ellen Harrison,《Ancient Art and Ritual》일본어판《古代藝術と祭式》, 佐佐木里 譯, 筑摩書房, 1976, 제4장

5) Fritz Saxl, 앞 책, 131쪽.

6) 北崖,《揆園史話》檀君記.

7) Fritz Saxl, 앞 책, 120~137쪽.

8) Franz Cumont,《The Mysteries of Mithra》, Dover Publications Inc., 1956, 121쪽.

9) Franz Cumont, 앞 책, 204~205쪽.

10) 杉山二郎,《オリエント考古美術誌》〈中東文化と日本〉, 日本放送出版會, 1981, 41쪽.

11) Mircea Eliade,《Shamanism : Initiatory Sicknesses and Dream, Contemplating One's Own Skeleton》, Princeton University Press, 1951, 58~61쪽.

12) Franz Cumont, 앞 책, 105쪽.

13) Fritz Saxl, 앞 책, 100쪽.

14) Mary Settegast,《Plato Prehistorian : 10,000 to 5,000 B.C. Myth, Religion, Archaeology》, Lindisfarne Press, 1990, 113쪽.

15) M. J. Vermaseren,《Mithras, the Secret God》, Barnes and Noble Inc., 1963, 108쪽.

16) M. J. Vermaseren, 앞 책, 104쪽.

17) Franz Cumont, 앞 책, 66쪽.

18)《漢書》〈郊社志〉上 "古文雍四時云 木寓龍一駟 (注)師古日,一駟,亦四龍也".

19) M. J. Vermaseren, 앞 책, 76쪽.

20) James George Frazer,《The Golden Bough》한국어판《황금가지》, 김상일 옮김, 을유문화사, 1969, 제10장.

21) James George Frazer, 앞 책, 제31장.

22) David Ulansey,《The Origins of the Mithraic Mysteries》, Oxford University Press, 1989, 11쪽.

23)《說文》〈通訓定聲〉"白色身長足短口黑 至春羽化爲天牛".

24) Franz Cumont,《Oriental Religions in Roman Paganism》,《The Mysteries of Mithra》, Dover Publications Inc., 1956.

25) J. Frazer, 앞 책, 제50장 2절

26) Philip Rawson,《The Art of Tantra》, Oxford University Press, 1973, 139쪽.

27) David Ulansey, 앞 책, 17, 26, 60쪽.

28) David Ulansey, 앞 책, 123~124쪽.

29) Philip P. Wiener《Dictionary of the History of Ideas》, Macmillan Pub Co.

제 13장

1) 原隨園,《ギリシア史研究》3, 創元社, 1944, 134쪽.

2) Alexey P. Okladnikov, 일본어판《シベリアの古代文化》, 加藤九祚·加藤晉平 譯, 講談社, 1974, 124~125쪽.

3) B. Z. Goldberg,《The Story of Sex in Religion》, Grove Press, Inc., 1962, 256쪽.

4) 金富軾,《三國史記》〈美川王〉, 一然,《三國遺事》〈味鄒王과 竹葉軍〉.

5) 金富軾,《三國史記》, 卷四十〈雜志〉第九.

6) S. N. Kramer,《Mythologies of the Ancient World》, Doubleday and Co. Inc., 1961, 348쪽.

7) 一然,《三國遺事》,〈塔象〉第四 "彌勒仙化 末戶郎 眞慈師" 혹은〈紀異〉"第一 南海王".

8) Georges Dumezil, 일본어판《ゲルマン人の神々》, 吉田敦彦 解, 松村一男 譯, 國文社, 1987, 86쪽.

9)《周書》〈異域傳〉.

10) 山本ひろこ,《異神 : 中世日本の秘教的世界》, 平凡社, 1999, 214쪽.

11) 三品彰英,《日鮮神話傳說の研究》, 平凡社, 1972.

12) 李奎報, 《東國李相國集》卷3, 〈東明王篇〉.

13) 《新增東國輿地勝覽》卷51, 〈平壤府古蹟〉.

14) 최남선, 《조선상식문답》, 동명사, 1947(단기 4279), 11쪽.

15) 《論語》, 〈顏淵〉 "草上之風必偃", 《莊子》, 〈徐無鬼〉 "爲義偃兵".

16) J. E. Cirlot, 《A Dictionary of Symbols》, Routledge and Kegan Paul, 1981, 152쪽.

17) G. S. Kirk, 《Myth : Its Meaning and Functions in Ancient and Other Cultures》, University of California Press, 1970, 204쪽.

18) G. S. Kirk, 앞 책, 154~156쪽.

19) Otto J. Maenchen-Helfen, 《The World of the Huns》 University of California Press, 1973, 333쪽.

20) 赤松智城·秋葉隆, 《朝鮮巫俗の研究》, 大板屋號書店, 1938, 71쪽.

21) J. E. Cirlot, 앞 책, 277쪽.

22) G. S. Kirk, 앞 책, 204쪽.

23) 司馬遷, 《史記》 〈樂書〉.

24) 《淮南子》, 〈道應訓〉.

25) 《古書虛字集釋》七 "御非 爾馬之政".

26) Mircea Eliade, 《Shamanism : Archaic Techniques of Ecstasy》 일본어판 《シャマニズム》, 堀一郎 譯, 冬樹社, 1974, 466~470쪽.

27) 中國 山東省 嘉祥縣 素雲山.

28) 김재원, 《단군신화의 신연구》, 탐구당, 1976.

29) 馬雲峰, 《金石索》, 재인용 : 김재원, 《단군신화의 신연구》, 26쪽.

30) 《後漢書》 〈東夷傳〉 韓.

31) 미투리는 삼, 모시, 노 따위로 만든 것으로 이를 마혜(麻鞋) 혹은 망혜(芒鞋)라고도 한다.

32) 一然, 《三國遺事》 〈塔象〉 "三所觀音 衆生寺".

33) 《逸周書》 "王會解 發東夷", 《說文》 "發弓矢".

끝내는 글

1) Andrew Collins, 《From the Ashes of Angels》 한국어판 《금지된 신의 문명》 제1권, 오정학 옮김, 사람과 사람, 2000.

2) Apollodorus, 《Bibliotheke》 일본어판, 《ギリシャ神話》 高津春繁 譯, 岩波書店, 1982, 41쪽.

3) 松村武雄, 《古代希臘に於ける宗教的葛藤》, 培風館, 1943, 820~821쪽.

4) Pierre Grimal, 《La Mythologie Grecque》 일본어판, 《ギリシャ神話》 高津春繁 譯, 白水社, 1983, 134~136쪽.

5) Aleister Crowley, 《Magick in Theory and Practice》 일본어판 《魔術 : 理論と實踐》 上 島弘之 譯, 國書刊行會, 1983, 142쪽.

용어설명

간두
지팡이, 장대, 창 등의 머릿부분으로 주로 청동으로 장식을 했으며 샤먼들이 제사나 점술에서 하늘의 뜻을 전하는 역할을 하였다.

갑골문자
중국 상나라 때 문자. 거북이등〔갑甲〕이나 소의 어깻죽지 뼈〔골骨〕등에 새겨져 있다. 주로 점치는 데 쓰인 것으로 보이는데, 신에게 질문하면서 인두로 지졌을 때 갑골의 갈라진 금으로 하늘의 응답을 해석하는 것이다. 문자의 수는 대략 4000자, 그중 절반 정도가 해독돼 있다.

경성 열두거리
무가는 한국의 무당 등이 노래로 전해온 경전이라 할 수 있다. 그 중 열두거리는 큰굿에서 불리는 무가로, 〈경성(서울) 열두 거리〉와 〈오산 열두 거리〉가 있다. 〈경성 열두 거리〉에는 청배請拜(신을 청하는 무가), 신탁神託(무녀를 통해 전달되는 신의 목소리), 타령(신을 즐겁게 하기 위해 부르는 노래)의 세 가지가 비교적 분명하게 나뉘어 있다.

고등신상
남자가 말에 탄 모양의 고구려시대 때 신상.《삼국지》〈위서〉〈고구려전〉에 국왕이 있는 곳 좌우에 신묘를 세워 귀신을 제사지낸다고 했고 당나라 때 이연수가 편찬한《북사》에는 두 곳의 신묘 중 하나에 부인 모양의 나무 조각을 새겼고 또 하나는 고등신이라 하는데 이는 그 시조 부인의 아들이라고 했다. 이로 미뤄 고등신은 고주몽이며 부인상은 하백의 딸로 추정된다.

고창국
5~7세기경 중국 신강 위구르 자치구의 투루판에서 번영한 국가. 5세기 중반 북량(오호십육국의 하나)이 망한 뒤 그 왕족인 저거무휘, 저거안주 형제가 유민들을 이끌고 이 지역에 나라를 세웠다. 저거 씨가 2대만에 물러나고 498년 국 씨가 왕이 된 후 140년 남짓 나라를 이끌었지만 실질적으로는 한의 속국이었다.

공희의식
하늘에 제사할 때 사람(죄수)을 희생물로 바치는 의식. 사람 대신 동물을 희생물로 바치는 경우가 많다. 넓게는 힌두교의 화장 의식이나 머리카락 등 신체 일부를 바치는 것 또는 곡물을 바치는 역시 공희의식이라고 볼 수 있다.

《관자》
제나라 때 정치가 관중의 저서로 전해지지만 관중을 기리기 위해 후대 사람들이 책을 엮은 책으로 보인다. 법가, 도가적 색채가 두루 아우러져 있다.

구데아 신 (구데아 왕)
기원전 2100년 경 바빌로니아 라가시를 지배한 왕. 이후 신격화됐다. 구데아 왕의 조각상들은 그 시대의 걸출한 예술품으로 꼽힌다.

그노시스파
이집트, 지중해 문명 시대에 유행했던 신비주의 사상을 연구한 학파. 그노시스라는 말은 그리스어로 인식, 앎, 지식 또는 깨달음으로 번역할 수 있지만 그 속에는 한층 더 종교적이고 복합적인 의미가 담겨 있다. 초기 그리스도교 저술가들은 천상적 신비에 대한 인식이나 깨달음을 그노시스라 표현했다. 반면 이단학파에서는 밀교적 인식으로 이해하기도 했다.

나정
신라 시조 박혁거세의 탄생설화가 깃든 경주의 우물.《삼국유사》의 기록을 간추리면 다음과 같다. 전한前漢 지절원년地節元年 임자壬子. (기원전 69년) 3월 초하룻날, 신라 건국의 주역들인 육촌 촌장들이 군주를 모시고 도읍을 정하기로 결정한 뒤 높은 곳에 올라 사방을 보니 양산陽山 아래

나정蘿井에서 신비한 기운이 드리워져 있었고 백마 한 마리가 무릎 꿇고 경배하듯 하고 있었다. 그곳에는 커다란 붉은 알 하나가 있었고 속에는 어린 사내아이가 들어 있었다. 사람들은 세상을 밝게 할 것이라며 아이 이름을 혁거세赫居世라 지었다. 성은 박처럼 생긴 알에서 나왔다고 박朴이라 했다. 아이의 나이 13세 되던 해인 오봉원년갑자五鳳元年甲子, 기원전 57년에 왕으로 삼았다. 국호는 서라벌徐羅伐이었다.

〈낙서〉
중국 하夏나라 우왕禹王이 홍수를 다스렸을 때 낙수洛水에서 나온 거북이의 등에 쓰여 있었다는 글.《서경》의 〈홍범구주洪範九疇〉는 이를 바탕으로 만든 것이라고 전해지며 팔괘 또한 이것에서 비롯됐다. 〈하도〉와 함께 점성술의 텍스트로 꼽는다.

네레이스
그리스 신화에서 해신 네레우스와 대양신 오케아노스의 딸 도리스 사이에 태어난 50명의 님프들. 여신에 가깝다. 아름다운 모습으로 신이나 영웅과 결혼한 경우도 많다.

니벨룽겐의 반지
니벨룽그 족이 만든 마법의 황금 반지를 둘러싼 이야기. 지그프리트의 영웅담이 중심이다. 북유럽 신화의 시구르드 이야기가 원형.

《단기고사》
발해왕의 아우 대야발이 지었다고 알려진 고대 역사서.

당간지주
사찰에 만들어 세운 솟대. 꼭지에 제비 대신 용의 머리를 새겼다.

데메테르의 비밀의례
그리스 신화에 땅의 여신이며 농경과 곡물, 수확을 주관하는 여신으로 등장한다. 데메테르라는 이름은 그리스어로 땅의 어머니라는 뜻. 벼 이삭으로 비밀의식을 행한다. 딸 페르세포네가 지하의 신 하데스에게 납치돼 딸을 찾아 헤매는 일화가 유명하다.

데이비드 울란지
미국 보스턴 대학 교수. 미트라교 연구가. 저서에《미트라 미스터리의 기원》등이 있다.

델포이 신전
그리스 신화 시대의 아폴론 신전. 고대 그리스 사람들은 델포이가 옴팔로스omphalos(세상의 배꼽)라고 생각해 신전에 같은 이름의 돌을 세웠다.

레비 스트로스
1908~2009. 문화인류학자. 벨기에에서 태어나 프랑스에서 자랐다. 구조주의 연구의 효시가 된 업적은 철학이나 예술 등에도 영향을 미치고 있다. 저서에《슬픈 열대》《구조인류학》등이 있다.

로터스 양식
이집트의 연꽃을 문양으로 만든 것.

《리그베다》
고대 인도의 힌두교 경전 가운데 하나. 신을 찬미하는 운문 형식의 찬가 모음집이다. 인도에서 현존하는 가장 오래된 종교 문헌.

리하르트 빌헬름
《역경》을 유럽에 최초로 번역 소개한 독일학자. 카를 융의 동료. 서양 심리학을 바탕으로 동양 철학을 분석한《황금 꽃의 비밀》을 카를 융과 함께 저술했다.

마르두크
고대 바빌로니아의 주신. 신들을 멸망시키려던 티아마트를 죽여 세계 질서를 잡고, 그 시체로 천지를 창조했다고 전해진다. 바빌론 왕조가 멸망한 후에도 마르두크 신에 대한 신앙은 쇠퇴하지 않고 알렉산드로스 왕 시대에까지 계속되었다.

마쓰리(제祭)
일본의 전통 축제. 공적이면서 경사스러운 종교적 의식. 지방마다 특색 있는 마쓰리가 행해진다.

마우리츠 코르넬리스 에셔
1898~1972. 네덜란드 출신 판화가. 기하학적 원리와 수학적 개념을 바탕으로 2차원 평면 위에 3차원 공간을 표현했다. 뫼비우스의 띠를 그림으로 나타낸 작품이 유명하다.

마이나스
그리스 신화에서 디오니소스를 숭배하는 광란의 여사제들.

마이클 리핀스키 낙슨
미국 하버드 대학 교수. 샤머니즘 연구의 전문가로 저서에《샤머니즘의 원류》등이 있다.

마헌제
인도에서 행해졌던 비밀 의례. 천국에서 내려온 말을 임금이 정중히 맞이하여 진행하는 씨받기 의례.

말다래
말의 양쪽에 다는 보호대.

매리 세테가스트
미국의 고고학자. 신석기시대의 전문가로 알려져 있다. 저서에 《선사시대의 플라톤》《모나리자의 콧수염》《자라투스트라가 말했을 때》 등이 있다.

메소포타미아 문명
티그리스 강과 유프라테스 강 유역을 중심으로 번영한 고대 문명. 메소포타미아는 강 사이라는 뜻이다. 넓게는 서남아시아 전체의 고대 문명을 가리키기도 한다. 셈족에 속하는 아카드인, 아시리아인, 히타이트인 등이 중심이 됐으며 설형문자가 공통으로 사용되었다.

묘성의 좀생이 혼
시베리아 샤먼 등이 믿는 영웅의 혼. 무당은 이를 내린다고 말한다.

무사이
그리스의 무당 혹은 무녀. 헤시오도스의 《신통기》에 따르면 제우스와 기억의 여신 므네모시네 사이에서 태어난 아홉 자매를 무사Mousa 여신이라고 불렀고, 무사이Mousai는 그 복수형이다. 예술과 지적 활동의 여신으로 알려져 있다.

무씨사당
중국 산둥성에서 근대에 발견됐다. 석실 벽에 26개의 화상석(석재에 그림을 선각하거나 얕은 부조로 조각한 것)을 끼워 놓았는데 그중 두 개가 단군신화와 관련 있다고 전해진다.

무천
상고시대 때 예濊에서 해마다 음력 10월에 하늘에 제사를 지낸 제천의식. 부여의 영고, 고구려의 동맹과 비슷하다.

미노아 문명 시대
기원전 2700~기원전 1500년경 그리스 크레타 섬에서 번성했던 고대 청동기 문명. 미노스 문명 또는 크레타 문명이라고도 불린다. 독자적인 문자를 가졌다. 미노아라는 말은 영국 고고학자 에번스가 크레타 섬의 전설적 왕 이름인 미노스에서 따왔다.

미노타우로스
그리스 신화에 등장하는 괴물. 인간의 몸에 거대한 수소 머리를 지니고 있다. 크레타 섬의 왕비 파시파에와 수소 사이에서 태어난 자식으로 인간을 잡아먹었다. 미노스 왕의 배려로 미궁 안에서 아테네의 소년소녀를 먹으며 살아가다가 결국 아테네 왕자 테세우스에게 죽는다.

미르체아 엘리아데
1907~1986. 세계적 종교학자, 신화학자, 소설가. 루마니아 태생으로 주로 프랑스와 미국에서 활동했다. 종교는 역사 현상이 아니라 인간의 의식구조 속에 내재돼 있으며 모든 종교는 근원적으로 일치한다고 주장했다. 저서로 《성과 속》《우주와 역사》《종교 형태론》《신화와 현실》 등이 있다.

미케네 문명
아테네, 필로스, 테베 지역의 고대 그리스 문명. 발칸 반도 북쪽의 이주민인 아카이아인이 이 지역을 장악하면서 기원전 1600년경부터 발전하기 시작해 400년간 지속되었다. 미케네는 이들의 세력이 가장 융성했던 곳으로 독자적 문자를 갖는 등 발전된 문화 양식을 보였다.

미트라 신앙
지구가 태양을 돈다고 믿었던 지동설 시대의 종교. 기독교의 전신이다. '미트라' 라는 이름이 처음 등장하는 문헌은 기원전 15세기 것으로 추정되는 《리그베다》로 '태양신' 이라고 기록돼 있다.

바라춤의 제금
바라춤은 거대한 불화등을 걸고 승려등이 춤을 출때 사용하는 악기. '바라' '바랑' '제파리' 라고도 한다.

바빌로니아 시대
바빌로니아는 티그리스 강과 유프라테스 강 사이 메소포타미아 남동쪽의 지명. 바빌론 제1왕조의 6대왕 함무라비는 대제국을 건설한 뒤 중앙집권제를 확립하고 운하와 도로를 정비해 무역을 융성하게 했으며 법전을 반포하고 역曆을 통일했다. 아카드어를 국어로 정하고 보급하기도 했다. 기원전 1530년 무렵 히타이트의 침입으로 멸망했다.

박창범
천체물리학자, 고등과학원 교수. 《하늘에 새긴 우리 역사》 《천문학》 등의 저서가 있다.

발터 부르케르트
독일의 세계적 역사학, 신화학자.

베르마세렌

미국의 비교 종교학자. 미트라교의 신년과 탄생일이 12월 25일이었다고 주장해 논란을 불러일으켰다. 밤이 짧아지는 절기인 12월 25일, 이른바 나탈리스 솔리스 인빅티는 로마인들이 태양의 탄생을 기념하는 날일 뿐 미트라교와는 관련 없다는 주장도 많다.

베타 전통

불교 이전에 인도인이 믿던 종교.

《벽암록》

중국 송나라 때 승려 원오극근(圓悟克勤: 원오는 승명이며 극근은 속명)이 중현重顯의 《송고백칙頌古百則》을 강연한 것을 제자들이 기록, 편집한 것을 나중에 《벽암록》이라는 이름으로 간행했다.

복희와 여와

복희는 중국 신화에 등장하는 남신. 상반신이 사람이며 하반신은 뱀의 모습이다. 여와는 인류를 창조한 여신. 복희와 여와가 남매였다는 설도 전해진다. 대홍수로 인류가 멸망했을 때 표주박 배를 타고 살아남은 뒤 결혼해서 인류의 선조가 되었다. 복희는 뇌신雷神의 아들로 인류에게 불씨를 주어서 고기를 구워먹을 수 있게 만들었다.

부녀신상

고구려시대의 여신상. 김부식의 《삼국사기》에 기록되어 있음.

《부도지》

신라 눌지왕 때 재상 박제상이 지은 《징심록》의 한 부분. 《단기고사》 《환단고기》 등과 더불어 고대사 연구에서 중요한 자료로 평가된다.

북극

북극 과 다른 의미로, 우주를 하나의 돔처럼 생각했을 때 꼭지 부분에 해당되는 곳. 천구의 북극.

브라흐만

비슈누, 시바와 함께 힌두교가 섬기는 세 주신의 하나. 우주를 창조했다고 전한다. 동시에 우주의 근본 원리 또는 《우파니샤드》의 중심 사상을 뜻하기도 한다.

사산 왕조 시대

2세기 초 아르다시르 1세가 일으킨 이란의 고대 왕조. 6세기 호스로우 1세 때 전성기를 맞았다가 7세기 초 아랍인들에게 멸망당했다.

산바라기 굿

산山을 신선의 집이라고 해석하면 이 굿은 불가식으로 말하면 출가를 염원하는 의식이라고 할 수 있다.

《산해경》

중국에서 가장 오래된 지리서. 신화가 많이 실려 있어 귀중한 자료로 꼽힌다. 저자는 알 수 없으며 진晋나라 때 곽박이 주석을 달았다.

《삼국지》〈동이전〉

《삼국지》는 진晋나라 학자 진수陳壽가 중국의 위, 촉, 오 3국의 역사를 기록한 책. 《삼국지연의》와 달리 정사正史로 평가된다. 〈위서〉 〈촉서〉 〈오서〉로 구성돼 있으며 〈위서〉 중의 〈동이전〉에는 부여, 고구려, 동옥저, 읍루挹婁, 예濊, 마한, 진한, 변한, 왜 등에 대해 기술돼 있어 고대사 연구의 중요한 사료가 된다.

《삼일신고》

한국의 전통 종교인 대종교의 경전. 삼위일체 사상이 기본이다.

상나라

연대를 확인할 수 있는 중국에서 가장 오래된 국가. 기원전 1600년부터 기원전 1046년까지 존재했다. 은殷이라고도 불리지만 은은 상나라의 마지막 수도로, 상나라가 멸망한 뒤 주周나라에서 상나라의 주민들을 낮게 호칭하던 것에서 비롯됐다.

새뮤얼 크레이머

펜실베이니아 대학 아시리아학 명예교수이자 같은 대학 수메르 점토판 컬렉션 명예 큐레이터. 수메르 연구의 석학. 《역사는 수메르에서 시작되었다》 등의 저서가 있다.

샤먼의 엑스타시

무당이 춤을 추며 황홀경에 빠지는 것.

서위 시대

서위는 남북조시대 때의 왕조. 535년부터 556년까지 이어졌다. 선비족 탁발부가 세운 북위가 두 개로 분리된 뒤 두 나라 모두 위魏라는 국호를 계속 사용했지만 후대 사가들이 편의상 동과 서로 구분지어 부른다.

선도성모상

신라 시조의 어머니 신상. 양자강 이남의 양나라에 있었다고 김부식이 기록하고 있다.

선정인

석가가 보리수 아래 금강좌金剛座에서 선정禪定에 들었을 때 취한 손의 모습.

《설문해자》

중국 한나라 때 허신許愼이 엮은 문자 해설서.《설문》이라고 줄여 부르기도 한다. 진秦, 한漢 이래 한자의 모양, 뜻, 소리 연구와 금문金文, 갑골문 연구에 빼놓을 수 없는 자료로 평가받는다.

소음주술

시끄럽게 소리 내어 주술을 행하는 것.

솟대

제비나 독수리를 조각으로 만들어 붙인 긴 장대. 일종의 천문 관측 표지.

쇼소인

일본 나라현 도다이사에 있는 일본 왕실의 유물 창고.

수메르 문명 시대

역사상 가장 오래된 문명으로 메소포타미아 문명의 원류. 기원전 3500년경부터 바빌로니아 남부 티그리스 강과 유프라테스 강 사이에서 시작되었다. 설형문자와 세계 최초의 법전을 만들었고, 토목·건축술이 발달했다. 수많은 신화와 전설의 발원지다.

수태고지

하느님의 사자인 대천사 가브리엘이 처녀 마리아에게 그리스도의 회임을 알리는 이야기. 기독교 미술의 중요한 주제이다.

스키타이인

기원전 6세기부터 기원전 3세기까지 남부 러시아의 초원 지대에서 활약한 최초의 기마 유목 민족. 샤먼의 황금문명을 이루었다.

신농

중국 신화 속의 황제. 사마천의《사기》〈삼황본기三皇本紀〉에 따르면 뱀 몸에 사람 머리를 한 황제 여와女가 죽은 후 신농씨가 황제가 되었는데 신농씨는 머리는 소, 몸은 사람 모습이었다. 최초로 나무 호미를 만들어 사람들에게 농사를 가르쳐주고 시장을 만들어 상업이 발전하게 했다. 명의의 가르침을 받아 약초를 개발하고《신농본초》라는 책을 저술했다고 전해진다.

신단수

단군신화의 핵심 주제인 진리의 나무. 환웅이 하늘에서 이 나무 밑으로 내려왔다고 전해진다. 일반적으로 고대 제정 일치 사회에서의 성역이라는 의미로 통용된다.

신토

불교 이전의 일본 토착 종교. 우리는 무교巫敎라고도 한다. 진자(신사神社)를 중심으로 운명한 조상이나 자연을 신으로 모시므로 숭배 대상이 매우 많다. 종교의 요건이랄 수 있는 교의, 종단, 포교 방법, 성전 등이 불명확해 종교인지 아닌지에 대해서는 논의가 계속되고 있다.

실존개명 개념

유럽의 실존주의 사상. 실존이 스스로를 개명(開明: 밝게 비춤)함으로써 참된 자기 존재를 자각하는 것. 불교에서 말하는 해탈과 대응되는 정신 상태.

십간10간

점성술에서 사용 하는 열 개의 기본 수, 이를《역경》에서는 열개의 날개(십익)라고 하며 한자로는 갑을병정무기경신임계라고 쓴다. 천간이라고도 한다.

십이궁12궁

북극을 중심으로 하늘에 둘러친 열두 개의 별무리. 황도가 1년간 이 별들을 지난다. '황도십이궁' 참조.

《아니 파피루스》

고대 이집트 파피루스 문서 중 하나. 고대 이집트에서 죽은 이의 부활과 영생을 기원하며 만든 주술적 장례문서, 이른바 사자死者의 서書이다. 작자는 알 수 없으며 아니Ani는 왕의 서기관이었다고 전해진다. 제19왕조 초기(기원전 1300년경) 때 제작된 것으로 추정. 아름다운 삽화로 유명하다.

아도니스

그리스 신화에 등장하는 미소년. 여신 아프로디테와 페르세포네의 사랑을 받다가 사냥 중 멧돼지에 물려 죽었다. 아도니스가 죽으면서 흘린 피에서는 아네모네가 피어났고 아프로디테의 눈물에서는 장미꽃이 피어났다고 전해진다.

아르테미스

그리스 신화에서 제우스의 딸로 등장하는 여신. 사냥의 여신이며 달의 여신이다. 그리스 신화에서는 원래 헬리오스가 태양을 주관하고 셀레네가 달을 주관하는 여신이었지만 기원전 500년 이후 아폴론과 아르테미스가 각기 태양과 달을 상징하는 신으로 바뀌었다.

아마테라스 여신
태양신으로 일본 신토의 최고 신이자 일본 천황의 조상신으로 일본 신화에 등장.

《아베스타 경전》
조로아스터교의 경전. 아베스타어로 쓰여 있다. 조로아스터교의 주신인 아후라 마즈다의 가르침을 수백 년 동안 수집해 완성됐다.

아카마쓰 지조
아키바 다카시와 함께 《조선 무속의 연구》를 펴낸 일본의 종교학자, 역사학자. 1937년에 발간된 이 책은 두 권으로 구성돼 있는데, 상권은 주로 경성을 비롯하여 중부지방과 제주도의 무가를 모아 일본어로 번역하고 해제와 주석을 붙여 정리하고 있다. 하권은 전국 90여 지역에서 현지조사를 수행하고 관련 문헌을 조사하여 발표한 논문들과 새롭게 작성한 글을 모았다.

아트만
우주와 하나가 되는 신 브라흐만 이전의 해탈한 자.

아틀라스
그리스 신화에 등장하는 신. 티탄신족으로 프로메테우스와 형제이다. 티탄족이 제우스와 싸워 패한 뒤 어깨로 하늘을 떠받치는 벌을 받게 되었다. 근세 지도책에 지구를 떠받치고 있는 그의 그림이 들어 있었기 때문에 지도책이라는 뜻으로도 쓰이게 됐다.

아폴로도로스
기원전 2세기 고대 그리스의 문법학자, 역사학자. 호메로스의 작품에서 그리스인의 종교 생활을 고찰해내고 인물의 연대 결정에 남자의 최성기(활동의 정점인 되는 40세)를 적용하는 방법을 고안해 《연대기》 등을 저술했다. 《연대기》는 뒤에 《그리스 신통기》로 번역되었다.

아프라시아브
우즈베키스탄 사마르칸트 북부에 있는 도성 터. 아프라시아브는 이란 신화에 나오는 유목민 왕의 이름이다. 알렉산드로스 왕의 침입 후 그리스 문화의 영향을 받은 유물이 많이 발굴됐다.

아후라 마즈다
조로아스터교의 주신主神. 아후라는 주主를 의미하는 칭호, 마즈다는 지혜를 의미하는 이름이다. 세계의 창조자로

서 빛과 어둠을 만들어 때를 정하고 질서의 아버지로서 태양과 별의 길을 만들었으며 선의善意를 창조했다고 한다.

안사고
중국 당나라 초기의 학자. 《한서》에 주석을 달아 오늘날 해석의 중요한 근거가 되게 했다.

암브로시아
그리스 신화에서 신들이 마시는 음료의 일종으로 이것을 먹으면 영생한다고 한다.

에리히 노이만
1905~1960. 독일 태생의 심리학자, 역사학자. 1934년 카를 융과 만난 이후 분석 심리학을 연구했고 이후 역사학, 소설, 평론 등에서도 활약. 《의식의 기원과 역사》 《위대한 어머니 여신》 《아모르와 프시케》 등의 저서를 남겼다.

엘람어
티그리스 강 동쪽, 페르시아 만 북쪽 지방에 살던 민족의 언어. 지금은 쓰이지 않지만 기원전 2500년경부터 기원전 400년경 사이 이 언어로 쓰인 비문이 남아 있다.

엘빈 파노프스키
1892~1968. 독일 출신의 미술사학자. 독일의 유태인 공직 추방 때 미국으로 이주한 뒤 도상해석학을 제창하고 방법론을 확립했다.

영고제
북을 치는 예배. 상고시대 부여에서 추수를 마치고 12월에 지낸 제천의식. 《삼국지》 〈동이전〉에 은력殷曆 정월에 하늘에 제사하고 나라 사람들이 크게 모여서 연일 마시고 먹고 노래하고 춤춘다. 이때 형벌과 옥사를 판결하고 죄수들을 풀어준다고 기록돼 있다.

오벨리스크
이집트의 피라미드 혹은 바티칸 성당 마당에 서 있던 각진 기둥, 천문관측용으로 추정된다.

용수
150?~250?. 인도의 승려. 용궁에 들어가 수도한 후 혼란에 빠진 불교 이론을 중론中論으로 발전시켰다고 전한다. 대승불교의 교리를 체계화해 대승 8종의 종조로 불린다.

우노 하르바
시베리아의 알타이계(인종) 무속 연구로 정평 있는 세계적 학자.

우물 천정
고구려시대의 고분 천정. 우물 모양으로 쌓은 돔 모양이다.

우지양각상牛之兩角上
《삼국유사》에서 원효가 붓과 벼루를 소의 두 뿔 사이에 놓았다고 묘사한 데에서 유래된 말. 소의 두 뿔을 하지와 동지로, 그리고 그 사이의 중간이 춘분과 추분점이 된다는 뜻으로 읽힌다.

《우파니샤드》
고대 인도의 철학 경전. 산스크리트어로 (사제기) 가까이 앉는다라는 뜻. 대부분 스승과 제자가 나눈 철학 토론으로 구성돼 있다.

원인론
당나라 고승 종밀宗密이 쓴 불교 서적. 원제는 《화엄원인론》으로 유교와 도교를 불교의 입장에서 정의하여 삼교일치설을 전개하고 있다.

육십60갑자
10간과 12지를 결합하여 만든 60개의 간지. 10간은 갑을병정무기경신임계甲乙丙丁戊己庚辛壬癸, 12지는 자축인묘진사오미신술해子丑寅卯辰巳午未申酉戌亥. 처음에 10간의 첫째인 갑과 12지의 첫째인 자를 붙여서 갑자를 얻고, 다음에 그 둘째인 을과 축을 결합하여 을축을 얻는다. 이 같은 순서로 하나씩 구해나가 60개를 얻으면 다시 갑자로 되돌아온다. 이것이 이른바 회갑 또는 환갑이다.

이데아, 프시케
플라톤의 사상. 인식론상의 장애물을 말하는 것으로 서구 철학의 본질 개념이다. 이데아는 존재와 인식의 근거가 되는 항구적이며 초월적인 실재를 뜻한다. 근대부터 인간의 주관적인 의식, 곧 '관념'을 나타내는 말로 사용되기 시작했다. 프시케는 그리스어로 호흡, 생명력 등을 의미하는데 여기에 도덕적 결정과 과학적 인식의 주체로서의 '자아', 자율적인 '인격'과 같은 의미가 더해졌다.

이세신궁
일본 미에 현 이세에 있는 신궁. 도쿄의 메이지신궁, 오이타의 우사신궁과 함께 일본의 3대 신궁으로 꼽힌다. 일본 각지에 걸쳐 있는 씨족신을 대표하는 총본산이다.

이수광
조선 중기 때 학자. 임진왜란에서 큰 공을 세웠으며 《천주실의》를 조선에 소개하기도 했다. 《지봉유설》은 조선시대 문화백과사전의 효시로 일컬어진다.

이십팔수
황도십이궁보다 더 많은 스물여덟 개의 별자리. 세분화된 천문관측지의 내비게이션이라고 할 수 있다. 하늘의 적도를 따라 그 남북에 있는 별들을 28개 구역으로 구분하는데, 각 구역의 대표적인 별자리를 수宿라고 한다. 28수는 28개 구역의 대표 별자리인 셈이다.

《이아》
한나라(기원전 206년~기원전 220년) 이전에 만들어진 중국에서 가장 오래된 문헌. 세계 최초의 백과사전으로 꼽힌다. 3권 19편으로 이뤄져 있으며 여러 경서들의 문장을 풀이하고 있다.

《일본서기》
일본어로는 '니혼쇼키'라고 발음한다. 《고지키古史記》와 함께 가장 오래된 일본 역사서로 꼽힌다. 7세기 초 백제인 안만려安萬呂를 편찬했다.

자루 없는 도끼
《삼국유사》에 전하는 설화. 하루는 원효가 거리에서 큰소리로 노래했다. 누가 자루 없는 도끼를 빌려주려나? 하늘 괴는 기둥을 자를 터인데. 사람들은 그 진정한 뜻을 알지 못했지만 태종 김춘추는 대사가 귀부인을 얻어 현명한 아들을 낳겠다는 뜻일 것이라면서 요석궁에서 과부로 지내는 공주와 이어지게 했고 그 결과 설총이 태어나게 됐다.

장군총
만주 집안현에 있는 고대 유적. 작은 피라미드 모양으로 안은 어두운 공간이다. 현존하는 계단돌방돌무지무덤 가운데 외형이 가장 온전하게 보존돼 있다. 북한학계에서는 장수왕의 무덤으로 보는 학자가 많다.

장송동물葬送動物
사람을 대신해서 하늘에 바치는 동물.

《정몽》
중국 송나라 때 유학자 장재張載가 쓴 책. 사람도 물체도 본질적으로는 차별이 없으며 인간의 능력이 구별되는 것은 기氣에 청탁의 별別이 있기 때문이라고 했다. 이를 보완하는 방법으로 제시한 것은 독서와 예의범절. 정몽正蒙은 몽매한 것을 바로잡는다는 뜻이다.

제러미 나비
스위스의 분자생물학자. 분자생물학을 토대로 샤머니즘을 해석한 《우주뱀=DNA》로 큰 반향을 일으켰다.

제석굿
한국의 무당노래(무가)는 모두 열두 거리. 서울대학교 박물관에 전해지는 열두거리 그림에서는 제석굿이 가장 먼저 부르는 노래로 되어있다.

제이슨 이야기
아버지가 빼앗긴 왕위를 되찾기 위해 아르고 호를 타고 동방의 불모지 콜키스로 가서 황금 양모피를 찾으려는 영웅 이아손의 이야기. 제이슨은 이아손Jason의 영어식 발음이다.

제임스 조지 프레이저
1854~1941. 영국의 인류학자. 《황금가지》를 비롯한 저작들은 인류학과 인문과학 분야는 물론이고 문학에까지 영향을 미쳤다.

제카리아 시친
1920~2010. 유태계 미국인 고고학자. 수메르어를 읽고 이해할 수 있어 수메르 유적에서 발굴된 점토판 해석 분야의 권위자다. 태양계의 알려지지 않은 열두 번째 행성에서 지구로 문명이 이식됐다고 주장했다. 《수메르 혹은 신들의 고향》을 비롯한 이른바 지구 연대기 다섯 권이 대표작.

조로아스터교
예언자 조로아스터의 가르침을 바탕으로 만들어진 종교. 유일신 아후라 마즈다를 숭배한다. 불이 타오르는 작은 제단 앞에서 제례를 치러 불을 숭배하는 종교 즉 배화교로 불리기도 한다. 아케메네스 왕조 시대(기원전 599~ 기원전 330년)에 크게 세력을 일으켰으며 사산 왕조 때는 국교가 됐다. 이슬람의 출현으로 세력이 크게 약화됐지만 아직도 신앙은 남아 있다.

조르다노 브루노
1548~1600. 르네상스 시대의 이탈리아 철학자, 수학자, 천문학자. 18세에 도미니코 교단에 들어가 사제가 되었으나, 가톨릭 교리에 회의를 품고 자유사상과 지동설 등을 주장하다가 1592년 베네치아에서 이단신문에 회부되어 로마에서 화형 당했다.

조르주 뒤메질
1898~1986. 인도유럽계 민족들의 신화를 비교·연구하고, 공통된 구조와 내용을 밝힌 프랑스의 구조주의 언어학자, 신화학자. 《신화와 서사시》 등의 저서가 있다.

조세르의 피라미드
조세르 왕이 만든 계단식 피라미드. 전왕들의 묘 형식인 마스타바를 여섯 단에 걸쳐 차례로 쌓은 것과 같은 형상이다. 멀리서 보면 네모뿔의 피라미드 형상을 하고 있어 계단식 피라미드라고도 부른다.

조의선인
상고시대 때부터 있어 온 전사(무사)들을 고구려에서는 검은 옷을 입어 조의선인이라고 했다. 신라의 화랑에 해당한다.

조지프 캠벨
1904~1987. 미국의 세계적 신화학자. 《천의 얼굴을 가진 영웅》 《신화와 인생》 등의 저서들은 신화 연구자들의 필독서로 꼽힌다.

주자
중국 남송 시대의 유학자로 주자학파의 시조. 원래 주돈이周敦가 저술한 《태극도설》은 우주의 생성, 인류의 근원을 논한 249자의 짧은 글이지만, 주자가 이를 해석하며 자신의 철학을 서술해 주자학의 성전으로 여겨진다.

《진서》
643년 당나라 태종의 지시로 방현령房玄齡 등이 집필한 진晉 나라의 역사책, 130권.

《천부경》
우주 창조의 이치를 81자로 풀이한 경전으로, 1에서 10까지 수의 이치로 천지인 삼극의 생生, 장長, 노老, 병病, 몰歿의 무한한 반복의 경위를 설파한다.

〈천상열차분야지도〉
하늘의 모습(천상)을 차次와 분야分野에 따라 벌려놓은 그림. 차는 목성의 운행을 기준으로 설정한 적도대의 열두 구역이며, 분야는 하늘의 별자리 구역을 열둘로 나눠 지상의 해당 지역과 대응시킨 것이다. 고구려시대 때 지구가 태양을 돌며 금성이 1년에 두 번 지구와 60도 각도로 교차한다는 사상을 추상적으로 그려 놓은 천문도로 보인다.

침제
중국 문헌에 보이는 풍속으로 황제가 능에서 여자와 동침하는 일.

카를 케레니
1897~1973. 헝가리 태생의 종교학자, 신화학자. 1948년 스위스 카를 융 연구소에 들어가 원시 신화를 연구했으며 이후 《그리스 종교의 원형》 《그리스 신화》 등의 저서를 발표했다.

카메오cameo
보석 마노瑪瑙나 접시조개의 껍데기 같은 것에 양각으로 조각한 장신구.

케레스
세레스. 로마 신화에서 곡물과 식물의 성장을 주관하는 여신. 그리스 신화의 데메테르와 동일시된다. 태양계 소행성대의 유일한 왜행성 1세레스가 이 여신의 이름에서 따왔으며 시리얼cereal이라는 단어 또한 이 이름에서 비롯됐다.

켈트 문화
기독교 문화가 시작되기 이전에 켈트족이 이룩한 고대 문화. 켈트족은 고대 유럽에서 활동한 인도유럽어족의 일파로 중앙아시아, 지중해에서도 활동했다.

켈트 신화
켈트 민족의 신화. 켈트 민족은 시적 상상력이 뛰어났으므로 다채로운 신화를 가졌을 법하지만 명확히 밝혀진 것은 없다. 《갈리아 전기》 《마비노기온》 등의 자료로 미루어 추정할 뿐이다.

쿠샨왕조
기원전 20년경부터 226년까지 인도 북서부에서 중앙아시아를 지배한 왕조. 동서 문화가 융합된 독특한 문화를 형성했다. 대승불교와 힌두교도 이때 성립, 발전하였다. 226년 사산 왕조에게 멸망당한 뒤 인도는 수많은 소국들로 나뉘게 됐다.

크레타 문명
지중해의 크레타 섬은 땅이 크고 평야가 넓어 살기 편한 곳. 기원전 2000년경 크노소스가 독립 세력들을 통합해 중앙집권을 이루고 이후 미노스 왕이 섬 전체를 지배하면서부터 정치, 군사, 예술 등이 급속도로 발전하였다. 미노스 왕의 이름을 따 미노스 문명, 미노아 문명이라고도 부른다.

키벨레
소아시아 지역에서 숭배한 대지의 여신

트랜스
샤먼들이 격렬한 춤으로 현실계를 넘는 무아지경의 체험.

틸리아 테페
중앙아시아 북 아프가니스탄에 있는 고대 박트리아 시대의 유적지.

파문巴紋
태극 또는 삼태극 모양의 문양. 소용돌이치는 모양의 무늬를 뜻하는 말로 파문波紋(물결 모양 문양)과는 의미가 다르다.

팔괘
중국의 전설적인 신 복희가 지었다는 점성술 부호. 건乾, 태兑, 리離, 진震, 손巽, 감坎, 간艮, 곤坤의 여덟 개여서 팔괘라고 부른다. 태극기에서 볼 수 있는 네 개의 팔괘 건곤감리는 하늘과 땅, 물과 불을 상징한다.

팔자
점성술의 원리인 팔괘를 통속적으로 일컫는 말.

페르가몬 신전
오늘날 터키 서북쪽의 고대 유적. 페르가몬은 소아시아에서 번영을 누린 헬레니즘 국가의 하나로, 현대에는 베르가마Bergama라고 불린다.

펜테우스
그리스 신화에서 테베의 왕으로 등장한다. 디오니소스 신에 대한 숭배를 금지시켰다가 그를 괴수로 오인한 어머니 아가베와 누이들에게 찢겨죽는다.

평분선
주야 평분선. 낮과 밤의 길이가 같은 춘분점과 추분점을 일컫는다.

《풍속고》
조선시대 실학자 정약용이 당대의 풍속을 모아 해설한 책.

프란츠 퀴몽
1868~1947. 벨기에의 고고학자, 종교사가. 미트라 연구의 선구자로 평가된다. 저서에 《미트라 수수께끼와 관련 글, 기념비》 《점성술사의 이집트》 등이 있다.

《피라미드 텍스트》
이집트의 피라미드에서 발굴해냈다. 고대 이집트와 관련된 지중해, 서아시아 문명 연구에 중요한 자료가 되고 있다.

하데스
그리스 신화에 등장하는 지하 명부의 신. 이름은 보이지 않는 자라는 뜻. 크로노스의 자식으로 태어나 형제인 제우스, 포세이돈과 힘을 합쳐 부신과 티탄신족을 10년에 걸쳐 정복한 뒤 제우스가 하늘, 포세이돈이 바다의 왕이 되고 하데스는 명계의 지배권을 얻었다. 후에 자신의 자매인 여신 데메테르의 딸 페르세포네를 지상에서 유혹하여 아내로 삼았다.

〈하도〉
지구가 자전, 공전하는 이치를 흐르는 강물에 비유하여 숫자와 부호 등으로 그려놓은 그림. 복희씨 때 황하에서 용마가 등에 지고 나왔다고 전한다(제7장 참고).

하지선
북위 23°27′. 북회귀선이라고도 한다. 하짓날 태양이 남중하였을 때 고도가 90도가 되고 태양이 천정을 통과하는 위선, 동시에 북반구에서 열대와 온대를 구분하는 경계선.

〈한서〉
중국 후한시대의 역사가 반고가 저술한 기전체 역사서. 12제기帝紀, 8표表, 10지志, 70열전列傳 등 모두 100권.《전한서前漢書》또는《서한서西漢書》라고도 한다.《사기》와 더불어 중국 사학의 대표적인 저작이다.

〈헌화가〉
신라 성덕왕 때 어느 노옹이 지어 부른 4구체 향가. 순정공 일행이 부임지로 가던 중 그의 부인인 수로가 종자들에게 벼랑 끝의 꽃을 꺾어 바칠 수 있겠느냐고 묻자 아무도 대답하지 못했는데 마침 암소를 끌고 그 곁을 지나던 한 늙은이가 꽃을 꺾어 바치며 노래했다고 전한다.

헤로도토스
키케로가 역사의 아버지라고 부른 고대 그리스의 역사가. 기원전 484년에 태어나 기원전 425년에 죽었다고 알려져 있으나 확실하지는 않다. 대표작은 페르시아 전쟁을 다룬《역사》.

헤르메스의 지팡이
그리스 신화에 나오는 헤르메스 신이 가진 지팡이. 절반으로 꺾으면 두 마리의 뱀이 된다.

《환단고기》
삼국시대와 그 이전의 3000년 한국 고대사를 기록한 역사 자료.

환인씨
단군신화에 나오는 하늘의 신으로 환웅의 아버지이며 단군의 할아버지이다. 일연의《삼국유사》《고조선기》에 등장한다. 아들 환웅에게 천부인 세 개를 주어 세상에 내려보내 다스리게 하였다. 환인이라는 이름은 '하늘' '하느님' 이라는 한글의 근원으로 추정된다.

황도십이궁
줄여서 십이궁이라고 한다. 황도란 태양이 지나는 길. 태양은 움직이지 않지만 지구의 공전으로 지구 관측자들이 보는 태양의 위치가 시간에 따라 다르기 때문에 태양이 움직인다고 생각한 데서 유래한 개념이다. 황도십이궁은 황도 전체를 30°씩 12등분하여 각각에 별자리 이름을 붙인 것. 춘분점이 위치한 물고기자리부터 양자리, 황소자리, 쌍둥이자리, 게자리, 사자자리, 처녀자리, 천칭자리, 전갈자리, 궁수자리, 염소자리, 물병자리로 이어진다.

《회남자》
중국 전한의 회남왕淮南王 유안劉安이 편찬한 책. 논객 수천과 함께 엮은 것으로, 원래 〈내외편〉과 〈잡록〉이 있었으나 지금은 〈내편〉 스물한 권만 전한다. 형이상학, 자연과학, 정치학, 군사학, 처세술 등이 망라돼 있다.